Kohlhammer

Die HerausgeberInnen

Tobias Rothmund, Prof. Dr. phil., ist Professor für Kommunikations- und Medienpsychologie an der Friedrich-Schiller-Universität Jena. Seit 2024 leitet er als Direktor das Zentrum für Rechtsextremismusforschung, Demokratiebildung und gesellschaftliche Integration (KomRex) in Jena.

Eva Walther, Prof. Dr. phil., ist Professorin für Sozialpsychologie an der Universität Trier. Sie ist Sprecherin der Taskforce »Rassismus und Radikalisierung« der Deutschen Gesellschaft für Psychologie (DGPs) und Sprecherin der Kommission »Psychologie und Politik« der DGPs.

Tobias Rothmund
Eva Walther (Hrsg.)

Psychologie der Rechtsradikalisierung

Theorien, Perspektiven, Prävention

Verlag W. Kohlhammer

Dieses Werk einschließlich aller seiner Teile ist urheberrechtlich geschützt. Jede Verwendung außerhalb der engen Grenzen des Urheberrechts ist ohne Zustimmung des Verlags unzulässig und strafbar. Das gilt insbesondere für Vervielfältigungen, Übersetzungen und für die Einspeicherung und Verarbeitung in elektronischen Systemen.

Pharmakologische Daten verändern sich ständig. Verlag und Autoren tragen dafür Sorge, dass alle gemachten Angaben dem derzeitigen Wissensstand entsprechen. Eine Haftung hierfür kann jedoch nicht übernommen werden. Es empfiehlt sich, die Angaben anhand des Beipackzettels und der entsprechenden Fachinformationen zu überprüfen. Aufgrund der Auswahl häufig angewendeter Arzneimittel besteht kein Anspruch auf Vollständigkeit.

Die Wiedergabe von Warenbezeichnungen, Handelsnamen und sonstigen Kennzeichen berechtigt nicht zu der Annahme, dass diese frei benutzt werden dürfen. Vielmehr kann es sich auch dann um eingetragene Warenzeichen oder sonstige geschützte Kennzeichen handeln, wenn sie nicht eigens als solche gekennzeichnet sind.

Es konnten nicht alle Rechtsinhaber von Abbildungen ermittelt werden. Sollte dem Verlag gegenüber der Nachweis der Rechtsinhaberschaft geführt werden, wird das branchenübliche Honorar nachträglich gezahlt.

Dieses Werk enthält Hinweise/Links zu externen Websites Dritter, auf deren Inhalt der Verlag keinen Einfluss hat und die der Haftung der jeweiligen Seitenanbieter oder -betreiber unterliegen. Zum Zeitpunkt der Verlinkung wurden die externen Websites auf mögliche Rechtsverstöße überprüft und dabei keine Rechtsverletzung festgestellt. Ohne konkrete Hinweise auf eine solche Rechtsverletzung ist eine permanente inhaltliche Kontrolle der verlinkten Seiten nicht zumutbar. Sollten jedoch Rechtsverletzungen bekannt werden, werden die betroffenen externen Links soweit möglich unverzüglich entfernt.

1. Auflage 2024

Alle Rechte vorbehalten
© W. Kohlhammer GmbH, Stuttgart
Gesamtherstellung: W. Kohlhammer GmbH, Stuttgart

Umschlagabbildung: Jason - stock.adobe.com

Print:
ISBN 978-3-17-043997-9

E-Book-Formate:
pdf: ISBN 978-3-17-043998-6
epub: ISBN 978-3-17-043999-3

AutorInnenverzeichnis

Asbrock, Frank, Prof. Dr., ist Professor für Sozialpsychologie an der Technischen Universität Chemnitz und leitet seit 2021 das Zentrum für Kriminologische Forschung Sachsen. Seine Forschungsschwerpunkte sind Intergruppenkonflikte, Diskriminierung und ideologische Einstellungen sowie die Wahrnehmung von Bedrohung und Sicherheit.

Banse, Rainer, Prof. Dr. Dr. h.c., ist seit 2007 Professor für Sozial- und Rechtspsychologie an der Rheinischen Friedrich-Wilhelms-Universität Bonn. Seine Hauptforschungsinteressen sind die Beziehungspsychologie sowie die Entwicklung und Validierung direkter und indirekter Messverfahren in verschiedenen Anwendungsfeldern von der sozialpsychologischen Grundlagenforschung bis zur forensischen Diagnostik.

Beelmann, Andreas, Prof. Dr. phil., ist Professor für Forschungssynthese, Intervention und Evaluation am Institut für Psychologie und ehemaliger Direktor (2016–2023) und Gründungsmitglied des Zentrums für Rechtsextremismusforschung, Demokratiebildung und gesellschaftliche Integration (KomRex) an der Friedrich-Schiller-Universität Jena. Er ist zudem Vorstandsvorsitzender der Stiftung Deutsches Forum für Kriminalprävention mit Sitz in Bonn.

Dieckmann, Janine, Dr. phil., ist Sozialpsychologin und als stellvertretende wissenschaftliche Leiterin des Instituts für Demokratie und Zivilgesellschaft tätig. Dort leitet sie den Forschungsbereich »Diversität, Engagement und Diskriminierung«. Sie arbeitet und forscht zu den Themen Diskriminierung, Antidiskriminierungsarbeit und Engagement in Selbstorganisationen.

Ellenberg, Molly, M.A., ist Doktorandin in Sozialpsychologie an der University of Maryland. Sie hat einen M.A. in Forensischer Psychologie von der George Washington University und einen B.Sc. in Psychologie mit Spezialisierung in Klinischer Psychologie (University of California San Diego). Ihre Forschungsschwerpunkte sind Terrorismus, Radikalisierung und Deradikalisierung sowie die Suche nach Bedeutung. Ihre Forschungsergebnisse wurden mehr als 500 Mal zitiert und in zahlreichen von ExpertInnen begutachteten Zeitschriften veröffentlicht.

Essien, Iniobong, Dr. rer. nat., ist Sozialpsychologe und forscht an der Professur für Sozial- und Organisationspsychologie der sozialen Arbeit an der Leuphana Universität Lüneburg zu Vorurteilen, Stereotypen und Diskriminierung.

Frischlich, Lena, Dr. phil., ist Associate Professorin am Institut für Digitale Demokratie der Süddänischen Universität. Zuvor hat sie an der Universität Münster die Nachwuchsforschungsgruppe DemoRESILdigital: Demokratische Resilienz in Zeiten von Online-Propaganda, Fake News, Fear und Hate Speech geleitet und an der Ludwig-Maximilians-Universität München Professuren für Kommunikationswissenschaft mit den Schwerpunkten Medienwandel und Innovation sowie empirische Methoden der Kommunikationswissenschaft vertreten. Frischlich ist promovierte Psychologin und aktuell Sprecherin der Fachgruppe Medienpsychologie der Deutschen Gesellschaft für Psychologie.

Fritsche, Immo, Prof. Dr., ist Professor für Sozialpsychologie am Wilhelm-Wundt-Institut für Psychologie an der Universität Leipzig. Er arbeitet – vorwiegend experimentell – zu motivierter sozialer Kognition, sozialer Identität und Gruppenprozessen sowie der Psychologie der Umweltkrise.

Gelfort, Pascal, M.Sc., ist wissenschaftlicher Mitarbeiter und Doktorand am Lehrstuhl für Sozialpsychologie am Institut für Psychologie der Friedrich-Schiller-Universität Jena. Er arbeitet zur Entstehung und Reduktion von Vorurteilen, mit besonderem Fokus auf normative und kontextuelle Einflüsse auf diese.

Gollwitzer, Mario, Prof. Dr., ist Professor für Sozialpsychologie an der Ludwig-Maximilians-Universität München. In seiner Forschung befasst er sich unter anderem mit der Psychologie menschlicher Reaktionen auf Ungerechtigkeit und gerechtigkeitsbezogenen Persönlichkeitseigenschaften.

Greipl, Simon, M.Sc., ist wissenschaftlicher Mitarbeiter am Lehr- und Forschungsbereich von Prof. Dr. Rieger (IfKW, LMU München). Im Rahmen des vom BMBF geförderten MOTRA-Projekts befasst er sich mit der Indikation von Radikalisierungsdynamiken in Online-Umgebungen. Sein besonderes Forschungsinteresse gilt der Untersuchung von Radikalisierungsphänomenen im Kontext von Gaming und dessen Communities.

Grünhage, Thomas, Dr. phil., promovierte am Lehrstuhl für Differentielle & Biologische Psychologie der Universität Bonn zur Psychologie der politischen Orientierung. Nach achtjähriger Tätigkeit in Forschung und Lehre arbeitet er seit 2023 als Psychologe im nordrhein-westfälischen Strafvollzug.

Hechler, Stefanie, Dr., ist Sozialpsychologin und forscht am Deutschen Zentrum für Integrations- und Migrationsforschung (DeZIM Institut) in Berlin zu Vorurteilen und Diskriminierung, insbesondere Rassismus, und sozialen Konflikten innerhalb und zwischen Gruppen. Zur Förderung des Transfers zwischen Praxis und Wissenschaft ist sie im Netzwerk Sozialpsychologie zu Flucht und Integration aktiv.

Hess, Fabian M., M.Sc., ist wissenschaftlicher Mitarbeiter am Wilhelm-Wundt-Institut für Psychologie der Universität Leipzig. Er promoviert im Rahmen des Forschungsprojekts »Radikaler Islam versus Radikaler Anti-Islam« (RIRA).

Hohner, Julian, M.A., ist wissenschaftlicher Mitarbeiter am Institut für Kommunikationswissenschaft und Medienforschung der Ludwig-Maximilians-Universität München. Er promoviert unter Prof. Dr. Diana Rieger zum Thema rechter Online-Mobilisierung.

Hoppe, Annedore, Dr., ist wissenschaftliche Mitarbeiterin am Wilhelm-Wundt-Institut für Psychologie der Universität Leipzig und am Forschungszentrum für Gesellschaftlichen Zusammenhalt (FGZ). Sie forscht zu motivierter sozialer Kognition in (politischen) Gruppen.

Imhoff, Roland, Prof. Dr. phil., ist Professor für Sozial- und Rechtspsychologie am Psychologischen Institut der Johannes Gutenberg-Universität Mainz. Er ist Mitglied der Taskforce »Verschwörungstheorien« der Deutschen Gesellschaft für Psychologie (DGPs), des Executive Committees der European Association for Social Psychology (EASP) und des Sonderforschungsbereichs »Humandifferenzierung« an der JGU Mainz.

Kessler, Thomas, Prof. Dr. rer. nat., ist Lehrstuhlinhaber für Sozialpsychologie am Institut für Psychologie der Friedrich-Schiller-Universität Jena. Er erforscht Prozesse innerhalb und zwischen sozialen Gruppen, sowie zu Autoritarismus, Vorurteilen, Bestrafung und politischer Ideologie.

Köhler, Daniel, Dr. phil, ist wissenschaftlicher Referent im Kompetenzzentrum gegen Extremismus in Baden-Württemberg. Er ist Research Fellow am Polarization and Extremism Research and Innovation Lab (PERIL) der American University in Washington D.C. und Associate Fellow am Royal United Service Institute (RUSI). Er ist der Herausgeber der Fachzeitschrift *Journal on Deradicalization*.

Köhler, Lucas, Dr., ist wissenschaftlicher Mitarbeiter am Lehrstuhl für Sozialpsychologie der Ludwig-Maximilians-Universität München. In seiner Dissertation hat er sich mit der Rolle dispositionaler Opfersensibilität in aktuellen gesellschaftlichen Diskursen – wie etwa Zuwanderung oder Klimawandel – befasst.

Kracher, Veronika, ist Publizistin und zudem in der politischen Bildungsarbeit tätig. Ihr Arbeitsschwerpunkt liegt in den Bereichen Antifeminismus, Rechtsextremismus und Online-Radikalisierung. 2020 erschien ihr Buch *Incels – Geschichte, Sprache und Ideologie eines Online-Kults*.

Krahé, Barbara, ist Professorin i.R. und ehemalige Leiterin der Abteilung Sozialpsychologie an der Universität Potsdam. Ihr Arbeitsschwerpunkt liegt im Bereich der Aggressionsforschung.

Kruglanski, Arie W., ist Distinguished University Professor für Psychologie an der University of Maryland. Er wurde mit mehreren wissenschaftlichen Preisen ausgezeichnet und war Herausgeber des *Journal of Personality and Social Psychology: Attitudes and Social Cognition* sowie des *Personality and Social Psychology Bulletin* und war

Präsident der Society for the Study of Motivation. Kruglanski veröffentlichte über 450 Artikel, Kapitel und Bücher über motivierte soziale Kognition, war Mitglied in NAS-Gremien zu den sozialen und verhaltensbezogenen Aspekten des Terrorismus und Mitbegründer des National Center of Excellence for the Study of Terrorism and the Response to Terrorism.

Lammers, Joris, Prof. Dr., ist Professor für Politische Psychologie an der Universität zu Köln und Investigator am Exzellenzcluster ECONtribute: Märkte & Public Policy, einer gemeinsamen Initiative der Universitäten Bonn und Köln.

Naderer, Brigitte, Mag. Dr., ist Post-Doc am Zentrum für Public Health der Medizinischen Universität Wien. Zuvor war sie als Post-Doc am Institut für Kommunikationswissenschaft und Medienforschung der Ludwig-Maximilians-Universität München tätig. Gemeinsam mit Tim Wulf und Diana Rieger hat sie 2023 das Lehrbuch *Medienpsychologie* herausgegeben. Naderer ist promovierte Kommunikationswissenschaftlerin und aktuell Social Media Editor der Fachzeitschrift *Children and Media*.

Pfahl-Traughber, Armin, Prof. Dr., Politikwissenschaftler und Soziologe, ist hauptamtlich Lehrender an der Hochschule des Bundes für öffentliche Verwaltung in Brühl und Lehrbeauftragter an der Universität Bonn. Seine Arbeitsschwerpunkte sind: Antisemitismusforschung, Extremismusforschung, Politische Ideengeschichte. Er gibt zusammen mit Hendrik Hansen das *Jahrbuch für Extremismus- und Terrorismusforschung* heraus.

Pfundmair, Michaela, Prof. Dr. phil. habil., ist Professorin für Nachrichtendienstpsychologie am Fachbereich Nachrichtendienste der Hochschule des Bundes in Berlin, wo sie zur Psychologie der Radikalisierung lehrt und forscht. Darüber hinaus ist sie Fachpsychologin für Rechtspsychologie BDP/DGPs und Vorsitzende der Sektion Rechtspsychologie im BDP.

Quent, Matthias, Prof. Dr. phil., ist Professor für Soziologie und Vorstandsvorsitzender des Instituts für demokratische Kultur an der Hochschule Magdeburg-Stendal. Er ist unter anderem Vorstandsmitglied im Arbeitskreis »Sociology of the far right« in der Deutschen Gesellschaft für Soziologie (DGS).

Rahner, Judith, Autorin und politische Bildnerin, ist Leiterin der Fachstelle Gender, Gruppenbezogene Menschenfeindlichkeit und Rechtsextremismus bei der Amadeu Antonio Stiftung. Mit Fokus auf Gender berät und schult sie Bildungsarbeit, Politik und Medien im Umgang mit Rechtsextremismus und Antifeminismus.

Rieger, Diana, Prof. Dr. phil., ist Professorin am Institut für Kommunikationswissenschaft und Medienforschung der Ludwig-Maximilians-Universität München. Sie ist Vizedirektorin des Departments und Prodekanin der Sozialwissenschaftlichen Fakultät.

Rothmund, Tobias, Prof. Dr. phil., ist Professor für Kommunikations- und Medienpsychologie an der Friedrich-Schiller-Universität Jena. Seit 2024 leitet er als Direktor das Zentrum für Rechtsextremismusforschung, Demokratiebildung und gesellschaftliche Integration (KomRex) in Jena.

Schmid, Ursula Kristin, M.A., ist wissenschaftliche Mitarbeiterin am Institut für Kommunikationswissenschaft und Medienforschung der Ludwig-Maximilians-Universität München.

Schulte, Anna, Dr., hat am Lehrstuhl für Politische Psychologie der Universität zu Köln promoviert. Derzeit arbeitet sie als wissenschaftliche Mitarbeiterin am Lehrstuhl für Soziale Kognition an der Ruhr-Universität Bochum.

Schulze, Heidi, M.A., ist wissenschaftliche Mitarbeiterin am Institut für Kommunikationswissenschaft und Medienforschung der Ludwig-Maximilians-Universität München. Sie ist Projektmitarbeiterin im Forschungsprojekt MOTRA – Monitoringsystem und Transferplattform Radikalisierung, Mittelbaurepräsentation im Fakultätsrat und Teil des Kuratoriums des Grimme-Forschungskollegs.

Steinmetz, Klara, M.Sc., ist wissenschaftliche Mitarbeiterin und Doktorandin der Sozialpsychologie an der TU Chemnitz. Sie ist Teil des »German Political Psychology Network«. Sie forscht hauptsächlich zu Political Sophistication und Bedrohungswahrnehmung durch Deepfakes.

Voit, Marlene, M.Sc., ist Doktorandin am Lehrstuhl für Sozialpsychologie der Ludwig-Maximilians-Universität München. In ihrem Dissertationsprojekt beschäftigt sie sich mit der Frage, ob (und – wenn ja – wieso) die Sensibilität für Ungerechtigkeit in westlichen Gesellschaften einem zeitgeistbedingten Wandel unterliegt.

Wagner, Ulrich, Prof. Dr., ist Professor für Sozialpsychologie im Ruhestand an der Philipps-Universität Marburg. Seine Forschungsgebiete sind Intergruppenbeziehungen und Gewaltprävention. Er ist Träger des Deutschen Psychologiepreises 2023.

Walther, Eva, Prof. Dr. phil., ist Professorin für Sozialpsychologie an der Universität Trier. Sie ist Sprecherin der Taskforce »Rassismus und Radikalisierung« der Deutschen Gesellschaft für Psychologie (DGPs) und Sprecherin der Kommission »Psychologie und Politik« der DGPs.

Inhalt

AutorInnenverzeichnis 5

Muster des Rechtsrucks – ein Vorwort 15
Matthias Quent

1 **Psychologie der Rechtsradikalisierung – Konzepte und Grundlagen** 19
Tobias Rothmund und Eva Walther

2 **Ein psychologisches Rahmenmodell der Radikalisierung** 32
Tobias Rothmund und Eva Walther

I **Deprivationserfahrungen**

3 **Das Streben nach sozialer Bedeutung und Rechtsradikalisierung** 47
Molly Ellenberg und Arie W. Kruglanski

4 **Gruppenbasierte Kontrolle und Rechtsradikalisierung** 57
Immo Fritsche, Annedore Hoppe und Fabian M. Hess

5 **Kollektive Nostalgie und Rechtsradikalisierung** 69
Anna Schulte und Joris Lammers

II **Rechtsextreme Ideologie**

6 **Rassismus im Kontext rechtsextremer Ideologie** 81
Stefanie Hechler und Iniobong Essien

7 **Verschwörungstheorien als Fragment rechtsextremer Ideologien** 93
Roland Imhoff

| 8 | Sexismus, Antifeminismus und die Incel-Bewegung im Kontext rechtsextremer Radikalisierung – eine interdisziplinäre Annäherung .... | 103 |

Veronika Kracher, Janine Dieckmann und Judith Rahner

| 9 | Vorurteile im Kontext rechter Gruppen .... | 113 |

Pascal Gelfort und Thomas Kessler

III Politische Gewalt

| 10 | Hassrede als Merkmal von (Online-)Radikalisierung .... | 125 |

Diana Rieger, Simon Greipl, Ursula K. Schmid, Julian Hohner und Heidi Schulze

| 11 | Rechte Bewegungen, Gruppenidentifikation und Gewalt ..... | 135 |

Ulrich Wagner

| 12 | Hassverbrechen .... | 145 |

Barbara Krahé

| 13 | Rechtsterrorismus .... | 156 |

Michaela Pfundmair und Armin Pfahl-Traughber

IV Persönlichkeit/Stabile interindividuelle Unterschiede

| 14 | Ideologische Einstellungen – Soziale Dominanzorientierung und Autoritarismus .... | 169 |

Klara Steinmetz und Frank Asbrock

| 15 | Moral Foundations – die moralpsychologischen Grundlagen der politischen Orientierung .... | 180 |

Thomas Grünhage und Rainer Banse

| 16 | Ungerechtigkeitssensibilität...................................... | 192 |

Mario Gollwitzer, Marlene Voit und Lucas Köhler

V Prävention

| 17 | Ausstiegsprogramme .... | 205 |

Daniel Köhler

| 18 | Digitale Prävention .... | 213 |

Lena Frischlich und Brigitte Naderer

19 Entwicklungsorientierte Radikalisierungsprävention. Konzepte und empirische Evidenzen **225**
Andreas Beelmann

Muster des Rechtsrucks – ein Vorwort

Matthias Quent

Als eine »normale Pathologie« westlicher Industriegesellschaften bezeichneten die Soziologen Scheuch und Klingemann (1967) die Existenz des Rechtextremismus bei einem relativ kleinen Teil der Bevölkerung. Weil in vielen westlichen Gesellschaften festzustellen ist, dass der bisherige vermeintliche gläserne Deckel des *normalen* Rechtsextremismusanteils insbesondere im Wahlverhalten für Rechtsaußenparteien gesprengt wird, attestiert der Politologe Cas Mudde (2020) nunmehr eine »pathologische Normalität« durch die Rechtsradikalisierung des politischen Mainstreams. Angesichts der Aktualität und akuten Dringlichkeit des Themas kommt der Befassung mit den Kontinuitäten, Traditionslinien und den Mustern rechter Radikalisierungsprozesse auf individueller, kollektiver und gesellschaftlicher Ebene eine große Bedeutung bei. Erscheinungsformen, Radikalisierungsstrategien, Kampagnen und Narrative der äußersten Rechten haben sich einhergehend mit der Zunahme und der Professionalisierung von Organisationen der Rechtsextremen im parlamentarischen, außerparlamentarischen und medialen Raum ausdifferenziert und entgrenzt. Über das Kernthema der Antimigration bespielt die äußerste Rechte längst auch andere Themenfelder wie Außenpolitik, Bildung, Soziales, Wirtschaft sowie Klima- und Transformationspolitik. Die überwiegend regressiven klimapolitischen Positionen der äußersten Rechten zeigen, dass nicht nur die Zukunft von Demokratie und Menschenrechten, sondern auch die Zukunft der Lebensqualität auf diesem Planeten davon abhängt, ob es gelingt, der Rechtsradikalisierung Einhalt zu gebieten. Dabei hilft das vorliegende Buch, weil es kenntnisreich beleuchtet, welche psychologischen Prozesse hinter den Radikalisierungsprozessen stehen.

Die kritische Rechtsextremismusforschung und insbesondere Einstellungsstudien in der Tradition der Kritischen Theorie haben den behördlichen Begriff des Rechtsextremismus im Sinne der normativen Extremismustheorie immer wieder als unterkomplex kritisiert, unter anderem weil das allgemeine Extremismusmodell die *Mitte* als Inbegriff des Demokratischen konstruiert und frei spricht von autoritären und rechtsextremen Tendenzen, die auch in Deutschland schon lange vor der »Alternative für Deutschland« (AfD) in relevanten Teilen der Bevölkerung und auch in der Wählerschaft der Volksparteien zu beobachten waren. Nachdem der gemessene Anteil rechtsextremer Einstellungen jahrelang tendenziell eher abgenommen hat und die Neuformierung der äußersten Rechten in den Parlamenten als der Abwehrkampf einer kleiner werdenden Minderheit gegen gesellschaftspolitische Demokratisierung erschien, wurde 2022/2023 in der Bielefelder Mitte-Studie (Zick et al. 2023) erstmals eine massive Zunahme rechtsextremer Einstellung in der Bevölkerung gemessen. Vor dem Hintergrund gesellschaftlicher Vielfachkrisen und des Sichtbarwerdens negativer Globalisierungsfolgen in der Finanz- und Wirtschaftskrise, der Migrationskrise, der Covid-19-Pandemie, des Angriffs Russlands auf die Ukraine mit Folgen für Energiepreise, Inflation und Rüstungsausgaben sowie angesichts der globalen Klimakrise erscheint in den 2020er Jahren der Rückzug auf Volk und Nation für viele Menschen zunehmend als notwendige Alternative gegen Kontrollverluste und die Komplexität globaler Verantwortung. In der öffentlichen Stimmung und bei Protesten vermischen sich Unzufriedenheiten und demokratische Kritik mit Populismus, verschwörungsideologischem Geraune und der Agenda der AgitatorInnen von rechts außen. Leo Löwenthal (1949/2021) beschrieb in seinem Werk »Falsche Propheten« schon vor über 70 Jahren die Muster der faschistischen Agitation angesichts gesellschaftlicher Unzufriedenheit:

> »Soziale Malaise kann mit einer Hautkrankheit verglichen werden. Der daran leidende Patient hat das instinktive Bedürfnis, sich zu kratzen. Folgt er dem Rat eines erfahrenen Arztes, wird er diesem Bedürfnis nicht nachgeben und statt dessen versuchen, die Ursache des Juckreizes durch ein Heilmittel zu beseitigen. Gibt er jedoch seinem instinktiven Kratzbedürfnis nach, wird der Juckreiz sich nur steigern. Dieser irrationale Akt der Selbstverstümmelung wird ihm zwar eine gewisse Erleichterung verschaffen, verstärkt aber gleichzeitig sein Bedürfnis zu kratzen und verhindert eine erfolgreiche Heilung seiner Krankheit. Der Agitator rät zum Kratzen.«

Durch das »Kratzen« kann auch eine kleine Wunde zur großflächigen Entzündung mit wachsender Ansteckungsgefahr wachsen. Im Umgang mit den AgitatorInnen unserer Zeit scheint noch kein durchschlagendes Rezept gefunden zu sein, um die Selbstverstümmelung zu stoppen. Aus den Erfahrungen der nationalsozialistischen Machtergreifung und ihrer Folgen ist die Bundesrepublik Deutschland als »militant Democracy« (Loewenstein 1937), als wehrhafte Demokratie gegründet, deren Instrumentenkoffer bis zum Parteiverbot reicht. Angesichts der Gefahren, die vom Rechtsextremismus für Menschenwürde und Demokratie ausgehen, kann auch die Option eines Verbotsverfahrens gegen die weit in den Rechtsextremismus radikalisierte AfD nicht mehr ausgeschlossen werden, um die Kreisläufe der sich professionalisierenden Agitation zu durchbrechen. Grundsätzlicher und im positiven Sinn des Wortes radikaler, d.h. an die Wurzeln gehend, ist es jedoch, die Ursachen und Muster der Reproduktion und Radikalisierung des Rechtsextremismus aufzudecken und in den Fokus zu stellen.

In diesem Sinne systematisiert das vorliegende Werk soziale und psychologische Interdependenzen und liefert dabei eine eindrucksvolle Zusammenschau über psychologische Befunde und Theorien. Die AutorInnen blicken dabei immer wieder über den disziplinären Tellerrand. Gerade für Prävention und Interventionen ist es von großer Relevanz, die Muster hinter den Interaktionen von Agitation und Rezeption im Prozess der Radikalisierung zu verstehen.

Medizinische Metaphern wie Pathologie, Krankheit und deren Prävention sowie Eindämmung hinter einem Cordon sanitaire (im Deutschen ist der Begriff der »Brandmauer« verbreiteter) und auch der Begriff des (Rechts-)Extremismus zeigen, dass es bei der Beschreibung des Phänomens um eine Verortung ebendieses im Verhältnis zur Gesellschaft gilt. Dem wohnt häufig die Tendenz inne, die rechtsextremen Potentiale von der Gesellschaft bzw. aus deren »Mitte« abzuspalten, sie zu verdrängen oder als pathologisch zu klassifizieren. Wenn »Reichsbürger«, VerschwörungsideologInnen und andere antidemokratische AkteurInnen gar als

»Spinner« abgetan werden, die man nicht so richtig ernst nehmen müsse, von Einzelfällen gesprochen, Rechtsextremen Intelligenz abgesprochen oder ihre mentale Gesundheit in Frage gestellt wird, findet nicht nur eine Bagatellisierung des Problems, sondern auch eine trügerische gesellschaftliche Selbstentlastung statt. Gerade der Nationalsozialismus hat gezeigt, welche massenintegrative und zugleich destruktive Dynamiken antisemitische Verschwörungsideologien, rassistische Pseudotheorien und nationalistischer Überlegenheitswahn annehmen kann. Die Herausgebenden dieses Buches sehen in rechtsextremen Ideologien selbst eine »psychologische Medizin gegen die als schmerzhaft erlebten oder auch mit Sorge antizipierten Deprivationserfahrungen« (▶ Kap. 2) im Sinne eines Bewältigungsangebots. Der große Wert dieses Buches liegt dabei darin, dass die vielschichtigen Prozesse der Rechtsradikalisierung nicht als individuelle psychologische Probleme, sondern in der Wechselwirkung mit Entwicklungen des sozialen Wandels analysiert werden und dabei weder die sich Radikalisierenden noch die gesellschaftlichen Strukturen samt ihrer Vorräte und Potentiale, beispielsweise an Rassismus und Sexismus, von Verantwortung freigesprochen werden.

Soziologisch radikalisiert der Rechtsextremismus gesellschaftliche Spannungslinien, Widersprüche und latente Potentiale, die in der demokratisch-kapitalistischen Gesellschaft und ihrer politischen, ökonomischen wie kulturellen Vergangenheit und Gegenwart verwurzelt sind und deren ernsthafte Aufarbeitung daher die Selbstreflexion in allen gesellschaftlichen Feldern bedeutet bzw. bedeuten sollte. Der vorliegende Band zur Psychologie der Rechtsradikalisierung liefert in diesem Sinne auf hervorragende Weise Zugänge für die fachliche und die öffentliche Debatte. Ohne in die Falle zu tappen, Aspekte der Rechtsradikalisierung psychologisch zu individualisieren, soziologisch zu generalisieren oder politikwissenschaftlich allein auf extremistische AkteurInnen und Strukturen zu reduzieren, liefert dieses Buch einen informativen Überblick über Erklärungsansätze und Theorien von rechten Radikalisierungsprozessen auf den verschiedenen Ebenen.

Die Ausführungen bereichern die Debatten der Rechtsextremismusforschung insgesamt, weil sie die übergreifenden Diagnosen, wonach die moderne Rechtsradikalisierung auf Backlash-Reaktionen gegen kosmopolitische Liberalisierungsprozesse, Migration und Globalisierung, auf soziale Ungleichheit und bürgerliche Verrohung, auf tief verankerte antisemitische, nationalistische und rassistische Prägungen, auf politische Kontrollverluste oder auf populistische Manipulationen unter perfider Nutzung der (sozialen) Medien zurückgeführt werden, um empirische und theoretische Einordnungen der individuellen und kollektiven psychologischen Prozesse hinter den Beobachtungen ergänzen.

Dem Sammelband sind viele LeserInnen auch über die psychologische Disziplin hinaus zu wünschen. Für akademische Erkenntnisse sowie für die Praxis bietet dieses Buch hervorragende Grundlagen, um evidenzbasiert und konstruktiv Maßnahmen und Strategien gegen Rechtsradikalisierung fortzuentwickeln.

Magdeburg, im Januar 2024

Prof. Dr. Matthias Quent

Literatur

Loewenstein, K. (1937). Militant Democracy and Fundamental Rights, I. *The American Political Science Review, 31(3)*, 417–432.

Löwenthal, L. (1949/2021). *Falsche Propheten. Studien zur faschistischen Agitation.* Berlin: Suhrkamp.

Mudde, C. (2020). *Rechtsaußen. Extreme und radikale Rechte in der heutigen Politik weltweit.* Bonn: J. H. W. Dietz.

Scheuch, E. & Klingemann, H. (1967). Theorie des Rechtsradikalismus in westlichen Industriegesellschaften. *Hamburger Jahrbuch für Wirtschafts- und Gesellschaftspolitik, 12*, 11–29.

Zick, A., Küpper, B. & Mokros, N. (Hrsg.). (2023). *Die distanzierte Mitte: Rechtsextreme und demokratiegefährdende Einstellungen in Deutschland 2022/23.* Bonn: J H. W. Dietz. https://www.fes.de/index.php?eID=dumpFile&t=f&f=91776&token=3821fe2a05aff649791e9e7ebdb18eabdae3e0fd.

1 Psychologie der Rechtsradikalisierung – Konzepte und Grundlagen

Tobias Rothmund und Eva Walther

In Deutschland ist die Partei »Alternative für Deutschland« (AfD) seit 2017 im Bundestag und Stand Oktober 2023 in 14 Landtagen vertreten. Bei den Landtagswahlen in Sachsen, Thüringen und Brandenburg im Herbst 2024 könnte die AfD erstmals als stärkste politische Kraft aus einer überregional bedeutenden politischen Wahl in Deutschland hervorgehen. Gleichzeitig wird die Partei seit 2021 vom Verfassungsschutz als rechtsextremer Verdachtsfall eingestuft, die Jugendorganisation der AfD wurde im April 2023 gar als gesichert rechtsextrem bewertet. Der politische Erfolg der AfD ist umso bemerkenswerter, zieht man in Betracht, dass sich die Partei in ihrer politischen Programmatik in den vergangenen Jahren immer weiter in eine rechtsextreme Richtung entwickelt hat (Arzheimer & Berning, 2019; Pfahl-Traughber, 2020). Aus diesem Grund kann auch das Wahlverhalten der AfD-WählerInnen zunehmend weniger auf einen Protest gegen etablierte Parteien reduziert werden. Es geht offenbar nicht allein um die eine allgemeine Politikverdrossenheit oder den Widerstand gegen das Programm der etablierten Parteien. Stattdessen müssen wir erkennen, dass ein substantieller und möglicherweise wachsender Anteil der deutschen Bevölkerung für die Programmatik einer Partei empfänglich ist, die in weiten Teilen rechtsextreme Positionen vertritt.

Es gibt verschiedene empirische Hinweise darauf, dass der Erfolg der AfD mit einer Rechtsradikalisierung in Teilen der deutschen Gesellschaft einhergeht. So zeigt beispielsweise die bevölkerungsrepräsentative Mitte-Studie 2022/2023, dass der Anteil der Befragten mit klar rechtsextremer Orientierung im Vergleich zu vorangegangenen Befragungen substantiell auf mittlerweile 8 % gestiegen ist (Zick et al., 2023). Das sind mehr als dreimal so viele Personen im Vergleich zum Mittelwert der vergangenen 10 Jahre. In den letzten Jahren hat sich außerdem eine rechte Protestkultur etabliert, die im Kontext wechselnder Themen (bspw. Migration, Covid-19-Pandemie) die Entscheidungsmacht des Staates in Frage stellt und diese als diktatorisch brandmarkt (bspw. Teune, 2021). Auch das Bundesamt für Verfassungsschutz nimmt einen Anstieg im sogenannten rechtsextremistischen Personenpotential wahr (Bundesministerium des Inneren, 2023). Gleichzeitig zählt das Bundeskriminalamt zunehmend mehr Fälle politisch motivierter Gewalt aus dem rechten politischen Spektrum. Zwischen 2013 und 2022 ist die Anzahl entsprechender Straftaten mit 38 % um rund ein Drittel gestiegen (Bundeskriminalamt, 2023b). In der Summe bekräftigen diese Entwicklungen die Sorge vor einer Rechtsradikalisierung in der deutschen Gesellschaft. Was bedeutet Rechtsradikalisierung aber eigentlich? Wie kann der Prozess der Rechtsradikalisierung aus der Perspektive des Einzelnen beschrieben und verstanden werden? Und wo können

Präventionsansätze wirksam ansetzen? In diesem Buch wollen wir einen psychologisch geprägten Blick auf das Phänomen der Rechtsradikalisierung werfen.

1.1 Psychologische Beiträge zur Radikalisierungsforschung

Die psychologische Forschung beschäftigt sich seit vielen Jahrzehnten mit der Frage, wie politische Radikalisierungsprozesse nachgezeichnet und erklärt werden können. Im Rahmen von querschnittlichen und längsschnittlichen Befragungen, mit Einzelfallstudien, aber auch mit experimentellen Untersuchungen werden motivationale, kognitive und verhaltensbezogene Prozesse untersucht, um besser zu verstehen, welche Personen (persönlichkeitspsychologischer Ansatz) unter welchen sozialen Rahmenbedingungen (sozialpsychologischer Ansatz) aus welchen Gründen (motivationspsychologischer Ansatz) und in welcher zeitlichen Dynamik (entwicklungspsychologischer Ansatz) empfänglich für extremistische Denk- und Handlungsweisen sind.

Diese Forschung ist aus verschiedenen Gründen geeignet, den öffentlichen Diskurs zu den Ursachen und Dynamiken von Radikalisierungsprozessen zu bereichern. Zum Ersten liefert die Psychologie, als Wissenschaft vom Erleben und Verhalten von Menschen, Erklärungsansätze für *emotionale Prozesse*, die an der Entstehung von politischen Vorstellungen, Einstellungen und Verhaltensweisen beteiligt sind. Emotionale Reaktionen auf politische Ereignisse und Informationen gewinnen in zunehmend komplexer und undurchsichtig erscheinenden politischen, wirtschaftlichen und gesellschaftlichen Gemengelagen an Bedeutung. Angesichts einer unüberschaubaren Menge ungefilterter Informationen in digitalen Kommunikationsumgebungen vertrauen viele Menschen weniger auf rationale Problemanalysen durch wissenschaftliche oder politische ExpertInnen und stärker auf ihre eigenen emotionalen oder intuitiven Reaktionen. Gleichzeitig befördert die Logik einer medialen Aufmerksamkeitsökonomie in zunehmendem Maße politische Bedrohungsdebatten (Rothmund, 2023). Diese Debatten unterliegen einer Dramatisierungsattraktion, in der Ängste, Empörung oder Wut gezielt angesprochen und aktiviert werden. Ein psychologisches Verständnis der zugrundeliegenden Dynamiken stellt auch einen wichtigen Beitrag zum Verständnis politischer Radikalisierungsprozesse dar.

Zum Zweiten lenkt eine psychologische Perspektive den Blick auf die *Funktionalität von Radikalisierungsprozessen*. Damit meinen wir, dass der Radikalisierungsprozess für Einzelpersonen und soziale Gruppen positive Anreize bereithalten kann und somit eine motivationale Kraft entfaltet. Diese psychologische Funktionalität kann auf zwei Ebenen beschrieben werden. Auf einer kognitiv-emotionalen Ebene dienen Feindbilder, Verschwörungsnarrative oder auch gruppenbezogene Abwertung und Hass als palliative Bewältigungsstrategie im Umgang mit erlebten Verlust-

und Benachteiligungserfahrungen. Die politische Radikalisierung stützt sich dabei auf Narrative, die mit Selbstaufwertung, Verantwortungsabwehr und kognitiver Entlastung einhergehen und somit geeignet sind den Umgang mit diesen negativen Erfahrungen zu erleichtern. Auf einer verhaltensbezogenen Ebene können solche Radikalisierungsnarrative einen Beitrag zur politischen Mobilisierung von sozialen Gruppen leisten (Marie & Petersen, 2022). Insbesondere die Forschung zu sozialen Bewegungen und politischem Aktivismus zeigt außerdem, dass das Erleben von Ungerechtigkeit und daraus resultierende Emotionen wie Ärger und Wut sowie eine kategorische Freund-Feind-Unterscheidung die politische Aktivierung und Mobilisierung von Menschen begünstigt (van Zomeren, 2013). Indem die psychologische Radikalisierungsforschung diese Funktionalitäten sichtbar macht, öffnet sie einen Deutungs- und Erklärungsraum, der über eine vereinfachte normative Ablehnung von Radikalisierungsprozessen hinausreicht. Dies ist insbesondere auch im Hinblick auf die Gestaltung von Präventions- und Demokratiebildungsprogrammen wichtig. Es gilt als erwiesen, dass ein fundiertes Verständnis der Entwicklungsbedingungen von Radikalisierungsprozessen dabei helfen kann, Ansatzpunkte für die Gestaltung politischer Bildungsprogramme zu identifizieren.

Einen dritten wesentlichen Gewinn der psychologischen Perspektive auf Radikalisierungsprozesse sehen wir darin, dass diese eine *konstruktive Wendung polarisierter öffentlicher Diskurse* ermöglicht und damit selbst als Strategie zur Deradikalisierung verstanden werden kann. Die normative Ablehnung von Radikalisierungsprozessen in einer Gesellschaft kann, auch wenn sie demokratietheoretisch geboten erscheinen mag, leicht zu einer wechselseitigen Radikalisierungsdynamik führen (Moghaddam, 2018). Die politische Radikalisierung eines Teils der Gesellschaft motiviert und bedingt die Radikalisierung eines anderen Teils und umgekehrt. Diese soziale Dynamik begünstigt die Polarisierung oder Fragmentierung von Gesellschaften und beschädigt damit potentiell demokratische Prozesse und Strukturen. Die aktuelle Diskussion um den Klimawandel kann hier als Beispiel dienen. Konservative BremserInnen einer progressiven Klimapolitik und VertreterInnen einer schnellen und umfassenden Dekarbonisierung der Gesellschaft werfen sich gegenseitig politische Radikalisierung vor. Begriffe wie »Klimaleugner« einerseits und »Klimadiktatur« andererseits bringen das zum Ausdruck. In einem solchen Diskursklima können demokratische Einigungen zwischen Interessensgruppen zunehmend schwerer verhandelt und umgesetzt werden. Eine psychologische Rekonstruktion und Erklärung radikalisierter Positionen bereitet hingegen den Weg für Perspektivübernahme und wechselseitiges Verständnis und befördert dadurch einen gesellschaftlichen Dialog als Gegenentwurf zu einer machtorientierten Debattenkultur.

Zusammenfassend gehen wir in diesem Buch davon aus, dass eine psychologische Perspektive auf Rechtsradikalisierung einen wichtigen Beitrag dazu leistet, deren zugrundeliegenden Entwicklungsbedingungen und Funktionalitäten besser zu verstehen. Im Folgenden wollen wir dazu zunächst einige zentrale Begriffe und Konzepte näher erläutern. Wir beginnen mit dem Konzept der politischen Links-Rechts-Dimension, auf die im Zusammenhang mit Rechtsradikalisierung und Rechtsextremismus implizit immer wieder verwiesen wird.

1.2 Die Links-Rechts-Dimension als politischer und psychologischer Konfliktraum

Das Aufkommen der politischen Links-Rechts-Dimension, als Beschreibung unterschiedlicher politischer Positionen bzw. Orientierungen, kann auf die Sitzordnung in der verfassungsgebenden französischen Nationalversammlung von 1789 zurückgeführt werden. Die linke Seite des Parlaments war dabei von Vertretern einer revolutionären republikanischen Ausrichtung besetzt, während die rechte Seite des Parlaments durch konservative und monarchiefreundliche politische Positionen bestimmt war. Linke politische Positionen orientieren sich seither klassischerweise an den Interessen und Bedürfnissen von Personen mit niedrigem sozioökonomischem Status und fordern soziale Veränderungen im Sinne einer stärkeren Umverteilung von Macht, Status und Ressourcen. Rechte politische Positionen orientieren sich klassischerweise an den Interessen und Bedürfnissen von wirtschaftlichen Eliten und streben nach der Bewahrung bestehender Besitz- und Lebensverhältnisse. Diese Links-Rechts-Konfliktdimension hat in der sozialwissenschaftlichen Analyse bis heute ihre Bedeutung und Relevanz erhalten, auch wenn Verschiebungen in den klassischen Konfliktlinien diskutiert werden (z. B. Piketty, 2022).

In der Politikwissenschaft wird der zugrundeliegende Konfliktraum zwischen Links und Rechts häufig in zwei Dimensionen aufgefächert. So werden zentrale gesellschaftliche Konfliktlinien im soziokulturellen und im ökonomischen Bereich voneinander unterschieden. Eine *soziokulturelle Konfliktdimension* zwischen links und rechts bezieht sich auf den Konflikt zwischen der Bewahrung sozialer Ordnung und Traditionen (Konservatismus) und dem Recht auf individuelle Entfaltung und persönlicher Lebensführung in der Gesellschaft (Liberalismus). Entsprechende Konflikte beziehen sich auf Vorstellungen von Geschlecht und Familie wie bei der aktuellen Diskussion um die Rechte von transgender Personen oder auch das individuelle Recht auf Asyl und Migration. Auf der ökonomischen Konfliktdimension wird vor allem das Verhältnis von Markt und Staat verhandelt. Während sich linke Positionen für eine zentral organisierte Umverteilung im Sinne eines sozialen Ausgleichs einsetzen (Egalitarismus), argumentieren rechte Positionen für einen schlanken Staat, der sich möglichst wenig in die Mechanismen des freien Marktes einmischt (Libertarismus). Auf dieser Konfliktlinie werden Fragen zum Mindestlohn, zur Höhe von Sozialleistungen oder zu gewerkschaftlichen Rechten und Pflichten verhandelt. Empirische Bestätigung erfährt ein zweidimensionaler Ansatz durch politikwissenschaftliche Forschung, die zeigt, dass der Parteienwettbewerb in den meisten europäischen Ländern entlang der soziokulturellen und der ökonomischen Dimension strukturierbar ist (z. B. Warwick, 2002).

Die politische Psychologie untersucht seit vielen Jahrzehnten Unterschiede und Grundlagen in der politischen Orientierung und Positionierung in diesem Konfliktraum. Dabei existieren unterschiedliche Arten der Messung einer solchen politischen Orientierung. Am verbreitetsten sind die symbolische Messung und die operationale Messung. Bei der symbolischen Messung handelt es sich um eine abs-

1.2 Die Links-Rechts-Dimension als politischer und psychologischer Konfliktraum

trakte selbsteingeschätzte Verortung auf der Links-Rechts-Dimension, d. h., Menschen sollen ihre eigene politische Haltung auf dieser Dimension selbst einschätzen. Bei der operationalen Messung wird die Einstellung zu ausgewählten politischen Themen (bspw. Grundeinkommen, Rechte von Minderheiten, gleichgeschlechtliche Ehe) abgefragt und zu einem Gesamtwert aggregiert, der dann die individuelle Haltung auf diesem Kontinuum ausdrücken soll. Eine zentrale Erkenntnis dieser Forschung besteht darin, dass der politische Konfliktraum, der durch die Links-Rechts-Dimension aufgespannt wird, eine Art psychologischen Unterbau aufweist. Dieser wird durch individuelle Unterschiede in Motivationen, Eigenschaften und Befindlichkeiten strukturiert und übersetzt sich dann in politische Einstellungen und Überzeugungen. Mit anderen Worten, es gibt systematische Zusammenhänge zwischen der individuellen Positionierung in diesem zweidimensionalen Konfliktraum und psychologischen Prozessen oder Zuständen, die über den politischen Kontext hinaus auf individuelle oder soziale Bedürfnisse und Motivlagen verweisen. Im Einklang mit Jost et al. (2009) fassen wir den Forschungsstand so zusammen, dass linke politische Haltungen insbesondere durch Offenheit gegenüber Veränderung und eine Kooperationsorientierung in sozialen Systemen, rechte politische Haltungen hingegen durch einen Wunsch nach Stabilität und Beständigkeit sowie einer Wettbewerbsorientierung in sozialen Strukturen motiviert werden. (▶ Abb. 1.1). Diese beiden Dimensionen spiegeln grundlegende menschliche Konflikte in Bezug auf Wert- und Bedürfnisorientierungen wider (siehe auch Claessens, Fischer, Chaudhuri, Sibley & Atkinson, 2020). Dies drückt sich auch darin aus, dass die jahrzehntelange Forschung zu persönlichen Wertorientierungen kulturübergreifend eine nahezu identische zweidimensionale Konfliktstruktur identifiziert hat (Schwartz, Caprara & Vecchione, 2010).

Die Beziehungen zwischen psychologischen und politischen Konfliktdimensionen sind vielfältig. So gibt es Evidenz dafür, dass Menschen in Abhängigkeit ihrer Persönlichkeitsstruktur eher zu bestimmten politischen Orientierungen neigen. Offenheit für Veränderung als einer von fünf zentralen Persönlichkeitsfaktoren im bekannten Big-Five-Ansatz korreliert beispielsweise positiv mit links-liberalen politischen Einstellungen (Osborne, Satherley & Sibley, 2018), während Gewissenhaftigkeit als Persönlichkeitsmerkmal mit rechts-konservativen politischen Haltungen in Verbindung steht (Fatke, 2017). Psychologische Prozesse spielen auch eine wichtige Rolle dabei, wie sich soziale und kulturelle Veränderungen auf politische Einstellungen auswirken. Akute nationale Bedrohungslagen wie Pandemien oder Terrorismus können beispielsweise das Bedürfnis nach Stabilität erhöhen. Unter anderem aus diesem Grund findet in Krisenzeiten häufig eine verstärkte Hinwendung zu rechts-konservativen Positionen statt (z. B. Bonanno & Jost, 2006).

Zusammenfassend halten wir fest, dass sich die politische Links-Rechts-Dimension in eine ökonomische und eine soziokulturelle Konfliktachse auffächern lässt. Der so entstehende Konfliktraum politischer Ideologien und Überzeugungen verfügt über eine psychologische Substruktur. Wie lassen sich aber nun vor dem Hintergrund dieses politischen Konfliktraums sowie des psychologischen Unterbaus aus Motivationen, Wertorientierungen und Eigenschaften extremistische Positionen und Prozesse der Radikalisierung und speziell der Rechtsradikalisierung konzeptualisieren und verstehen? Das Bundeskriminalamt (2023a) beschreibt Radikalisie-

1 Psychologie der Rechtsradikalisierung – Konzepte und Grundlagen

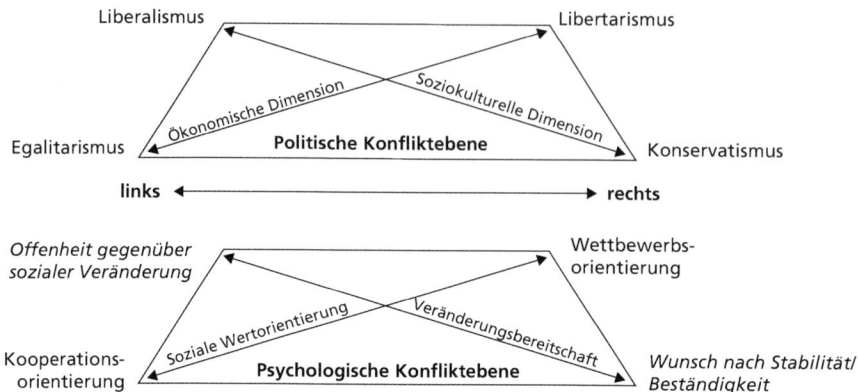

Abb. 1.1: Links-Rechts-Kontinuum als politischer und psychologischer Konfliktraum.

rung als »zunehmende Hinwendung von Personen oder Gruppen zu einer extremistischen Denk- und Handlungsweise und die wachsende Bereitschaft, zur Durchsetzung ihrer Ziele illegitime Mittel, bis hin zur Anwendung von Gewalt, zu befürworten, zu unterstützen und/oder einzusetzen.« Wir wollen dieses Verständnis im Folgenden aus einer psychologischen Perspektive ausdifferenzieren. Dabei geht es uns einerseits um die Unterscheidung zwischen kognitiver Radikalisierung und verhaltensbezogener Radikalisierung. Zum anderen unterscheiden wir zwischen allgemeinen Merkmalen politischer Radikalisierung und spezifischen Merkmalen der Rechtsradikalisierung.

1.3 Extremismus und Radikalisierung als kognitive und verhaltensbezogene Phänomene

Die Forschung zu politischer Radikalisierung und Extremismus findet in verschiedenen wissenschaftlichen Disziplinen statt, ist daher ausgesprochen heterogen und hat in der Vergangenheit kein gemeinsames Verständnis der Phänomene hervorgebracht (siehe z. B. Backes, 2006; Beelmann & Neubacher, 2022). Die Verwendung des Extremismus-Begriffs wurde in der jüngeren deutschen Geschichte durch die Sicherheitsorgane und den Verfassungsschutz geprägt. Entsprechend wird Extremismus häufig als »Antithese des Verfassungsstaats« (Backes, 2006, S. 238) definiert. Diesem Verständnis liegt die Idee zugrunde, dass Extremismus immer durch (a) eine monistische Vereinheitlichung und Verengung politischer Meinungsbildungs- und Entscheidungsprozesse und (b) die machtpolitische Unterdrückung politisch Andersdenkender im Sinne einer klaren Freund-Feind-Unterscheidung charakterisiert ist. Die genannten Aspekte beschreiben allgemeine Merkmale von politischem Extremismus, die in unterschiedlichen Ausformungen (bspw. Rechts- und Linksex-

1.3 Extremismus und Radikalisierung als kognitive und verhaltensbezogene Phänomene

tremismus, religiös motivierter Extremismus) gleichermaßen auftreten. Die monistische Einengung politischer Meinungsbildungs- und Entscheidungsprozesse kann psychologisch als kognitive Radikalisierung verstanden werden. Die machtpolitische Unterdrückung politisch Andersdenkender stellt hingegen einen Ausdruck verhaltensbezogener Radikalisierung dar.

Die sozialwissenschaftliche Literatur ist reich an Modellen und Metaphern, die den Prozess der politischen Radikalisierung in ihrer zeitlichen Dynamik illustrieren und darstellen sollen. Hierzu zählt das Treppenmodell des Terrorismus von Moghaddam (2005). Die zugrundeliegende Idee ist die, dass auf dem Weg zum politischen Extremismus mehrere Stufen der Radikalisierung durchlaufen werden müssen. Das Pyramidenmodell von McCauley und Moskalenko (2008) teilt diese Idee. Die AutorInnen beschreiben Radikalisierung jedoch nicht als Treppe, sondern als Pyramide. Sie bringen dadurch zum Ausdruck, dass der Radikalisierungsprozess nur von wenigen Personen bis zum Ende durchlaufen wird. Während viele Menschen eine schwache Form der Radikalisierung aufweisen, gelangen beispielsweise nur wenige Menschen an den Punkt, dass sie politische Gewalt selbst ausüben. Diesem Modell liegt auch die Idee zugrunde, dass Extremismus als ein soziales System verstanden werden kann, dass durch AkteurInnen und Strukturen in unterschiedlichen Stadien der Radikalisierung gestützt und unterstützt wird. In einer Erweiterung des Pyramidenmodells gehen McCauley und Moskalenko (2017) von zwei unabhängigen Pyramiden der Radikalisierung aus. Damit reagieren sie auf die empirische Beobachtung, dass politische Radikalisierung auf kognitiver und auf verhaltensbezogener Ebene relativ unabhängig voneinander erfolgen kann.

Das zentrale Merkmal *kognitiver Radikalisierung* ist die zunehmende Übernahme eines dogmatischen Denkstils. Ein dogmatischer Denkstil ist durch kognitive Rigidität und Ambiguitätsintoleranz gekennzeichnet. Dabei findet insbesondere eine mentale Einengung des politischen Problem- und Lösungsraums statt. Bei dieser Art zu denken, werden spezifische Einschätzungen der Realität als absolut gültig und alternativlos verstanden. Ein dogmatischer Denkstil wurde in der empirischen Sozialforschung erstmals von Frenkel-Brunswik (1939) beschrieben. Aufbauend auf diesen Arbeiten definierte Rokeach (1954, übersetzt, S. 195) Dogmatismus als (a) ein relativ geschlossenes Überzeugungssystem über die Realität, (b) organisiert um die Annahme einer absoluten Autorität, die ihrerseits (c) eine Legitimation für Intoleranz gegenüber anderen bereitstellt. Ein dogmatischer Denkstil wird dabei als kontinuierliches Merkmal verstanden, auf dem sich Menschen interindividuell unterscheiden. Damit wird jedoch auch klar, dass kognitive Radikalisierung im Übergang zum Extremismus nicht eindeutig bestimmt werden kann, da hier keine Grenzwerte definiert sind. Stattdessen muss von unterschiedlichen Ausprägungen dogmatischen Denkens ausgegangen werden, die mit zunehmender Stärke als extremistisch verstanden werden können (siehe auch Zmigrod & Goldenberg, 2021). Die Bestimmung extremistischer Denkweisen orientiert sich häufig auch daran, inwiefern Gewalt als Mittel zur Durchsetzung dogmatischer Überzeugungen kognitiv legitimiert wird.

Das zentrale Merkmal einer *verhaltensbezogenen Radikalisierung* stellt die Beteiligung an Verhaltensweisen dar, die gegen den Verfassungsstaat oder verfassungsrechtlich verankerte Bürgerrechte gerichtet sind. Am häufigsten sprechen wir dabei über physische oder verbale Formen der Aggression als Mittel zur Durchsetzung politischer Ziele und Überzeugungen, ohne dass diese rechtstaatlich legitimiert sind. Hier wird häufig auch der Begriff der politisch motivierten Gewalt verwendet (Backes, 2013). Beispiele reichen von verbaler Gewalt in digitalen Kommunikationsumgebungen (bspw. Hassrede) zur Unterdrückung politisch Andersdenkender über Gewalt(-androhungen) gegen PoltikerInnen oder Polizei bis hin zu politisch motivierten terroristischen Anschlägen. Der entstandene Schaden sowie die Schädigungsabsicht variieren im Rahmen dieser unterschiedlichen Ausformungen politisch motivierter Gewalt substantiell, weswegen auch hier zwischen unterschiedlichen Graden der verhaltensbezogenen Radikalisierung unterschieden werden muss. McCauley und Moskalenko (2017) beschreiben diese Eskalationsstufen im Rahmen ihres Pyramidenmodells. Dabei weisen sie auch darauf hin, dass sich kognitive und verhaltensbezogene Radikalisierung unabhängig voneinander entwickeln können. Es existieren zwar empirische Hinweise darauf, dass kognitive Radikalisierung die Bereitschaft zum Einsatz politischer Gewalt erhöht (bspw. Schumann, Salman, Clemmow & Gill, 2022). Beide Prozesse können jedoch auch getrennt auftreten. Mit anderen Worten: Extremistisches Denken muss nicht in extremistisches Handeln münden und extremistisches Handeln muss nicht durch extremistisches Denken begründet sein.

1.4 Allgemeine und spezifische Merkmale der Rechtsradikalisierung

Politische Radikalisierungsprozesse beinhalten neben den oben dargestellten allgemeinen Merkmalen der politischen Radikalisierung auch spezifische Merkmale, die einzelne Formen von Extremismus (bspw. Rechtsextremismus, islamistischer Extremismus etc.) exklusiv charakterisieren. Entsprechend ist auch der Rechtsextremismus durch spezifische Merkmale gekennzeichnet, die ihn von anderen Formen des politischen oder religiösen Extremismus abgrenzen. Diese wurden in der Vergangenheit jedoch ebenfalls unterschiedlich gefasst. Heitmeyer (1987) hob die Rechtfertigung von Ungleichwertigkeit als zentrales Charakteristikum hervor, die die Abwertungs- und Ausgrenzungstendenzen gegenüber Fremden einschließt. Dieser Ansatz wurde im Rahmen einer ExpertInnenkonferenz aufgegriffen und weiterentwickelt. In dieser Konferenz entwickelte eine Gruppe von SozialwissenschaftlerInnen 2001 die folgende Definition:

> »Der Rechtsextremismus ist ein Einstellungsmuster, dessen verbindendes Kennzeichen Ungleichwertigkeitsvorstellungen darstellen. Diese äußern sich im politischen Bereich in der Affinität zu diktatorischen Regierungsformen, chauvinistischen [also nationalistischen] Einstellungen und einer Verharmlosung bzw. Rechtfertigung des Nationalsozialismus. Im sozialen Bereich sind sie gekennzeichnet durch antisemitische, fremdenfeindliche und sozialdarwinistische Einstellungen.« (Kreis, 2007, S. 12)

1.4 Allgemeine und spezifische Merkmale der Rechtsradikalisierung

Der auf Grundlage dieser Definition entwickelte Fragebogen wird unter anderem in der Langzeituntersuchung der Leipziger Autoritarismus-Studien seit 2002 eingesetzt. Wir greifen diesen Definitionsansatz auf und integrieren ihn gleichzeitig in die bereits dargestellten theoretischen Grundlagen der Forschung zum Links-Rechts-Kontinuum als politischer und psychologischer Konfliktraum.

Ausgehend von der in ▶ Abb. 1.1 dargestellten Strukturierung des politischen und psychologischen Links-Rechts-Konfliktraums können zwei spezifische Zielorientierungen bzw. Begründungsstrukturen des Rechtsextremismus identifiziert werden, die sowohl kognitive als auch verhaltensbezogene Radikalisierungsprozesse leiten. Wir gehen davon aus, dass diese Zielorientierungen durch Extrempositionen auf den Konfliktachsen bestimmt werden. Als Übersteigerung einer an Prinzipien des Markts ausgerichteten rechts-libertären Wettbewerbsorientierung bezeichnen wir eine dieser beiden Extrempositionen als *sozialdarwinistisches Gesellschaftsbild*. Wenn das Denken und Handeln durch ein solches Gesellschaftsbild geprägt sind, werden gesellschaftliche Strukturen und soziale Prozesse als »kompetitiver Dschungel« verstanden (Duckitt & Sibley, 2009). Im Gegensatz zur Idee einer Solidaritätsgemeinschaft kämpft hier jeder gegen jeden nach dem Recht des Stärkeren, staatliche Regulierungs- und Gesetzgebungsprozesse werden abgelehnt, wenn sie im Konflikt mit den Partikularinteressen von Einzelnen oder mächtigen Gruppen stehen. Auf der Ebene von Intergruppenbeziehungen begründet ein solches Gesellschaftsbild die Idee des Ethnozentrismus. Interessen und Belange der eigenen ethnischen Gruppe werden dabei nicht nur über die Interessen und Bedürfnisse anderer Gruppen gestellt, sondern auch in ein antagonistisches Verhältnis gesetzt. Dieser Ansatz kommt in dem Leitprinzip von Donald Trump »America first!« zum Ausdruck. Im Prozess der kognitiven Radikalisierung kann ein sozialdarwinistisches Gesellschaftsbild als geschlossenes Überzeugungssystem dienen, das Intoleranz gegenüber Fremden, Schwächeren und Andersdenkenden begründet. Im Sinne einer verhaltensbezogenen Radikalisierung kann ein solches Überzeugungssystem als Legitimation dafür dienen, dass ein staatliches Gewaltmonopol nicht akzeptiert und stattdessen Gewalt zur Durchsetzung individueller oder gruppenbezogener Interessen oder Machtansprüche eingesetzt wird.

In einem *reaktionären Politikansatz* sehen wir eine zweite Extremposition, die aus der Übersteigerung einer rechts-konservativen Grundposition resultiert. Der Wunsch nach Beständigkeit und Stabilität sozialer Normen und Lebensverhältnisse wird hier zu dem Ziel, gesellschaftliche Veränderungsprozesse rückabzuwickeln und in einen Zustand zu überführen, wie er in der Vergangenheit existierte. Die Lösung aktueller gesellschaftlicher Herausforderungen und Probleme wird darin gesehen, gesellschaftliche Zustände aus der Vergangenheit wieder herzustellen. Dieser Ansatz kommt in dem bekannten Wahlslogan von Donald Trump »Make America Great Again« zum Ausdruck. Ein solcher reaktionärer Politikansatz kann sich auf soziale (bspw. Wiederherstellung eines patriarchalen Familienmodells), ökonomische (bspw. Rückabwicklung des Sozialsystems) oder politische Ziele (bspw. Wiederherstellung eines autokratischen politischen Systems) beziehen. Im Prozess der kognitiven Radikalisierung verengt ein reaktionärer Politikansatz den Lösungs- und Möglichkeitsraum und liefert gleichzeitig einen autoritären Deutungs- und Bewertungsrahmen für die Analyse von politischen Ideen und Programmen. Im Prozess der verhaltensbezogenen Radikalisierung steht ein reaktionärer Politikansatz für eine disruptive Neigung zum gesellschaftlichen Umsturz. »Der Reaktionär will nicht bewahren, sondern das bestehende System aus den Angeln heben.« (Neue Züricher Zeitung, 2018).

1.5 Zusammenfassung

Zusammenfassend strukturieren wir den Prozess der Rechtsradikalisierung aus psychologischer Perspektive in zweierlei Weise. Wir unterscheiden zunächst zwischen kognitiver und verhaltensbezogener Radikalisierung. Bei der kognitiven Radikalisierung steht die mentale Verengung des Problem- und Lösungsraums im Sinne dogmatischen politischen Denkens im Vordergrund. Die Herausbildung eines dogmatischen Denkstils ist eng daran gekoppelt, dass Ideologien das Denken über politische Prozesse und Strukturen prägen. Wir gehen in ▶ Kap. 2 darauf ein, welche Rolle wir rechtsextremen Ideologien im Prozess der kognitiven Rechtsradikalisierung zuschreiben. Die verhaltensbezogene Radikalisierung beinhaltet eine zunehmende Beteiligung an verfassungsfeindlichem Verhalten, dazu zählt insbesondere politische Gewalt. Unterschiedliche Ausformungen dieser politischen Gewalt spannen den Raum der verhaltensbezogenen Rechtsradikalisierung auf. Auch darauf werden wir im nächsten Kapitel näher eingehen. Dogmatisches politisches Denken und verfassungsfeindliches Verhalten können sich unabhängig voneinander entwickeln. In vielen Fällen begünstigen sich beide Prozesse jedoch wechselseitig. Die spezifischen Merkmale kognitiver und verhaltensbezogener Rechtsradikalisierung in Abgrenzung zu anderen Formen der Radikalisierung sehen wir darin, dass beide Prozesse von Ideen durchdrungen und geprägt sind, die wir als extreme Ausformungen einer rechtsgerichteten politischen Orientierung beschreiben: Ein sozialdarwinistisches Gesellschaftsbild und ein reaktionärer Politikansatz. Das Zusammenspiel dieser vier spezifischen und unspezifischen Merkmale der Rechtsradikalisierung kann unterschiedlichen Dynamiken folgen und individuell zu unterschiedlichen Konfigurationen im rechtsextremen Denken und Handeln führen (▶ Abb. 1.2).

Die prozesshafte Entwicklung der Rechtsradikalisierung erfordert aus psychologischer Perspektive ein dynamisches Zusammenspiel von Motivation, Kognition und Verhalten. Im nächsten Kapitel stellen wir zentrale Annahmen zu diesem Zusammenspiel dar. Wir gehen dabei auch auf fünf zentrale Bereiche des Buchs ein, die unterschiedlichen Perspektiven auf diese Dynamik und den Prozess der Rechtsradikalisierung entsprechen.

1.5 Zusammenfassung

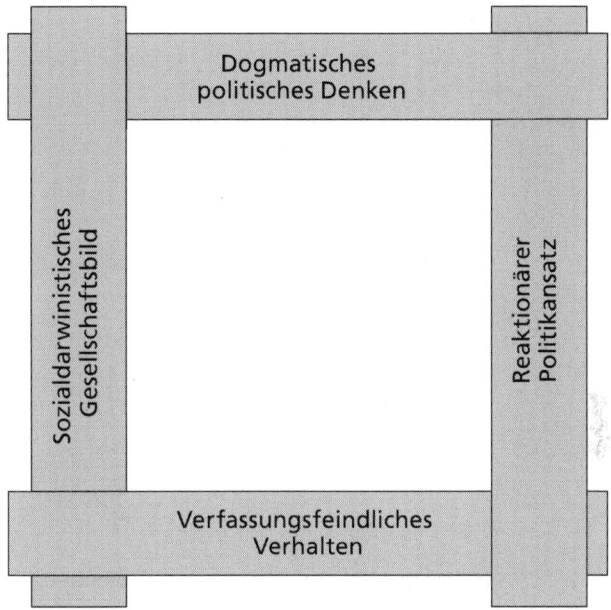

Abb. 1.2: Unspezifische und spezifische Merkmale des Rechtsextremismus.

Literatur

Arzheimer, K. & Berning, C. C. (2019). How the Alternative for Germany (AfD) and their voters veered to the radical right, 2013–2017. *Electoral Studies, 60*, 102040. https://doi.org/10.1016/j.electstud.2019.04.004

Backes, U. (2006). *Politische Extreme: Eine Wort- und Begriffsgeschichte von der Antike bis in die Gegenwart. Schriften des Hannah-Arendt-Instituts für Totalitarismusforschung: Bd. 31*. Vandenhoeck & Ruprecht. http://www.h-net.org/reviews/showrev.php?id=21857

Backes, U. (2013). Extremismus und politisch motivierte Gewalt im vereinten Deutschland. In B. Enzmann (Hrsg.), *Handbuch Politische Gewalt: Formen – Ursachen – Legitimation – Begrenzung*. Berlin: Springer.

Beelmann, A. & Neubacher, F. (2022). Rationale Kommunikation über Ursachen und wirksame Prävention setzen ein gemeinsames Verständnis von Radikalisierung und Extremismus voraus. In Beelmann, A. & Lehmann, L. (Hrsg.), *Rationale Kommunikation über Ursachen und wirksame Prävention setzen ein gemeinsames Verständnis von Radikalisierung und Extremismus voraus* (S. 9–16). Hannover: DruckTeam Druckgesellschaft mbH.

Bonanno, G. A. & Jost, J. T. (2006). Conservative Shift Among High-Exposure Survivors of the September 11th Terrorist Attacks. *Basic and Applied Social Psychology, 28*(4), 311–323. https://doi.org/10.1207/s15324834basp2804_4

Bundeskriminalamt (2023a). *Ihre Sicherheit/Richtiges Verhalten/Radikalisierung*. Zugriff am 08.11.2023 unter: https://www.bka.de/DE/IhreSicherheit/RichtigesVerhalten/Radikalisierung/radikalisierung_node.html

Bundeskriminalamt (2023b). *Politisch motivierte Kriminalität im Jahr 2022: Bundesweite Fallzahlen*. Zugriff am 06.11.2023 unter: https://www.bmi.bund.de/SharedDocs/downloads/DE/veroeffentlichungen/nachrichten/2023/05/pmk2022-factsheets.pdf?__blob=publicationFile&v=5

Bundesministerium des Innern und für Heimat (2023). *Verfassungsschutzbericht 2022*. Zugriff am 06.11.2023 unter: https://www.verfassungsschutz.de/SharedDocs/publikationen/DE/ver

fassungsschutzberichte/2023-06-20-verfassungsschutzbericht-2022.pdf?__blob=publicationFile&v=8

Claessens, S., Fischer, K., Chaudhuri, A., Sibley, C. G. & Atkinson, Q. D. (2020). The dual evolutionary foundations of political ideology. *Nature Human Behaviour*, 4(4), 336–345.

Duckitt, J. & Sibley, C. G. (2009). A Dual-Process Motivational Model of Ideology, Politics, and Prejudice. *Psychological Inquiry*, 20(2–3), 98–109. https://doi.org/10.1080/10478400903028540

Fatke, M. (2017). Personality traits and political ideology: A first global assessment. *Political Psychology*, 38(5), 881–899.

Frenkel-Brunswik, E. (1939). Mechanisms of Self-Deception. *The Journal of Social Psychology*, 10(3), 407–420. https://doi.org/10.1080/00224545.1939.9713777

Jost, J. T., Federico, C. M., & Napier, J. L. (2009). Political ideology: its structure, functions, and elective affinities. *Annual Review of Psychology*, 60, 307–337. https://doi.org/10.1146/annurev.psych.60.110707.163600

Kreis, J. (2007). *Zur Messung von rechtsextremer Einstellung: Probleme und Kontroversen am Beispiel zweier Studien.* http://dx.doi.org/10.17169/refubium-23175

Marie, A. & Petersen, M. B. (2022). Political conspiracy theories as tools for mobilization and signaling. *Current opinion in psychology*, 48, 101440. https://doi.org/10.1016/j.copsyc.2022.101440

McCauley, C. & Moskalenko, S. (2008). Mechanisms of political radicalization: Pathways toward terrorism. *Terrorism and political violence*, 20(3), 415–433.

McCauley, C. & Moskalenko, S. (2017). Understanding political radicalization: The two-pyramids model. *American Psychologist*, 72(3), 205.

Moghaddam, F. M. (2005). The staircase to terrorism: a psychological exploration. *American psychologist*, 60(2), 161.

Moghaddam, F. M. (2018). *Mutual radicalization: How groups and nations drive each other to extremes.* Washington D. C.: American Psychological Association eBooks. https://doi.org/10.1037/0000089-000

Neue Züricher Zeitung (2018). *Der Reaktionär ist der neue Revolutionär.* Zugriff am 06.11.2023 unter: https://www.nzz.ch/feuilleton/der-reaktionaer-ist-der-neue-revolutionaer-ld.1389505

Osborne, D., Satherley, N. & Sibley, C. G. (2018). *Personality and ideology: A meta-analysis of the reliable, but non-causal, association between Openness and conservatism.* Oxford: Oxford University Press eBooks. https://doi.org/10.31234/osf.io/esrku

Pfahl-Traughber, A. (2020). Die AfD ist (mittlerweile) eine rechtsextremistische Partei. *Sozial Extra*, 44(2), 87–91. https://doi.org/10.1007/s12054-020-00264-9

Piketty, T. (2022). *Eine kurze Geschichte der Gleichheit.* München: C. H. Beck

Rokeach, M. (1954). The nature and meaning of dogmatism. *Psychological review*, 61(3), 194–204. https://doi.org/10.1037/h0060752

Rothmund, T. (2023). Konkurrierende Bedrohungsdebatten in Krisenzeiten.: Eine sozialpsychologische Perspektive. *Wissenschaft und Frieden* (1), S. 18–21. https://wissenschaft-und-frieden.de/artikel/konkurrierende-bedrohungsdebatten-in-krisenzeiten/5

Schumann, S., Salman, N. L., Clemmow, C. & Gill, P. (2022). Does cognitive inflexibility predict violent extremist behaviour intentions? A registered direct replication report of Zmigrod, Rentfrow, & Robbins, 2019. *Legal and Criminological Psychology*, 26(2), 145–157. https://doi.org/10.1111/lcrp.12186

Schwartz, S. H., Caprara, G. V. & Vecchione, M. (2010). Basic Personal Values, Core Political Values, and Voting: A Longitudinal Analysis. *Political Psychology*, 31(3), 421–452. https://doi.org/10.1111/j.1467-9221.2010.00764.x

Teune, S. (2021). Zusammen statt nebeneinander. Die Proteste gegen die Corona-Maßnahmen und die extreme Rechte. *Demokratie gegen Menschenfeindlichkeit*, 5(2), 114–118. https://doi.org/10.46499/1604.1866

van Zomeren, M. (2013). Four Core Social-Psychological Motivations to Undertake Collective Action. *Social and Personality Psychology Compass*, 7(6), 378–388. https://doi.org/10.1111/spc3.12031

Warwick, P. V. (2002). Toward a common dimensionality in West European policy spaces. *Party Politics*, 8(1), 101–122.

Zick, A., Küpper, B. & Mokros, N. (Hrsg.). (2023). *Die distanzierte Mitte: Rechtsextreme und demokratiegefährdende Einstellungen in Deutschland 2022/23* (1. Auflage). Bonn: Dietz J H. https://www.fes.de/index.php?eID=dumpFile&t=f&f=91776&token=3821fe2a05aff649791e9e7ebdb18eabdae3e0fd

Zmigrod, L. & Goldenberg, A. (2021). Cognition and Emotion in Extreme Political Action: Individual Differences and Dynamic Interactions. *Current Directions in Psychological Science, 30*(3), 218–227. https://doi.org/10.1177/0963721421993820

2 Ein psychologisches Rahmenmodell der Radikalisierung

Tobias Rothmund und Eva Walther

Wir verstehen Rechtsradikalisierung als einen dynamischen Prozess der individuellen Akzeptanz und Übernahme rechtsextremer Denk- und Handlungsweisen. Aber wie genau entsteht diese Dynamik? Wie kommt es also zu kognitiver und verhaltensbezogener Radikalisierung? In diesem Kapitel wollen wir den Prozess der Rechtsradikalisierung aus einer psychologischen Perspektive nachzeichnen. Dabei stützen wir uns auf ein Rahmenmodell der Radikalisierung, dessen Komponenten den Aufbau dieses Buches strukturieren und anhand derer wir im Folgenden auch einen Überblick über die Kapitel im Buch geben wollen.

Bevor wir auf diese zentralen Komponenten genauer eingehen, ist es uns wichtig, darauf hinzuweisen, dass Radikalisierungsprozesse wie auch andere psychologische Prozesse multideterminiert sind, d.h., sie werden durch eine Vielzahl an Faktoren auf unterschiedlichen Ebenen beeinflusst und bedingt. Beelmann (2020) unterscheidet beispielsweise zwischen Risiko- und Schutzfaktoren, die in gesellschaftlichen Rahmenbedingungen, dem sozialen Nahfeld oder der Persönlichkeit von Betroffenen verortet werden können. Während Risikofaktoren wie beispielsweise ein politisch radikalisiertes soziales Umfeld die Gefahr individueller Radikalisierungsprozesse erhöhen, senken Schutzfaktoren wie beispielsweise intakte soziale Beziehungen im nicht radikalisierten Milieu diese Gefahr. Welche Faktoren im Sinne von Risiko- oder Schutzfaktoren wirksam werden, ist Gegenstand empirischer Forschung, die im Rahmen von Meta-Analysen zusammenfassend dargestellt wird (siehe z.B. Beelmann et al., 2022; Emmelkamp, Asscher, Wissink & Stams, 2020; Wolfowicz, Litmanovitz, Weisburd & Hasisi, 2020). Die aus dem Zusammenspiel dieser Faktoren resultierenden Prozesse und Dynamiken sind ausgesprochen komplex und können individuell sehr unterschiedliche Verläufe nehmen. Gleichzeitig gibt es jedoch Hinweise darauf, dass die Dynamik der politischen Radikalisierung einem Grundmuster folgt, das aus dem Zusammenspiel von drei psychologischen Komponenten resultiert (▶ Abb. 2.1): Es handelt sich um *Deprivationserfahrungen* als eine motivationale Quelle der Radikalisierung, *politische Ideologien* als kognitive Deutungs- und Begründungsstrukturen und *politische Gewalt* als verhaltensbezogenes Instrument der Selbstermächtigung. Vor dem Hintergrund dieser Grundkomponenten der Radikalisierung kann die Dynamik der Rechtsradikalisierung nachgezeichnet werden.

Diese Dynamik kann in ihrer strukturellen Logik wie folgt skizziert werden: Menschen erfahren im gesellschaftlichen Zusammenleben mehr oder weniger häufig, dass ihre individuellen oder gruppenbezogenen Wünsche und Bedürfnisse nicht in dem Umfang respektiert oder erfüllt werden, in dem sie glauben einen Anspruch darauf zu haben. Dabei handelt es sich um wahrgenommene oder auch

2 Ein psychologisches Rahmenmodell der Radikalisierung

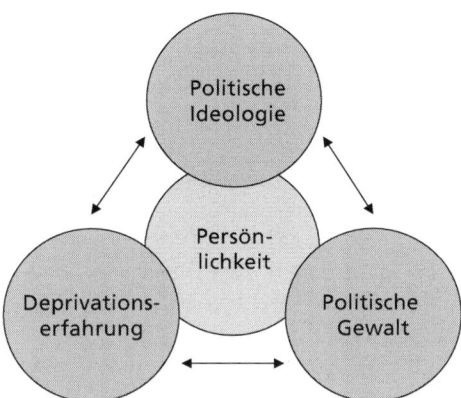

Abb. 2.1: Rahmenmodell des Zusammenspiels psychologischer Komponenten im Prozess der Radikalisierung.

befürchtete *Erlebnisse von Benachteiligung bzw. Deprivation*. Diese Erfahrungen haben eine objektive und eine subjektive Komponente. Die objektive Komponente resultiert daraus, dass sich die Lebensverhältnisse von Menschen in der Gesellschaft stark unterscheiden. Diese Ungleichheit begründet Benachteiligungserfahrungen. Die subjektive Komponente resultiert daraus, dass sich Menschen in ihrer Wahrnehmung und Bewertung von Ungleichheit und in ihrer Reaktion auf erlebte Benachteiligung stark unterscheiden. Dies hat auch mit Persönlichkeitsunterschieden zu tun (▶ Kap. 16). Diese erlebten oder befürchteten Verlust- oder Ungerechtigkeitserfahrungen stellen den motivationalen Nährboden für Rechtsradikalisierungsdynamiken dar, d.h., sie treiben den psychologischen Prozess der Radikalisierung an. *Politische Ideologien* spielen eine zentrale Rolle für die Radikalisierungsdynamik, indem sie Deutungs- und Begründungsstrukturen liefern und zugleich einengen. Rechtsextreme Ideologien wie Rassismus oder Verschwörungserzählungen liefern einerseits Deutungsangebote für subjektive Verlust- und Ungerechtigkeitserfahrungen und andererseits Begründungsstrukturen für politische Gewalt. Sie erlauben es Menschen, ihren Ärger und ihre Wut über Deprivationserfahrungen in einer Weise zu interpretieren, die Verantwortung auf Andere überträgt und Handlungsmöglichkeiten zur Selbstaufwertung eröffnet. Für den Prozess der Radikalisierung haben rechtsextreme Ideologien somit psychologisch gesehen eine doppelte Bewältigungsfunktion. Einerseits leisten sie einen Beitrag zur kognitiven Rechtsradikalisierung, indem sie eine Erklärung für Benachteiligungserfahrungen bereitstellen. Das zentrale Element dieser Bewältigungsstrategie besteht in der Identifikation von Verantwortlichen für die subjektiv erlebte Benachteiligung. Rechtsextreme Ideologien machen für Deprivationserfahrungen MigrantInnen und VertreterInnen des Staates wie PolitikerInnen oder gesellschaftliche Eliten verantwortlich. Diese Verantwortungsabwehr wirkt kognitiv und emotional entlastend. Von einer kognitiven Rechtsradikalisierung kann beispielsweise dann gesprochen werden, wenn politische Probleme zunehmend nur noch durch Migration oder das Versagen politischer Eliten erklärt werden. Eine zweite Funktion rechtsextremer Ideologien besteht darin, dass soziale Dominanz und Aggression gegenüber den genannten Fremdgruppen legitimiert und somit verhaltensbezogene Rechtsradikalisierung begünstigt wird. Wie bereits im Eingangskapitel dargestellt, tritt diese Gewalt in verschiedenen Formen und Intensitäten in Erscheinung. Aus psychologischer Perspektive können wir auch hier zwischen zwei Funktionen unterscheiden, die politische Gewalt im Radikalisierungsprozess erfüllt. So ist aggressives Verhalten eng an das Gefühl von Dominanz und Überlegenheit gekoppelt. Es vermittelt also Gefühle der Selbstermächtigung und Selbstwirksamkeit, die für Menschen mit Deprivationserfahrungen in besonderem Maße attraktiv sind. Man kann also davon ausgehen, dass Menschen politische Gewalt unter anderem deswegen befürworten oder selbst einsetzen, um Gefühle des Verlusts oder der Benachteiligung zu bewältigen oder zu kompensieren. Gleichzeitig funktioniert diese Bewältigungsstrategie in vielen Fällen nur sehr eingeschränkt und hat in den meisten Fällen vermutlich sogar gegenteilige Effekte, denn die Anwendung von Gewalt wird gesellschaftlich verurteilt und sanktioniert. Wer durch aggressives Verhalten auffällt, kann dafür nicht nur juristisch belangt werden, sondern wird in demokratischen Gesellschaften vom überwiegenden Großteil der Zivilgesellschaft in der Regel auch dadurch bestraft, dass soziale Anerkennung beispielsweise durch Ausgrenzung entzogen wird. Auf diesem Weg entstehen für den Einzelnen zusätzliche soziale Deprivationserfahrungen, die die Radikalisierungsdynamik weiter ankurbeln können.

Menschen unterscheiden sich grundsätzlich in ihrer Anfälligkeit für politische Radikalisierung im Allgemeinen und Rechtsradikalisierung im Besonderen. Aus psychologischer Perspektive spielen hier mehr oder weniger stabile Persönlichkeitsmerkmale eine wichtige Rolle, die den Prozess der Rechtsradikalisierung an unterschiedlichen Stellen verstärken oder auch abschwächen können. Aus diesem Grund werden die drei zentralen Komponenten der Rechtsradikalisierung vor dem Hintergrund und in Abhängigkeit von Persönlichkeitsunterschieden wirksam (▶ Abb. 2.1). Wir wollen im Folgenden auf die verschiedenen Komponenten der Rechtsradikalisierung und deren Relevanz für den Bereich der Radikalisierungsprävention genauer eingehen. Dabei stellen wir Bezüge zu den einzelnen Kapiteln her und geben somit einen Überblick über die Beiträge im Buch.

2.1 Deprivationserfahrungen als motivationale Triebfeder der Rechtsradikalisierung

Wut, Ärger und Empörung über Politik und gesellschaftliche Entwicklungen im Allgemeinen sind Emotionen, die wiederkehrend in Zusammenhang mit Radikalisierungsdynamiken und rechtsextremen Positionen beobachtet werden. Sichtbar wird dies exemplarisch in der 2004 in Bremen gegründeten rechtspopulistischen Partei »Bürger in Wut« (BIW). Zwei Fragen stellen sich an dieser Stelle für den

2.1 Deprivationserfahrungen als motivationale Triebfeder der Rechtsradikalisierung

Prozess der Radikalisierung. Erstens, woraus resultiert diese Wut? Und zweitens, was bewirkt diese Wut im politischen Kontext?

Die erste Frage wird in der sozialwissenschaftlichen Literatur häufig mit Verweis auf die Theorie der relativen Deprivation beantwortet (zum Überblick siehe Walker & Smith, 2002). Die Kernannahme lautet, dass Menschen ihre persönliche Lebenssituation mehr oder weniger kontinuierlich vergleichend bewerten. Diese Vergleichsprozesse sind subjektiv und werden beispielsweise durch Referenzgruppen und Anspruchsstandards beeinflusst. Menschen vergleichen sich mit anderen Personen und Gruppen in der Gesellschaft, aber auch mit sich selbst oder gesellschaftlichen Zuständen zu früheren Zeiten. Anspruchsstandards resultieren aus den als berechtigt wahrgenommenen Lebensstandards. In diesem Sinne kann ein Vergleich positiv oder negativ ausfallen, je nachdem wie viel jemand glaubt für sich oder seine Gruppe in Anspruch nehmen zu dürfen. Deprivationserfahrungen werden im Kontext rechter Parolen zum Einfallstor für politische Einflussnahme, denn Anspruchshaltungen können mehr oder weniger salient sein. Ein Beispiel hierfür ist die Behauptung, Geflüchtete erhielten anstrengungslos Zuwendungen, die Deutschen verwehrt würden. Solche Behauptungen zielen direkt darauf ab, Deprivationserfahrungen auszulösen oder kognitiv zu aktivieren. Wenn soziale Vergleiche in der subjektiven Bewertung unbefriedigend ausfallen, resultieren daraus Frustration, Ärger und Wut. Wichtig ist hierbei, dass relative Deprivation nicht nur von real benachteiligten gesellschaftlichen Gruppen erlebt, sondern auch von privilegierten Gruppen antizipiert wird, wenn beispielsweise erwartet wird, dass die privilegierte Stellung weißer deutscher Männer durch Migration oder Gendergerechtigkeit gefährdet wird. In diesem Sinne kann die Veränderung bzw. Vermeidung von relativer Deprivation unabhängig vom sozialen oder ökonomischen Status einer Person eine wichtige Antriebsquelle darstellen.

Die Relevanz von Deprivationserfahrungen für den Radikalisierungsprozess wurde in verschiedenen Forschungsansätzen herausgearbeitet (zum Überblick siehe Kunst & Obaidi, 2020). Diese Ansätze unterscheiden sich zum Teil darin, welche Bedürfnisse oder Motivlagen als Grundlage für Deprivationserleben besonders hervorgehoben werden. Das einflussreichste Modell in der psychologischen Radikalisierungsforschung ist dabei sicherlich das Modell zur Suche nach individueller Bedeutsamkeit von Kruglanski und KollegInnen (2014). In diesem Ansatz wird das Deprivationserleben maßgeblich vor dem Hintergrund eines wahrgenommenen oder befürchteten sozialen Bedeutungsverlusts analysiert. Hiermit ist gemeint, dass Menschen nicht den Respekt und die Anerkennung erfahren, die sie für sich beanspruchen. In ▶ Kap. 3 fassen Molly Ellenberg und Arie W. Kruglanski die Grundannahmen dieses Ansatzes zusammen und stellen den Stand der Forschung zur motivationalen Funktion von individuellem und kollektivem Bedeutungsverlust im Kontext der Rechtsradikalisierung dar. Sie gehen beispielsweise auch auf die Frage ein, wie Migration von politischen AkteurInnen gezielt als Bedrohung für die kulturelle Identität einer Nation und damit indirekt auch für die individuelle Bedeutsamkeit der betreffenden BürgerInnen dargestellt wird. Eine andere Perspektive nehmen Immo Fritsche, Annedore Hoppe und Fabian M. Hess in ▶ Kap. 4 ein. Sie gehen davon aus, dass Deprivationserfahrungen maßgeblich aus dem wahrgenommenen Verlust an Kontrolle und Handlungsmacht resultieren. In einer immer komplexer werdenden sozialen und technologischen Welt erleben viele Menschen sich bzw. die eigene Gruppe als zunehmend weniger wirk- und handlungsstark. Den Zusammenhang zwischen diesem wahrgenommenen Kontrollverlust und dem Prozess der Rechtsradikalisierung stellen sie vor dem Hintergrund der Theorie gruppenbasierter Kontrolle dar. Anna Schulte und Joris Lammers gehen in ▶ Kap. 5 auf die Rolle nostalgischer Emotionen ein. Dabei handelt es sich um Gefühle von Verlust und Sehnsucht nach der Vergangenheit, die aus einem temporalen Vergleichsprozess resultieren können. Die AutorInnen stellen Forschung zur Rolle von Nostalgie im Kontext der Rechtsradikalisierung dar und diskutieren welche Präventionsansätze geeignet sein können, eine Dynamik der Rechtsradikalisierung als Reaktion auf Gefühle der Nostalgie zu reduzieren.

2.2 Rechtsextreme Ideologien als kognitive Radikalisierungsangebote

Rechtsextreme Ideologien stellen kognitive Deutungs- und Erklärungsangebote zum Umgang mit subjektiven Deprivationserfahrungen bereit. Aber was meinen wir genau mit rechtsextremen Ideologien? Im Zentrum von politischen Ideologien stehen Dogmen im Sinne von allgemeinen Glaubenssätzen darüber, wie gesellschaftliches Zusammenleben funktionieren kann und soll. Diese Glaubenssätze erheben einen grundsätzlichen Wahrheitsanspruch und werden daher auch als absolut gültig angesehen. Politische Ideologien bedienen tendenziell einen Prozess der kognitiven Radikalisierung, indem sie einen kognitiven Denkstil begünstigen, der eine Einengung des politischen Problem- und Lösungsraums zur Folge hat. Rechtsextreme Ideologien stehen darüber hinaus auch im Einklang mit den spezifischeren Merkmalen des Rechtsextremismus, also einem sozialdarwinistischen Gesellschaftsbild und einem reaktionären Politikansatz. Ein prototypisches Beispiel für eine solche Ideologie ist Rassismus. Das zentrale Dogma bei Rassismus als Ideologie ist die Ungleichwertigkeit von Menschengruppen aufgrund ihrer Abstammung bzw. Herkunft. Rassismus ist insofern eine sozialdarwinistische Ideologie, als dass sie die Verteilung um Ressourcen in einer Gesellschaft als Ausdruck und Folge eben dieser unterschiedlich angenommenen Wertigkeit der Gruppen definiert und legitimiert (siehe auch Nachtwey & Walther, 2023). Gleichzeitig drückt sich im Rassismus auch ein reaktionärer Politikansatz aus, da die Analyse und Strukturierung von Gesellschaft nach Abstammung bzw. Herkunft einem Gesellschaftsbild entsprechen, wie es in der Vergangenheit teilweise als legitim angesehen wurde.

Aus einer psychologischen Perspektive gehen wir davon aus, dass rechtsextreme Ideologien ein Bewältigungsangebot für den Umgang mit individuellen oder kollektiven Deprivationserfahrungen zur Verfügung stellen. Mit anderen Worten, sie liefern eine psychologische Medizin gegen die als schmerzhaft erlebten oder auch mit Sorge antizipierten Deprivationserfahrungen. Diese Medizin wirkt auf dreierlei

Weisen. Erstens liefern rechtsextreme Ideologien einen Deutungsraum für Deprivationserfahrungen, in dem die Schuld für subjektive erlebte Benachteiligung anderen gesellschaftlichen Gruppen (z. B. MigrantInnen, Minderheiten, Geflüchteten) zugeschrieben wird. Dadurch werden Einzelne vom Gefühl der Unsicherheit und Verantwortung entlastet (siehe auch »Uncertainty-Identity Theory«; Hogg, 2014). Zweitens liefern rechtsextreme Ideologien ein soziales Aufwertungsangebot, indem sie auf der Abwertung von anderen Gruppen basieren. Die Aufwertung der eigenen Gruppe durch die Abwertung anderer Gruppen ist selbstwertdienlich und als psychologischer Mechanismus in der Psychologie gut untersucht und belegt (▶ Kap. 4, Theorie der gruppenbasierten Kontrolle). Drittens eröffnen rechtsextreme Ideologien Handlungsmöglichkeiten, die den Deprivationserfahrungen vermeintlich entgegenwirken. Hierzu zählt beispielsweise Gewalt gegen Fremdgruppen oder politische Eliten. Eine gewaltbezogene Handlungsorientierung kann dem Gefühl der Hilflosigkeit entgegenwirken und Selbstwirksamkeitserwartungen verstärken (Schlegel, 2020).

In diesem Buch gehen wir in vier verschiedenen Kapiteln auf rechtsextreme Ideologien genauer ein. In ▶ Kap. 6 analysieren Stefanie Hechler und Iniobong Essien Rassismus als Ideologie. Sie stellen die Spezifika rassistischer Einstellungen dar und gehen auf die psychologischen Dynamiken ein, die mit der Hinwendung zu rassistischen Einstellungen in Verbindung stehen. Abschließend nehmen sie eine wichtige Unterscheidung zwischen Rassismus als rechtsextremer Ideologie und Rassismus als strukturellem Problem in westlichen Gesellschaften vor. Roland Imhoff geht in ▶ Kap. 7 auf die Rolle von Verschwörungstheorien als Fragmente rechtsextremer Ideologien genau ein. Dabei unterscheidet er zwischen Verschwörungstheorien im Sinne von Narrativen über spezifische Verschwörungen und Verschwörungsmentalität als generalisierte politische Einstellung gegenüber Politik und PolitikerInnen. Er diskutiert insbesondere den empirischen Zusammenhang zwischen Verschwörungsmentalität und rechtsextremen politischen Einstellungen und stellt mögliche psychologische Erklärungen für einen solchen Zusammenhang vor. In ▶ Kap. 8 erläutern Veronika Kracher, Janine Dieckmann und Judith Rahner warum Sexismus und Anti-Feminismus als Ausdrucksformen einer rechtsextremen Ideologie verstanden werden sollten. Sie unterscheiden phänomenologisch zwischen unterschiedlichen Formen von Sexismus und gehen speziell auf die Incel-Bewegung näher ein, in der Anti-Feminismus eine zentrale Rolle im Prozess der Rechtsradikalisierung darstellt. In diesem Kapitel wird auch der Forschungsbedarf sichtbar, der zu den spezifischen psychologischen Prozessen im Zusammenhang mit der Verbindung zwischen Sexismus und Rechtsradikalisierung existiert. In ▶ Kap. 9 schließlich gehen Pascal Gelfort und Thomas Kessler auf die psychologische Funktion von Vorurteilen als Merkmal rechtsextremer Ideologien ein. Sie zeichnen die psychologische Funktion von Vorurteilen nach und leiten daraus Überlegungen für die Reduzierung von Vorurteilen im Kontext rechtsextremer Ideologien ab.

2.3 Politische Gewalt als Ausdruck verhaltensbezogener Radikalisierung

Aggression und Gewalt treten in sehr unterschiedlichen Erscheinungsformen auf. Neben physischer Gewalt tritt im Kontext der Rechtsradikalisierung insbesondere verbale Gewalt in der Form von Hassrede in Erscheinung. Als zentrales Bestimmungsmerkmal setzt die Zuschreibung von Aggression voraus, dass TäterInnen bewusst oder unbewusst auf die Schädigung, Herabsetzung oder Dominanz über die Opfer von Gewalt abzielen oder dass letztere dies als solches empfinden (zum Überblick siehe Allen, Anderson & Bushman, 2018). Politische Gewalt als Ausdruck verhaltensbezogener Radikalisierung ist dabei in der Regel durch ihren symbolischen Charakter bestimmt. Das spezifische Ziel der Gewalt, ob Gegenstand oder Person, ist mehr oder weniger austauschbar. Stattdessen geht es um die Gruppe, die politischen Werte oder die ideologischen Überzeugungen, die eine Person vertritt, die zum Opfer wird. Beispiele hierfür sind die Opfer des NSU aufgrund ihrer ethnischen Abstammung, der ermordete Politiker Walter Lübcke aufgrund seiner politischen Haltung oder auch die sexistisch beleidigte Politikerin Renate Künast aufgrund der von ihr aktiv verfolgten aktiven feministischen Politik.

Die Tatsache, dass politische Gewalt illegal ist und entsprechend auch juristisch verfolgt wird, wirft die Frage auf, wie sich die Bereitschaft zur Anwendung politischer Gewalt psychologisch entwickelt. Hier können aus psychologischer Perspektive zwei zentrale Erklärungen herangezogen werden. Zum einen gibt es wissenschaftliche Forschung dazu, dass Menschen unter bestimmten Umständen bereit sind, Handlungen zu rechtfertigen bzw. zu legitimieren, die sie unter anderen Umständen selbst nicht für angemessen halten. Zu diesem Phänomen existieren in der Forschung unterschiedliche Begriffe wie bspw. moralische Lizenzierung (»moral licensing«, Blanken, van de Ven & Zeelenberg, 2015) oder moralische Ablösung (»moral disengagement«, Castano, 2008). Die zentrale Annahme dabei lautet, dass kognitive Begründungen oder auch vergangene Erfahrungen oder Verhaltensweisen subjektiv dazu genutzt werden, einen Rechtfertigungsrahmen zu schaffen, in dem Gewalt als legitimes Mittel angesehen wird. Dadurch werden moralische Emotionen wie Mitgefühl und Schuld als Reaktion auf eigene Aggression reduziert. Einen solchen Rechtfertigungsrahmen liefert ein sozialdarwinistisches Gesellschaftsbild, das rechtsextreme Ideologien durchwirkt. In der Logik einer solchen Denkweise werden Aggression und Gewalt als Reaktion auf Gewalt anderer dargestellt und legitimiert. So hat beispielsweise der AfD-Politiker Höcke behauptet, muslimische Einwanderer führten einen »Verdrängungskrieg« und es sei unter ihnen weit verbreitet, Deutsche als »lebensunwertes Leben« zu betrachten (Amsler, 2022).

Ein zweiter Erklärungsansatz für Bereitschaft zur Anwendung politischer Gewalt nimmt an, dass sich deren Akzeptanz und Anwendung graduell danach unterscheidet, wie gravierend ein bestimmtes Verhalten wahrgenommen wird. Während eine physische Form des Angriffs auf eine andere Person von vielen Menschen als sehr gravierend wahrgenommen wird, ist der Bewertungsmaßstab bei verbalen Beleidigungen in sozialen Medien deutlich variabler. In diesem Sinne kann die Akzeptanz schwacher Formen von Gewalt als niedrigschwelliger Einstieg in eine verhaltensbezogene Radikalisierungsdynamik dienen. Im Sinne einer zunehmenden Desensibilisierung gegenüber Gewalt werden im Prozess der Radikalisierung dann auch stärkere Formen der Gewalt denkbar und legitimierbar (siehe Pfundmair et al., 2019). Um dieser Perspektive Rechnung zu tragen, differenzieren wir in unserem Buch zwischen verschiedenen Formen politischer Gewalt, die sich insbesondere in Bezug auf den ihnen zugewiesenen Schweregrad unterscheiden.

In ▶ Kap. 10 gehen Diana Rieger, Simon Greipl, Ursula K. Schmid, Julian Hohner und Heidi Schulze auf Hassrede als eine Form von verbaler politischer Gewalt gegen Menschen aufgrund ihrer Gruppenzugehörigkeit ein, die vorwiegend online zu beobachten ist. Sie unterscheiden beim Zusammenspiel von Hassrede und Rechtsradikalisierung zwischen unterschiedlichen Perspektiven. So gilt die Verwendung von Hassrede einerseits als Indikator für die politische Radikalisierung von Personen und Gruppen, andererseits kann die Wahrnehmung von Hassrede bei Opfern und BeobachterInnen Radikalisierungsprozesse auch initiieren oder verstärken. Schließlich gehen die AutorInnen auch auf die Frage ein, inwiefern Hassrede im Sinne eines Desensibilisierungs- bzw. Enthemmungseffekts die Akzeptanz und Ausführung schwerwiegender Formen von Gewalt begünstigt. In ▶ Kap. 11 geht Ulrich Wagner auf die Entstehung und Entwicklung von Gewalt im Kontext rechter Bewegungen ein. Soziale Bewegungen wie Pegida oder die Freien Sachsen stellen Zusammenschlüsse von Personen dar, die rechtsextreme Ziele zu verfolgen. Im Kontext solcher Bewegungen ist die Schwelle zur Gewalt besonders niedrig. Barbara Krahé beschreibt in ▶ Kap. 12 Hassverbrechen als eine Form kriminellen Verhaltens. Analog zu Hassrede definiert sich diese Form politischer Gewalt dadurch, dass Personen aufgrund ihrer Gruppenmitgliedschaft bzw. ihrer politischen Überzeugungen zum Opfer krimineller Aktivitäten werden. Dabei werden psychologische Prozesse der Delegitimierung und Dehumanisierung als Bedingungsfaktoren für die Rechtfertigung von Gewalt gegenüber den VertreterInnen anderer Gruppen verstanden. Schließlich gehen Michaela Pfundmair und Armin Pfahl-Traughber in ▶ Kap. 13 auf das Thema Rechtsterrorismus ein. Sie unterscheiden zwischen unterschiedlichen Erscheinungsformen von Rechtsterrorismus in der deutschen Geschichte und weisen auf Forschungslücken im Kontext der psychologischen Entstehungsbedingungen hin.

2.4 Persönlichkeit als dispositionelle Neigung zur Rechtsradikalisierung

Nicht alle Menschen sind gleichermaßen anfällig für Prozesse der Rechtsradikalisierung. Aus diesem Grund wollen wir in einem Bereich dieses Buchs auf ausgewählte Persönlichkeitsmerkmale eingehen, die im Zusammenhang mit dem Prozess der Rechtsradikalisierung stehen. Persönlichkeit ist dabei sowohl als Einflussfaktor und Rahmenbedingung (wirkt auf den Radikalisierungsprozess ein) als auch als Wirkresultat (verändert sich als Folge des Radikalisierungsprozesses) relevant. Unter Persönlichkeitsmerkmalen verstehen wir in der Psychologie relativ stabile psychologische Merkmale von Menschen. Dabei kann es sich um Kompetenzen, Eigenschaften oder Einstellungen handeln. Die wissenschaftliche Untersuchung dispositioneller Neigungen zur Rechtsradikalisierung hat eine lange Tradition und reicht zurück zu den Arbeiten der Frankfurter Schule um Adorno, Frenkel-Brunswik, Levinson & Sanford (1950). Die Forschung zur autoritären Persönlichkeit und die damit verbundene Entwicklung der sogenannten F-Skala begründete sich theoretisch in tiefenpsychologischen Annahmen und integrierte unterschiedliche Persönlichkeitsfacetten. Hierzu zählen neben Dogmatismus, Konventionalismus, Unterwürfigkeit und Aggressivität auch Aberglaube, Zynismus oder Machtorientierung. Die zeitgenössische Weiterentwicklung dieser Forschung basiert eher auf biologischen und lerntheoretischen Annahmen und zielt auf die Abgrenzung spezifischer Dispositionen ab. Eine wichtige Rolle spielen dabei der Rechtskonservative Autoritarismus (RWA, Altemeyer, 1981) und die Soziale Dominanzorientierung (SDO, Sidanius, Cotterill, Sheehy-Skeffington, Kteily & Carvacho, 2016). Diese beiden Merkmale wurden als relativ stabile Einstellungsdimensionen identifiziert, die eine Rechtsradikalisierung begünstigen können. In ▶ Kap. 14 stellen Klara Steinmetz und Frank Asbrock beide Dimensionen ausführlich dar. Sie gehen auf Zusammenhänge der Merkmale mit anderen Persönlichkeitseigenschaften ein und beschreiben ein Prozessmodell, das die Wirkmechanismen im Zusammenspiel von Persönlichkeit und Rechtsradikalisierung spezifiziert. In ▶ Kap. 15 gehen Thomas Grünhage und Rainer Banse der Frage nach, inwiefern stabile interindividuelle Unterschiede in evolutionär entwickelten und biologisch angelegten moralischen Intuitionen zum Teil erklären können, wie stark Menschen zu rechten oder linken Radikalisierungstendenzen neigen. Sie stellen dazu die Theorie moralischer Grundlagen (»moral foundations theory«) von Haidt und Joseph (2004, 2007) und die empirisch ermittelten Spezifika moralischer Intuitionen im linken und rechten politischen Spektrum ausführlich dar. Schließlich geben Mario Gollwitzer, Marlene Voit und Lucas Köhler in ▶ Kap. 16 einen Überblick über Persönlichkeitsunterschiede im Erleben von Deprivation und Ungerechtigkeit. Anhand des Merkmals der Ungerechtigkeitssensibilität differenzieren sie dispositionelle Unterschiede in der Bereitschaft, Ungerechtigkeit aus unterschiedlichen Perspektiven (Opfer, Beobachter, Täter, Nutznießer) wahrzunehmen und darauf zu reagieren. Die AutorInnen gehen insbesondere auf spezifische Zusammenhänge unterschiedlicher Perspektiven der Ungerechtigkeitssensibilität mit Rechtsradikalisierung ein und diskutieren Implikationen für die Präventionsarbeit.

2.5 Psychologische Grundlagen der Radikalisierungsprävention

Die im Buch dargestellten Perspektiven auf motivationale, ideologische, verhaltensbezogene und dispositionale Aspekte von Rechtsradikalisierung liefern wichtige Ansatzpunkte für die Radikalisierungsprävention. Präventionsansätze variieren dabei je nach gewählter Zielgruppe, dem Kontext, in dem sie umgesetzt werden, und dem entwicklungspsychologischen Zeitpunkt der Maßnahme. In Bezug auf die Zielgruppen wird in der Präventionsforschung zwischen universeller, selektiver und indizierter Prävention unterschieden. Universelle Radikalisierungsprävention erfolgt im sogenannten Gießkannenprinzip, d. h., Maßnahmen werden unabhängig von spezifischen Risikofaktoren der betroffenen Personen oder speziellen Merkmalen mehr oder weniger flächendeckend in der Gesamtbevölkerung umgesetzt. Ein Beispiel sind in Lehrplänen festgeschriebene Maßnahmen oder Programme zur Demokratiebildung an Schulen. Selektive Präventionsansätze zielen speziell auf gefährdete Personen ab, bei denen eine gewisse Neigung zur Radikalisierung bereits festgestellt wurde. Solche Gefährdungen können aufgrund von individuellen oder sozialen Merkmalen oder auch durch Verhaltensweisen bestimmt werden. Ein Beispiel wäre Counterspeech im Kontext digitaler Hassrede. Durch gezielte Gegenrede gegen rassistische Aussagen wird beispielsweise sowohl bei den betreffenden AkteurInnen als auch bei mitlesenden Dritten darauf eingewirkt, dass mögliche ideologische Legitimierungen hinterfragt werden. Indizierte Prävention richtet sich an Personen, die bereits tief in Radikalisierungsdynamiken verwickelt sind. Ein Beispiel hierfür wären Ausstiegsprogramme für Personen in rechtsextremen sozialen Strukturen. In ▶ Kap. 17 gibt Daniel Köhler einen Überblick über Ausstiegsprogramme und die damit verbundenen Herausforderungen und Hürden. Er geht insbesondere auf die psychologische Dynamik von Ausstiegsprozessen ein und bemängelt eine unzureichende Erfolgskontrolle der bestehenden Programme. Neben realweltlichen sozialen Strukturen und in Schulen, Vereinen oder auch Familien stellen digitale Räume einen immer wichtigeren Kontext für Radikalisierungsprävention dar. Lena Frischlich und Brigitte Naderer geben in ▶ Kap. 18 einen Überblick über die Möglichkeiten digitaler Präventionsmaßnahmen. Sie strukturieren die bestehende Interventionslandschaft danach, ob Maßnahmen vor, während oder im Anschluss an die Konfrontation mit problematischen digitalen Inhalten erfolgen. Außerdem berichten sie ausgewählte Studien zur Wirksamkeit der entsprechenden Maßnahmen. Bezogen auf die Zeitpunkte, an denen Präventionsmaßnahmen wirksam werden kann, gibt eine entwicklungspsychologische Perspektive wertvolle Einblicke. In ▶ Kap. 19 stellt Andreas Beelmann die Idee einer entwicklungsorientierten Extremismusprävention detailliert dar. Er weist auf biographische Entwicklungsbedingungen der Rechtsradikalisierung hin und leitet daraus evidenzbasierte Ansatzpunkte für die Präventionsarbeit ab. Im Vordergrund stehen dabei die Prävention dissozialer Verhaltensweisen, die Entwicklung von Toleranz, eine Unterstützung bei der Herausbildung von Identitätskonzepten und die Förderung individueller Resilienz gegenüber extremistischen Narrativen und Ideologien.

Literatur

Adorno, T. W., Frenkel-Brunswik, E., Levinson, D. & Sanford, N. (1950). *The Authoritarian Personality*. New York: Harper & Brothers.

Allen, J. J., Anderson, C. A. & Bushman, B. J. (2018). The General Aggression Model. *Current opinion in psychology, 19*, 75–80. https://doi.org/10.1016/j.copsyc.2017.03.034

Altemeyer, B. (1981). *Right-Wing Authoritarianism*. Winnipeg: University of Manitoba Press. https://ebookcentral.proquest.com/lib/kxp/detail.action?docID=6868927

Amsler, J. (18. November 2022). Björn Höcke: Thüringer AfD-Chef wegen Volksverhetzung angezeigt. Berlin: *Berliner Zeitung*.

Beelmann, A. (2020). A Social-Developmental Model of Radicalization: A Systematic Integration of Existing Theories and Empirical Research. *International Journal of Conflict and Violence (IJCV), 14* (1), 1–14. https://doi.org/10.4119/ijcv-3778

Blanken, I., van de Ven, N. & Zeelenberg, M. (2015). A meta-analytic review of moral licensing. *Personality & social psychology bulletin, 41*(4), 540–558. https://doi.org/10.1177/0146167215572134

Castano, E. (2008). On the Perils of Glorifying the In-group: Intergroup Violence, In-group Glorification, and Moral Disengagement. *Social and Personality Psychology Compass, 2*(1), 154–170. https://doi.org/10.1111/j.1751-9004.2007.00040.x

Emmelkamp, J., Asscher, J. J., Wissink, I. B. & Stams, G. J. J. (2020). Risk factors for (violent) radicalization in juveniles: A multilevel meta-analysis. *Aggression and Violent Behavior, 55*, 101489. https://doi.org/10.1016/j.avb.2020.101489

Haidt, J. & Joseph, C. (2004). Intuitive ethics: how innately prepared intuitions generate culturally variable virtues. *Daedalus, 133*(4), 55–66. https://doi.org/10.1162/0011526042365555

Haidt, J. & Joseph, C. (2007). The moral mind: How five sets of innate intuitions guide the development of many culture-specific virtues, and perhaps even modules. In P. Carruthers, S. Laurence & S. Stich (Hrsg.), *The Innate Mind* (S. 367–392). https://doi.org/10.1093/acprof:oso/9780195332834.003.0019

Hogg, M. A. (2014). From Uncertainty to Extremism. *Current Directions in Psychological Science, 23*(5), 338–342. https://doi.org/10.1177/0963721414540168

Jahnke, S., Abad Borger, K., & Beelmann, A. (2022). Predictors of political violence outcomes among young people: A systematic review and meta-analysis. *Political Psychology, 43*(1), 111–129.

Kruglanski, A. W., Gelfand, M. J., Bélanger, J. J., Sheveland, A., Hetiarachchi, M. & Gunaratna, R. (2014). The Psychology of Radicalization and Deradicalization: How Significance Quest Impacts Violent Extremism. *Political Psychology, 35*(S1), 69–93. https://doi.org/10.1111/pops.12163

Kunst, J. R. & Obaidi, M. (2020). Understanding violent extremism in the 21st century: the (re)emerging role of relative deprivation. *Current opinion in psychology, 35*, 55–59. https://doi.org/10.1016/j.copsyc.2020.03.010

Nachtwey, P. & Walther, E. (2023). Survival of the fittest in the pandemic age: Introducing disease-related social Darwinism. *PloS one, 18*(3), e0281072. https://doi.org/10.1371/journal.pone.0281072

Pfundmair, M., Aßmann, E., Kiver, B., Penzkofer, M., Scheuermeyer, A., Sust, L. & Schmidt, H. (2022). Pathways toward Jihadism in Western Europe: An empirical exploration of a comprehensive model of terrorist radicalization. *Terrorism and Political Violence, 34*(1), 48–70.

Schlegel, L. (2020). »Yes, I can«: what is the role of perceived self-efficacy in violent online-radicalisation processes of »homegrown« terrorists? *Dynamics of Asymmetric Conflict, 13*(3), 212–229. https://doi.org/10.1080/17467586.2019.1700539

Sidanius, J., Cotterill, S., Sheehy-Skeffington, J., Kteily, N. & Carvacho, H. (2016). *Social Dominance Theory: Explorations in the Psychology of Oppression*. Cambridge: Cambridge University Press eBooks (S. 149–187). https://doi.org/10.1017/9781316161579.008

Walker, I. & Smith, H. J. (2002). *Relative Deprivation*. Cambridge: Cambridge University Press ebooks. https://doi.org/10.1017/CBO9780511527753

Wolfowicz, M., Litmanovitz, Y., Weisburd, D. & Hasisi, B. (2020). A Field-Wide Systematic Review and Meta-analysis of Putative Risk and Protective Factors for Radicalization Outcomes. *Journal of Quantitative Criminology*, *36*(3), 407–447. https://doi.org/10.1007/s10940-019-09439-4

I   Deprivationserfahrungen

3 Das Streben nach sozialer Bedeutung und Rechtsradikalisierung

Molly Ellenberg und Arie W. Kruglanski

Die Quest for Significance Theory (Kruglanski et al., 2022a) geht davon aus, dass das Streben nach sozialer Bedeutung eine universelle menschliche Motivation darstellt, die ein Bedürfnis nach Würde und Respekt widerspiegelt. Das Streben nach sozialer Bedeutung (SSB) motiviert menschliche Verhaltensweisen in unterschiedlichsten Lebensbereichen wie beispielsweise individuelle Selbstaufopferung (Bélanger, Caouette, Sharvit & Dugas, 2014) oder auch parteipolitische Identifikation (Webber et al., 2018). In der jüngeren Literatur ist besonders die Rolle bei der gewalttätigen Radikalisierung in den Vordergrund gerückt (Kruglanski et al., 2014). In diesem Kapitel gehen wir auf die Rolle von SSB im Kontext von Rechtsradikalisierung ein.[1]

3.1 Aktivieren der Suche nach Bedeutung

Das Streben nach sozialer Bedeutung gilt als zentrale menschliche Motivation, es ist aber nicht immer aktiv. Damit es ein Verhalten motiviert, muss es aktiviert werden. Damit es zu extremem Verhalten, wie zum Beispiel Terrorismus, führt, muss es in diesem Moment stärker sein als alle anderen Bedürfnisse (Kruglanski, Szumowska, Kopetz, Vallerand & Pierro, 2021). Das Streben nach sozialer Bedeutung kann entweder durch Entbehrung bzw. Deprivationserleben oder durch Anreizerwartungen aktiviert werden.

3.1.1 Deprivationserleben

Wenn das Streben nach sozialer Bedeutung durch Deprivation aktiviert wird, hat eine Person das Gefühl, dass seine Bedeutung, entweder auf individueller oder kollektiver Ebene, erschöpft ist oder bedroht wird. Auf individueller Ebene kann das Deprivationserleben durch Erfahrungen von Ablehnung oder Demütigung entstehen. Jüngste Studien untersuchten beispielsweise, wie sich aktive und ehemalige Militärangehörige zum gewalttätigen Rechtsextremismus radikalisieren (Speckhard, Ellenberg & Garret, 2021; Speckhard & Ellenberg, 2023). Es zeigte sich, dass der

---

1 Dieses Kapitel wurde aus dem Englischen übersetzt und bezieht sich in den Beispielen vorrangig auf den US-amerikanischen Kontext.

Übergang vom Militär zum zivilen Leben für viele schwierig ist und antisoziales Verhalten, einschließlich Radikalisierung, begünstigen kann. Die Vermutung ist, dass das Verlassen des Militärs einen Statusverlust mit sich bringt, insbesondere wenn eine Person anschließend keine Arbeit findet, bei der die Fähigkeiten Verwendung finden, für die sie zuvor respektiert wurde (Atuel & Castro, 2019). Diese Erfahrung des Bedeutungsverlusts kann dazu führen, dass sich der Einzelne zu denen hingezogen fühlt, die ihm Respekt und Bewunderung versprechen. In der Tat haben viele rechtsextreme Gruppen konzertierte Anstrengungen unternommen, um Mitglieder des aktiven Dienstes und KriegsveteranInnen zu rekrutieren, auch, weil diese Personen über Waffen und taktische Fähigkeiten verfügen und weil die Anwesenheit von VeteranInnen der eigenen Gruppe einen Hauch von patriotischer Legitimität verleiht (Speckhard et al., 2021).

Sogenannte Incels, junge Männer, die unfreiwillig zölibatär leben, stellen eine andere interessante Personengruppe im Kontext der Rechtsradikalisierung dar (▶ Kap. 8). Incels sind geprägt von einer sexistischen Ideologie, die den Wunsch widerspiegelt, Frauen und Angehörige geschlechtlicher und sexueller Minderheiten zu unterwerfen, um eine patriarchale Machthierarchie aufrechtzuerhalten oder wiederherzustellen (Marwick, Clancy & Furl, 2022). In einer Umfrage unter sich selbst als Incels bezeichnenden Personen konnte ein positiver Zusammenhang zwischen dem subjektiv berichteten Bedeutungsverlust (einschließlich Mobbing, Schwierigkeiten beim Sport, Ächtung und Ablehnung durch Mädchen) und der Zustimmung zu der Aussage »Ich würde vergewaltigen, wenn ich damit durchkäme« nachgewiesen werden (Kruglanski et al., 2023). Dieser Zusammenhang wurde durch die Lektüre des Manifests des mit den Incels in Verbindung gebrachten Massenmörders Elliot Rodger verstärkt. Dieses Ergebnis verdeutlicht die Rolle von solchen Manifesten bei der Entscheidung darüber, wie man auf eine Erfahrung von Bedeutungsverlust reagiert.

Auch auf kollektiver Ebene kann das Streben nach sozialer Bedeutung durch Bedrohungserleben aktiviert werden. In der Literatur zu Intergruppenkonflikten wird seit langem auf die Macht der »symbolischen Bedrohung« bei der Motivation von Gewalt gegen Fremdgruppen hingewiesen. Eine symbolische Bedrohung wird insbesondere dann empfunden, wenn zentrale Werte oder die Moral der Eigengruppe in Frage gestellt werden (Stephan & Stephan, 2013). Im Kontext der Rechtsradikalisierung stellt Einwanderung für manche Gruppen eine Quelle symbolischer Bedrohung dar. Zum Beispiel zeigen Studien, dass in den Vereinigten Staaten, Australien, dem Vereinigten Königreich, Indien, der Türkei und Israel der Zustrom von EinwanderInnen, die die Grenze überschreiten, als Bedrohung für die nationale Identität verstanden wird (Hogan & Haltinner, 2015; Khandelwal, 2022; Bloom, Arikan & Courtemanche, 2015). Wenn eine Person ihr soziales Selbstwertgefühl aus ihrer Nationalität und der wahrgenommenen Bedeutung des Landes gewinnt, dann kann eine wahrgenommene Verwässerung des Erbes oder der Kultur dieses Landes als Bedrohung der eigenen Bedeutung empfunden werden. In der Tat verbreiten hyper-nationalistische, gewalttätige rechtsextreme Gruppen in den USA, wie die Proud Boys oder die English Defence League, das Narrativ, nicht rassistisch zu sein, sondern sich gegen die Aufnahme von MigrantInnen zu wenden, die sich nicht an die ihrer Meinung nach überlegene Kultur anpassen wollen (Speckhard, Ellenberg & Garret, 2022).

Symbolische Bedrohung kann auch aus gesellschaftlichen Ausgleichsmaßnahmen wie Antidiskriminierungsmaßnahmen oder Bemühungen um Integration, Vielfalt und Chancengleichheit resultieren. In Australien beispielsweise wurde die Wahrnehmung von »Anti-Weißem-Rassismus« mit negativen Einstellungen gegenüber Angehörigen von Minderheitengruppen in Verbindung gebracht (Sharples & Blair, 2021). In ähnlicher Weise kann die Förderung von Lehrmaterial, das darauf abzielt, eine nuancierte (und gelegentlich wenig schmeichelhafte) Version der amerikanischen Geschichte zu erzählen, als Bedrohung für die Bedeutung und das Prestige Amerikas empfunden werden. In der Tat findet sich Evidenz dafür, dass eine stärkere weiße Identität im Zusammenhang steht mit einer stärkeren »Rassennostalgie« – dem Gefühl des Verlusts einer verherrlichten Vergangenheit – die ihrerseits im Zusammenhang steht mit Gefühlen der Bedrohung und nationalistischen Ansichten (Reyna, Harris, Bellovary, Armenta & Zarate, 2022). In Deutschland neigen rechtsextreme Gruppierungen dazu, die Schuld für die Schrecken des Zweiten Weltkriegs von Deutschland auf die Alliierten zu verschieben und die deutsche Holocaust-Aufklärung als Versuch darzustellen, eine einst große Nation zu demütigen (Hrishkevich, 2022).

Während individuelle Gefühle des Bedeutungsverlusts oft durch Alltagserfahrungen entstehen, werden Gefühle des kollektiven Bedeutungsverlusts von Rechtsextremisten auch instrumentell eingesetzt. Erzählungen über anti-weißen Rassismus, einen großen Bevölkerungsaustausch oder gar einen Völkermord an weißen Menschen sind Beispiele für Narrative, die dazu dienen, Gefühle des kollektiven Bedeutungsverlusts zu erzeugen (Bebout, 2020). Ein kollektiver Bedeutungsverlust kann sich auch in Opfererfahrungen ausdrücken, die dann als Legitimierung politischer Gewalt dienen, wie beispielsweise in den USA beim Aufstand vor dem Capitol Hill am 6. Januar 2021. Diese Opfererzählung ist im Kontext christlich-nationalistischer Ideologien besonders stark, die das Narrativ fördern, dass weiße ChristInnen in den Vereinigten Staaten angegriffen werden (Armaly, Buckley & Enders, 2022).

3.1.2 Anreizerwartungen

Wie bereits erwähnt, kann das Streben nach sozialer Bedeutung als treibende, motivierende Kraft hinter politischer Radikalisierung im Allgemeinen und Rechtsradikalisierung im Besonderen gelten. Es muss jedoch nicht durch Deprivationserfahrungen aktiviert werden. Als Widerlegung der Annahme, dass beispielsweise Terrorismus durch Armut oder andere Formen der Deprivation entsteht, wird häufig das Beispiel des berüchtigtsten Terroristen der Neuzeit, Osama bin Laden, ins Feld geführt. Dieser hat vermutlich wenig persönliche Demütigungen oder Niederlagen erlitten. Vielmehr stammte er aus einer mächtigen Familie saudischer Milliardäre. Obwohl der kollektive Bedeutungsverlust durch die Identifikation mit der Gruppe der MuslimInnen eine Rolle bei bin Ladens Radikalisierung gespielt haben mag, war er wahrscheinlich eher durch die Aussicht motiviert, mehr als nur ein reicher oder mächtiger Mann zu werden; er sah eine Chance, Bedeutung zu erlangen, indem er ein gefürchteter und berüchtigter Anführer wurde, der die militante dschihadistische Bewegung auf die Weltbühne bringen und den Terror in die Vereinigten Staaten tragen würde (Post, 2002). Im Bereich der rechtsextremen Radikalisierung sind hoch gebildete, erfolgreiche Menschen, wie der Gründer der Oath Keepers und in Yale ausgebildete Anwalt Stewart Rhodes, Beispiele für Personen, die weniger gedemütigt oder von der Gesellschaft abgelehnt wurden, sondern vielmehr danach streben, massive Bedeutung zu erlangen, indem sie eine soziale Bewegung oder sogar einen Bürgerkrieg anführen (Southern Poverty Law Center, 2015).

3.2 Das Ziel der Suche: Die Rolle von Narration und Netzwerk

Wie bereits dargestellt, liegt das Streben nach sozialer Bedeutung einem Großteil des menschlichen Verhaltens zugrunde. Ob es Radikalisierungsprozesse begünstigt, hängt nicht nur von dessen motivationaler Kraft im Vergleich zu anderen Bedürfnissen (Kruglanski et al., 2021), sondern auch von ideologischen und sozialen Faktoren ab, die von Kruglanski, Bélanger und Gunaratna (2019) im Rahmen des 3N-Modells der Radikalisierung als »Narrative« und »Netzwerke« bezeichnet wurden.

3.2.1 Narrative

Das narrative Element des 3N-Modells der Radikalisierung (Kruglanski, et al., 2019) bezieht sich auf ideologische Erzählungen, die für Personen Handlungsmöglichkeiten eröffnen, um Bedeutung zu erlangen. Extremistische Ideologien rechtfertigen und fördern dabei gewalttätiges Handeln als akzeptables und respektiertes Mittel zur Erlangung von Bedeutung. Sie benennen in der Regel auch Verantwortliche, denen die Schuld für den Mangel an Bedeutung zugeschrieben wird. Dies erlaubt dem Einzelnen, seinen Zorn auf äußere Ursachen zu richten und damit Kontrolle zu erlangen. Wenn das Streben nach sozialer Bedeutung einer Person beispielsweise durch den Verlust des Arbeitsplatzes aktiviert wird, werden Minderheiten, die angeblich ungerechtfertigte Vorteile erhalten, als Schuldige betrachtet. Ebenso kann die Schuld AgentInnen des Schattenstaates (oft Jüdinnen und Juden; Byington, 2019) zugeschrieben werden, die die Masseneinwanderung orchestrieren, oder liberalen PolitikerInnen, die Unternehmen dazu drängen, Angehörige von Minderheitengruppen einzustellen (Reyna, Bellovary & Harris, 2022). Wenn das Streben nach sozialer Bedeutung durch das Scheitern in Beziehungen aktiviert wird, könnte die Ideologie Feministinnen dafür verantwortlich machen, dass sie Frauen davon überzeugen, Männer abzulehnen, die ihren unerreichbar hohen Standards in Bezug auf Reichtum, Status und körperliches Aussehen nicht entsprechen (Speckhard,

Ellenberg, Morton & Ash, 2021). Vor allem in der rechtsextremen Sphäre enthalten gewalttätige extremistische Narrative oft Verschwörungstheorien, die die Quellen der eigenen vermeintlichen Opferrolle detailliert beschreiben (Emberland, 2020) und so sowohl einen Schuldigen als auch das Gefühl der Bedeutung vermitteln, das sich einstellt, wenn man glaubt, in geheimes, esoterisches Wissen eingeweiht zu sein. Verschwörungstheorien bieten auch eine Gemeinschaft für Menschen, die sich zunehmend isoliert fühlen, vielleicht zum Teil wegen ihrer abwegigen Überzeugungen (Kruglanski, Molinario, Ellenberg & Di Cicco, 2022b).

Andere rechtsextreme Narrative antworten in ähnlicher Weise auf das Streben nach sozialer Bedeutung. Die Ideologien, die von »regierungsfeindlichen« Gruppen wie den Oath Keepers und den Three Percenters vertreten werden, sehen ihre Aufgabe darin, die Vereinigten Staaten und ihre Verfassung zu verteidigen, insbesondere das durch den zweiten Verfassungszusatz gewährte Recht, Waffen zu tragen. Sie halten sich daher nicht für »regierungsfeindlich«. Stattdessen erklären sie potenziellen Mitgliedern, dass die Quelle ihres Gefühls der Bedeutungslosigkeit böswillige AkteurInnen in der Regierung (z. B. der »tiefe Staat«) sind, die versuchen, die Freiheiten der Menschen zu beschneiden. Als solche können die AnhängerInnen dieser Ideologie Bedeutung erlangen, indem sie ihr Recht auf Waffenbesitz verteidigen und gegen RegierungsvertreterInnen kämpfen, von denen sie glauben, dass diese gegen die Verfassung handeln (Robinson, Malone & Crenshaw, 2023). Einige Milizgruppen, wie die Boogaloo Bois, versuchen, einen zweiten Bürgerkrieg in den Vereinigten Staaten auszulösen, indem sie Chaos säen und sich der Strafverfolgung widersetzen (Kriner & Lewis, 2021a). Diese Gruppen folgen damit einem Narrativ des Akzelerationismus (Newhouse, 2021), demzufolge die Regierung als Ganzes für die eigenen Missstände verantwortlich ist und die einzige Möglichkeit, Bedeutung zu erlangen oder wiederzuerlangen, darin besteht, Teil einer revolutionären Bewegung zu werden, die das derzeitige System auflöst.

Wie die Oath Keepers und die Three Percenters formulieren auch neonazistische und weiß-supremistische Gruppen ihre Ideologien häufig in patriotischen Begriffen. Gruppen wie Patriot Front und Identity Evropa (auch American Identity Movement genannt) verkünden, dass sie das anglo-europäische Erbe Amerikas verteidigen und sich FeindInnen entgegenstellen, von denen sie glauben, dass sie dieses Erbe durch Einwanderung oder Förderung des Multikulturalismus verwässern. Diese Gruppen wenden sich auch gegen Mitglieder der LGBTQ+-Gemeinschaft, da sie glauben, dass die Nichtkonformität mit traditionellen Geschlechterrollen eine Bedrohung für die weiße Vorherrschaft in den Vereinigten Staaten darstellt (Adamczyk, 2020). In ähnlicher Weise verkünden rechtsextreme gewalttätige Gruppen außerhalb der Vereinigten Staaten und Europas, wie zum Beispiel AnhängerInnen der Hindutva-Ideologie in Indien oder extremistische Siedler im besetzten Westjordanland, ihre rassische oder religiöse Vorherrschaft und gehen gewaltsam gegen MuslimInnen oder andere vor, die sie als Bedrohung ihrer Vorherrschaft ansehen (Ramachandran, 2020; Byman & Sachs, 2012).

Im Gegensatz zu explizit weißen suprematistischen Gruppen, wie Patriot Front und Identity Evropa leugnen Gruppen wie die Proud Boys und die English Defence League jegliche Vorliebe für Weiße, sondern formulieren ihre hyper-nationalistische Botschaft als Stolz auf die westliche Zivilisation und die Errungenschaften insbesondere der westlichen Männer. Diese Gruppen richten ihren Zorn auf EinwanderInnen, insbesondere auf muslimische EinwanderInnen, und beschuldigen diese Gruppen, sich nicht zu integrieren. Die AnhängerInnen solcher Narrative schützen sich vor einem Bedeutungsverlust, indem sie Einwanderung, Multikulturalismus und Feminismus ablehnen, die sie als Bedrohung der traditionellen westlichen patriarchalischen Gesellschaft ansehen (Kriner & Lewis, 2021b; Allchorn, 2019).

3.2.2 Netzwerk

Wie die vorangegangenen Beispiele gezeigt haben, existieren Ideologien nicht im luftleeren Raum; sie werden von Gruppen verbreitet und verstärkt. Das dritte notwendige Element im 3N-Modell der Radikalisierung (Kruglanski et al., 2019) ist daher das Netzwerk. Netzwerke verbreiten und bestätigen Narrative und belohnen diejenigen, die ihnen dienen, mit Bedeutung. Extremistische Netzwerke, einst verniedlichend als kleine »Jungsgruppen« (Sageman, 2004) bezeichnet, haben sich in den letzten Jahrzehnten stark entwickelt. Einige Netzwerke bestehen als kleine Milizen wie zum Beispiel die Wolverine Watchmen, die 2020 an der versuchten Entführung des Gouverneurs von Michigan beteiligt waren, in der Nähe voneinander wohnen und sich regelmäßig treffen und trainieren (Perkins, Weill, Sommer & Bredderman, 2020). Andere bestehen als Gruppen von Mitbewohnern, wie die von Sageman (2004) beschriebenen Dschihadisten oder die Gründer der Atomwaffen Division (AP News, 2023). Wieder andere Netzwerke existieren ausschließlich online. Ihre Aktionen werden scheinbar unabhängig ausgeführt, aber die Personen wissen, dass sie von ihren Online-Kameraden unterstützt werden. Peyton Gendron zum Beispiel, der 2022 in einem Supermarkt in Buffalo, New York, zehn Schwarze erschoss, übertrug seinen Angriff per Livestream ins Internet und tauschte sich regelmäßig mit anderen über seine weiß-suprematistischen Überzeugungen aus. Gendron wurde möglicherweise durch die per Livestream übertragene Massenerschießung in einer Moschee in Christchurch, Neuseeland, inspiriert, die Hunderte von Zuschauern anzog und in rechtsextremen Internetforen ausführlich diskutiert wurde (Amarasingam, Argentino & Macklin, 2022; Baele, Brace & Coan, 2023).

Wie bereits bei der Darstellung von Verschwörungstheorien kurz erwähnt, können Narrative dazu dienen, ein Netzwerk näher zusammenzubringen und seine Bedeutung zu erhöhen. Definitionsgemäß werden gewalttätige extremistische Narrative nicht von den meisten Menschen vertreten, und sie neigen dazu, diejenigen abzustoßen, die sich nicht an sie halten. Wenn also jemand an ein solches Narrativ glaubt, bringt ihn seine Motivation, sich mit anderen zu verbinden, näher an diejenigen heran, die seine Weltanschauung teilen, und seine Motivation, die objektive Wahrheit über die Welt zu vertreten, führt dazu, dass er sich von denjenigen distanziert, die seine Überzeugungen in Frage stellen oder widerlegen würden (Echterhoff & Higgins, 2021). Natürlich können sich auch diejenigen, die sich nicht absichtlich von ihren Familien und Bekannten distanzieren, zunehmend isoliert fühlen, wenn sich ihre früheren BeziehungspartnerInnen aus Abscheu vor der hasserfüllten Ideologie von ihnen distanzieren (Kruglanski et al., 2022b). Diese Ablehnung und Entfremdung werden wahrscheinlich das Bedürfnis nach Bedeutung verstärken und damit den Stellenwert des neuen, gewalttätigen, extremistischen, Bedeutung verleihenden Narrativs und Netzwerks erhöhen.

3.3 Zusammenfassung

Das Streben nach Bedeutung ist ein grundlegendes menschliches Motiv, das einer Vielzahl menschlicher Verhaltensweisen zugrunde liegt (Kruglanski et al., 2022a). Wenn die Stärke des Motivs alle anderen Bedürfnisse übertrifft, kann es zu vielen Arten von Extremismus führen, einschließlich zu gewalttätigem Extremismus (Kruglanski et al., 2021). In der aktuellen Ära des gewalttätigen Rechtsextremismus (Rapoport, 2021) ist es von entscheidender Bedeutung zu verstehen, wie das Streben nach sozialer Bedeutung rechtsextreme Radikalisierung motiviert, wenn es von komplementären Narrativen und Netzwerken begleitet wird. Das Streben nach sozialer Bedeutung kann durch Deprivation aktiviert werden, d. h. durch individuelle oder kollektive Verlusterfahrungen. Eine solche Aktivierung zeigt sich bei männlichen Rassisten, die sich nach der Zurückweisung durch romantische PartnerInnen gedemütigt fühlen, bei MilitärveteranInnen, die sich nicht respektiert und unterbewertet fühlen, und bei Arbeitslosen, die das Gefühl haben, dass sie bei der Vergabe von Arbeitsplätzen zugunsten von weniger verdienten KandidatInnen übergangen wurden. Führungspersönlichkeiten können auch Gefühle des kollektiven Bedeutungsverlusts schüren, indem sie Erzählungen über Missstände und Opfernarrative verbreiten. Das Streben nach sozialer Bedeutung kann auch durch Anreize aktiviert werden, was bei sehr ehrgeizigen Personen, denen es nicht an Bedeutung mangelt, sondern die sich eine große Bühne wünschen, durchaus vorkommt.

Sobald das Streben nach sozialer Bedeutung aktiviert ist, bestimmen Narrative und Netzwerke die psychologische Funktionslogik. Im Fall der rechtsextremen Radikalisierung identifizieren bedeutungsstiftende Narrative einen Schuldigen, der für die eigenen Missstände verantwortlich ist, und rechtfertigen oder ermutigen zur Gewalt gegen diesen Schuldigen, um Bedeutung zu erlangen. Das Narrativ wird durch Off- oder Online-Netzwerke unterstützt und bestätigt. Wenn eine Person ihr Engagement für das Narrativ unter Beweis stellt, indem sie zum Beispiel einen gewalttätigen extremistischen Anschlag verübt, wird sie vom Netzwerk mit Bedeutung belohnt und ermutigt damit andere, den gleichen Weg zu gehen, um ebenfalls Bedeutung zu erlangen.

Das 3N-Modell der Radikalisierung (Kruglanski et al., 2019), das auf der Theorie der Bedeutungssuche basiert (Kruglanski et al., 2022a), bietet klare Empfehlungen für die Prävention und Bekämpfung von Radikalisierung. Das Bedürfnis nach Bedeutung ist universell und kann nicht beseitigt, sondern nur »umgelenkt« werden, zum Beispiel in Richtung berufliches Fortkommen oder romantische Beziehungen oder in gewaltfreien politischen Protest, um Lösungen für die eigenen Missstände zu finden (Kruglanski et al., 2013). Gegennarrative können gewaltfreie Mittel zur Erlangung von Bedeutung aufzeigen, die Neuausrichtung des Strebens nach sozialer Bedeutung anleiten und Narrative widerlegen, die Gewalt als Mittel zur Erlangung von Bedeutung propagieren (Speckhard, Ellenberg & Baddorf, 2021). Schließlich müssen diese gewaltfreien Narrative durch die Unterstützung von alternativen Netzwerken validiert werden, die ihren Mitgliedern Akzeptanz und Respekt entgegenbringen, wenn sie sich an das Narrativ halten.

Literatur

Adamczyk, C. J. (2020). *Gods versus Titans: Ideological Indicators of Identitarian Violence.* Monterey: Naval Postgraduate School.

Allchorn, W. (2019). Beyond Islamophobia? The role of Englishness and English national identity within English Defence League discourse and politics. *National Identities*, 21(5), 527–539.

Amarasingam, A., Argentino, M. A. & Macklin, G. (2022). The Buffalo attack: The cumulative momentum of far-right terror. *CTC Sentinel*, 15(7), 1–10.

AP News (2023). *Ex-Neo-Nazi guilty in 2017 slayings of Floria roommates.* Zugriff am 08.11.2023 unter: https://apnews.com/article/neonazi-florida-roommate-slayings-atomwaffen-71e4a48be4105e9db4c0e78c5df2bbb8

Armaly, M. T., Buckley, D. T. & Enders, A. M. (2022). Christian nationalism and political violence: Victimhood, racial identity, conspiracy, and support for the capitol attacks. *Political behavior*, 44(2), 937–960.

Atuel, H. R. & Castro, C. A. (2019). Military transition process and identity. American military life in the 21st century: Social, cultural, economic issues, and trends, 2, 485–496.

Baele, S. J., Brace, L. & Coan, T. G. (2023). The ›tarrant effect‹: what impact did far-right attacks have on the 8chan forum? *Behavioral Sciences of Terrorism and Political Aggression*, 15(1), 1–23.

Bebout, L. (2020). Weaponizing victimhood: Discourses of oppression and the maintenance of supremacy on the right. In A. Nadler & A. J. Bauer (Hrsg.), *News on the Right: Studying Conservative News Cultures* (S. 64–83). Oxford: Oxford University Press.

Bélanger, J. J., Caouette, J., Sharvit, K. & Dugas, M. (2014). The psychology of martyrdom: making the ultimate sacrifice in the name of a cause. *Journal of Personality and Social Psychology*, 107(3), 494.

Bloom, P. B. N., Arikan, G. & Courtemanche, M. (2015). Religious social identity, religious belief, and anti-immigration sentiment. *American Political Science Review*, 109(2), 203–221.

Byington, B. (2019). Antisemitic Conspiracy Theories and Violent Extremism on the Far Right: A Public Health Approach to Counter-Radicalization. *Journal of Contemporary Antisemitism*, 2(1), 1–18.

Byman, D. & Sachs, N. (2012). The rise of settler terrorism: The West Bank's other violent extremists. *Foreign Affairs*, 73–86.

Echterhoff, G. & Higgins, E. T. (2021). Shared reality: Motivated connection and motivated cognition. In P. A. M. Van Lange, E. T. Higgins & A. W. Kruglanski (Hrsg.), *Social psychology: Handbook of basic principles* (S. 181–201). New York: The Guilford Press.

Emberland, T. (2020). *Why conspiracy theories can act as radicalization multipliers of far-right ideals.* University of Oslo: Center for Research on Extremism.

Hogan, J. & Haltinner, K. (2015). Floods, invaders, and parasites: Immigration threat narratives and right-wing populism in the USA, UK and Australia. *Journal of Intercultural Studies*, 36(5), 520–543.

Hrishkevich, T. (2022). Right-wing Extremist Organizations of Modern Germany: Attempts to Revise History as a Threat to Social Cohesion. *Metamorphoses of History*, (23).

Khandelwal, C. (2022). *Networked Social Movements: A Critical Interrogation of Pro and Anti Immigration Twitter Discourse in India and the USA.* Calgary: University of Calgary.

Kriner, M. & Lewis, J. (2021a). The Evolution of the Boogaloo Movement. *CTC Sentinel*, 14, 2.

Kriner, M. & Lewis, J. (2021b). Pride & prejudice: the violent evolution of the Proud Boys. *CTC sentinel, 14*(6), 26–38.

Kruglanski, A. W., Bélanger, J. J., Gelfand, M., Gunaratna, R., Hettiarachchi, M., Reinares, F., … & Sharvit, K. (2013). Terrorism—A (self) love story: Redirecting the significance quest can end violence. *American Psychologist, 68*(7), 559.

Kruglanski, A. W., Bélanger, J. J. & Gunaratna, R. (2019). *The three pillars of radicalization: Needs, narratives, and networks.* Oxford: Oxford University Press.

Kruglanski, A. W., Ellenberg, M., Szumowska, E., Molinario, E., Speckhard, A., Leander, N. P., Pierro, A., Di Cicco, G. & Bushman, B. (2023). Frustration-aggression hypothesis reconsidered: The role of significance quest. *Aggressive Behavior.* http://doi.org/10.1002/ab.22092

Kruglanski, A. W., Gelfand, M. J., Bélanger, J. J., Sheveland, A., Hetiarachchi, M. & Gunaratna, R. (2014). The psychology of radicalization and deradicalization: How significance quest impacts violent extremism. *Political Psychology, 35,* 69–93.

Kruglanski, A. W., Molinario, E., Ellenberg, M. & Di Cicco, G. (2022b). Terrorism and conspiracy theories: A view from the 3N model of radicalization. *Current Opinion in Psychology,* 101396.

Kruglanski, A. W., Molinario, E., Jasko, K., Webber, D., Leander, N. P. & Pierro, A. (2022a). Significance-quest theory. *Perspectives on Psychological Science, 17*(4), 1050–1071.

Kruglanski, A. W., Szumowska, E., Kopetz, C. H., Vallerand, R. J. & Pierro, A. (2021). On the psychology of extremism: How motivational imbalance breeds intemperance. *Psychological Review, 128*(2), 264.

Marwick, A., Clancy, B. & Furl, K. (2022). Far-Right Online Radicalization: A Review of the Literature. *The Bulletin of Technology & Public Life.*

Newhouse, A. (2021). The threat is the network: the multi-node structure of neo-fascist accelerationism. *CTC Sentinel, 14*(5), 17–25.

Perkins, T., Weill, K., Sommer, W. & Bredderman, W. (2020). The ›Wolverine Watchmen‹ accused of targeting Michigan Guv spooked their neighbors. *The Daily Beast.*

Post, J. M. (2002). *Killing in the Name of God: Osama bin Laden and al Qaeda.* Montgomery: USAF Counterproliferation Center Maxwell AFB al.

Ramachandran, S. (2020). Hindutva violence in India. *Counter Terrorist Trends and Analyses, 12*(4), 15–20.

Rapoport, D. C. (2021). The Capitol attack and the 5th terrorism wave. *Terrorism and political violence, 33*(5), 912–916.

Reyna, C., Bellovary, A. & Harris, K. (2022). The psychology of White nationalism: Ambivalence towards a changing America. *Social issues and policy review, 16*(1), 79–124.

Reyna, C., Harris, K., Bellovary, A., Armenta, A. & Zarate, M. (2022). The good ol'days: White identity, racial nostalgia, and the perpetuation of racial extremism. *Group Processes & Intergroup Relations, 25*(3), NP81–NP103.

Robinson, K., Malone, I. & Crenshaw, M. (2023). Countering Far-Right Anti-Government Extremism in the United States. *Perspectives on Terrorism, 17*(1), 73–87.

Sageman, M. (2004). *Understanding terror networks.* Philadelphia: University of Pennsylvania Press.

Sharples, R. & Blair, K. (2021). Claiming ›anti-white racism‹ in Australia: Victimhood, identity, and privilege. *Journal of Sociology, 57*(3), 559–576.

Southern Poverty Law Center (2015). Elmer Steward Rhodes. In *Fighting Hate, Extremist Files.* Montgomery: Southern Poverty Law Center (2015).

Speckhard, A. & Ellenberg, M. (2023). *An analysis of active-duty and veteran military members involved in white supremacist and violent anti-government militias and groups: 2017–2022.* McLean: International Center for the Study of Violent Extremism.

Speckhard, A., Ellenberg, M. & Baddorf, Z. (2021). Breaking the ISIS Brand Counter Narrative Project: Understanding, Preventing, and Intervening in Militant Jihadi Terrorism and Violent Extremism. In J. A. Goldstone, E. Y. Alimi, S. Ozeren & S. Cubukcu (Hrsg.), *From Territorial Defeat to Global ISIS: Lessons Learned* (S. 94–111). Amsterdam: IOS Press.

Speckhard, A., Ellenberg, M. & Garret, S. (2021). *The challenge of extremism in the military is not going away without a new perspective.* McLean: International Center for the Study of Violent Extremism.

Speckhard, A., Ellenberg, M. & Garret, T. M. (2022). *White Supremacists Speak: Recruitment, Radicalization & Experiences of Engaging and Disengaging from Hate Groups.* McLean: International Center for the Study of Violent Extremism.

Speckhard, A., Ellenberg, M., Morton, J. & Ash, A. (2021). Involuntary celibates' experiences of and grievance over sexual exclusion and the potential threat of violence among those active in an online incel forum. *Journal of Strategic Security, 14*(2), 89–121.

Stephan, W. S. & Stephan, C. W. (2013). An integrated threat theory of prejudice. In S. Oskamp (Hrsg.), *Reducing prejudice and discrimination* (S. 33–56). New York: Psychology Press.

Webber, D., Babush, M., Schori-Eyal, N., Vazeou-Nieuwenhuis, A., Hettiarachchi, M., Bélanger, J. J. & Gelfand, M. J. (2018). The road to extremism: Field and experimental evidence that significance loss-induced need for closure fosters radicalization. *Journal of personality and social psychology, 114*(2), 270.

4 Gruppenbasierte Kontrolle und Rechtsradikalisierung

Immo Fritsche, Annedore Hoppe und Fabian M. Hess

Rechts-konservative politische Ideologie wird häufig mit dem Widerstand gegen Veränderung und der Bewahrung bestehender gesellschaftlicher Hierarchien und Strukturen gleichgesetzt (Jost, Pelham, Sheldon & Ni Sullivan, 2003). Allerdings wirbt beispielsweise die in Teilen rechtsextreme Partei »Alternative für Deutschland« (AfD) mit dem gesellschaftlichen Wandel. Der Landesverband der AfD in Schleswig-Holstein (2023) fordert auf seiner Website dazu auf, »jetzt Mitglied [zu] werden für die Politikwende!«. In Ostdeutschland rufen rechtsradikale Vereinigungen regelmäßig zu »Montagsdemos« auf und sehen sich damit in der Tradition einer breiten BürgerInnenbewegung, die 1989 in der DDR die politische »Wende« einläutete. Radikale Rechte streben offenbar die *Veränderung* der sozialen Welt (z.B. die Abschaffung von Parlamentarismus und Gewaltenteilung) im Einklang mit den eigenen Ideen an, und nicht deren Erhalt. Dieses scheinbare Paradoxon zwischen rechtskonservativer Ideologie und dem Auftreten der radikalen Rechten als einer Bewegung des Wandels erklären wir im vorliegenden Kapitel.

Wir nehmen an, dass es sich bei Radikalisierung um ein sozialpsychologisches Gruppenphänomen handelt, das seinen motivationalen Ursprung auch im Bedürfnis nach persönlicher Kontrolle und autonomem Handeln hat. Randbedingungen, die das persönliche Streben nach Handlungsfähigkeit erhöhen, wie beispielsweise persönliche oder gesellschaftliche Krisen, sollten dazu führen, dass Menschen verstärkt die Mitgliedschaft in handlungsfähigen Gruppen nutzen, um ihr subjektives Kontrollgefühl durch ein handlungsfähiges *Wir* zu steigern bzw. wiederherzustellen. Extreme politische Gruppen wissen dies zu nutzen, indem sie mit einer Rhetorik der kollektiven Handlungsfähigkeit für sich werben, beispielsweise mit der Forderung nach Wandel und Umsturz. Diese suggeriert eigenständige Ziele der Gruppe, die nicht durch die Verhältnisse korrumpiert sind, einen Imperativ zu erkennbarem gemeinschaftlichem Handeln (durch *Abweichen* statt Verharren) und eine scheinbar klare Vorstellung davon, wann das Ziel erreicht ist (nämlich durch das *Beenden* des Bestehenden). Die Identifikation mit (scheinbar) handlungsfähigen Gruppen, wie einer radikalen Vereinigung, und das eigene Handeln im Sinne wahrgenommener Gruppenziele und -normen (z.B. gewaltvolles Protestverhalten) stellen dabei Wege zu »gruppenbasierter Kontrolle« (Fritsche, 2022) dar.

4.1 Die Theorie gruppenbasierter Kontrolle

Menschen haben das Bedürfnis, sich als autonom handelnde Personen wahrzunehmen, die subjektiv wichtige Aspekte ihrer alltäglichen Umwelt wirksam beeinflussen können. Wir wollen *effektiv Handelnde* statt *behandelte Objekte* sein. Tatsächlich gehen Menschen in der Regel davon aus, autonome Ziele zu haben, diese mit dem eigenen Verhalten zu verfolgen und am Ende auch selbstwirksam zu erreichen (Preston & Wegner, 2005). Das Bedürfnis nach Kontrolle wird zu den menschlichen Grundbedürfnissen gezählt (Deci & Ryan, 2000), denn fehlende Kontrollwahrnehmungen gehen kulturübergreifend mit reduzierter Leistungsfähigkeit, geringerem Wohlbefinden und einem verschlechterten Gesundheitszustand einher (Cheng, Cheung, Chio & Chang, 2013; Greenaway et al., 2015; Wrosch & Schulz, 2008). Dabei sind Menschen häufig Situationen ausgesetzt, in denen der persönliche Einfluss begrenzt ist, seien es beispielsweise globale Herausforderungen wie Wirtschafts- oder Klimakrise, persönliche Hilflosigkeit im Angesicht einer schweren Krankheit oder beruflichen Scheiterns, oder aber auch die Wahrnehmung mangelnder eigener Repräsentation im politischen System. Erleben Menschen in diesen oder anderen Kontexten persönliche Hilflosigkeit und sehen keine Möglichkeit, Kontrolle persönlich zurückzugewinnen, werden gruppenbasierte Reaktionen und Strategien wahrscheinlich (Fritsche, 2022). Die Mitgliedschaft in sozialen Gruppen kann dabei helfen, die Wahrnehmung von Kontrolle durch das Selbst zu erhöhen. Dies wird möglich durch die Umdefinition des Selbst vom *Ich* zum *Wir*.

Die Theorie der sozialen Identität (Turner, Hogg, Oakes, Reicher & Wetherell, 1987) nimmt an, dass Menschen sich nicht nur als Individuen, sondern auch über ihre Mitgliedschaft in sozialen Gruppen definieren. Ob eine personale oder eine soziale, gruppenbasierte Identität unser Verständnis von uns selbst prägt, hängt einerseits davon ab, welche Ebene der Selbstdefinition gerade unsere Aufmerksamkeit auf sich zieht, also »salient« ist (Turner et al., 1987). So ist beispielsweise beim Betrachten einer Fußball-Weltmeisterschaft die eigene Nationalität im Fokus der Aufmerksamkeit, bei einer Diskussion über Geschlechtergerechtigkeit hingegen die eigene Geschlechtsidentität. In Folge einer solchen Selbstkategorisierung als »Deutsche« oder als »Frau« werden unterschiedliche Gruppeneigenschaften dann zu Eigenschaften des Selbst. Mir ist es dann beispielsweise als Deutscher plötzlich besonders peinlich, unpünktlich zu sein, während ich mich als Frau eher für die gleiche Bezahlung der Geschlechter einsetze (»Selbststereotypisierung«; Hogg & Turner, 1987).

Gruppenzugehörigkeiten sind für Menschen besonders dann attraktiv – und bestimmen mit höherer Wahrscheinlichkeit die Definition ihres Selbst – wenn sie aktuelle psychologische Bedürfnisse befriedigen. In Situationen persönlichen Kontrollmangels sind dies besonders Gruppen, die selbst Kontrolle über ihre Umgebung auszuüben scheinen. Durch Identifikation mit diesen Gruppen können Personen die Wahrnehmung aufrechterhalten oder wiederherstellen, dass sie selbst Kontrolle haben, nicht als *Ich*, sondern als *Wir*. Tatsächlich nehmen Menschen Gruppen in der Regel nicht nur als deskriptive Kategorien (»die Leute, die rechtsradikale Sprüche klopfen und AfD wählen«), sondern als handelnde AkteurInnen wahr (Brewer,

Hong & Li, 2004). Das heißt, Gruppen werden *autonome geteilte Ziele* zugeschrieben: Ziele, für die sich die Gruppe selbst entscheidet und die nicht durch mächtige Andere oder die Umstände diktiert werden; siehe beispielsweise die Forderung nach einem autonomen Sachsen durch die Partei »Freie Sachsen« (deutschlandfunk.de, 2022). Zugeschriebene Handlungsfähigkeit umfasst zudem zielgerichtetes Handeln, z. B. Mobilisierung zur Teilnahme an Protesten gegen Corona-Maßnahmen (Sächsisches Staatsministerium des Innern und & Landesamt für Verfassungsschutz Sachsen, 2021) und die Möglichkeit, die eigene Umwelt zu beeinflussen (»die Rechten sorgen dafür, dass die Fremden den Ort verlassen«; Fritsche, 2016).

Die Theorie der gruppenbasierten Kontrolle (Fritsche, 2022) nimmt an, dass Menschen ihr Bedürfnis nach Kontrolle über Gruppenzugehörigkeit (z. B. die Identifikation mit einer radikalen Bürgerbewegung) und kollektives Handeln (z. B. Demonstrationsteilnahme) befriedigen können, und dies insbesondere unter wahrgenommener Bedrohung ihrer persönlichen Kontrolle tun. Politische Gruppen sind dazu besonders geeignet, denn sie sind per se handlungsbezogen und definieren sich über geteilte Überzeugungen ihrer Mitglieder, politische Aktivität und die Vorstellung, die Welt zu beeinflussen. Die Theorie gruppenbasierter Kontrolle bietet damit einen eigenständigen Zugang zur Erklärung rechter Radikalisierung. Im Mittelpunkt steht die Annahme, dass das Bedürfnis nach Kontrolle, gepaart mit der Bedrohung persönlicher Kontrollwahrnehmungen, die Attraktivität von Rechtsextremismus erklären kann. Es geht hier also um *eigene Kontrolle* und nicht etwa um die Reduktion von Unklarheit über den Zustand der Welt (Uncertainty-Identity Theory; Hogg, 2014) oder eine positive soziale Bewertung der eigenen Person (Significance-Quest Theory; Kruglanski et al., 2022; ▶ Kap. 3). Zwar gehen Klarheit und eine positive soziale Bewertung der eigenen Person in vielen Fällen mit einem Gefühl hoher eigener Kontrolle einher, aber es sind auch Fälle denkbar, in denen das eine Bedürfnis befriedigt wird, ein anderes hingegen nicht. So genießt der Bundespräsident in Deutschland zwar ein hohes soziales Ansehen, hat jedoch wenig Einfluss auf die Politik. ErbInnen großer Vermögen freuen sich über den gesellschaftlichen Aufstieg und haben möglicherweise zugleich das Gefühl, dieses nicht durch eigenes Zutun erreicht zu haben. Umgekehrt könnten die Mitglieder eines Schlägertrupps zwar wahrnehmen, gesellschaftlich abgelehnt oder sogar gefürchtet zu werden, und zugleich die damit verbundenen Gefühle von Macht, Stärke und Kontrolle auskosten. Auch experimentelle Studien liefern Evidenz für die Annahme, dass die Motive bis zu einem gewissen Punkt voneinander unabhängig sind (Fritsche et al., 2013).

Im Folgenden werden wir zunächst Radikalisierung im Allgemeinen kontrolltheoretisch erklären. Dann diskutieren wir, inwiefern Wesensmerkmale *rechter* Ideologie (rechter Autoritarismus, Soziale Dominanzorientierung, Nationalismus) jeweils für die Herstellung von Kontrollwahrnehmungen förderlich oder hinderlich sein sollten und damit *Rechtsradikalisierung* unter Kontrollbedrohung wahrscheinlicher und unwahrscheinlicher machen.

4.2 Radikalisierung als gruppenbasierte Kontrolle

Radikalisierung ist ein dynamischer Prozess, der sich im Kontext von Gruppen und subjektiven Gruppenzugehörigkeiten vollzieht. Neben individuellen und gesellschaftlichen Ursachen spielen die grundlegenden Mechanismen kollektiven menschlichen Denkens und Handelns eine entscheidende Rolle. Radikalisierung beinhaltet demnach das zunehmende Aufgehen von Individuen in einer sozialen Identität (Gruppenmitgliedschaft; Fritsche, 2016), die sich typischerweise in einem »Wir gegen die Anderen«, also in einer Oppositionsbeziehung zu gegnerischen oder verfeindeten Gruppenidentitäten konstituiert (Hess & Grosche, 2022). Mit fortschreitender Radikalisierung identifizieren sich Personen zunehmend mit ihrer eigenen Gruppe und grenzen sich in ihrem Denken, Fühlen und Handeln verstärkt von antagonistischen Fremdgruppen ab (Hess & Fritsche, 2023). Radikale verstehen sich primär als StellvertreterInnen ihrer Gruppe – etwa ihrer Nation, Region, »Rasse« oder Glaubensgemeinschaft – und generieren ihren Wert und ihre Besonderheit durch ihre Zugehörigkeit zur Gruppe. Zunächst stellt dieses Aufgehen in *sozialen Identitäten* (Tajfel & Turner, 1979) einen grundlegenden und im Alltag häufig auftretenden Mechanismus sozialen Denkens dar, der im Prozess der Radikalisierung mit hoher Intensität, Häufigkeit und Handlungskonsequenz auftritt und sich in gesellschaftlich nicht-normativem Verhalten äußert (z. B. verbaler oder körperlicher Gewalt). Radikalisierung beinhaltet also eine zunehmende Zuwendung zu gruppenbasiertem Denken und Handeln, welche prinzipiell unabhängig davon ist, ob die Radikalisierung rechter oder anderer Ideologie folgt (unspezifische Komponente des Rechtsradikalismus; ▶ Kap. 1).

Die Theorie gruppenbasierter Kontrolle nimmt an, dass die Identifikation mit Gruppen insbesondere bei Bedrohung der persönlichen Kontrollwahrnehmung, also beispielsweise in sozialen, aber auch persönlichen Krisen helfen kann, ein Gefühl von Kontrolle durch das soziale Selbst aufrechtzuerhalten. Hinweise hierfür finden sich in experimentellen Studien. In einer Arbeit zur coronakritischen Querdenken-Bewegung (Grosche, 2022) wurden beispielsweise Teilnehmende einer Querdenken-Onlinegruppe je nach zufällig zugewiesener Versuchsbedingung entweder gebeten, jene Aspekte ihres Lebens zu beschreiben, die ihnen ein Gefühl eigener Hilflosigkeit und mangelnden eigenen Einflusses auf die wichtigen Dinge ihres Lebens vermitteln oder jene Aspekte, die ihnen das Gefühl eigener Wirkmächtigkeit und von persönlichem Einfluss geben. Dabei zeigte sich, dass die Personen, die zuvor über geringe persönliche Kontrolle nachdachten, anschließend eine höhere Identifikation mit der Querdenken-Bewegung angaben als jene Personen, die an hohe persönliche Kontrolle im Leben erinnert worden waren. Andere Studien zeigen, dass Kontrollbedrohung insbesondere die Identifikation mit solchen eigenen Gruppen erhöht, welche die Untersuchungsteilnehmenden als handlungsfähig wahrnehmen (Stollberg, Fritsche & Bäcker, 2015). Menschen scheinen also bedrohte Kontrollwahrnehmungen durch die Identifikation mit Gruppen wiederherzustellen oder aufrecht zu erhalten. Diese Schlussfolgerung wird auch durch Studien gestützt, die zeigen, dass die Identifikation mit eigenen handlungsfähigen Gruppen die Wahrnehmung persönlicher Kontrolle erhöht (Greenaway et al., 2015).

Neben der Selbstdefinition als Gruppenmitglied können Menschen ihr Kontrollgefühl auch darüber wiedergewinnen, dass sie sich für wahrgenommene Gruppenziele einsetzen (Fritsche et al., 2013) und selbst im Einklang mit Gruppennormen handeln (Stollberg, Fritsche & Jonas, 2017). Beispielsweise untersuchten Barth, Masson, Fritsche & Ziemer (2018), ob Gruppennormen politisch radikalen Handelns unter Bedrohung stärker befolgt werden. Dazu wurden Studierende entweder gebeten, sich mit Fakten über bedrohliche Folgen des Klimawandels oder mit neutralen Fakten über Deutschlands Geografie auseinanderzusetzen. Anschließend erhielt im Rahmen einer zweiten experimentellen Manipulation eine Hälfte der Teilnehmenden die Information, dass Studierende laut einer (angeblich) repräsentativen Befragungsstudie mehrheitlich radikales Verhalten gegen einen sexistischen Professor unterstützen würden (z. B. den Professor in sozialen Medien zu bedrohen). Die andere Hälfte erhielt die Information, dass radikaler Protest mehrheitlich nicht unterstützt würde. In einer nachfolgenden Befragung wurde radikaler Protest durch die Studierenden stärker unterstützt, wenn sie sich zuvor mit der Klimawandelbedrohung (vs. neutralen Geo-Fakten) auseinandergesetzt hatten, aber nur dann, wenn der radikale Protest als normativ (und nicht non-normativ) vorgestellt worden war (Barth et al., 2018). Offenbar bringt Bedrohung Menschen dazu, stärker im Sinne wahrgenommener Gruppennormen zu handeln und auf diese Weise kollektive Handlungsfähigkeit zu erleben und zu demonstrieren. Dies kann – wie gezeigt – die Neigung zu politisch radikalem gruppenbasiertem Handeln erhöhen.

4.3 Rechte Radikalisierung als gruppenbasierte Kontrolle

Bedrohte Kontrollwahrnehmungen können also gruppenbasierte Radikalisierung befördern. Ob daraus *rechte* (oder beispielsweise *linke*) Radikalisierung folgt, sollte insbesondere davon abhängen, welche Ideologie als normativ für die eigene Gruppe wahrgenommen wird, also ob beispielsweise die Fans des eigenen Fußballvereins im Selbst- oder Fremdbild eher als *rechts* oder als *links* gelten oder ob eine Person bereits Mitglied einer explizit rechtsradikalen Vereinigung ist. Identifiziert sich eine Person hingegen mit einer linksideologischen Gruppe, wird sie sich in Folge einer Kontrollbedrohung auch eher linkspolitisch radikalisieren. Weshalb sich manche Menschen zu rechtsradikalen (und nicht etwa zu linksradikalen) Gruppen hingezogen fühlen, ist unter anderem auf biografische Sozialisationserfahrungen zurückzuführen, d. h. ideologische Verortungen der Eltern (Duriez & Soenens, 2009), der Peer-Group (Poteat & Spanierman, 2010) oder eigene kulturelle Zuordnungen (Lengfeld & Dilger, 2018).

Sind rechtsextreme Gruppen für die Wiederherstellung subjektiver Kontrolle also so gut geeignet wie jede andere Gruppe auch? Oder gibt es bestimmte Merkmale rechtsextremer Gruppen, die diese in besonderer Weise für gruppenbasierte Kontrolle prädestinieren? Dies diskutieren wir im Folgenden anhand von drei häufig angenommenen Kernmerkmalen rechter Ideologie, nämlich rechtsgerichtetem Autoritarismus (und einer angeblichen Ablehnung sozialen Wandels), der Befürwortung gesellschaftlicher Hierarchien und Nationalismus.

4.3.1 Rechtsgerichteter Autoritarismus

Autoritäre Einstellungen umfassen die persönliche Unterordnung unter gesellschaftliche Autoritäten, konventionelle Einstellungen und Aggression gegenüber Abweichenden (Beierlein, Asbrock, Kauff & Schmidt, 2014) und wurden im Kontext rechtskonservativer Ideologie auch als Ablehnung sozialen Wandels gedeutet (Jost et al., 2003). In der Forschung ist die spezifische Assoziation zwischen Autoritarismus und rechter Ideologie nicht unumstritten (▶ Kap. 14). Tatsächlich lassen sich autoritäre Einstellungen auch als grundlegende Prozesse zur Stützung und Verteidigung der (normativen) Integrität und der Handlungsfähigkeit *jedweder* Gruppe verstehen (Kessler & Cohrs, 2008). Auf diese Weise können sie auch ein Mittel zu gruppenbasierter Kontrolle sein. So werden unter Kontrollbedrohung kollektive Institutionen und Normen handlungsleitend (Stollberg et al., 2017) und subjektiv wahrgenommene »andersartige« (Fritsche et al., 2013) bzw. »systemgefährdende Gruppen« (Greenaway, Louis, Hornsey & Jones, 2014) abgewertet. Der rechtsgerichtete Autoritarismus lässt sich wohl am ehesten darüber charakterisieren, dass hier eine (angenommene) traditionelle Ordnung der Mehrheitsgesellschaft gestützt und verteidigt wird. Diese Tendenz steigt unter Kontrollbedrohung an. Studien zeigen beispielsweise die erhöhte Ablehnung von Einwanderung bei Personen, die vorher auf die hohe Wahrscheinlichkeit terroristischer Anschläge im eigenen Land hingewiesen wurden (vs. Personen mit neutralen Informationen), allerdings nur dann, wenn die Teilnehmenden das Gefühl hatten, sich persönlich gegen Terrorismus *nicht* zur Wehr setzen zu können. Die gleichen Effekte zeigten sich auch, wenn statt Terrorismus bedrohliche Fakten über die Finanzkrise salient waren (Greenaway et al., 2014). Darüber hinaus erhöhte die Erinnerung an bedrohlichen Klimawandel bei deutschen und britischen Versuchspersonen autoritäre Aggression und die Ablehnung von normgefährdenden Gruppen (z. B. Drogenhändlern; Fritsche, Cohrs, Kessler & Bauer, 2012). Autoritarismus als Konformität mit kollektiven Normen und deren Verteidigung ist offenbar ein Mittel gruppenbasierter Kontrolle, aber – wie die vorher erwähnten Befunde zur erhöhten Konformität mit linksradikalen Normen nahelegen – keines, das notwendigerweise für spezifisch *rechte* Radikalisierung steht.

Die Tendenz (rechts-)extremer Gruppen, Konformität mit den eigenen Werten und Normen zu fordern und Abweichung mit Aggression zu beantworten, ist keineswegs immer mit einer allgemeinen *Ablehnung sozialen Wandels* gleichzusetzen, wie es gelegentlich in der Forschungsliteratur geschieht (Jost et al., 2003). Ganz im Gegenteil ist die Rhetorik und Zielrichtung rechtsextremer Bewegungen in aller Regel auf eine Veränderung der gegenwärtigen Verhältnisse gerichtet, die häufig – aber nicht notwendigerweise – auf eine *Rückkehr* zu einem gedachten idealen vergangenen Zustand abzielt (▶ Kap. 5). Dies wird deutlich, wenn man sich die zu

Beginn dieses Beitrags zitierten Aufrufe der AfD zu einer gesellschaftlichen »Wende« vor Augen führt. Außerdem ergibt sich die Orientierung rechtsextremer Gruppen hin zu einem Wandel auch aus ihrer gegenwärtigen gesellschaftlichen Minderheitsposition gegenüber einer demokratischen Mehrheit. Aktivistische Minderheiten zeichnen sich naturgemäß dadurch aus, dass sie eine Abweichung (also Veränderung) vom durch die Mehrheit vorgegebenen Status Quo repräsentieren und anstreben. In einer durch Demokratie, Gleichheitsgebot und Minderheitenschutz verfassten Gesellschaft sind die AntidemokratInnen zwangsläufig die Revolutionäre der Veränderung. Und genau diese Verkörperung der Veränderung macht die Mitgliedschaft in einer solchen Gruppe für die Aufrechterhaltung von Kontrollwahrnehmungen attraktiv. Dies liegt daran, dass die Forderung nach Veränderung – statt nach Erhalt des Bestehenden – gut durch ein dahinterstehendes intrinsisch-autonomes Ziel der Gruppe, aber weniger gut durch solche Ursachen erklärt werden kann, die außerhalb der Gruppe liegen, wie zum Beispiel äußerer Druck oder die »Kraft des Faktischen«. Außerdem erfordert Wandel in stärkerem Maße den Willen und das sichtbare Handeln der Gruppe (*Bewegung* auf einen neuen Zustand hin vs. *Verharren* beim Bestehenden) und Veränderungen stellen am Ende sichtbarere und eindeutigere Hinweise auf die tatsächliche Wirksamkeit der Gruppe dar, als ein Weiterbestehen des Status Quo es würde. Tatsächlich deuten aktuelle experimentelle Studienreihen darauf hin, dass Gruppen, welche mit Wandel assoziiert werden, sich besonders gut für die gruppenbasierte Wiederherstellung des Kontrollgefühls eignen. So führte beispielsweise experimentell manipulierte persönliche Kontrollbedrohung in einer Stichprobe prekär Beschäftigter zwar zur *Ablehnung* sozialen Wandels (das Recht auf Homeoffice), wenn dieser Vorschlag von einer salienten Fremdgruppe (Managern) kam. Kontrollbedrohung erhöhte jedoch die *Zustimmung* zu sozialem Wandel, wenn dieser von der Eigengruppe (prekär Beschäftigten) gefordert und zugleich auch als ein starker Wandel wahrgenommen bzw. dargestellt wurde (Lautenbacher, Fritsche, Eckert & Hoke, 2023). Auch unterstützten hoch identifizierte Gruppenmitglieder (deutsche Studierende) mehrheitliche (vs. nicht mehrheitliche) Forderungen in ihrer Gruppe dann stärker, wenn diese als Forderungen nach sozialem Wandel und nicht nach der Erhaltung bestehender Zustände dargestellt waren (z. B. »die Forschung soll frei werden« vs. »die Forschung soll frei bleiben«; Stollberg, Fritsche & Jonas, 2024). Eine weitere, bislang unveröffentlichte Studie (Lüken, Fritsche & Hoppe, 2020) zeigt, dass AfD-AnhängerInnen, die an geringe persönliche Kontrolle erinnert wurden, ihre Partei insbesondere dann attraktiv fanden, wenn sie ihr das Potenzial zuschrieben, das Land zu verändern. Das kollektive Streben nach gesellschaftlichen Veränderungen scheint für Menschen also ein Mittel zu sein, mit persönlichen Kontrollbedrohungen umzugehen. Dies könnte dazu führen, dass in gesellschaftlichen Krisensituationen solche politischen Einstellungen und eigenen Gruppenzugehörigkeiten für Menschen attraktiver werden, die für sozialen Wandel stehen, wie beispielsweise rechtsextreme.

4.3.2 Befürwortung sozialer Hierarchien und Dominanzstrukturen

Als weiteres Kernmerkmal rechter Ideologie gilt die *Befürwortung gesellschaftlicher Hierarchien und Dominanzstrukturen* (Jost et al., 2003; ▶ Kap. 2). Soziale Hierarchien dienen der Koordination innerhalb von Gruppen und eine hierarchisch (vs. nicht hierarchisch) strukturierte Gruppe wird von Menschen häufig als handlungsfähiger eingeschätzt. Hierarchien sollten dann für gruppenbasierte Kontrolle relevant sein, wenn sie innerhalb von solchen Gruppen gelten, welche die kontrolldeprivierte Person subjektiv auch repräsentieren. Aktuelle Studien sprechen für diese Annahme, denn sie zeigen nach Salienz persönlichen Kontrollmangels erhöhte Befürwortung von Hierarchien innerhalb eigener Gruppen (z. B. in der eigenen Arbeitsorganisation oder in Deutschland während der Coronakrise) nur für diejenigen Personen, die sich selbst hoch mit diesen Gruppen identifizierten und die vorher für die Erhöhung kollektiver Handlungsfähigkeit durch Hierarchien (vs. egalitäre Strukturen) argumentieren sollten (Lautenbacher & Fritsche, 2023). Aufbauend auf diesen Befunden erscheint es plausibel, dass rechte Ideologie unter Kontrollbedrohung durch ihre eindeutige Befürwortung und Rechtfertigung sozialer Hierarchien für Menschen attraktiver werden kann. Gleichzeitig sollte es aber auch in nicht-rechten Gruppen unter Kontrollbedrohung die Tendenz zur inneren Hierarchisierung geben.

4.3.3 Nationalistisches Denken

Nationalistisches Denken ist ein weiteres Merkmal rechter Ideologie. Es zeigt sich nicht nur in der direkten Abwertung anderer ethnischer Gruppen, sondern auch im Rechtspopulismus und seiner Idee, dass das »wahre«, ethnisch definierte »Volk« gegen eine feindliche, mit anderen ethnischen Gruppen verbündete »Elite« gestellt sei, welche den ethnischen Charakter des Volks auslöschen wolle (z. B. der Verdacht einer geplanten »Umvolkung«). Nationalismus kann subjektive gruppenbasierte Kontrolle aus zwei Gründen befördern (Fritsche, Hoppe, Pauen & Falk, 2024). Erstens sind die eigene Nation oder das eigene »Volk« soziale Kategorien, die es allen Mitgliedern einer bestimmten ethnischen Gruppe scheinbar leicht machen, sich als kollektiv zugehörig zu definieren. Zweitens legt Nationalismus nahe, dass dieses kollektive Selbst sich im Dauerkonflikt mit anderen Gruppen um Dominanz befindet oder – im Falle des Rechts*populismus* – sich gegen eine korrupte Elite im eigenen Land zur Wehr setzen muss. Beides suggeriert ein geteiltes Gruppenziel und bedeutet den Imperativ des gemeinschaftlichen Handelns, steht also für kollektive Handlungsfähigkeit und Kontrolle. Tatsächlich zeigte eine deutsche Repräsentativbefragung positive Zusammenhänge zwischen einer schwierigen persönlichen ökonomischen Situation (Abstiegsangst, geringes Einkommen) und nationalistischen Einstellungen, welche zumindest zum Teil darüber erklärt werden konnten, dass das Erleben ökonomischer Bedrohung auch mit verminderter persönlicher Kontrolle einherging (Fritsche et al., 2017). Experimentelle Studien bestätigen, dass saliente persönliche Kontrollbedrohung nationalistische Einstellungen im Sinne von *kollektivem Narzissmus* (»Amerikaner können eine bevorzugte Behandlung erwarten«; Cichocka, 2016) oder auch eines Bewertungsbias zugunsten der eigenen Nation erhöhen (Fritsche et al., 2013).

4.4 Zusammenfassung und Schlussfolgerungen für die Prävention

In diesem Kapitel haben wir erläutert, und empirisch untermauert, dass rechte Radikalisierung deprivierte Kontrollbedürfnisse von Menschen erfüllen kann und daher bei Bedrohung ihrer persönlichen Kontrolle wahrscheinlicher wird. Zentral sind dabei allgemeine Mechanismen gruppenbasierter Kontrolle (Identifikation mit handlungsfähig wirkenden Gruppen und Handeln als Gruppenmitglied), die *unabhängig* von der jeweiligen Ideologie einer selbstdefinitorischen Eigengruppe auftreten sollten. Trotzdem mag es zusätzlich Merkmale *rechter* Radikalisierung geben, die für die Wiederherstellung deprivierter Kontrolle von besonderer Bedeutung sind, wie Nationalismus und Rechtspopulismus und die klare Befürwortung von Hierarchien in Gruppen. Andere häufig genannte Merkmale rechter Ideologie, wie die Ablehnung sozialen Wandels, sollten sich hingegen eher dämpfend auf Kontrollrestauration auswirken, was erklären kann, weshalb (erfolgreiche) rechtsradikale Gruppen stattdessen Forderungen nach *sozialem Wandel* in den Mittelpunkt stellen.

Was legt diese Analyse gruppenbasierter Kontrollprozesse für die Prävention rechter Radikalisierung nahe? Erstens sollte die Förderung persönlicher Kontrollwahrnehmungen (»ich habe Einfluss«) die Grundmotivation für Radikalisierung reduzieren, beispielsweise durch erleichterte politische Beteiligungsmöglichkeiten Einzelner in demokratischen Institutionen und Gruppen. Von Seiten politischer Kommunikation und Bildung ist es dabei zugleich wichtig, *realistische* Erwartungen über den Einfluss der eigenen Stimme auf politische Entscheidungen zu vermitteln. So könnte individuelle Kontrolldeprivation auch daraus resultieren, dass Menschen unrealistische Erwartungen an den Einfluss individueller AkteurInnen im demokratischen Prozess haben. Hier bedarf es mehr adäquater Kommunikation und Bildung über den Ablauf politischer Prozesse in demokratischen Systemen. Sonst führen hohe Erwartungen an den eigenen Einfluss trotz politischer Partizipation am Ende dennoch zu Gefühlen mangelnder Kontrolle.

Die subjektive Herstellung gruppenbasierter Kontrolle führt zum Handeln als Gruppenmitglied. Welches konkrete Verhalten daraus folgt (z. B. Toleranz vs. Intoleranz gegenüber Fremden), hängt von der wahrgenommenen Norm der eigenen Gruppe ab. Das ermöglicht einen weiteren Präventionsansatz rechter Radikalisierung bei (noch) nicht mit rechten Gruppen identifizierten Personen. Die Kommunikation deutlicher Bevölkerungsmehrheiten für anti-rechtsradikale und prodemokratische Positionen (Küpper, Klocke & Hoffmann, 2017) könnte gerade in gesellschaftlichen Krisenzeiten und bei kontrollbedrohten Personen den Einsatz für pro-demokratische Normen auslösen und stärken. Auch die Förderung alternativer (demokratischer) Gruppenzugehörigkeiten sollte Kontrollbedrohungseffekten auf rechte Radikalisierung vorbeugen. Damit diese Gruppen unter persönlicher Kontrollbedrohung attraktiv sind, sollten sie handlungsfähig sein bzw. auch so wahrgenommen werden, sprich, das Erleben gemeinsamer selbstbestimmter Ziele, gemeinsamen Handelns und tatsächlichen Einflusses ermöglichen, egal ob in der Sportmannschaft, Arbeitsgruppe oder Umweltbewegung.

In Bezug auf die (vorgebliche) Handlungsfähigkeit rechtsradikaler Gruppen spricht der Umstand, dass rechtsextreme Gruppen gegenwärtig an Boden gewinnen, für das Wirken allgemeiner gruppenbezogener Prozesse, Wahrnehmungen und Motive. In demokratisch geprägten Gesellschaften sind Rechtsextreme automatisch als die markanteste System-*Alternative* und Träger größtmöglichen Wandels positioniert und können daher für subjektiv kontrolldeprivierte Personen zum Ausdruck kollektiver Handlungsfähigkeit und Kontrolle werden.

Literatur

AfD Landesverband Schleswig-Holstein. (2023). *AfD im Aufwind: Jetzt Mitglied werden für die Politikwende!* Zugriff am 06.11.2023 unter https://afd-sh.de/2023/05/31/afd-im-aufwind-jetzt-mitglied-werden-fuer-die-politikwende/

Barth, M., Masson, T., Fritsche, I. & Ziemer, C.-T. (2018). Closing ranks: Ingroup norm conformity as a subtle response to threatening climate change. *Group Processes & Intergroup Relations, 21,* 497–512. https://doi.org/10.1177/1368430217733119

Beierlein, C., Asbrock, F., Kauff, M. & Schmidt, P. (2014). *Die Kurzskala Autoritarismus (KSA-3): Ein ökonomisches Messinstrument zur Erfassung dreier Subdimensionen autoritärer Einstellungen.* Mannheim: GESIS – Leibniz-Institut für Sozialwissenschaften.

Brewer, M. B., Hong, Y.-Y. & Li, Q. (2004). Dynamic entitativity: Perceiving groups as actors. In V. Yzerbyt, C. M. Judd & O. Corneille, *The psychology of group perception: Perceived variability, entitativity, and essentialism* (S. 19–29). Hove: Psychology Press.

Cheng, C., Cheung, S. F., Chio, J. H. & Chan, M.-P. S. (2013). Cultural meaning of perceived control: A meta-analysis of locus of control and psychological symptoms across 18 cultural regions. *Psychological Bulletin, 139,* 152–188. https://doi.org/10.1037/a0028596

Cichocka, A. (2016). Understanding defensive and secure in-group positivity: The role of collective narcissism. *European Review of Social Psychology, 27,* 283–317. https://doi.org/10.1080/10463283.2016.1252530

Deci, E. L. & Ryan, R. M. (2000). The »what« and »why« of goal pursuits: Human needs and the self-determination of behavior. *Psychological Inquiry, 11,* 227–268. https://doi.org/10.1207/S15327965PLI1104_01

deutschlandfunk.de (2022). *Partei »Freie Sachsen« – Rechtsextreme Mobilisierung gegen den Staat.* Zugriff am 06.11.2023 unter https://www.deutschlandfunk.de/wer-sind-die-freien-sachsen-102.html

Duriez, B. & Soenens, B. (2009). The intergenerational transmission of racism: The role of right-wing authoritarianism and social dominance orientation. *Journal of Research in Personality, 43,* 906–909. https://doi.org/10.1016/j.jrp.2009.05.014

Fritsche, I. (2016). Die Sozialpsychologie des Extremismus. In G. Pickel & O. Decker (Hrsg.), *Extremismus in Sachsen. Eine kritische Bestandsaufnahme* (S. 38–49). Leipzig: Seemann & Henschel.

Fritsche, I. (2022). Agency through the we: Group-based control theory. *Current Directions in Psychological Science, 31,* 194–201. https://doi.org/10.1177/09637214211068838

Fritsche, I., Cohrs, J. C., Kessler, T. & Bauer, J. (2012). Global warming is breeding social conflict: The subtle impact of climate change threat on authoritarian tendencies. *Journal of Environmental Psychology, 32*, 1–10. https://doi.org/10.1016/j.jenvp.2011.10.002

Fritsche, I., Hoppe, A., Pauen, H. & Falk, T. (2024). Populismus als gruppenbasierte Kontrolle: Eine psychologische Perspektive. In A. Salheiser, M. Alexopoulou, C. Meier zu Verl & A. Yendell (Hrsg.), *Die Grenzen des Zusammenhalts: Wie Inklusion und Exklusion zusammenhängen* (S. 41–60). Frankfurt: Campus.Fritsche, I., Jonas, E., Ablasser, C., Beyer, M., Kuban, J., Manger, A.-M. & Schultz, M. (2013). The power of we: Evidence for group-based control. *Journal of Experimental Social Psychology, 49*, 19–32. https://doi.org/10.1016/j.jesp.2012.07.014

Fritsche, I., Moya, M., Bukowski, M., Jugert, P., de Lemus, S., Decker, O., Valor-Segura, I. & Navarro-Carrillo, G. (2017). The great recession and group-based control: Converting personal helplessness into social class in-group trust and collective action. *Journal of Social Issues, 73*, 117–137. https://doi.org/10.1111/josi.12207

Greenaway, K. H., Haslam, S. A., Cruwys, T., Branscombe, N. R., Ysseldyk, R. & Heldreth, C. (2015). From »we« to »me«: Group identification enhances perceived personal control with consequences for health and well-being. *Journal of Personality and Social Psychology, 109*, 53–74. https://doi.org/10.1037/pspi0000019

Greenaway, K. H., Louis, W. R., Hornsey, M. J. & Jones, J. M. (2014). Perceived control qualifies the effects of threat on prejudice. *British Journal of Social Psychology, 53*, 422–442. https://doi.org/10.1111/bjso.12049

Grosche, C. (2022). *Mangelnde Kontrolle als Triebfeder populistischer Bewegungen? Das Zusammenwirken von personaler Kontrolle, populistischen Einstellungen und negativer Parteiidentifikation auf die Identifikation mit der Querdenken-Bewegung*. Universität Leipzig.

Hess, F. M. & Fritsche, I. (2023). Radikale in Not? Unbefriedigte soziale und psychologische Bedürfnisse als Motivatoren gruppenbasierter Radikalisierung. In S. Pickel, G. Pickel, O. Decker, I. Fritsche, M. Kiefer, F. M. Lütze, R. Spielhaus & H.-H. Uslucan (Hrsg.), *Gesellschaftliche Ausgangsbedingungen für Radikalisierung und Co-Radikalisierung* (S. 103–146). Wiesbaden: Springer VS. https://doi.org/10.1007/978-3-658-40559-5_4

Hess, F. M. & Grosche, C. (2022). Wir gegen die Anderen. Gruppenprozesse, Bedrohungsgefühle und Konflikte zwischen Gruppen als Treiber von Radikalisierungs- und Polarisierungstendenzen. *Ligante. Fachdebatten aus der Präventionsarbeit, 5*, 16–23.

Hogg, M. A. (2014). From uncertainty to extremism: Social categorization and identity processes. *Current Directions in Psychological Science, 23*, 338–342. https://doi.org/10.1177/0963721414540168

Hogg, M. A. & Turner, J. C. (1987). Intergroup behaviour, self-stereotyping and the salience of social categories. *British Journal of Social Psychology, 26*, 325–340. https://doi.org/10.1111/j.2044-8309.1987.tb00795.x

Jost, J. T., Pelham, B. W., Sheldon, O. & Ni Sullivan, B. (2003). Social inequality and the reduction of ideological dissonance on behalf of the system: Evidence of enhanced system justification among the disadvantaged. *European Journal of Social Psychology, 33*, 13–36. https://doi.org/10.1002/ejsp.127

Kessler, T. & Cohrs, J. C. (2008). The evolution of authoritarian processes: Fostering cooperation in large-scale groups. *Group Dynamics: Theory, Research, and Practice, 12*, 73–84. https://doi.org/10.1037/1089-2699.12.1.73

Kruglanski, A. W., Molinario, E., Jasko, K., Webber, D., Leander, N. P. & Pierro, A. (2022). Significance-quest theory. *Perspectives on Psychological Science, 17*, 1050–1071. https://doi.org/10.1177/17456916211034825

Küpper, B., Klocke, U. & Hoffmann, L.-C. (2017). *Einstellungen gegenüber lesbischen, schwulen und bisexuellen Menschen in Deutschland* (Antidiskriminierungsstelle des Bundes, Hrsg.). Baden-Baden: Nomos.

Lautenbacher, J. M., Fritsche, I., Eckert, W. & Hoke, T.-M. (2023). *Change, yes ›we‹ can: Protesting for (ingroup) and against (outgroup) change under conditions of threatened personal control*. Universität Leipzig. https://osf.io/preprints/psyarxiv/46yd8

Lautenbacher, J. M. & Fritsche, I. (2023). Agency through hierarchy? A group-based account of increased approval of social hierarchies under conditions of threatened control. *Journal of Experimental Social Psychology*, *108*, 104500. https://doi.org/10.1016/j.jesp.2023.104500

Lengfeld, H. & Dilger, C. (2018). Kulturelle und ökonomische Bedrohung. Eine Analyse der Ursachen der Parteiidentifikation mit der »Alternative für Deutschland« mit dem Soziooekonomischen Panel 2016. *Zeitschrift für Soziologie*, *47*, 181–199. https://doi.org/10.1515/zfsoz-2018-1012

Lüken, E., Fritsche, I. & Hoppe, A. (2020). *Gruppenbasierte Kontrollwiederherstellung zu Zeiten sozialer Krisen: Präferenz wandlungsorientierter Gruppen im politischen Kontext unter persönlicher Kontrollbedrohung*. Universität Leipzig.

Poteat, V. P. & Spanierman, L. B. (2010). Do the ideological beliefs of peers predict the prejudiced attitudes of other individuals in the group? *Group Processes & Intergroup Relations*, *13*, 495–514. https://doi.org/10.1177/1368430209357436

Preston, J. & Wegner, D. M. (2005). Ideal agency: The perception of self as an origin of action. In A. Tesser, J. V. Wood & D. A. Stapel (Hrsg.), *On building, defending and regulating the self: A psychological perspective* (S. 103–125). Hove: Psychology Press.

Sächsisches Staatsministerium des Innern und & Landesamt für Verfassungsschutz Sachsen (2021). *Sächsischer Verfassungsschutzbericht*. Zugriff am 06.11.2023 unter: https://www.verfassungsschutz.sachsen.de/download/Saechsischer_Verfassungsschutzbericht_2021_barrierefrei.pdf

Stollberg, J., Fritsche, I. & Bäcker, A. (2015). Striving for group agency: Threat to personal control increases the attractiveness of agentic groups. *Frontiers in Psychology*, *6*, 649. https://doi.org/10.3389/fpsyg.2015.00649

Stollberg, J., Fritsche, I. & Jonas, E. (2017). The groupy shift: Conformity to liberal in-group norms as a group-based response to threatened personal control. *Social Cognition*, *35*, 374–394. https://doi.org/10.1521/soco.2017.35.4.374

Stollberg, J., Fritsche, I. & Jonas, E. (2024). *To change, but not to preserve! Norm conformity following control threat only emerges for change norms but not for status quo norms*. Universität Salzburg: Manuscript submitted for publication.

Tajfel, H. & Turner, J. C. (1979). An integrative theory of intergroup conflict. In W. G. Austin & S. Worchel (Hrsg.), *The social psychology of intergroup relations* (S. 33–47). Pacific Grove: Brooks/Cole.

Turner, J. C., Hogg, M. A., Oakes, P. J., Reicher, S. D. & Wetherell, M. S. (1987). *Rediscovering the social group: A self-categorization theory*. Oxford: Basil Blackwell.

Wrosch, C. & Schulz, R. (2008). Health-engagement control strategies and 2-year changes in older adults' physical health. *Psychological Science*, *19*, 537–541. https://doi.org/10.1111/j.1467-9280.2008.02120.x

5 Kollektive Nostalgie und Rechtsradikalisierung

Anna Schulte und Joris Lammers

Dieses Kapitel widmet sich dem Einfluss kollektiver Nostalgie auf den Prozess der Rechtsradikalisierung. Nach einer Einführung in die Funktionen von Nostalgie als Emotion und Motivation, wird die Bedeutung kollektiver Nostalgie für rechtspopulistische Ideen und deren Einbindung in rechtspopulistische Kommunikationsstrategien erläutert. Dabei werden Risiken und psychologische Präventionsansätze dieser Zusammenhänge ebenso wie ihre Potenziale perspektivisch betrachtet und diskutiert.

5.1 Nostalgie als Emotion

Nostalgie beschreibt ein sentimentales Gefühl der Sehnsucht nach der eigenen Vergangenheit und ist sowohl auf individueller Ebene als auch in sozialen Beziehungen bedeutsam. Sie zeichnet sich durch eine gewisse Ambivalenz aus, wird jedoch im Allgemeinen als positive Emotion wahrgenommen und hat aufgrund ihrer Eigenschaft, die Vergangenheit ins gegenwärtige Bewusstsein zu rücken, existentielle Bedeutung. Insgesamt handelt es sich bei Nostalgie um eine komplexe Emotion, die oft auftritt, wenn Menschen Veränderungen erfahren. Solche Veränderungen können beispielsweise durch einen Umzug an einen neuen Ort, den Beginn einer neuen Tätigkeit oder sogar das Älterwerden bedingt sein. In diesen Situationen müssen Menschen vertraute Umgebungen und Routinen hinter sich lassen, was wiederum zu vorübergehenden Gefühlen der Entfremdung und des Verlusts führen kann. Diese Emotionen erhöhen die Wahrscheinlichkeit, in existentiellen Veränderungssituationen eine sentimentale Sehnsucht nach der Vergangenheit zu verspüren (Sedikides & Wildschut, 2018; Sedikides, Wildschut, Routledge & Arndt, 2015).

Nostalgie erweist sich in solchen Momenten oftmals als eine hilfreiche Emotion mit nützlichen Eigenschaften. Sie erleichtert den Umgang mit negativen Gefühlen wie Einsamkeit oder Angst, indem sie ein Gefühl der Kontinuität und Verbundenheit mit der Vergangenheit vermittelt. Dies wiederum kann helfen, einen Sinn in der Gegenwart zu erkennen und die Zukunft zu planen. Dank ihrer zielgerichteten Natur erfüllt Nostalgie auch motivationale Funktionen: Sie fördert optimistisches Denken und regt die Verfolgung wichtiger persönlicher Ziele an. Darüber hinaus kann Nostalgie soziale Bindungen stärken, da sie dazu ermutigt, Erinnerungen mit anderen Menschen zu teilen. Auch kann sie zu einer Steigerung des Selbstwertgefühls beitragen, da sie die positiven Aspekte des früheren Selbst hervorhebt und bestärkt. Studien deuten außerdem darauf hin, dass Nostalgie Kreativität und Problemlösungskompetenz fördern kann, indem sie Menschen dazu anregt, vergangene Erfahrungen zu reflektieren und diese Erkenntnisse auf neue Weise anzuwenden. Insgesamt ist Nostalgie somit nicht nur eine Empfindung von Sentimentalität, sondern auch ein psychologischer Mechanismus, der das menschliche Wohlbefinden steigert, indem er Gefühle der Sinnhaftigkeit und Bedeutung schafft oder wiederherstellt (Sedikides, Wildschut, Arndt & Routledge, 2008; Wildschut & Sedikides, 2022).

5.2 Kollektive Nostalgie

Nostalgie kann nicht nur aufgrund persönlicher Veränderungen, sondern auch als Reaktion auf gesellschaftliche Wandlungen empfunden werden. Diese gesellschaftsbezogenen nostalgischen Empfindungen werden als kollektive oder nationale Nostalgie bezeichnet (Wildschut, Bruder, Robertson, Van Tilburg & Sedikides, 2014). In den vergangenen Jahrzehnten haben Globalisierung und Modernisierung der Gesellschaft viele positive Veränderungen wie etwa ein gesteigertes Wirtschaftswachstum und den Zugang zu neuen Technologien gebracht. Gleichzeitig haben solche Prozesse der Veränderung jedoch auch zu größerer Unsicherheit für zahlreiche Menschen geführt. So erschwert beispielsweise die Verlagerung von Betrieben in Länder mit niedrigeren Arbeitskosten, ArbeitnehmerInnen in Ländern mit höherem Einkommen, stabile und sichere Arbeitsplätze zu finden. Die Einführung neuer Technologien und Kommunikationsformen kann ebenfalls eine Herausforderung darstellen, insbesondere für jene, die nicht über die erforderlichen Mittel oder Fertigkeiten verfügen, um hierbei Schritt zu halten. Hierdurch können Gefühle der Unsicherheit oder des Ausgeschlossenseins hervorgerufen werden. Auch die zunehmende kulturelle und soziale Vielfalt kann, trotz ihrer vielen Bereicherungen für die Gesellschaft, Unsicherheiten und Entfremdungsgefühle bei Personen auslösen, die sich in der neuen kulturellen Landschaft nur schwer zurechtfinden und sich in einer multikulturellen Gesellschaft nicht zugehörig fühlen (▶ Kap. 2). Ähnlich wie Gefühle von Nostalgie auf individueller Ebene dazu dienen können, den Umgang mit persönlichen Veränderungen und Unsicherheiten zu bewältigen, spielt kollektive Nostalgie eine wichtige Rolle bei der Bewältigung solcher gesellschaftlichen Veränderungen. Durch die Rückbesinnung auf die Vergangenheit der eigenen Gemeinschaft und die Entwicklung der Gruppenkultur im Laufe der Zeit können Menschen ein neues Gefühl von Sinnhaftigkeit und Identität entwickeln. Auf diese Weise vertieft Nostalgie das Gefühl der Solidarität mit der eigenen Gruppe und ermutigt Individuen dazu, ihre Gruppenmitglieder verstärkt zu unterstützen (Wildschut et al., 2014).

Dennoch kann kollektive Nostalgie auch negative Konsequenzen mit sich bringen. So kann die größere Bedeutung, die der eigenen Gruppe beigemessen wird, dazu führen, dass bestimmte Fremdgruppen von einer gemeinsamen Vision der Vergangenheit ausgeschlossen werden. Infolgedessen kann es zu Diskriminierung und Vorurteilen gegenüber Personen kommen, die nicht dem nostalgischen Ideal entsprechen, wie etwa Eingewanderte oder Minderheitengruppen (Smeekes & Verkuyten, 2015). Die idealisierte Sicht auf die Vergangenheit, die durch kollektive Nostalgie geschaffen wird, kann darüber hinaus eine Vernachlässigung negativer Aspekte vergangener Zeitperioden zur Folge haben. Indem kollektive Nostalgie jegliche Wahrnehmung kollektiver Verantwortung ausblendet, hindert sie Gruppen daran, aus Fehlern der Vergangenheit zu lernen und erschwert somit die Überwindung historischer Konflikte mit Fremdgruppen (Baldwin et al., 2018). Des Weiteren kann kollektive Nostalgie einen nationalistischen Blick auf die Vergangenheit erzeugen, der die Erfahrungen und Beiträge von Minderheiten ignoriert und so den Eindruck einer homogenen Eigengruppe erzeugt. Indem kleinere Fraktionen innerhalb der Gruppe bei der Definition der essenziellen Merkmale der Gruppe (z. B. Normen, Werte, gemeinsame Geschichte) ausgeblendet werden, entsteht ein Gefühl von nationaler Kontinuität (Wohl, Stefaniak & Smeekes, 2020).

Diese idealisierte Sichtweise auf die nationale Vergangenheit, die durch kollektive Nostalgie vermittelt wird, sowie der Wunsch nach einer Wiederannäherung an diese, stimmen in vielen Aspekten mit rechten politischen Perspektiven überein. Insbesondere für Menschen, die verstärkt Deprivation und Bedeutungsverlust infolge des gesellschaftlichen Wandels erleben, bieten rechtsextreme Ideologien geeignete Bewältigungsstrategien.

5.3 Kollektive Nostalgie in politischer Kommunikation

Rechtspopulistische Parteien propagieren eine Vision der Gesellschaft, die sich radikal von der Gegenwart unterscheidet und die darauf abzielt, soziale, wirtschaftliche, ethnische, kulturelle und politische Gewissheiten der Vergangenheit wiederherzustellen. Hierbei wird eine idealisierte und mythisierte Version der Vergangenheit zugrunde gelegt, in der es vermeintlich weniger Probleme gab und die so ein Gefühl von Stabilität und Sicherheit vermittelt. Rechtspopulistische Parteien treten für die Bewahrung oder Wiederherstellung traditioneller Werte, Bräuche und Institutionen ein und kritisieren gleichzeitig moderne Entwicklungen wie politische Korrektheit und die Emanzipation von Frauen, LGBTQ+ oder ethnischen Minderheiten. Diese Ansätze streben eine Rückkehr zu der idealisierten, vorgeblich besseren Vergangenheit an und sind insbesondere für nostalgische Menschen attraktiv, die sich in Zeiten des sozialen und kulturellen Wandels oft unsicher oder überfordert fühlen. Darüber hinaus propagieren rechte Parteien häufig die Idee eines starken, zentralisierten Staates, der vor den vermeintlichen Bedrohungen von Einwanderung und sozialen Wandel schützt. Auf diese Weise sprechen sie Menschen an, die ihre nationale Identität, Kultur und Lebensweise durch Einwanderung und gesellschaftlichen Wandel bedroht sehen. Demnach können rechtspopulistische Ideen insbesondere für nostalgische Menschen, die sich mit der Vergangenheit verbunden fühlen, als Möglichkeit wahrgenommen werden, die eigene nationale Identität wiederherzustellen oder zu bewahren und dem Gefühl des Identitätsverlusts entgegenzuwirken.

Darüber hinaus können nostalgische Menschen das Gefühl haben, dass sich die Gesellschaft von moralischen Normen und Werten entfernt hat, die sie als wichtig erachten. Rechtspopulistische Parteien, die angeben, diese Moralvorstellungen wiederherstellen oder schützen zu wollen, erscheinen daher besonders attraktiv. Zusätzlich neigen rechtspopulistische Ansätze dazu, komplexe soziale oder politische Probleme auf einfache moralische Dichotomien (z.B. Gut versus Böse, Richtig versus Falsch) herunterzubrechen. Sie reduzieren so moralische Zweideutigkeit, indem klare moralische Kategorien geschaffen werden, die leicht verständlich sind und einfache Antworten auf komplexe Fragen zu bieten scheinen. Dies kann ebenfalls als Annäherung an eine vermeintlich einfachere und verständlichere Vergangenheit empfunden werden, die nostalgischen Menschen zusagt. Insgesamt sagt also die rechtspopulistische Vision einer einfacheren, geordneteren und moralischeren Gesellschaft insbesondere jenen Menschen zu, die das Gefühl haben, dass sich die Gesellschaft zu schnell verändert und dass die Gegenwart zu komplex, chaotisch oder moralisch zweideutig ist (Mudde, 2004). Die inhaltliche Passung zwischen Rechtspopulismus und Nostalgie wird auch in rechtspopulistischen Kommunikationsstrategien erkennbar. Rechtspopulistische PolitikerInnen nutzen oft eine Rhetorik der Nostalgie nach vermeintlich besseren Zeiten aus der Vergangenheit, indem sie an diese appellieren (ein prominentes Beispiel hierfür: Ex-US-Präsident Donald Trumps Slogan *Make America Great Again*). Menschen, die sich nach früheren Zeiten sehnen, fühlen sich von solchen nostalgischen Botschaften angezogen, da sie versprechen, zu diesen »guten alten Zeiten« zurückzukehren. Dies kann insbesondere für jene Menschen ansprechend sein, die Veränderungen in der Gesellschaft als bedrohlich oder beängstigend empfinden. Insgesamt knüpfen rechtspopulistische Parteien und rechtsextreme Ideologien somit an Deprivationserfahrungen infolge des gesellschaftlichen Wandels an und bieten Bewältigungsstrategien für jene Individuen, die die heutige Zeit mit der idealisierten Vergangenheit vergleichen und zu dieser zurückkehren wollen. Hieraus ergibt sich beispielsweise auch ein alternativer Betrachtungswinkel für die Reichsbürgerbewegung. Sowohl ReichsbürgerInnen als auch stark nostalgische Menschen empfinden eine Ablehnung der gegenwärtigen politischen, sozialen oder kulturellen Zustände und glorifizieren die Vergangenheit. Die für die Reichsbürgerbewegung charakteristische Idealisierung vergangener Epochen sowie die Abkehr von aktuellen Institutionen kann somit auch als nostalgische Bewältigung von Deprivationserfahrungen verstanden werden. Für Menschen auf der Suche nach Identität und Zugehörigkeit in Zeiten des gesellschaftlichen Wandels kann die Reichsbürgerbewegung, verstanden als Extremform ausgelebter kollektiver Nostalgie, als geeigneter Ausweg empfunden werden.

Gefühle kollektiver Nostalgie sind jedoch keineswegs ausschließlich an rechte Ideologien gebunden. Es gibt Hinweise darauf, dass dieselbe Emotion auch die Unterstützung für linke Parteien erhöhen kann. Obwohl linke Parteien einen anderen Fokus auf Migration und gesellschaftlichen Wandel haben als rechte Parteien, teilen sie gewisse Anliegen, die an Gefühle kollektiver Nostalgie appellieren können. So lehnen linke Parteien häufig die Globalisierung und Internationalisierung ab, was wiederum die Empfindung kollektiver Nostalgie für die einfacheren Zeiten der Vergangenheit anspricht. Linke Parteien befürworten zudem in der Regel ein starkes Eingreifen des Staates in die Wirtschaft und einen ausgedehnten Wohlfahrtsstaat. Dies kann Menschen, die sich in der heutigen Zeit verloren fühlen, ein Gefühl der Sicherheit und Beruhigung vermitteln (Steenvoorden & Harteveld, 2018). Die zunächst zu Nostalgie widersprüchlich erscheinenden progressiven, zukunftsorientierten Ansätze linker Parteien befürworten außerdem den Aktivismus gegen bestehende gesellschaftliche oder politische Strukturen. Nostalgische Menschen, die sich nach einer Zeit sehnen, in denen diese Strukturen noch anders waren, können somit ebenfalls von solchen Überzeugungen angezogen werden. Es bestehen also auf beiden Seiten des politischen Spektrums mögliche Zusammenhänge zwischen nostalgischen Gefühlen und politischen Ideologien. Bisherige theoretische und empirische Erkenntnisse legen allerdings nahe, dass insbesondere *Rechts*extremismus durch seinen reaktionären und rückwärtsgerichteten Politikansatz als geeignete Bewältigungsstrategie für Deprivationserfahrungen nostalgischer Menschen empfunden wird.

5.4 Prävention von Rechtsradikalisierung im Kontext kollektiver Nostalgie

In Anbetracht der disruptiven und anti-demokratischen Elemente von politischem Extremismus stellt sich die Frage, ob und wie der Prozess der Rechtsradikalisierung im Zusammenhang mit kollektiver Nostalgie unterbrochen oder gar umgekehrt werden kann. Hierbei ist es sinnvoll, bei den gesellschaftlichen Kräften anzusetzen, die das Denken der Menschen maßgeblich beeinflussen und eine nostalgisch motivierte Radikalisierung begünstigen. Eine mögliche Herangehensweise könnte demnach darin bestehen, den Menschen dabei zu helfen, sich mit wahrgenommenen Bedrohungen in der Gesellschaft auf eine Weise auseinanderzusetzen, die weniger stark zu dem Bedürfnis nach einer Rückkehr in die Vergangenheit führt. So zeigten vergangene Forschungsarbeiten, dass die Bedrohung durch den gesellschaftlichen Wandel bei einer abstrakten Betrachtung als eine unkontrollierbare Kraft wahrgenommen wird, die die Gesellschaft als Ganzes betrifft. Dies wiederum erzeugt negative Gefühle von Schwäche und Verletzlichkeit, die positive Emotionen wie Zugehörigkeit, Identität und Sinnerleben stark untergraben. Betrachten Menschen verschiedene gesellschaftliche Bedrohungen jedoch konkreter und weniger abstrakt, können diese voneinander isoliert werden. Dies führt dazu, dass sie diese Bedrohungen als kontrollierbarer wahrnehmen und ein Gefühl der Beherrschung dieser Kräfte gewinnen. Infolgedessen untergraben wahrgenommene Bedrohungen den Sinn des Lebens weniger stark, und es ist daher unwahrscheinlicher, dass sie zu nostalgisch inspiriertem Extremismus führen (Tullett, Teper & Inzlicht, 2011).

Eine zweite Möglichkeit, politische Rechtsradikalisierung durch Gefühle kollektiver Nostalgie zu verhindern, ergibt sich aus der Annahme, dass Menschen flexibel darin sind, Sinnverluste zu kompensieren, indem sie das Sinnerleben in anderen Lebensbereichen bekräftigen. In der Tat empfinden Menschen Nostalgie, wenn sie einen Verlust der Bedeutung oder des Sinns in einem Lebensbereich erleben, da diese nostalgischen Gedanken die Kohärenz zwischen der eigenen Vergangenheit und Gegenwart sowie die eigene soziale Zugehörigkeit hervorheben und somit ein kompensierendes Gefühl von Identität und Zweck vermitteln. Sinn im Leben stellt jedoch eine fließende psychologische Ressource dar und kann somit in vielen anderen Bereichen kompensiert werden. Im Wesentlichen nehmen Menschen Sinnhaftigkeit oder Bedeutung in Aspekten der Realität wahr, wenn Assoziationen und Beziehungen zwischen diesen Aspekten wie erwartet auftreten. Solche Beziehungen können zum Beispiel zwischen Personen in der sozialen Umgebung auftreten (z.B. Mütter und Töchter). Sie können aber auch zwischen Personen und Objekten (z.B. Kinder und Spielzeug), zwischen Objekten (z.B. Schlüssel und Tür) oder sogar abstrakteren Ideen (z.B. Winter und Kälte) wahrgenommen werden. Die Wahrnehmung solcher Beziehungen vermittelt Gefühle von Klarheit und Vorhersehbarkeit sowie von Zugehörigkeit und Sicherheit. Politischer Aktivismus (in weniger extremen Bewegungen), Religion (oder säkulare Alternativen zu dem von religiösen Gruppen gebotenen Gemeinschaftsgefühl), die Zugehörigkeit zur Zivilgesellschaft und die Teilnahme an gesellschaftlichen Ereignissen können allesamt Sinn stiften, indem sie Beziehungen zwischen verschiedenen Aspekten der Realität schaffen. So ermöglichen solche Aktivitäten es Menschen, Werte und Normen zu internalisieren, sich mit Gleichgesinnten zu identifizieren und eine aktive Rolle in der Gesellschaft einzunehmen. Zudem werden auf diese Weise soziale Bindungen gestärkt und eine gemeinsame Bedeutungswelt geschaffen. Auch andere kulturelle Aktivitäten wie das Interesse an Literatur, Musik oder Kunst können sinnstiftend sein, indem sie helfen, sich mit kulturellen Traditionen zu identifizieren oder Erfahrungen in einen größeren kulturellen Kontext einzubetten. All diese Quellen von Bedeutung und Sinnhaftigkeit können als Verteidigung gegen gesellschaftliche Bedrohungen fungieren und somit verhindern, dass diese Bedrohungen zu einer von Nostalgie inspirierten, politischen Rechtsradikalisierung führen (Heine et al., 2006).

An dritter und letzter Stelle bleibt es zu betonen, dass Gefühle kollektiver Nostalgie für die Vergangenheit nicht zwingend zu Rechtsextremismus führen müssen. Neben dem bereits erwähnten möglichen Zusammenhang zwischen kollektiver Nostalgie und linken Einstellungen sind soziale Auswirkungen von Emotionen allgemein flexibel und hängen von individueller Wahrnehmung und Interpretation ab (van Kleef & Côté, 2022). So kann das Gefühl kollektiver Nostalgie, wenn sie auf nationale Identität und deren Unterminierung durch Einwanderung gelenkt wird, zwar einerseits zu Rechtsextremismus führen, jedoch gleichzeitig auch produktivere Auswirkungen haben, wenn andere Aspekte der Vergangenheit hervorgehoben werden. Tatsächlich können Gefühle von Nostalgie sogar mit einer höheren wahrgenommenen Attraktivität von Ansätzen einhergehen, die rechten Überzeugungen *entgegenstehen*, wie beispielsweise Umweltschutz. So zeigte psychologische Forschung, dass das aktive Ansprechen kollektiver Nostalgie dabei helfen kann, Menschen von einer umweltfreundlichen Agenda zu begeistern. So kann durch die Darstellung von Umweltschutz als Möglichkeit, eine verlorene, grünere Vergangenheit wiederherzustellen (und nicht wie üblich dargestellt als einen Schritt in Richtung einer neuen, grünen Zukunft), eine nostalgische Sehnsucht nach ebendieser grüneren Vergangenheit angeregt werden. Eine mögliche Anwendung dessen untersuchten Baldwin und Lammers (2016). Sie präsentierten Personen zwei Satellitenaufnahmen des Elephant Butte Reservoir, eines Stausees in New Mexico, dessen Flussbett entweder voll mit Wasser oder ausgetrocknet war (▶ Abb. 5.1). Hierbei variierten sie, ob die Bildunterschriften die Fotos als bereits geschehene Umweltveränderungen von der Vergangenheit zur Gegenwart oder als erwartete Veränderungen von der Gegenwart zur Zukunft darstellten. Bei einer Präsentation des ausgetrockneten Flussbeckens als Abweichung von der (idealisierten) Vergangenheit stimmten Personen mit einer rechten politischen Orientierung Umweltschutzmaßnahmen stärker zu als bei einer Darstellung als möglichen Zustand in der Zukunft. Durch die alternative Präsentation umweltfreundlicher Maßnahmen im Sinne eines Appells an den nostalgischen Wunsch, in ein »verlorenes Paradies« zurückzukehren, kann die Unterstützung für umweltfreundliche Maßnahmen also erhöht werden. Dies ist insbesondere bei Menschen der Fall, die diese Maßnahmen aufgrund der progressiven Ansätze üblicherweise ablehnen würden (Baldwin & Lammers, 2016).

In ähnlicher Weise kann das Gefühl von Nostalgie auch zur Unterstützung von Migration kanalisiert werden. Obwohl sich die Migration nach Deutschland in Bezug auf die Herkunftsländer über die Jahre hinweg verändert hat, ist sie im Allgemeinen ein Phänomen, dessen Ursprünge weit in die Vergangenheit zurückreichen. Indem solche Verbindungen zur Vergangenheit bei der Kommunikation über Migration hervorgehoben werden und Migration nicht als Bruch, sondern als Fortsetzung der Tradition dargestellt wird, kann die Verbindung zwischen kollektiver Nostalgie und Fremdenfeindlichkeit blockiert oder sogar umgekehrt werden (Lammers & Baldwin, 2018). Somit ist die Effektivität der Ansprache nostalgischer Sentimente also keineswegs rechten Parteien vorbehalten, sondern kann gleichermaßen auf die Kommunikation anderer politischer Ideen angewandt werden.

Eine Demonstration dieser Flexibilität von vergangenheitsorientierter Kommunikation bietet eine Forschungsreihe, die den Zusammenhang zwischen Nostalgie und rechtspopulistischer Unterstützung für den ehemaligen US-Präsidenten Donald Trump untersucht hat. Diesem wurde während seiner Präsidentschaft und darüber hinaus die Fähigkeit nachgesagt, jeden Skandal zu überleben, der sich aus seiner Neigung zu sexistischen, rassistischen oder anderweitig politisch inkorrekten Äußerungen ergab. Ein möglicher Grund hierfür ist die Tatsache, dass jene politisch inkorrekten Äußerungen je nach Betrachtungsweise nicht als Schwäche, sondern als Stärke Trumps wahrgenommen wurden. Die unverblümte und unsensible Sprache von Trump erinnerte an eine Zeit vor der politischen Korrektheit, beispielsweise an die 1950er Jahre, in der Menschen sich nicht darum sorgen mussten, Anderen durch

I Deprivationserfahrungen

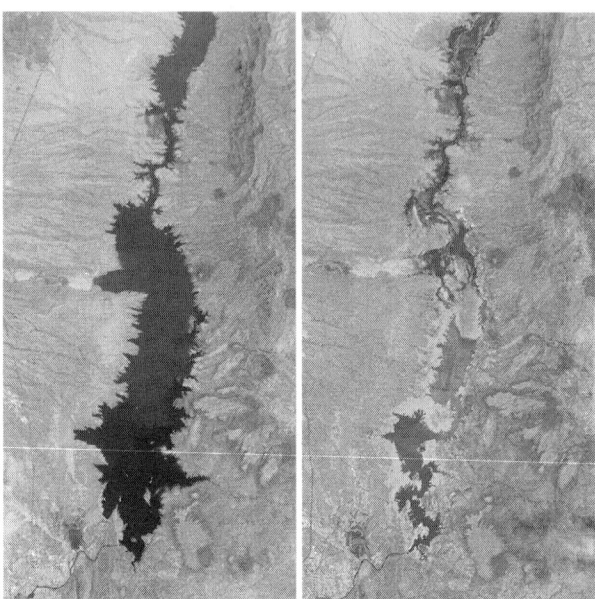

Abb. 5.1: Satellitenaufnahmen des Elephant Butte Reservoirs 1994 (links) und 2013 (rechts). Quelle: NASA Earth Observatory.

ihre sprachlichen Äußerungen auf die Füße zu treten. Mehr als jeder andere Politiker ritt Trump somit geschickt auf der kulturellen Welle der kollektiven Nostalgie. Gleichzeitig bedeutet dies jedoch nicht, dass Nostalgie zwangsläufig mit einer Unterstützung Trumps assoziiert ist. Während Trumps Kommunikationsstil in Hinblick auf politische Korrektheit an die Vergangenheit erinnert, verstößt er gleichzeitig gegen andere Normen der vergangenen Gesellschaft. So wird die Vergangenheit häufig als eine Zeit der größeren Höflichkeit und des Anstands angesehen. Bei einer Betonung dieses Aspekts der Vergangenheit erscheint Trumps Kommunikationsstil nicht mehr als Befreiung von der Unterdrückung durch die politische Korrektheit, sondern lediglich als ungehobelt und unzivilisiert. Tatsächlich haben Untersuchungen im Zusammenhang mit den US-Wahlen im Jahr 2020 gezeigt, dass der Zusammenhang zwischen kollektiver Nostalgie und Unterstützung für Trump blockiert wurde, wenn dieses alternative Bild der Vergangenheit hervorgehoben wurde (Lammers & Baldwin, 2020).

5.5 Zusammenfassung

In unserer fortschrittlichen, sich stetig weiterentwickelnden Gesellschaft werden die Bedeutung und Auswirkungen kollektiver Nostalgie zunehmend erkennbar. An der

Bruchlinie zwischen einer einfacheren, analogen und kleineren Welt und einer komplexen, digitalen und international vernetzten Welt sehen sich viele Menschen nach einer einfacheren Vergangenheit zurück. Die aktuelle Literatur legt nahe, dass kollektive Nostalgie Prozesse der Rechtsradikalisierung fördert, da rechtspopulistische Ansätze den Wunsch ansprechen, einen Großteil der sozialen Veränderungen der letzten Jahrzehnte rückgängig zu machen. Rechtsextreme PolitikerInnen preisen eine Rückkehr zu einer idealisierten, teils realen, teils auch imaginären Vergangenheit an, in der eine Gruppe in der Gesellschaft über andere Gruppen dominierte. Die Forschung zeigt jedoch auch Möglichkeiten auf, mit dieser Bedrohung umzugehen. So kann den Menschen zum Beispiel ein neuer Umgang mit den Herausforderungen des gesellschaftlichen Wandels vermittelt werden. Um den wahrgenommenen Verlust von Sinnhaftigkeit und Bedeutung infolge dieses Wandels zu kompensieren, ist es zudem sinnvoll, alternative Sinnquellen zu bieten. Schließlich können Gefühle kollektiver Nostalgie durch entsprechende politische Kommunikation weg vom Rechtsextremismus und in andere, produktivere Richtungen gelenkt werden. Insgesamt zeigen diese Ansätze eine inhärente ideologische Schwäche einer Bewegung auf, die auf dem letztlich nicht realisierbaren und unerreichbaren Wunsch beruht, die Zeit zurückzudrehen und zu einer Vergangenheit zurückzukehren, die wir längst hinter uns gelassen haben.

Literatur

Baldwin, M. & Lammers, J. (2016). Past-focused environmental comparisons promote pro-environmental outcomes for conservatives. *Proceedings of the National Academy of Sciences*, *113*(52), 14953–14957.

Baldwin, M., White, M. H. & Sullivan, D. (2018). Nostalgia for America's past can buffer collective guilt. *European Journal of Social Psychology*, *48*(4), 433–446.

Heine, S. J., Proulx, T. & Vohs, K. D. (2006). The meaning maintenance model: On the coherence of social motivations. *Personality and Social Psychology Review*, *10*(2), 88–110.

Lammers, J. & Baldwin, M. (2018). Past-focused temporal communication overcomes conservatives' resistance to liberal political ideas. *Journal of Personality and Social Psychology*, *114*(4), 599–619.

Lammers, J. & Baldwin, M. (2020). Make America gracious again: Collective nostalgia can increase and decrease support for right-wing populist rhetoric. *European Journal of Social Psychology*, *50*(5), 943–954.

Mudde, C. (2004). The populist zeitgeist. *Government and Opposition*, *39*(4), 541–563.

Sedikides, C. & Wildschut, T. (2018). Finding meaning in nostalgia. *Review of General Psychology*, *22*(1), 48–61.

Sedikides, C., Wildschut, T., Arndt, J. & Routledge, C. (2008). Nostalgia: Past, present, and future. *Current Directions in Psychological Science*, *17*(5), 304–307.

Sedikides, C., Wildschut, T., Routledge, C. & Arndt, J. (2015). Nostalgia counteracts self-discontinuity and restores self-continuity: Self-discontinuity, nostalgia, continuity. *European Journal of Social Psychology*, *45*(1), 52–61.

Smeekes, A. & Verkuyten, M. (2015). The presence of the past: Identity continuity and group dynamics. *European Review of Social Psychology*, *26*, 162–202.

Smeekes, A., Jetten, J., Verkuyten, M., Wohl, M. J., Jasinskaja-Lahti, I., Ariyanto, A. & Butera, F. (2018). Regaining in-group continuity in times of anxiety about the group's future. *Social Psychology*, *49*, 311–329.

Steenvoorden, E. & Harteveld, E. (2018). The appeal of nostalgia: The influence of societal pessimism on support for populist radical right parties. *West European Politics*, *41*(1), 28–52.

Tullett, A. M., Teper, R. & Inzlicht, M. (2011). Confronting threats to meaning: A new framework for understanding responses to unsettling events. *Perspectives on Psychological Science*, 6(5), 447–453.

van Kleef, G. A. & Côté, S. (2022). The social effects of emotions. *Annual Review of Psychology*, 73, 629–658.

Wildschut, T. & Sedikides, C. (2022). Water from the lake of memory: The regulatory model of nostalgia. *Current Directions in Psychological Science*, 09637214221121768.

Wildschut, T., Bruder, M., Robertson, S., van Tilburg, W. A. & Sedikides, C. (2014). Collective nostalgia: A group-level emotion that confers unique benefits on the group. *Journal of Personality and Social Psychology*, 107(5), 844–863.

Wohl, M. J., Stefaniak, A. & Smeekes, A. (2020). Days of future past: Concerns for the group's future prompt longing for its past (and ways to reclaim it). *Current Directions in Psychological Science*, 29(5), 481–486.

II Rechtsextreme Ideologie

6 Rassismus im Kontext rechtsextremer Ideologie

Stefanie Hechler und Iniobong Essien

Rechtsextreme Ideologie und Rassismus werden häufig in einem Atemzug genannt. Ereignisse wie die rassistischen Morde durch den rechtsextremistischen »Nationalsozialistischen Untergrund« (NSU) sind sinnbildlich für diese Beziehung. Die Taten des NSUs waren u. a. durch Ideologie getrieben, die auf der Ungleichwertigkeit von Personengruppen aufgrund rassistischer Merkmale basiert. Rassismus und Rechtsextremismus sind jedoch zwei unterschiedliche Phänomene, die konzeptuell getrennt werden sollten, um sie jeweils in ihrer Wirkweise zu verstehen. Während rassistische Einstellungen und Verhalten ein Bestandteil von rechtsextremen Ideologien sein können, beschreibt Rassismus ein gesamtgesellschaftliches Ordnungssystem, das in einem Wechselspiel mit individuellen Einstellungen steht.

In diesem Kapitel beschreiben wir Rassismus als systemisches Phänomen. Dazu werden zunächst die Kernbestandteile von Rassismus erläutert, das heißt die Kategorisierung von Personen in Gruppen anhand rassistischer Merkmalszuschreibung sowie deren Essentialisierung und Hierarchisierung. Danach werden psychologische Prozesse betrachtet, die rassistische Einstellungen begünstigen können, und mit historischen und politischen Entwicklungen in Beziehung gesetzt. Schließlich wird die systematische Benachteiligung von Gruppen auf unterschiedlichen gesellschaftlichen Ebenen beschrieben, die den systemischen Charakter von Rassismus ausmacht.

6.1 Kernbestandteile von Rassismus

Die Prinzipien der Kategorisierung, Essentialisierung und Hierarchisierung von Gruppen bieten sowohl die konzeptionelle Grundlage für rassistische Ideologien als auch für Ungleichheiten auf anderen Ebenen (siehe u. a. Hall, 2000; Miles, 1991). Ausgangspunkt für Rassismus ist die *Kategorisierung* von Personen in Gruppen anhand rassistischer Markierungen. Während in den USA dabei meist von einer Unterscheidung nach »race« gesprochen wird, werden in Deutschland und Europa oft Begriffe wie »Ethnizität«, »ethnisch-kultureller Hintergrund« oder auch »Nationalität« verwendet (Jugert, Kaiser, Ialuna & Civitillo, 2022; Zagefka, 2009).[1] Rassisti-

---

1 In einigen wissenschaftlichen Texten werden die Begriffe »Ethnizität« und *race* austauschbar

sche Kategorisierung kann auf vermeintlicher Herkunft (z. B. *nicht-westlich* in Abgrenzung zu *westlich*) oder religiöser Zugehörigkeit (z. B. *jüdisch oder muslimisch* in Abgrenzung zu *christlich*) beruhen. In Deutschland geht es dabei meistens um die Kennzeichnung von Personen und Gruppen als *nicht-deutsch* oder *fremd* in Abgrenzung zu den *Deutschen* (Rommelspacher, 2009; Scherr, 2009). Häufig wendet sich Rassismus gegen Gruppen, die anhand äußerlicher Merkmale von dominanten gesellschaftlichen Gruppen unterschieden werden. Welche Merkmale für rassistische Markierungen genutzt werden, ist vom gesellschaftlichen Kontext abhängig (Bonilla-Silva, 1997; siehe auch Richeson & Sommers, 2016). Dazu können Sprache, Haut- oder Haarfarbe zählen, aber auch Namen oder religiöse Symbole.

Rassismus schreibt diesen Merkmalen eine Bedeutung zu. So gehen rassistische Markierungen mit einer *Essentialisierung* einher – der Vorstellung, Personen, die das Merkmal zeigen, teilten auch andere Eigenschaften, die der Gruppe inhärent und deshalb unveränderlich mit der Gruppe und ihren Mitgliedern verknüpft sind (Pehrson & Leach, 2012).[2] Eine Grundlage von Essentialisierung kann *Naturalisierung* sein, die Vorstellung, es gäbe biologische oder »natürliche« Unterschiede zwischen Gruppen. Daneben kann Essentialisierung auch auf *Kulturalisierung* basieren, indem Unterschiede zwischen Gruppen auf den kulturellen Hintergrund oder die Sozialisierung ihrer Mitglieder zurückgeführt werden. Die Grenzen essentialisierter Gruppen erscheinen unüberwindbar – eine Person, die einer Gruppe angehört, kann nicht einer anderen (essentialisierten) Gruppe angehören. Ein Beispiel dafür wäre die Vorstellung, dass eine Person, die *weiß* ist, nicht Schwarz werden könnte, oder eine Person, die aus der Türkei nach Deutschland gezogen ist, nicht einfach Deutsch werden könnte.

Im Rassismus findet eine *Hierarchisierung* der essentialisierten Kategorien statt. Das heißt, dass diese Kategorien in gesellschaftlichen Hierarchien verankert sind, in denen rassistisch markierte Gruppen verglichen mit dominanten Gruppen weniger Macht und Status genießen. Die soziale Dominanztheorie (Sidanius & Pratto, 2004) nimmt an, dass Gesellschaften hierarchisch gestaltet sind und es dominante Gruppen gibt, die über viele Privilegien wie Ressourcen, Macht und Ansehen verfügen, während andere Gruppen Benachteiligung erfahren (z. B. Armut, schlechtere Gesundheit). Nach der Theorie sind verschiedene gruppenbasierte Hierarchien in fast allen Gesellschaften auffindbar (z. B. Genderhierarchien und Altershierarchien). Zusätzlich gibt es sogenannte »arbiträre«, sozial konstruierte Hierarchien, die in verschiedenen Gesellschaften in unterschiedlichem Ausmaß bedeutsam sind (z. B. *race* oder »Ethnizität«). Gruppenbasierte Hierarchien werden dabei über sogenannte legitimierende Mythen aufrechterhalten – verbreitete Narrative, die begründen, warum einige Gruppen in der Gesellschaft privilegiert sind (z. B. »weil sie fleißiger sind«) und andere benachteiligt werden (»sie sind halt faul«). Die Prozesse der Kategorisierung, Essentialisierung und Hierarchisierung stehen in wechselseitiger

---

verwendet, sie bilden jedoch unterschiedliche Konzepte ab. Ethnische Kategorien sind rassistischen oft untergeordnet (Richeson & Sommers, 2016).

2 Entgegen der Essentialisierung rassistisch markierter Gruppen zeigen Studien, dass die Grenzen zwischen sozialen Kategorien oft fließend sind und nicht alle Individuen eindeutig einer Kategorie zugeteilt werden können (siehe z. B. Purdie-Vaughns & Eibach, 2008).

Abhängigkeit. Zum Beispiel kann Essentialisierung von Gruppen deren Hierarchisierung legitimieren und aufrechterhalten. Die unterschiedlichen Stellungen und Rollen von Gruppen in der Gesellschaft können letztendlich dazu führen, dass aus sozial konstruierten Unterschieden reale Unterschiede entstehen (Bonilla-Silva, 1997; Sidanius & Pratto, 2004). Diese Prinzipien werden auch von rechtsextremistischen Gruppen in Deutschland aufgegriffen, indem sie die vermeintliche Überlegenheit *weißer* (bzw. deutscher) Menschen gegenüber rassistisch markierten Gruppen betonen.

6.2 Psychologische Prozesse im Kontext von Rassismus

Sozialkognitive und motivationale Prozesse tragen dazu bei, dass Menschen andere Menschen in Gruppen einordnen (Kategorisierung), diese Gruppen deutlich voneinander abgrenzen (Essentialisierung) und unterschiedlich bewerten (Hierarchisierung). Beispielsweise ordnen Menschen sich selbst und andere in Gruppen ein, um Verhalten anderer zu verstehen und vorherzusagen (Allport, 1954). So kategorisieren sie nach Gruppen, denen sie selbst angehören (sog. »Eigengruppen«) und Gruppen, denen sie nicht selbst angehören (sog. »Fremdgruppen«). Unterschiede zwischen Mitgliedern der Eigengruppe werden häufig weniger stark wahrgenommen als Unterschiede zwischen Mitgliedern von Fremdgruppen (Brewer & Kramer, 1985). Die Tendenz, Gruppenmitglieder als einander ähnlich wahrzunehmen, begünstigt die Herausbildung von Stereotypen. Dabei werden den Mitgliedern einer Gruppe oder der Gruppe selbst bestimmte Eigenschaften zugeschrieben. Stereotype werden kulturell geteilt, zum Beispiel innerhalb einer Gesellschaft oder eines Freundes- oder Bekanntenkreis. Stereotype, die in Gesellschaften weit verbreitet sind, werden oft als wahr empfunden und begünstigen so die Essentialisierung (und ggf. Abwertung) von Gruppen (Crandall et al., 2003). Stereotype können auch als legitimierende Mythen dienen, indem sie (vermeintliche) Erklärungen dafür liefern, warum bestimmte Gruppen über mehr Macht und Ressourcen verfügen als andere (Jost & Banaji, 1994).

Die Einordnung in Eigengruppen und Fremdgruppen begünstigt zudem die Tendenz von Menschen, die eigene Gruppe (und deren Mitglieder) gegenüber anderen Gruppen zu bevorzugen (für einen Überblick siehe Hechler & Kessler, 2020; Tajfel & Turner, 1979). Beispielsweise verbinden Menschen positivere Eigenschaften mit ihrer Eigengruppe, bewerten diese positiver und kooperieren lieber mit Mitgliedern der Eigengruppe als mit Mitgliedern von Fremdgruppen (Balliet, Wu & Dreu, 2014; Hechler, Neyer & Kessler, 2016; Hewstone, Rubin & Willis, 2002). Das kann bedeuten, dass Angehörige der Mehrheit häufiger positive Behandlung erleben und mehr Chancen bekommen als Angehörige von Minderheiten, weil sie häufiger Eigengruppenmitgliedern begegnen. Beim Vergleich der eigenen Gruppe mit anderen Gruppen, tendieren Menschen zudem dazu, die Eigenschaften, Werte, Ideologien und Verhaltensweisen der eigenen Gruppe als allgemeingültigen gesellschaftlichen Standard anzunehmen (Wenzel, Mummendey & Waldzus, 2007). Wer von diesem Standard abweicht, gehört weniger dazu, verdient weniger Privilegien und steht weiter unten in der Hierarchie. Das ist auch der Fall in westlichen rassistischen Gesellschaften, in denen die Vorstellungen *weißer* Menschen den gesellschaftlichen Standard prägen.

Nicht zuletzt zeigen Studien, dass politische Einstellungen mehr oder weniger stark mit der Befürwortung rassistischer Ideologien einhergehen können. So neigen in westlichen Ländern besonders rechts-konservativ eingestellte Personen zur Abwertung rassistisch markierter Personen (Hodson & Dhont, 2015). Häufig weisen sie hohe Ausprägung in rechtsgerichtetem Autoritarismus und Sozialer Dominanzorientierung auf (▶ Kap. 14). Personen mit hohem rechtsgerichtetem Autoritarismus haben ein großes Bedürfnis nach eindeutigen sozialen Strukturen und Ordnung. Sie werten vermehrt Personengruppen ab, die (vermeintlich) ihre Werte oder Standards in Frage stellen, zum Beispiel diejenigen, die als kulturell anders oder kriminell stereotypisiert werden. Personen mit hoher Sozialer Dominanzorientierung hingegen sehen die Welt im Sinne sozialdarwinistischer Prinzipien als Wettbewerb, in dem einige Gruppen oben und andere unten stehen müssen. Diese Einstellung geht vermehrt mit der Abwertung benachteiligter und statusniedriger Gruppen einher (Duckitt & Sibley, 2010).

6.3 Historische Entwicklungen und politische Instrumentalisierung

Die beschriebenen psychologischen Prozesse bilden zwar eine Basis für die Entstehung und Aufrechterhaltung von Rassismus, erklären jedoch auch andere Intergruppenbeziehungen. Um Aufschluss darüber zu gewinnen, weshalb besonders rassistischen Markierungen eine gesellschaftliche Bedeutung zugeschrieben wird, ist es wichtig, Rassismus in den historischen und politischen Kontext einzuordnen.

Rassismus wurde und wird politisch genutzt, um Überlegenheit im ökonomischen Wettbewerb (z. B. antiasiatischer Rassismus), kulturelle Überlegenheit (z. B. antimuslimischer Rassismus) oder Unterdrückung und Ausbeutung (z. B. kolonialistischer Rassismus) zu rechtfertigen (Geulen, 2021; Rommelspacher, 2009). So trat anti-Schwarzer Rassismus mit dem Zusammentreffen von Aufklärung und Menschenrechtsbestrebungen auf der einen Seite und Ausbeutung und Grausamkeit des Kolonialismus auf der anderen Seite besonderes deutlich in Erscheinung. Koloniale Narrative einer »Rassenhierarchie«, die Kulturen und Menschen außerhalb Europas als den EuropäerInnen biologisch sowie kulturell unterlegen darstellten, legitimierten die Vormachtstellung der EuropäerInnen und idealisierten *Weiß*-Sein zum überlegenen Standard und erstrebenswerten Ziel für die gesamte Menschheit.

Damit rechtfertigten koloniale Narrative Ausbeutung und Versklavung und unterstützten die *weiß*-europäische Vormachtstellung in der Welt (Pehrson & Leach, 2012). Auch heute werden derartige Narrative noch genutzt, um politische Ziele zu erreichen. Zum Beispiel bedienten sich PolitikerInnen der AfD wiederholt rassistischer Narrative, um Ängste zu schüren und Diskriminierung von bestimmten MigrantInnengruppen zu rechtfertigen (z. B. Hurtz, 2015). In Deutschland gaben zudem 49 % der Befragten in einer repräsentativen Umfrage im Jahr 2021 an, dass sie an die Existenz unterschiedlicher menschlicher »Rassen« glaubten (Deutsches Zentrum für Integrations- und Migrationsforschung, 2022). Das widerspricht dem wissenschaftlichen Konsens, dass es keine menschlichen »Rassen« gibt (siehe z. B. Fischer, Hoßfeld, Krause & Richter, 2020). Diese historisch geprägten Narrative sind also auch heute noch in unserer Gesellschaft zu finden.

6.4 Systemischer Rassismus

Rassismus umfasst nicht nur individuelle Vorstellungen über Gruppen und ihr Zusammenleben, sondern auch rassistische Ungleichheiten in sozialen Strukturen, Chancen und Institutionen sowie in alltäglichen Interaktionen und Diskursen (Banaji, Fiske & Massey, 2021). Auf *struktureller* und *institutioneller* Ebene gibt es Umweltbedingungen, Regeln, Normen und Praktiken, die verschiedene Gruppen in unterschiedlichem Ausmaß privilegieren oder benachteiligen. Diese Ebenen sind zudem eingebettet in eine *normativ-kulturelle* Dimension, also der Frage danach, was in der Gesellschaft wertgeschätzt, als schön befunden oder im Kulturbetrieb repräsentiert wird (El-Mafaalani, 2021); und eine *zeitliche* Dimension, da rassistische Benachteiligung über Generationen hinweg aufrechterhalten wird (Skinner-Dorkenoo, George, Wages, Sánches & Perry, 2023, ▶ Abb. 6.1). Rassismus als systemisches Phänomen zu verstehen, zielt darauf ab, die Wechselwirkung zwischen rassistischer Voreingenommenheit auf individueller Ebene und breiteren gesellschaftlichen Systemen aufzudecken. Systemische Faktoren, die auf verschiedenen Ebenen wirken – von der zwischenmenschlichen bis zur kulturellen Ebene – tragen zur Entstehung und Verstärkung von rassistischer Voreingenommenheit bei. Im Folgenden beschreiben wir die strukturelle, institutionelle und individuelle Ebene und deren Zusammenwirken anhand ausgewählter Beispiele aus der Forschung.

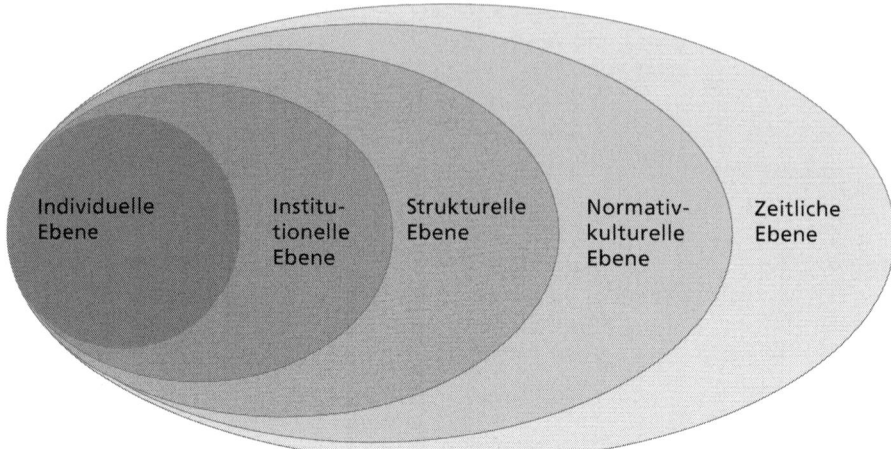

Abb. 6.1: Die verschachtelten Ebenen zeigen Rassismus als systemisches Phänomen. Darin wirkt jede Ebene auf die anderen und wird von diesen wiederrum beeinflusst (Abbildung angelehnt an Skinner-Dorkenoo et al., 2023, S. 394).

6.4.1 Strukturelle Ebene

Formalisierte Prozesse in gesellschaftlichen Strukturen, wie Gesetze, Regeln und Umweltbedingungen, privilegieren und benachteiligen *weiße* und rassistisch markierte Menschen unterschiedlich stark. Strukturelle Ungleichheit von Personen mit Migrationsbiographie zeigt sich in verschiedenen gesellschaftlichen Bereichen, beispielsweise im höheren Armutsrisiko (Bundeszentrale für politische Bildung, 2020), höherer Erwerbslosigkeit (Höhne & Buschoff, 2015), prekären Formen der Erwerbstätigkeit (Khalil, Lietz & Mayer, 2020). Zudem sind sie in politischen Ämtern und Behörden (z. B. Polizei, Bildungsbereich) unterrepräsentiert, sowie in unteren sozialen Schichten überrepräsentiert (El-Mafaalani, 2021; Esser, 2001). Derartige Benachteiligung betrifft insbesondere rassistisch markierte Gruppen, zum Beispiel MigrantInnen aus Ländern außerhalb der EU und aus ärmeren Weltregionen (Höhne & Buschoff, 2015; Khalil et al., 2020). Nicht zuletzt sind verschiedene Rechte in Deutschland an Gruppenzugehörigkeiten geknüpft (wer im Land leben darf, wer eine Arbeitserlaubnis erhält, wer wählen darf usw.). Diese sozialen Ungleichheiten wirken über Generationen hinweg und erschweren die Mobilität zwischen sozialen Schichten in Deutschland nachhaltig (Spannagel, 2016).

Rassistische Ungleichheiten finden sich in ländlichen und urbanen Räumen. Viele deutsche Städte, insbesondere Großstädte, sind durch ein substanzielles Ausmaß an ethnischer Segregation gekennzeichnet, die sich u. a. in der demographischen Zusammensetzung von Arbeitsplätzen (Glitz, 2014), Nachbarschaften (Dill & Jirjahn, 2014; Glitz, 2014) und Bildungseinrichtungen zeigt (Baur & Häussermann, 2009; Boterman, Musterd, Pacchi & Ranci, 2019). Orte, an denen vorwiegend rassistisch markierte Gruppen leben, werden stigmatisiert und mit negativen und bedrohungsbezogenen Stereotypen verbunden (Essien & Rohmann, 2022). Sie bieten weniger Arbeitsplätze, erfahren weniger Unterstützung und stärkere Kontrollen durch Polizei und Ordnungsämter und haben schlechter ausgestattete Schulen und Krankenhäuser etc. (Bonam, Taylor & Yantis, 2017; Vomfell & Stewart, 2021). Nicht zuletzt schränkt die räumliche Segregation Kontaktmöglichkeiten zwischen Gruppen ein.

6.4.2 Institutionelle Ebene

Institutioneller Rassismus lässt sich als Unterform des strukturellen Rassismus beschreiben und ist in Institutionen verankert, deren Regeln, Normen und Praktiken Rassismus (re-)produzieren (Murphy, Kroeper & Ozier, 2018; Rommelspacher, 2009). Institutionen sind Kontexte, denen sich Individuen oft nur schwer entziehen können. Dazu zählen Polizei und Justiz, Bildungsinstitutionen (Kitas, Schulen, Universitäten etc.), Arbeitsmärkte, Wohnungs- und Immobilienmärkte, Finanzmärkte (z. B. Kreditinstitute) und Gesundheitsinstitutionen.

Rassistische Ungleichheit zeigt sich im Gesundheitswesen u. a. in höheren Sterblichkeits- und Infektionsraten von Müttern und Säuglingen mit Migrationsbiographie (Robert Koch-Institut, 2008; Spallek, Scholaske, Duman, Razum & Entringer, 2021). Diese Ungleichheit kann auch durch geteilte Vorannahmen verstärkt werden. Beispielsweise schreibt medizinisches Personal in den USA Schwarzen Menschen weniger Schmerzempfinden als *weißen* zu, was zu unterschiedlichen Diagnosen und/oder medizinischen Behandlungen führen kann (Trawalter, Bart-Plange & Hoffman, 2020).

Institutioneller Rassismus zeigt sich auch im erschwerten Zugang von rassistisch markierten Menschen zum Arbeitsmarkt. Eine Vielzahl von Feldstudien zeigt, dass Arbeitssuchende auf Basis rassistischer Merkmale benachteiligt werden, zum Beispiel aufgrund des Erscheinungsbilds, vermeintlicher Herkunft oder des wahrgenommenen ethnisch-kulturellen Hintergrundes (Lippens, Baert, Ghekiere, Verhaeghe & Derous, 2022; Quillian, Pager, Hexel & Midtbøen, 2017), auch, wenn sich die Bewerbenden nicht hinsichtlich ihres sozioökonomischen Status unterscheiden (Koopmans, Veit & Yemane, 2019).

Auch die vermeintlich gleiche Behandlung in Institutionen kann benachteiligende Konsequenzen haben (Murphy et al., 2018). Ein Unterrichtssetting kann zum Beispiel das Lernen für SchülerInnen erleichtern, die mit der akademischen Kultur oder Schulform in einem Land besser vertraut sind (Goudeau & Croizet, 2017), oder Leistungen vermindern, wenn SchülerInnen unter negativen Stereotypen gegenüber ihren Gruppen leiden (Steele, Spencer & Aronson, 2002).

6.4.3 Individuelle Ebene

Rassistische gesellschaftliche Strukturen und rassistische Einstellungen (und Verhaltensweisen) in der Bevölkerung sind nicht unabhängig voneinander, sondern stehen in einem Wechselspiel. Institutioneller Rassismus zeigt sich u. a. in Ungleichbehandlungen, die durch »normale« und alltägliche Abläufe in Institutionen hervorgerufen und dort als »richtig« empfunden werden (Crandall et al., 2003). Die

Konfrontation mit diesen strukturellen Ungleichheiten kann zudem bei privilegierten Personen ein Gefühl der Bedrohung auslösen, da ihr Status nicht die eigene Leistung widerspiegelt und sie Vorteile auf Kosten anderer genießen (Knowles, Lowery, Chow & Unzureta, 2014). Das kann dazu führen, dass sie die Bedeutung von Rassismus für soziale Ungleichheit in Frage stellen und politische Maßnahmen zu sozialem Ausgleich ablehnen.

Zudem nehmen gegenwärtige Modelle in der sozialen Kognitionsforschung an, dass individuelle rassistische Einstellungen auch ein Abbild rassistischer Umwelten sind (z.B. Payne & Hannay, 2021). Politische, ökonomische, kulturelle und historische Gegebenheiten in einer Umwelt können an rassistische Konzepte erinnern. Personen machen somit kontextabhängig mehr oder weniger häufig rassistische Zuschreibungen und Bewertungen. Eine Studie aus den USA zeigt zum Beispiel, dass rassistische Einstellungen heutzutage stärker in Regionen ausgeprägt sind, deren Wirtschaft historisch stärker von der Versklavung Schwarzer Menschen profitierte (Payne, Vuletich & Brown-Innuzzi, 2019). In Regionen in den USA mit stärker ausgeprägten rassistischen Vorurteilen haben Schwarze Menschen zudem einen schlechteren Zugang zu medizinischer Versorgung und werden häufiger als *Weiße* bei Verkehrskontrollen gestoppt (Calanchini et al., 2022; Stelter, Essien, Sander & Degner, 2022). Für Deutschland fehlen bisher vergleichbare Daten zur Ausprägung rassistischer Einstellungen in Regionen und deren Zusammenhang mit struktureller Ungleichheit.

Selbst Übergriffe von rechtsextremen Gruppen auf rassistisch markierte Personen sind mal mehr, mal weniger deutlich von Rassismus auf den verschiedenen Ebenen geprägt. So vertraten zum Beispiel die TäterInnen des NSUs rassistische Ideologien und ermordeten rassistisch markierte Personen. Entsprechend gängiger Stereotype vermuteten die ermittelnden Beamten die TäterInnen zunächst im Umfeld der Opfer. Auch hinderliche Strukturen innerhalb der Polizei führten dazu, dass die Ermittlungen lange Zeit erfolglos blieben. Zudem verharmlosten die Medien die Morde (Bundeszentrale für politische Bildung, 2013). Solche Praktiken gesellschaftlich wirksamer AkteurInnen verbreiten wiederum die Vorstellungen von Ungleichwertigkeit.

6.5 Zusammenfassung

Die beschriebenen Forschungsansätze zeigen, dass Rassismus nicht einfach als Problem von bestimmten Personen oder Gruppen in der Gesellschaft verstanden werden sollte. Vielmehr handelt es sich bei Rassismus um ein systemisches Phänomen, das verschiedene Bereiche der Gesellschaft durchzieht. Rechtsextremistische Gruppierungen greifen die rassistischen Ordnungsprinzipien und damit einhergehende Vorstellungen von Gruppen in der Gesellschaft auf und integrieren sie als Bestandteil ihrer Ideologie. Sie legitimieren Rassismus explizit und streben – auch mit radikalen Mitteln – eine gesellschaftliche Vormachtstellung *weißer* (deutscher) Menschen an.

Literaturverzeichnis

Allport, G. W. (1954). *The nature of prejudice. The nature of prejudice.* Boston: Addison-Wesley.

Banaji, M. R., Fiske, S. T. & Massey, D. S. (2021). Systemic racism: Individuals and interactions, institutions and society. *Cognitive Research: Principles and Implications, 6*(1), 82. https://doi.org/10.1186/s41235-021-00349-3

Balliet, D., Wu, J. & Dreu, C. K. W. de (2014). Ingroup favoritism in cooperation: a meta-analysis. *Psychological Bulletin, 140*(6), 1556–1581.

Baur, C. & Häussermann, H. (2009). Ethnische Segregation in deutschen Schulen. *Leviathan, 37*(3), 353–366. https://doi.org/10.1007/s11578-009-0053-2

Bonam, C. M., Taylor, V. J. & Yantis, C. (2017). Racialized physical space as cultural product. *Social and Personality Psychology Compass, 11*(9), e12340. https://doi.org/10.1111/spc3.12340

Bonilla-Silva, E. (1997). Rethinking Racism: Toward a Structural Interpretation. *American Sociological Review, 62*(3), 465. https://doi.org/10.2307/2657316

Boterman, W., Musterd, S., Pacchi, C. & Ranci, C. (2019). School segregation in contemporary cities: Socio-spatial dynamics, institutional context and urban outcomes. *Urban Studies, 56*(15), 3055–3073. https://doi.org/10.1177/0042098019868377

Brewer, M. B. & Kramer, R. M. (1985). The Psychology of Intergroup attitudes and behavior. *Annual Review of Psychology, 36*(1), 219–243. https://doi.org/10.1146/annurev.ps.36.020185.001251

Bundeszentrale für politische Bildung. (2020). *Armutsgefährdungsquoten von Migranten.* Zugriff am 06.11.2023 unter https://www.bpb.de/kurz-knapp/zahlen-und-fakten/soziale-situation-in-deutschland/61788/armutsgefaehrdungsquoten-von-migranten/

Calanchini, J., Hehman, E., Ebert, T., Esposito, E., Simon, D. N. & Wilson, L. (2022). Regional intergroup bias. In B. Gawronski (Hrsg.), *Advances in Experimental Social Psychology* (1. Aufl.). Cambridge: Academic Press.

Crandall, C. S. & Eshleman, A. (2003). A justification-suppression model of the expression and experience of prejudice. *Psychological bulletin, 129*(3), 414–446. https://doi.org/10.1037/0033-2909.129.3.414

Deutsches Zentrum für Integrations- und Migrationsforschung. (2022). *Rassistische Realitäten: Wie setzt sich Deutschland mit Rassismus auseinander? Auftaktstudie zum Nationalen Diskriminierungs- und Rassismusmonitor (NaDiRa).* Zugriff am 06.11.2023 unter: https://www.rassismusmonitor.de/fileadmin/user_upload/NaDiRa/CATI_Studie_Rassistische_Realit%C3%A4ten/DeZIM-Rassismusmonitor-Studie_Rassistische-Realit%C3%A4ten_Wie-setzt-sich-Deutschland-mit-Rassismus-auseinander.pdf

Dill, V. & Jirjahn, U. (2014). Ethnic residential segregation and immigrants' perceptions of discrimination in West Germany. *Urban Studies, 51*(16), 3330–3347. https://doi.org/10.1177/0042098014522719

Duckitt, J., & Sibley, C. G. (2010). Personality, Ideology, Prejudice, and Politics: A Dual-Process Motivational Model. *Journal of Personality, 78*(6), 1861–1894. https://doi.org/10.1111/j.1467-6494.2010.00672.x

El-Mafaalani, A. (2021). *Wozu Rassismus? Von der Erfindung der Menschenrassen bis zum rassismuskritischen Widerstand* (1. Auflage). Köln: Kiepenheuer & Witsch.

Esser, H. (2001). *Integration und ethnische Schichtung.* Mannheim: (Arbeitspapiere – Mannheimer Zentrum für Europäische Sozialforschung. http://www.mzes.uni-mannheim.de/publications/wp/wp-40.pdf

Essien, I. & Rohmann, A. (2022). *Space-focused stereotypes of immigrant neighborhoods.* Manuscript submitted for publication.

Fischer, M. S., Hoßfeld, U., Krause, J. & Richter, S. (2020). *Jena, Haeckel und die Frage nach den Menschenrassen oder der Rassismus macht Rassen [Preprint].* https://pure.mpg.de/rest/items/item_3238648/component/file_3238649/content

Geulen, C. (2021). *Geschichte des Rassismus* (4. Aufl.). *Beck'sche Reihe: v.2424*. München: C.H. Beck. https://www.jstor.org/stable/10.2307/j.ctv289ds89

Glitz, A. (2014). Ethnic segregation in Germany. *Labour Economics, 29*, 28–40. https://doi.org/10.1016/j.labeco.2014.04.012

Goudeau, S. & Croizet, J.-C. (2017). Hidden advantages and disadvantages of social class. *Psychological Science, 28*(2), 162–170. https://doi.org/10.1177/0956797616676600

Hall, S. (2000). Rassismus als ideologischer Diskurs. In N. Räthzel (Hrsg.), *Argument classics: N.F., 258. Theorien über Rassismus* (S. 7–16). Hamburg: Argument-Verlag.

Hechler, S. & Kessler, T. (2020). Warum »Wir« besser sind als »Die« – Wie bestimmt die Zugehörigkeit zu sozialen Gruppen die Bewertung der eigenen und der fremden Gruppen? *The Inquisitive Mind*(3). https://de.in-mind.org/article/warum-wir-besser-sind-als-die-wie-be stimmt-die-zugehoerigkeit-zu-sozialen-gruppen-die?

Hechler, S., Neyer, F. J. & Kessler, T. (2016). The infamous among us: Enhanced reputational memory for uncooperative ingroup members. *Cognition, 157*, 1–13. https://doi.org/10.1016/j.cognition.2016.08.001

Hewstone, M., Rubin, M. & Willis, H. (2002). Intergroup bias. *Annual Review of Psychology, 53*, 575–604. https://doi.org/10.1146/annurev.psych.53.100901.135109

Hodson, G., & Dhont, K. (2015). The person-based nature of prejudice: Individual difference predictors of intergroup negativity. *European Review of Social Psychology, 26*, 1–42. https://doi.org/10.1080/10463283.2015.1070018

Höhne, J. & Buschoff, K. S. (2015). Die Arbeitsmarktintegration von Migranten und Migrantinnen in Deutschland. Ein Überblick nach Herkunftsländern und Generationen. *WSI-Mitteilungen, 68*(5), 345–354. https://doi.org/10.5771/0342-300X-2015-5-345

Hurtz, S. (2015, 12. Dezember). *»Blanker Rassismus«: Höcke und die Fortpflanzung der Afrikaner*. Süddeutsche Zeitung. Zugriff am 06.11.2023 unter: https://www.sueddeutsche.de/politik/afd-thueringen-blanker-rassismus-hoecke-und-die-fortpflanzung-der-afrikaner-1.2780159

Jost, J. T. & Banaji, M. R. (1994). The role of stereotyping in system-justification and the production of false consciousness. *British Journal of Social Psychology, 33*(1), 1–27. https://doi.org/10.1111/j.2044-8309.1994.tb01008.x

Jugert, P., Kaiser, M. J., Ialuna, F. & Civitillo, S. (2022). Researching race-ethnicity in race-mute Europe. *Infant and Child Development, 31*(1), e2260. https://doi.org/10.1002/icd.2260

Khalil, S., Lietz, A. & Mayer, S. J. (2020). *Systemrelevant und prekär beschäftigt: Wie Migrant*innen unser Gemeinwesen aufrechterhalten*. Zugriff am 06.11.2023 unter: https://www.dezim-institut.de/fileadmin/user_upload/Demo_FIS/publikation_pdf/FA-5008.pdf

Knowles, E. D., Lowery, B. S., Chow, R. M. & Unzueta, M. M. (2014). Deny, distance, or dismantle? How White Americans manage a privileged identity. *Perspectives on Psychological Science, 9*(6), 594–609. https://doi.org/10.1177/1745691614554658

Koopmans, R., Veit, S. & Yemane, R. (2019). Taste or statistics? A correspondence study of ethnic, racial and religious labour market discrimination in Germany. *Ethnic and Racial Studies, 42*(16), 233–252. https://doi.org/10.1080/01419870.2019.1654114

Lippens, L., Baert, S., Ghekiere, A., Verhaeghe, P.-P. & Derous, E. (2022). Is labour market discrimination against ethnic minorities better explained by taste or statistics? A systematic review of the empirical evidence. *Journal of Ethnic and Migration Studies, 48*(17), 4243–4276. https://doi.org/10.1080/1369183X.2022.2050191

Miles, R. (1991). *Rassismus: Einführung in die Geschichte und Theorie eines Begriffs. Argument classics*. Hamburg: Argument Verlag.

Murphy, M. C., Kroeper, K. M. & Ozier, E. M. (2018). Prejudiced places: How contexts shape inequality and how policy can change them. *Policy Insights from the Behavioral and Brain Sciences, 5*(1), 66–74. https://doi.org/10.1177/2372732217748671

Payne, B. K. & Hannay, J. W. (2021). Implicit bias reflects systemic racism. *Trends in Cognitive Sciences, 25*(11), 927–936. https://doi.org/10.1016/j.tics.2021.08.001

Payne, B. K., Vuletich, H. A. & Brown-Iannuzzi, J. L. (2019). Historical roots of implicit bias in slavery. *Proceedings of the National Academy of Sciences of the United States of America, 116*(24), 11693–11698. https://doi.org/10.1073/pnas.1818816116

Pehrson, S. & Leach, C. W. (2012). Beyond ›old‹ and ›new‹: for a social psychology of racism. In *Beyond Prejudice* (1. Aufl., S. 120–138). Cambridge: Cambridge University Press. https://doi.org/10.1017/cbo9781139022736.008

Purdie-Vaughns, V. & Eibach, R. P. (2008). Intersectional invisibility: The distinctive advantages and disadvantages of multiple subordinate-group identities. *Sex Roles, 59*(5–6), 377–391. https://doi.org/10.1007/s11199-008-9424-4

Quillian, L., Pager, D., Hexel, O. & Midtbøen, A. H. (2017). Meta-analysis of field experiments shows no change in racial discrimination in hiring over time. *Proceedings of the National Academy of Sciences of the United States of America, 114*(41), 10870–10875. https://doi.org/10.1073/pnas.1706255114

Richeson, J. A. & Sommers, S. R. (2016). Toward a social psychology of race and race relations for the twenty-first century. *Annual Review of Psychology, 67*, 439–463. https://doi.org/10.1146/annurev-psych-010213-115115

Robert Koch-Institut (2008). *Schwerpunktbericht der Gesundheitsberichterstattung des Bundes: Migration und Gesundheit*. Zugriff am 06.11.2023 unter: https://www.rki.de/DE/Content/Gesundheitsmonitoring/Gesundheitsberichterstattung/GBEDownloadsT/migration.pdf?__blob=publicationFile

Rommelspacher, B. (2009). Was ist eigentlich Rassismus? In C. Melter & P. Mecheril (Hrsg.), *Rassismuskritik: Band 1: Rassismustheorie und -forschung* (S. 25–38). Frankfurt: Wochenschau Verlag.

Scherr, A. (2009). Rassismus oder Rechtsextremismus? Annäherung an eine vergleichende Betrachtung zweier Paradigmen jenseits rhetorischer Scheinkontroversen. In C. Melter & P. Mecheril (Hrsg.), *Rassismuskritik: Band 1: Rassismustheorie und -forschung* (S. 75–97). Frankfurt: Wochenschau Verlag.

Skinner-Dorkenoo, A. L., George, M., Wages, J. E., Sánchez, S., & Perry, S. P. (2023). A systemic approach to the psychology of racial bias within individuals and society. *Nature Reviews Psychology, 2*(7), 392–406. https://doi.org/10.1038/s44159-023-00190-z

Sidanius, J. & Pratto, F. (2004). *Social dominance: An intergroup theory of social hierarchy and oppression*. Cambridge: Cambridge University Press.

Spallek, J., Scholaske, L., Duman, E. A., Razum, O. & Entringer, S. (2021). Association of maternal migrant background with inflammation during pregnancy – Results of a birth cohort study in Germany. *Brain, Behavior, and Immunity, 96*, 271–278. https://doi.org/10.1016/j.bbi.2021.06.010

Spannagel, D. (2016). *Soziale Mobilität nimmt weiter ab: WSI-Verteilungsbericht 2016* (WSI Report Nr. 31). Düsseldorf: Hans-Böckler-Stiftung, Wirtschafts- und Sozialwissenschaftliches Institut (WSI). https://www.econstor.eu/handle/10419/225390

Steele, C. M., Spencer, S. J. & Aronson, J. (2002). Contending with group image: The psychology of stereotype and social identity threat. In M. P. Zanna (Hrsg.), *Advances in Experimental Social Psychology* (Bd. 34, S. 379–440). Amsterdam: Elsevier. https://doi.org/10.1016/S0065-2601(02)80009-0

Stelter, M., Essien, I., Sander, C. & Degner, J. (2022). Racial bias in police traffic stops: White residents' county-level prejudice and stereotypes are related to disproportionate stopping of Black drivers. *Psychological Science, 33*(4), 483–496. https://doi.org/10.1177/09567976211051272

Tajfel, H. & Turner, J. C. (1979). An integrative theory of intergroup conflict. *The social psychology of intergroup relations, 33*(47).

Trawalter, S., Bart-Plange, D.-J. & Hoffman, K. M. (2020). A socioecological psychology of racism: making structures and history more visible. *Current Opinion in Psychology, 32*, 47–51. https://doi.org/10.1016/j.copsyc.2019.06.029

Vomfell, L. & Stewart, N. (2021). Officer bias, over-patrolling and ethnic disparities in stop and search. *Nature Human Behaviour, 5*, 566–575. https://doi.org/10.1038/s41562-020-01029-w

Wenzel, M., Mummendey, A. & Waldzus, S. (2007). Superordinate identities and intergroup conflict: The ingroup projection model. *European Review of Social Psychology, 18*(1), 331–372. https://doi.org/10.1080/10463280701728302

Zagefka, H. (2009). The concept of ethnicity in social psychological research: Definitional issues. *International Journal of Intercultural Relations*, *33*(3), 228–241. https://doi.org/10.1016/j.ijintrel.2008.08.001

7 Verschwörungstheorien als Fragment rechtsextremer Ideologien

Roland Imhoff

Spätestens mit der Covid-19-Pandemie und den im Rahmen dieser unter tatkräftiger Beteiligung rechtsextremer Gruppierung stattfindenden Protesten gegen die staatlich verordneten Maßnahmen zur Eindämmung, hat die Prävalenz von Verschwörungsideologien in rechtsextremen Zirkeln eine neue Sichtbarkeit erreicht. Das Virus existiere gar nicht oder sei gar eine in Laboren gezüchtete biologische Waffe, war wiederholt zu vernehmen (Imhoff & Lamberty, 2020). Obwohl bereits im Nationalsozialismus Verschwörungsideologien eine zentrale Rolle in der offiziellen Propaganda einnahmen, spielte dieser Aspekt rechtsextremer Ideologie lange Zeit eine untergeordnete Rolle in der wissenschaftlichen Betrachtung (Imhoff & Decker, 2013).

7.1 Rechtsextreme Verschwörungstheorien

Wenn man die sehr diversen Verschwörungstheorien betrachtet, die in westlichen Kulturen zirkulieren, fällt es nicht sehr schwer solche mit explizit rechtsextremem Inhalt zu identifizieren. Die Idee eines »Great Replacements«, also eines geheim gehegten Planes, weiße Bevölkerungsmehrheiten durch Zuwanderung zu ersetzen, fällt dort ebenso ins Auge, wie Spielarten antisemitischer Verschwörungsnarrative, nach denen Jüdinnen und Juden Weltherrschaft und Dominanz anstreben. Ebenso verbreiten die in Deutschland unter der Bezeichnung der »Reichsbürger« auftretenden souveränistischen Strömungen ein ganzes Konglomerat an Verschwörungsnarrativen, wonach die BRD eine von den Alliierten gegründete GmbH sei und es einen Friedensschluss nach 1945 nie gegeben habe. Die Frage des vorliegenden Kapitels ist die, ob es einfach so ist, dass jede politische oder gesellschaftliche Strömung ein mit ihren Ansichten und Werten konsistentes Set an Verschwörungstheorien hervorbringt oder ob es eine besondere Affinität des Rechtsextremismus zu Verschwörungstheorien gibt. Und falls es das gibt, welche Aspekte von Verschwörungsnarrativen diese besonders anschlussfähig an rechtsextreme Ideologien machen.

Prominente Beispiele rechtsextremer Anschläge – von Hanau über Halle nach Utoya – waren begleitet von Pamphleten, die nur so vor Verschwörungstheorien strotzten. Eine verkommene Elite wolle weiße, christliche Bevölkerungen über massive Zuwanderung zur Minderheit im eigenen Land machen, über kulturmarxistische Gleichmachung die heterosexuelle Kleinfamilie zerstören und Nationen so schwächen. Dagegen müsse sich gewehrt werden, folgerichtig auch mit Gewalt (Bartlett & Miller, 2010; Imhoff, Dieterle & Lamberty, 2021). Jenseits solcher bereits in ihrem Kern rechtsextremen Verschwörungstheorien finden sich jedoch auch für illustre bis bizarre Verschwörungstheorien Kontaktpunkte zur extremen Rechten, zum Beispiel im deutschen Kopp-Verlag, in dessen Programm sich Geschichtsrevisionismus mischt mit Büchern über krebsheilende Wundervitamine, verschwiegene UFO-Sichtungen und Schriften gegen Zuwanderung (Hunger, 2015). Eine solche Überlappung findet sich nicht nur auf Verlagsebene, sondern auch auf der des Publikums dieser unterschiedlichen Verschwörungserzählungen. So zeigen Analysen der NutzerInnen unterschiedlicher YouTube-Kanäle eine substantielle Überlappung zwischen Menschen, die explizit rechtsextreme Kanäle konsumieren auf der einen Seite und solchen, die vermeintlich unpolitische Verschwörungstheorien (z. B. Flat Earth, Chemtrails oder 9/11) verbreiten auf der anderen Seite (Rauchfleisch & Kaiser, 2020).

7.2 Allgemeiner Verschwörungsglaube und Rechtsextremismus

Ausgehend von einer minimalen Definition von Verschwörungstheorien als Versuch, ein »Ereignis oder einen Umstand durch geheime Absprachen einer Gruppe von Personen zu deren Vorteil und dem Schaden der Allgemeinheit« (Imhoff, Lamberty, Rothmund, Winter & Schulz-Hardt, 2022) zu erklären, lässt sich nun fragen, ob Menschen mit rechtsextremen Einstellungen solchen Theorien besonders bereitwillig zustimmen (zuerst einmal, ohne eine Kausalrichtung zu suggerieren). Hierbei kommt es natürlich auf die Art und Weise der Verschwörungstheorie an. Für Verschwörungstheorien, die den Verfall konservativer Werte und kultureller Dominanz der einheimischen Bevölkerung beklagen, in Migrationsbewegungen ein Übel erkennen und religiöse Minderheiten oder andere Kulturen als Schuldige am negativen Zustand der Welt identifizieren, stimmt das mit Sicherheit. Dieser Befund allerdings ist am Rande der Trivialität gebaut. Es ist Kernbestandteil rechtsextremer Ideologien, Migration abzulehnen, Minderheiten abzuwerten, und ob sich dieses Weltbild in die rhetorische Form einer Verschwörungstheorie kleidet, mag da keinen großen Unterschied machen. Deshalb ist es wichtig, bei der Bewertung sozialwissenschaftlicher Befunde zum Verschwörungsglauben zwischen *spezifischen Verschwörungstheorien* (die solche inhaltlichen Überlappungen beinhalten können) und einer allgemeinen *Verschwörungsmentalität* zu unterscheiden (Imhoff, Bertlich & Frenken, 2022).

Was meint der Begriff der Verschwörungsmentalität genau? Der Begriff geht auf Serge Moscovici (1987) zurück und ist in die neuere psychologische Literatur eingeführt als generalisierte politische Einstellung (Imhoff & Bruder, 2014). Eine der robustesten Befunde der psychologischen Forschung zu Verschwörungsglauben ist nämlich, dass Menschen sich stabil darin unterscheiden, wie sehr sie Verschwörungstheorien im Allgemeinen zustimmen. Die Zustimmung zu spezifischen Verschwörungstheorien ist also miteinander eng assoziiert (Bruder, Haffke, Neave, Nouripanah & Imhoff, 2013; Frenken & Imhoff, 2021; Goertzel, 1994; Williams, Marques, Hill, Kerr & Ling, 2022), sogar wenn diese sich logisch widersprechen (Imhoff & Lamberty, 2020; Wood, Douglas & Sutton 2012). Dies hat viele PsychologInnen zu der Annahme geführt, dass es eine allgemeine Sicht auf die Welt als von geheimen Mächten gelenkt gibt, die auf konkrete Phänomene und Ereignisse angewendet wird. Diese allgemeine Tendenz, Verschwörungen zu vermuten, wird Verschwörungsmentalität genannt und nicht über die Zustimmung zu spezifischen Theorien gemessen, sondern eher der zu generischen Aussagen (z.B. »Politiker und andere Führungspersönlichkeiten sind nur Marionetten der dahinterstehenden Mächte.« oder »Die meisten Menschen machen sich keine Vorstellung davon, wie sehr unser Leben bestimmt wird von im Geheimen geschmiedeten Plänen.«; Imhoff & Bruder, 2014). Einige dieser Aussagen (die zweite der oben zitierten) – und hier ergibt sich schon ein erster indirekter Hinweis auf eine Affinität zu eher rechten Ideologien – stammen direkt aus der Faschismus-Skala der Studien zum Autoritären Charakter (Adorno, Frenkel-Brunswik, Levinson & Sanford, 1950).

Ob eine solche – weitestgehend von inhaltlichem Kontext unabhängig gemessene – Verschwörungsmentalität tatsächlich bei rechtsextremen Befragten häufiger verbreitet ist, ist eine empirische Frage und weniger trivial als die Frage, ob sie rechtsextremen spezifischen Verschwörungstheorien zustimmen. Obwohl es keine dezidert an Rechtsextremen erhobenen Daten zur Psychologie von Rechtsextremen gibt, lassen sich doch aus zwei Quellen empirische Hinweise ableiten: Erstens sollte eine Affinität von Verschwörungsmentalität und rechtsextremem Weltbild dazu führen, dass in hinreichend großen und repräsentativen Datensätzen die erfasste Verschwörungsmentalität sowie die Zustimmung zu rechtsextremen ideologischen Fragmenten positiv korrelieren (es sollte also einen Zusammenhang geben zwischen Verschwörungsmentalität *und operationalen Messungen* politischer Ideologie). Zweitens sollten hinreichend große und repräsentative Studien zeigen, dass Verschwörungsmentalität mit Nähe zum rechten Endpunkt einer Antwortdimension der politischen Selbstverortung (z.B. von extrem links bis extrem rechts, einer *symbolischen Messung* von politischer Ideologie) zunimmt.

Zum ersten Zugang zeigt eine Reihe von Studien, dass der Grad, zu dem Befragte Indikatoren rechtsextremer Ideologie zustimmen, mit ihrer Verschwörungsmentalität kovariiert. Verschwörungsmentalität zeigt also einen Zusammenhang mit *operationalen Messungen* politischer Ideologie. Ein Beispiel hierfür sind Studien zum Zusammenhang mit Antisemitismus: auch wenn die Aussagen zur Erfassung des Antisemitismus keinerlei Verschwörung erwähnen und die Aussagen zu Verschwörungen keinen Bezug zu Jüdinnen und Juden haben, zeigt sich hier ein deutlicher Zusammenhang (Imhoff & Bruder, 2014). Ähnliches lässt sich auch beobachten für andere rechtsextreme Ideologiefragmente, wie der Befürwortung einer rechts-autoritären Diktatur, Chauvinismus, Ausländerfeindlichkeit, Sozialdarwinismus oder der Verharmlosung des Nationalsozialismus (Imhoff & Decker, 2013). Hier zeigt sich also ein tendenzieller korrelativer Zusammenhang zwischen der allgemeinen Behauptung von im Geheimen agierenden Gruppen (ohne dass diese oder ihre Pläne spezifiziert wären) und rechtsextremen Ideologiefragmenten. Auch für spezifische Verschwörungstheorien wie denjenigen zu Covid-19 zeigt sich über 52 Länder hinweg ein Zusammenhang mit nationalem Narzissmus, also der Überzeugung, dass die eigene Nation besondere Anerkennung verdiene, die ihr aber momentan nicht zuteilwerde (Sternisko, Cichoka, Cislak & can Bavel, 2023). Nun ist es aber vermutlich nicht so, dass sich Unterschiede in der Zustimmung zu solchen Aussagen ausschließlich im Vergleich von dezidiert Rechtsextremen zum »Rest« ergeben. Vermutlich existieren bereits Unterschiede im Antwortverhalten innerhalb des politischen Zentrums (mit zum Beispiel mehr Zustimmung bei patriotischen Konservativen und ostalgischen DDR-RomantikerInnen als bei kosmopolitischen Liberalen) und wenn die Zustimmung zu Aussagen zur Verschwörungsmentalität sich analog verteilt, ist eine solche Korrelation denkbar, ohne dass eine einzige sich selbst als rechtsextrem verstehende Person Verschwörungstheorien zustimmt (oder auch nur an der Studie teilgenommen hat).

Der zweite Zugang stützt sich genau auf diese Selbstverortung im politischen Spektrum und ihren Zusammenhang mit Verschwörungsmentalität, stützt sich also auf die *symbolische Messung* politischer Ideologie. Für Daten aus den USA lässt sich sehr deutlich zeigen, dass ein positiver linearer Zusammenhang in der Form besteht, dass je weiter rechts sich Befragte selbst verorten, desto stärker stimmen sie Aussagen zur Verschwörungsmentalität zu (van der Linden, Panagopoulos, Azevedo & Jost, 2021). Eine breit angelegte Studie mit Daten aus insgesamt 26 (vornehmlich europäischen) Ländern zeigt ein etwas komplexeres Bild (Imhoff et al., 2022): So replizieren die Analysen über die Länder hinweg einen bereits früher für einzelne Länder berichteten (van Prooijen, Krouwel & Pollet, 2015) kurvilinearen Zusammenhang mit besonders ausgeprägter Verschwörungsmentalität am rechten, aber auch am linken Rand der Verteilung. Diese U-Form ist also asymmetrisch mit besonders hohen Werten am rechten Rand, insbesondere für AnhängerInnen von Oppositionsparteien. Diese Daten zeigen demnach über eine Vielzahl nationaler Kontexte hinweg (wenn auch nicht in jedem einzelnen), dass Personen, die sich selbst am äußersten rechten Rand verorten, die höchsten Werte auf der Verschwörungsmentalitätsskala erzielen.

Hier ließe sich kritisch fragen, inwieweit der politischen Selbstverortung mittels symbolischer Messung hier zu trauen ist. Menschen können unterschiedliche Interpretationen der einzelnen Skalenpunkte anlegen und unterschiedlich bereit und willig sein, sich selbst an den Rand zu sortieren. Verlässlicher und weniger offen für interpretativen Spielraum, so ließe sich argumentieren, ist die Frage nach der gewählten Partei. Hier zeigen für Deutschland Daten bereits aus 2012, dass die Verschwörungsmentalität am ausgeprägtesten ist bei WählerInnen der Republikaner und NPD (Imhoff & Decker, 2013). Aktuellere Daten aus dem German Longitudinal Election Study (GLES, 2013) zeigen ein ähnliches Muster für WählerInnen der AfD (▶ Abb. 7.1). Solche Parteipräferenzen erlauben auch eine Differenzierung danach, ob Überzeugungssysteme im soziokulturellen oder ökonomischen Bereich ausschlaggebend sind. Länderübergreifend gibt es einen deutlichen Trend, dass insbesondere WählerInnen solcher Parteien, die von ExpertInnen als eher rechts im soziokulturellen Sinne (also traditionell, autoritär und nationalistisch) eingeschätzt werden, eine ausgeprägte Verschwörungsmentalität zeigen. Weder die Parteien noch ihre WählerInnen müssen sich zwingend als »rechtsextrem« verstehen, um hier hohe Werte zu erzielen (Imhoff, Bertlich & Frenken, 2022). Die Tatsache, dass es bei dieser Analyse keinen U-förmigen Zusammenhang mit hohen Werten an beiden Extremen gibt, mag ein Hinweis darauf sein, dass die vermeintlich »linken« VerschwörungstheoretikerInnen vor allem solche sind, deren gesellschaftliche Vorstellungen zu kulturellen Werten große Überlappung mit rechts haben, die also autoritäre und traditionalistische Gesellschaftsbilder entwerfen, in denen liberale Freiheiten und alternative Lebensstile (z. B. der Sexualität) nur wenig zentral sind. Analoge Zusammenhänge finden sich für die Einstufung nach Überzeugungssystemen im ökonomischen Bereich nicht.

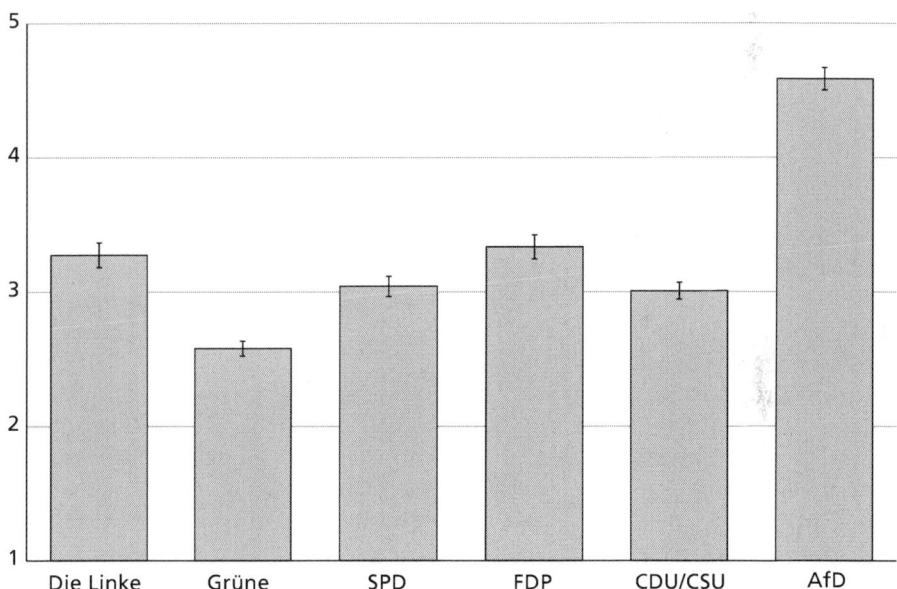

Abb. 7.1: Durchschnittliche Zustimmung zu Aussagen der Verschwörungsmentalität (Quelle: GLES 2023). *Anmerkungen:* Durchschnittliche Zustimmung (Skala 1–7) aufgegliedert nach den Antworten auf die Frage, welche Partei die Befragten bei der Bundestagwahl wählen werden (Zweitstimme). Daten für im Bundestag vertretene Parteien bzw. solche mit mehr als 1.000 Datenpunkten. Fehlerbalken indizieren 95 % Konfidenzintervall. Daten aus Welle 16 des GLES (2023), Erhebungszeitraum Mai 2021.

7.3 Was treibt den Zusammenhang von Rechtsextremismus und Verschwörungsglauben?

Es scheint also empirisch zumindest so zu sein, dass rechte Einstellungen und Selbstpositionierung, sowie Wahlentscheidungen zugunsten von rechten Parteien assoziiert sind mit einer stärker verschwörungstheoretischen Weltsicht (erst einmal unabhängig von der konkreten Ausgestaltung der Verschwörungstheorie). Was ist es aber, das diese Affinität erklären kann? Welche Versatzstücke rechtsextremer Ideologie finden in einer ausgeprägten Verschwörungsmentalität Resonanz? In verschwörungstheoretischen Erklärungsangeboten werden (negative) Ereignisse eher als Resultat willentlicher Pläne und weniger als aus dem Zufall resultierend verstanden. Diese Sicht auf Gesellschaft stärkt die Bedeutung von individuellem Verhalten. Missstände sind also das Resultat bewusster Entscheidungen und nicht der unbeabsichtigten Verquickung von Zufällen und nicht vorhersehbaren Fehlentwicklungen. Entsprechend gibt es konkret identifizierbare Schuldige, denen prinzipiell das Handwerk gelegt werden kann. So teilt sich die Welt in einen schwarzweißen Antagonismus von den moralisch verkommenen und intentional bösen VerschwörerInnen auf der einen Seite und denjenigen, die diese Verschwörung durchschauen und offenlegen auf der anderen Seite. Die breite Masse ist bestenfalls kein politisches Subjekt, sondern nur betrogenes Opfer, im schlimmsten Fall naive Schlafschafe, die all das geschehen lassen.

Diese Struktur liefert einige Anknüpfungspunkte an vor allem rechtsextreme Deutungsmuster, die sich deutlich abheben von (gemäßigt) rechts-konservativen politischen Positionen. Zum einen lässt sich dies für die Zentralität der Bewahrung existierender Werte bzw. dem Widerstand gegenüber Veränderung argumentieren. Der häufig mit rechten Überzeugungen in Zusammenhang gebrachte Autoritarismus zum Beispiel rückt Traditionalismus und Unterwürfigkeit gegenüber Autoritäten ins Zentrum (Adorno et al., 1950; Altemeyer, 1988). Ebenso wird im einleitenden Kapitel (▶ Kap. 1) explizit auf einen »reaktionären« Politikansatz im Rechtsextremismus verwiesen. Hier geht es – wie dort beschrieben – um die Abwehr von Veränderung (für meta-analytische Befunde zur geringeren Bereitschaft gegenüber Veränderung bei konservativen Personen siehe auch Jost, Glaser, Kruglanski & Sulloway, 2003). Verschwörungstheoretische Weltbilder sind hier radikal anders. Es gibt keinen zu bewahrenden Status Quo, sondern der Zustand der Welt ist negativ (aufgrund der einflussreichen Verschwörer). Entsprechend geht es nicht darum ihn zu konservieren, sondern um einen Umbruch, der den Schuldigen das Handwerk legt. Während konservativer Nationalismus die Glorifizierung der eigenen Nation pflegt, stehen Rechtsextreme vor dem Problem, dass ihre Nation in einem aus ihrem Weltbild nicht bewahrenswerten Zustand ist: offen für andere Kulturen, Religionen, sexuelle Interessen und Lebensentwürfe. Anknüpfend an Roger Griffins (1991) Faschismusbegriff lässt sich hier also eine Umbruchideologie im Sinne einer radikalen Erneuerung der Nation identifizieren. Die im Verschwörungsdenken angelegte Notwendigkeit eines radikalen Umsturzes erlaubt also eine trennschärfere Unterscheidung von konservativ-bewahrenden und nationalrevolutionären Idealen, wie sie in der extremen Rechten gepflegt werden (Imhoff, 2015). Diese Kontrastierung dient erst einmal der Schärfung der Sicht, ohne jedoch zu beanspruchen, dass nicht auch Konservative zuweilen eine Veränderung des Status Quo wollen, eine Rückkehr zu Altem, eine »geistig-moralische Wende« (Stüwe, 2005).

Als zweiten Aspekt neben der Frage von radikalem Umsturz (statt konservativer Bewahrung) bietet die manichäische Verteufelung der VerschwörerInnen Anknüpfungspunkte für die extreme Rechte. Hier werden Schuldige identifiziert, die für das Übel der Welt verantwortlich sind. Diese Schuldigen passen in das typische Feindbild rechtsextremer Ideologie. Sie sind keine körperlich starken, Männlichkeit markierenden und offen die Auseinandersetzung suchenden Gegner. Es sind hinterlistig agierende Feinde, die mit Geschick und Intellektualität die ehrliche Auseinandersetzung Mann-gegen-Mann vermeiden. Sehr häufig landen spezifische Verschwörungsnarrative bei den so imaginierten Juden oder bei einem für diese stehenden Chiffre wie den Rothschilds oder George Soros. Die so entworfenen Feinde teilen Eigenschaften, die als Antipode zum idealisierten Dominanzideal rechtsextremer Imaginationen gelten können: Sie sind schwächlich, unmännlich (Bill Gates; Juden) oder gar direkt Frauen (Angela Merkel, Greta Thunberg) und eben nicht »echte Kerle« (Donald Trump, Vladimir Putin). Sie erreichen ihre Ziele durch Geschick und intellektuelle Überlegenheit, Verhandlungen und Absprachen – nicht durch Dominanzgehabe. Dies mag ein zweiter Aspekt sein, der Verschwörungsnarrative attraktiv macht für Menschen mit einem geschlossen rechtsextremen Weltbild. Auch hier jedoch erfordert ein direkter Bezug zur Idee eines sozialdarwinistischen Weltbildes als eine der spezifischen Komponenten des Rechtsextremismus eine differenzierte Sicht. Es wird deutlich, dass es nicht um ein pauschales »jeder gegen jeden nach dem Recht des Stärkeren« (▶ Kap. 2) geht. Entscheidend ist, ob diese Stärke auf »ehrlicher«, offener, und physischer Dominanz beruht oder auf einer Überlegenheit im Hinblick auf Geschick, Vernetzung, Verhandlung und Intelligenz. Letzteres wird eben *nicht* als legitimes Durchsetzungsmittel für Überlegenheit anerkannt.

Jenseits dieser erst einmal deskriptiven Darlegung der Affinität von Verschwörungsideologie und Rechtsextremismus, ließe sich fragen: Welche Funktionen erfüllen Verschwörungstheorien im Rahmen von Rechtsradikalisierung? Zum einen liefern Verschwörungstheorien – so eine populäre Annahme im Feld – eine attraktive Antwort auf Deprivationserfahrungen (Douglas, Sutton & Cichocka, 2017). Gefühle der Anomie, die Gesellschaft und ihren Wandel nicht mehr richtig zu verstehen, erzeugen ein gesteigertes Bedürfnis nach klaren Antworten. Verschwörungstheorien liefern eindeutige Antworten (Schuldige) für komplexe Sachverhalte und zumeist Erklärungen für Phänomene, die proportional zu dem erscheinen, was sie erklären sollen (die sogenannte Proportionalitätsverzerrung; Leman & Cinnirella, 2007). Ebenso können Verschwörungstheorien funktional erscheinen, um wahrgenommene politische Ohnmacht zu kompensieren: eine Erklärung gesellschaftlicher Entwicklungen über Zufall, Phänomene einer »unsichtbaren Hand« oder gewisse eigenlogische Entwicklungen liefern nur wenige Anhaltspunkt für direkte politische Einflussnahme. Wenn aber einer illustren Gruppe böser VerschwörerInnen nur das Handwerk gelegt werden muss, um den Zustand der Welt zu verbessern, so ist damit die Illusion größerer politischer Kontrolle verbunden.

Verschwörungstheorien machen also attraktive Angebote in Reaktion auf erlebte Deprivation. Einlösen tun sie dies nur bedingt. Der Wunsch nach einer eindeutigen und klaren Antwort wird häufig weiter frustriert, weil stets Zusatzannahmen hinzugefügt werden müssen, um die Theorie mit der verfügbaren Evidenz kompatibel zu halten (Jaster, 2023). Und auch mit der Kontrolle ist es nicht so einfach: Zwar ist eine geheime Kabale prinzipiell besiegbar, aber die tatsächliche Erfahrung von Verschwörungsgläubigen wird sein, dass durch die bloße Anprangerung ihrer Taten auf Social Media noch kein Sieg errungen wird (für längsschnittliche Evidenz, dass Anstiege im Verschwörungsglauben weder Angst noch Gefühle der Bedrohung reduzieren, siehe Liekefett, Christ & Becker, 2023). Es scheint also so zu sein, dass Verschwörungsglauben die deprivierten Bedürfnisse, aus denen er entsteht, nicht effektiv befriedigt. Dennoch können andere Funktionen eine Rolle spielen, sei es das *Gefühl* einer eindeutigen Antwort oder als rhetorisches Mittel der Rechtfertigung. Verschwörungstheorien rechtfertigen den Hass auf bestimmte Personengruppen (wenn diese als UrheberInnen eines geheimen Plans behauptet werden) ebenso wie die eigene Entscheidung, die Spielregeln einer demokratischen Willensbildung zu missachten und Gewalt als politisches Mittel einzusetzen (weil das System ohnehin korrupt ist und PolitikerInnen nur Marionetten der verborgenen Mächte; Imhoff et al., 2021). In diesem Beispiel würde die Kausalität also in umgekehrter Wirkrichtung verlaufen: Es ist nicht der Verschwörungsglauben, der Gewalt verursacht, sondern die Anwendung politischer Gewalt führt zu legitimierenden Verschwörungstheorien (und so ggf. zu erneuter Gewalt).

7.4 Zusammenfassung

Zusammenfassend lässt sich festhalten, dass es eine Vielzahl rechtsextremer Verschwörungstheorien gibt, dass dies alleine jedoch noch kein Beleg dafür sein muss, dass Rechtsextreme besonders geneigt sind, verschwörungstheoretisch zu denken. Diese Evidenz findet sich eher in Zusammenhängen der inhaltlich vagen Verschwörungsmentalität mit rechtsextremen Ideologiefragmenten sowie Maßen politischer Selbstverortung. Mögliche Gründe für diese Affinität kann die in nationalrevolutionären Zirkeln geprägte Umbruchideologie sein, die sich nahezu notwendig aus einer Zustandsbeschreibung der Welt, als von geheimen Eliten gelenkt und durchsetzt, ergibt. Ein zweiter Kontaktpunkt mag sich über eine geschlechtstheoretische Betrachtung ergeben und der Beobachtung, dass Verschwörungsgläubige und Rechtsextreme gleichermaßen insbesondere solche Feindbilder entwerfen, die das selbst entworfene Ideal einer Dominanzkultur nicht verkörpern.

Offen bleibt hierbei die Frage der Wirkrichtung. Ob es rechtsextreme Ideologie ist, die eine Offenheit für verschwörungstheoretische Deutungsangebote verursacht, oder ob umgekehrt eine verschwörungstheoretische Weltsicht besonders starke

Resonanz in rechtsextremen Welterklärungen findet, bleibt auf Basis der referierten Evidenz unklar. Tatsächlich wäre es auch denkbar, dass weder das Eine noch das Andere ursächlich zum Zweiten führt, sondern der augenscheinliche Zusammenhang dadurch erzeugt wird, dass sowohl Verschwörungstheorien als auch Rechtsextremismus ähnliche Bedürfnisse ansprechen, wie dem nach Selbstaufwertung, nach dem Gefühl von Kontrolle oder auch einer Rechtfertigung von Dominanz. Ebenso können beide gefasst werden als Reaktion auf Deprivationserfahrungen eben dieser Bedürfnisse. Um sich dieser »Gretchenfrage« der Kausalität zumindest anzunähern, braucht es umfassende Theorien und längsschnittliche Daten zur politischen Sozialisation.

Literatur

Adorno, T. W., Frenkel-Brunswik, E., Levinson, D. J. & Sanford, R. N. (1950). *The Authoritarian Personality*. Harper und Brothers, New York.

Altemeyer, B. (1988). *Enemies of freedom: Understanding right-wing authoritarianism*. San Francisco, CA: Jossey Bass.

Bartlett, J. & Miller, C. (2010). *The power of unreason: Conspiracy theories, extremism and counterterrorism*. London: Demos.

Bruder, M., Haffke, P., Neave, N., Nouripanah, N. & Imhoff, R. (2013). Measuring individual differences in generic beliefs in conspiracy theories across cultures: Conspiracy Mentality Questionnaire. *Frontiers in Psychology, 4*, 225.

Douglas, K. M., Sutton, R. M. & Cichocka, A. (2017). The psychology of conspiracy theories. *Current Directions in Psychological Science, 26*(6), 538–542.

Frenken, M. & Imhoff, R. (2021). A uniform conspiracy mindset or differentiated reactions to specific conspiracy beliefs? Evidence from Latent Profile Analyses. *International Review of Social Psychology, 34*(1):27, 1–15.

GLES (2023). *GLES Panel 2016–2021*, Wellen 1–21. Köln: GESIS. ZA6838 Datenfile Version 6.0.0, https://doi.org/10.4232/1.14114

Goertzel, T. (1994). Belief in conspiracy theories. *Political Psychology, 15*(4), 731–742.

Griffin, R. (1991). *The Nature of Fascism*. London: Pinter.

Hunger, A. (2015). Gut vernetzt – Der Kopp-Verlag und die schillernde rechte Publizistenszene. In S. Braun, A. Geisler, & M. Gerster (Hrsg.), *Strategien der extremen Rechten: Hintergründe – Analysen – Antworten* (S. 425–437). Wiesbaden: Springer.

Imhoff, R. (2015). Beyond (right-wing) authoritarianism: Conspiracy mentality as an incremental predictor of prejudice. In M. Bilewicz, A. Cichocka, & W. Soral (Hrsg.), *The Psychology of Conspiracy* (S. 140–160). Oxford: Routledge.

Imhoff, R., Bertlich, T. & Frenken, M. (2022). Tearing apart the »evil« twins: A general conspiracy mentality is not the same as specific conspiracy beliefs. *Current Opinion in Psychology, 46*, Article:101349. https://doi:10.1016/j.copsyc.2022.101349.

Imhoff, R. & Bruder, M. (2014). Speaking (Un-)Truth to Power: Conspiracy Mentality as a Generalized Political Attitude. *European Journal of Personality, 28*, 25–43.

Imhoff, R. & Decker, O. (2013). Verschwörungsmentalität als Weltbild. In: O. Decker, J. Kiess & E. Brähler (Hrsg.), *Rechtsextremismus der Mitte* (S. 130–145). Gießen: Psychosozial Verlag. https://doi.org/10.30820/9783837966367

Imhoff, R., Dieterle, L. & Lamberty, P. (2021). Resolving the puzzle of conspiracy worldview and political activism: Belief in secret plots decreases normative but increases nonnormative political engagement. *Social Psychological and Personality Science, 12*, 71–79. https://doi.org/10.1177/1948550619896491

Imhoff, R. & Lamberty, P. (2020). A bioweapon or a hoax? The link between distinct conspiracy beliefs about the Coronavirus disease (COVID-19) outbreak and pandemic behavior. *Social Psychological and Personality Science, 11*, 1110–1118.

Imhoff, R., Lamberty, P., Rothmund, T., Winter, S. & Schulz-Hardt, S. (2022). Task Force »Verschwörungstheorien«. Zugriff am 18.08.2022 unter: https://www.dgps.de/schwerpunkte/task-force-verschwoerungstheorien

Imhoff, R., Zimmer, F., Klein, O., António, J. H. C., Babinska, M., Bangerter, A., Bilewicz, M., Blanuša, N., Bovan, K., Bužarovska, R., Cichocka, A., Delouvée, S., Douglas, K. M., Dyrendal, A., Gjoneska, B., Graf, S., Gualda, E., Hirschberger, G., Kende, A., Kutiyski, Y., ... & van Prooijen, J.-W. (in press). Conspiracy Mentality and Political Orientation across 26 countries. *Nature Human Behavior, 6*, 392–340. https://doi.org/10.1038/s41562-021-01258-7

Jaster, R. (2023). Die Epistemologie der Verschwörungstheorie. In R. Imhoff (Hrsg.), *Die Psychologie der Verschwörungstheorien: »von dunklen Mächten sonderbar belogen…«*. Göttingen: Hogrefe.

Jost, J. T., Glaser, J., Kruglanski, A. W. & Sulloway, F. J. (2003). Political conservatism as motivated social cognition. *Psychological Bulletin, 129*(3), 339–375. https://doi.org/10.1037/0033-2909.129.3.339

Leman, P. J. & Cinnirella, M. (2007). A major event has a major cause: Evidence for the role of heuristics in reasoning about conspiracy theories. *Social Psychological Review, 9*(2), 18–28.

Liekefett, L., Christ, O. & Becker, J. C. (2023). Can conspiracy beliefs be beneficial? Longitudinal linkages between conspiracy beliefs, anxiety, uncertainty aversion, and existential threat. *Personality and Social Psychology Bulletin, 49*(2), 167–179.

Moscovici, S. (1987). The Conspiracy Mentality. In C.F. Graumann & S. Moscovici (Hrsg.), *Changing Conceptions of Conspiracy*, (S. 151–169), Berlin: Springer.

Rauchfleisch, A. & Kaiser, J. (2020). The German Far-right on YouTube: An Analysis of User Overlap and User Comments. *Journal of Broadcasting & Electronic Media, 64*(3), 373–396, https://doi.org/10.1080/08838151.2020.1799690

Sternisko, A., Cichocka, A., Cislak, A. & van Bavel, J. J. (2023). National Narcissism predicts the Belief in and the Dissemination of Conspiracy Theories During the COVID-19 Pandemic: Evidence From 56 Countries. *Personality and Social Psychology Bulletin, 49*(1), 48–65. https://doi.org/10.1177/01461672211054947

Stüwe, K. (2005). *Die Rede des Kanzlers: Regierungserklärungen von Adenauer bis Schröder*. Wiesbaden: Verlag für Sozialwissenschaften.

van der Linden, S., Panagopoulos, C., Azevedo, F. & Jost, J. T. (2021). The paranoid style in American politics revisited: An ideological asymmetry in conspiratorial thinking. *Political Psychology, 42*(1), 23–51. https://doi.org/10.1111/pops.12681

van Prooijen, J. W., Krouwel, A. P. & Pollet, T. V. (2015). Political extremism predicts belief in conspiracy theories. *Social Psychological and Personality Science, 6*(5), 570–578. https://doi.org/10.1177%2F1948550614567356

Williams, M. N., Marques, M. D., Hill, S. R., Kerr, J. R. & Ling, M. (2022). Why are beliefs in different conspiracy theories positively correlated across individuals? Testing monological network versus unidimensional factor model explanations. *British Journal of Social Psychology, 61*(3), 1011–1031. https://doi.org/10.1111/bjso.12518

Wood, M. J., Douglas, K. M. & Sutton, R. M. (2012). Dead and alive: Beliefs in contradictory conspiracy theories. *Social Psychological and Personality Science, 3*(6), 767–773.

8 Sexismus, Antifeminismus und die Incel-Bewegung im Kontext rechtsextremer Radikalisierung – eine interdisziplinäre Annäherung

Veronika Kracher, Janine Dieckmann und Judith Rahner[1]

Man könnte meinen, die Kritik an Sexismus, sexistischer Diskriminierung und Frauenhass sei in unserer Gesellschaft ein omnipräsentes Thema. Wir diskutieren über den Gender Pay Gap, Gleichberechtigung im Arbeitsleben, fehlende Repräsentation von Frauen in Politik, Medien oder in Vorständen der Wirtschaft. Wir debattierten im Zuge der weltweiten #MeToo-Kampagne vereinzelt über Prominente und ihre Karrieren, sind uns generell auch der Gefahr bewusst, der Frauen durch psychische und physische Gewalt ausgesetzt sind. Vor allem sexistische Ungleichbehandlungen, die in Zahlen zu sehen sind, oder sexistische bzw. sexualisierte gewaltvolle Vorfälle, die es in die mediale Aufmerksamkeit schaffen, prägen das gesellschaftliche Verständnis von Sexismus. Gleichzeitig fehlt der differenzierte Blick auf Sexismus in seiner Komplexität zwischen Einstellungsdimension und Machtverhältnis, zwischen seinen Funktionen als Grundlage rechtsextremer Radikalisierungsprozesse, Gewaltlegitimation sowie der Konservierung traditioneller Rollenbilder und gesellschaftlichem Status quo.

Dieser Beitrag liefert eine interdisziplinäre Annäherung, die Sexismus einerseits konzeptuell in seinen Erscheinungsformen differenziert betrachtet und ihn andererseits mit seinen Ausprägungen im Kontext rechtsextremer Radikalisierung, dem Antifeminismus und der Incel-Bewegung in Verbindung setzt. Um Sexismus, Antifeminismus und rechtsextremer Radikalisierung gesellschaftlich entgegenzuwirken und um Gewalt gegen weiblich gelesene Personen zu verhindern, ist es notwendig, die Verbindung zwischen sexistischen Einstellungen und historisch gewachsenen, globalen, patriarchalen Machtverhältnissen sowie ihren radikalen Ausprägungen aufzuzeigen. Mit Blick auf die empirische (sozial-)psychologische Forschung wird konstatiert, dass es mehr Forschung zu Sexismus im Kontext rechter Radikalisierungsprozesse braucht.

---

[1] Die Autorinnen danken Matthias Meyer und Matteo Scheuringer sowie den Herausgebenden für ihre hilfreichen Kommentare zum Beitrag.

8.1 Von sexistischen Einstellungen zur Ideologie des Antifeminismus

Kritisiert wird Sexismus als gesellschaftliches Phänomen immer dann, wenn sexistisches bzw. sexualisiertes Verhalten stattgefunden hat, d. h., wenn sich die Ungleichbehandlung von »Frau und Mann« sowie fehlende oder stereotype Repräsentation (u. a. MaLisa Stiftung, 2021) in gesellschaftlichen Teilbereichen in Zahlen zeigen lässt (z. B. zum Gender Pay Gap; Schäper, Schrenker & Wrohnlich, 2023). Um sexistischer Diskriminierung und Gewalt gegen Frauen entgegenzuwirken, braucht es zunächst einen differenzierten Blick auf die Einstellungsebene. Denn neben offen geäußertem und gezeigtem Sexismus, tragen sich Stereotype gegenüber Frauen auch auf einer subtilen und unbewussten Ebene in der Gesellschaft weiter.

Dass offen sexistische Einstellungen in der deutschen Gesellschaft vorhanden sind, zeigen die Ergebnisse der alljährlichen repräsentativen Befragung der Mitte-Studien (Zick & Küpper, 2021). In der Erhebung der Jahre 2020 und 2021 stimmten beispielsweise 8 % aller Befragten zu, dass es für eine Frau wichtiger sein sollte, ihrem Mann bei seiner Karriere zu helfen, als selbst Karriere zu machen bzw. dass Frauen sich wieder mehr auf die Rolle der Ehefrau und Mutter besinnen sollten. Die Ergebnisse der Leipziger Autoritarismus-Studie (Decker, Kiess, Heller & Brähler, 2022) zeigen sogar, dass 2022 mehr als jede vierte Person sexistische Einstellungen aufwies (27 %).

In der sozialpsychologischen Intergruppenforschung geht die Konzeption von Sexismus über diesen offen geäußerten Ausdruck von Einstellungen hinaus. Die Konzepte des »modernen Sexismus« und der »neosexistischen Überzeugungen« umfassen dabei vor allem subtile Vorurteile gegenüber Frauen. Diese äußern sich beispielsweise in der Überzeugung, dass Frauen eher wenig diskriminiert werden, in der Feindseligkeit gegenüber feministischen Forderungen sowie in Ressentiments gegenüber den Bemühungen, die Ungleichbehandlung der Geschlechter anzugehen (Becker & Swim, 2011). Neben diesen offenen und subtilen Formen des Sexismus zeigen Studien, dass sich Sexismus auch in Form einer vermeintlich positiven Facette zeigt, welche mit dem Konzept des »benevolenten Sexismus« beschrieben wird (Glick & Fiske, 1996): Frauen werden als wärmer, »das schöne Geschlecht« oder liebevolle Mütter wahrgenommen und idealisiert. Diese Vorstellungen von Weiblichkeit legitimieren wiederum patriarchales Verhalten gegenüber Frauen (Bareket & Fiske, 2023) bzw. erhöhen auch bei Frauen selbst die Zufriedenheit mit den gesellschaftlichen Geschlechterverhältnissen und mindern ihre Motivation, kollektiv gegen Diskriminierung aktiv zu werden (vgl. Becker & Swim, 2011). Bareket und Fiske (2023) argumentieren, dass Sexismus, benevolent oder offen feindselig, immer der gleichen Motivation dient: Frauen durch Abwertung und Gewalt zu kontrollieren. Empirisch zeigt sich vor allem ein Zusammenhang zwischen der offen feindseligen Komponente mit selbstberichteter Gewalt gegenüber Frauen (Agadullina, Lovakov, Balezina & Gulevich, 2022).

Sexismus zeigt sich nicht nur in den beschriebenen Einstellungsfacetten, sondern auch auf Verhaltensebene als sexistische Diskriminierung und Frauenfeindlichkeit sowie auf ideologischer Ebene im Antifeminismus. Antifeminismus gibt es, seit es Frauen- und Emanzipationsbewegungen gibt und ist eine Gegenreaktion auf feministische Errungenschaften. Die Leipziger Autoritarismus-Studie erforscht neben Sexismus (als Einstellungsdimension) seit 2020 auch den Antifeminismus als wichtige Facette eines antimodernen Weltbildes (Kalkstein, Pickel, Niendorf, Höcker & Decker, 2022). Die Zustimmungswerte über alle Aussagen im Bereich Antifeminismus sind im Vergleich zum letzten Untersuchungszeitraum angestiegen. Im Mittel stimmt ein Viertel aller Befragten antifeministischen Aussagen zu: 27 % der Befragten sind der Meinung, dass sich Frauen, »die mit ihren Forderungen zu weit gehen, sich nicht wundern müssen, wenn sie wieder in ihre Schranken gewiesen werden.« Vor allem die Aussage »Schilderungen zu sexualisierter Gewalt sind häufig übertrieben« findet hohe Zustimmung. Diese offenbart, wie eng Debatten zu geschlechtsspezifischer Gewalt mit Antifeminismus verbunden sind und sich zum Beispiel in sogenanntem »Victim Blaming« zeigen (d. h. Legitimation von Gewalt durch Schuldzuschreibung an die Betroffenen). Eine gestiegene Zustimmung erfährt auch die antifeministische Erzählung, dass »durch Feminismus die gesellschaftliche Harmonie und Ordnung gestört« wird. Damit ist dieses Narrativ gleichzeitig anschlussfähig an autoritäre Dynamiken, die ebenfalls gestiegen sind.

Antifeminismus ist eine Weltanschauung und umfasst Einstellungen und Verhaltensweisen (bis hin zu meist organisierten Widerstandsaktionen), welche sich gegen die Umsetzung von Gleichstellung und Geschlechtergerechtigkeit, feministischen Anliegen und Emanzipationsbestrebungen richtet. Antifeminismus kann sich dementsprechend in Wort und Tat gegen Frauen sowie lesbische, schwule, bisexuelle und trans- und intergeschlechtliche Personen (LSBTI*) richten oder gegen Einrichtungen und Organisationen, die sich für Gleichstellung aller Geschlechter, gegen Sexismus oder für die Stärkung geschlechtlicher und sexueller Selbstbestimmung einsetzen.

Die Einführung von Antifeminismus als wissenschaftliche Analyse- und Beschreibungskategorie ist in der Auseinandersetzung mit gesellschaftlichen Debatten um Geschlechtergerechtigkeit und autoritären (Gegen-)Bestrebungen notwendig und hilfreich, um Ideologiebezüge und Mechanismen zu analysieren, die über sexistische und frauenfeindliche Einstellungen als Grundlage hinausgehen, gleichwohl aber in diesen begründet sind. So lässt sich etwa der Wirkmächtigkeit antifeministischer Narrative, die systematisch auf eine biologistisch begründete Geschlechterordnung rekurrieren, nicht allein mit einer Analyse der darin zum Tragen kommenden sexistischen und frauenfeindlichen Einstellungen begegnen. Die Verteidigung »traditioneller« Geschlechterrollen, »natürlicher« Familienführung zur Reproduktion und die damit verbundene strategische Ablehnung, Diffamierung und Pathologisierung von Menschen, die von den vermeintlich »natürlich« gegebenen Normen in Bezug auf Geschlechtsidentität, sexuelle Orientierung und Lebensführung abweichen, verweist explizit auf trans-, nicht-binär- und homofeindliche Ideologieelemente. Diese werden wiederum auf verschiedene Weise genutzt, um eine Gefahr für Kinder, Gesellschaft oder gar das Fortbestehen der »Volksgemeinschaft« zu konstruieren. An dieser Stelle verbinden sich antifeministische biologistische Ideen mit einem rechtsextremen, völkischen nationalen Weltbild und legitimieren in der Erhöhung einer weißen, nicht-jüdischen, »gesunden«

Identität und der Angst vor einem Bevölkerungsaustausch die damit zwangsläufig verbundenen rassistischen, antisemitischen, behinderungsfeindlichen Ideologieelemente und Implikationen.

Die Entfaltung antifeministischer Erzählungen, vor allem, wenn sie selbst feministische Themen instrumentell nutzen, ist häufig auf weitere menschenfeindliche Ideologien angewiesen und verfolgt nicht selten den Zweck, genau diese damit zu verbreiten. So wie es der Fall ist, wenn der Schutz von Frauen vor Gewalt nur dann propagiert wird, wenn dabei rassistische Ideen und Botschaften zum Tragen kommen oder wenn im Namen von Frauenrechten Desinformationen, vor allem anhand transfeindlicher Erzählungen, verbreitet und zur Mobilisierung gegen trans Personen genutzt werden. In der Expertise »Auswirkungen von Antifeminismus auf Frauenverbände«, welche die Amadeu Antonio Stiftung im Auftrag des Deutschen Frauenrats erarbeitet hat, wird aufgezeigt, dass eine Normalisierung antifeministischer Positionen die Arbeit frauenpolitisch engagierter Personen zunehmend erschwert (vgl. Amadeu Antonio Stiftung, 2020). Anfeindungen und digitaler Gewalt sind vor allem frauenpolitisch engagierte Personen, Vereine und Verbände ausgesetzt, die sich für von Mehrfachdiskriminierung betroffene Frauen einsetzen. Sie sind mit sexualisierten und gewaltvollen Anfeindungen in besonderem Maß konfrontiert.

Antifeminismus ist ein »zutiefst politisches Ressentiment, das tiefe historische Wurzeln hat und fest mit der Aufrechterhaltung patriarchaler Strukturen verknüpft ist« (AK Fe.In, 2019, S. 22) und eben »mehr als bloße Gegenbewegung zu feministischen Kämpfen« als vielmehr »eigenständige Ideologie« (femPI Netzwerk, 2022, S. 5). Antifeminismus ist eine Brückenideologie zwischen rechtsautoritären AkteurInnen und der sogenannten Mitte der Gesellschaft (Kalkstein, Pickel, Niendorf, Höcker & Decker, 2022). Er fungiert oftmals als »Scharnierfunktion« (Lang & Peters, 2015), besitzt »breite Anschlussfähigkeit« (Blum, 2020, S. 15) zu anderen gruppenbezogen menschenfeindlichen Ideologien wie Rassismus oder Antisemitismus sowie zu demokratiefeindlichen Ideologien wie dem Rechtsextremismus und stellt das »Bindeglied [...] [dar] zwischen rechtskonservativen Sicherheits-, Migrations- und Bevölkerungsdiskursen« (Wichterich, 2019, S. 103). Antifeminismus ist tief in der Gesellschaft verwurzelt, so sehr, dass er in allen gesellschaftlichen Feldern und Milieus zu finden ist und auch in linken und progressiven, bürgerlichen oder religiösen Kreisen auftritt. Allerdings korrelieren antifeministische Einstellungen vor allem mit rechter Ideologie und autoritären Einstellungen (Kalkstein, Pickel, Niendorf, Höcker & Decker, 2022). So ist Antifeminismus, die Abwertung von Weiblichkeit und feministischen Anliegen in den letzten Jahren ein immer weiter zunehmendes Motiv für rechte Gewalttaten bis hin zum Rechtsterrorismus geworden. Rechtsmotivierte Attentate der vergangenen Jahre zeigen, dass neben Ideologien wie Rassismus und Antisemitismus, Antifeminismus und Frauenhass ideologisch eine bedeutende Rolle spielen (vgl. Rahner, 2020). Zudem stellen die Forschenden der Autoritarismus-Studie einen Zusammenhang von antifeministischen Einstellungen und Verschwörungsmentalitäten sowie zur Gewaltbereitschaft fest (Kalkstein, Pickel, Niendorf, Höcker & Decker, 2022).

8.2 Antifeminismus und radikaler Frauenhass – die Incel-Bewegung

Seinen eliminatorischen Höhepunkt erreicht der antifeministische Hass im misogynen Terrorakt. Anschläge aus der sogenannten »Incel«-Community (Kracher, 2020) haben bereits über 50 Menschenleben gefordert. Ihre Motivation: patriarchales Anspruchsdenken, gekränkte Männlichkeit und vor allem der Hass auf Frauen.

Den Grundstein für aus Misogynie begangene Attentate legte der Kanadier Marc L. im Dezember 1989 in den Seminarräumen des Polytechnischen Instituts Montreal, wo gerade Studierende an einem Maschinenbau-Seminar teilnahmen. Er befahl den anwesenden Männern und Frauen, sich auf den unterschiedlichen Seiten des Raumes zu gruppieren. Die 50 Männer durften den Raum verlassen – was sie taten, anstatt sich gegen den Angreifer zur Wehr zu setzen – die neun anwesenden Frauen wurden erschossen. Insgesamt ermordete der Täter an diesem Tag 14 Frauen und verletzte 14 weitere. Anschließend tötete er sich selbst. Seine Tat solle, so schrieb er in einem Brief, als explizit antifeministischer Angriff verstanden werden. Feministinnen hätten sein Leben ruiniert, fuhr er fort, und trügen somit Mitschuld an seinem Tod. Im gleichen Dokument benannte er insgesamt 19 Frauen – Feministinnen – die er zu ermorden gedachte (vgl. Kracher, 2020). Für einige ist Marc L. zu einem Vorbild und Helden aufgestiegen, dem es nachzueifern gilt und dem im Internet gehuldigt wird. Andere setzen ihre Heldenverehrung in die Tat um. Auch sie wollten zum »Heiligen« werden und ihre gekränkte Männlichkeit durch den Gewaltakt einer Reparation unterziehen. Zu ihnen zählen beispielsweise: Elliot R., der 2014 auf dem Campus der Santa Barbara University in Kalifornien sechs Menschen erschoss und 14 weitere verletzte. Er hinterließ ein über 100 Seiten langes Manifest, in dem er deklarierte, dass er »vernichtende Rache« üben wollte an »allen Frauen, die mir Liebe und Sex entzogen haben«. Als Christopher H. 2015 neun Menschen in einem Shooting an einem Community College in Oregon ermordete und in einem veröffentlichten Manifest darüber lamentierte, keine Freundin zu haben, nahm er explizit auf den Attentäter von Santa Barbara Bezug. Im April 2018 raste der Kanadier Alek M. mit einem Auto in eine Menschenmenge und tötete zehn Menschen. Zuvor postete er auf Facebook: »Die Incel-Rebellion hat begonnen. Wir werden die Chads und Stacys stürzen«. »Chad« und »Stacy« stehen in der Incel-Szene für attraktive Männer und Frauen, die aufgrund ihres normschönen Äußeren die höchste Stellung im Geschlechterverhältnis einnehmen. Im Februar 2018 ermordete Nicolaz C. 17 MitschülerInnen, nachdem seine Ex-Freundin begann, mit einem anderen Jungen auszugehen. Neun Monate später drang Scott P. B. in ein Yoga-Studio in Florida ein und erschoss zwei Frauen und anschließend sich selbst. Auch Scott P. B. suchte regelmäßig misogyne Online-Foren auf und ließ seinem Frauenhass auf Social Media freien Lauf. Im August 2021 ermordete Jake D. in Plymouth, England, fünf Menschen, darunter ein drei Jahre altes Kleinkind. Zuvor hatte er auf YouTube und dem Forum Reddit darüber lamentiert, ein unattraktiver Versager zu sein, er aber lieber ein »Terminator« wäre. Im Mai 2023 erschoss Mauricio G. in der Nähe von

Dallas, Texas, acht Menschen, vier davon mit asiatischer Migrationsbiografie. Der Täter hatte nicht nur NS-Symbole tätowiert und auf sozialen Medien Inhalte von rechtsradikalen Influencern geteilt, sondern schrieb auch darüber, Frauen zu verabscheuen und dass Feminismus die westliche Gesellschaft ruinieren würde. Auch der Medizinstudent Fouad L., der im September 2023 auf dem Campus der Universität von Rotterdam drei Menschen tötete, hatte einen Monat vor dem Amoklauf auf 4chan darüber geschrieben, dass Frauen ihn ignorieren würden und dass sie gesellschaftlich obsolet sein sollten.

Sie alle stammen aus der sogenannten Incel-Szene. Incels, also: »involuntary celibates« begreifen sich als »unfreiwillig im Zölibat Lebende«. Kurz zusammengefasst handelt es sich bei Incels um Männer, die glauben, ihnen würde Sex zustehen, da es sich bei Sex um ein Grundrecht handelt wie der Zugang zu Nahrung oder Wasser. Sie selbst fristen jedoch ein tragisches Dasein der Sexlosigkeit, denn aufgrund einer biologischen Determinierung betrachten sie sich als schlicht zu unattraktiv, um von den als »Femoids« (»Female Humanoids«) bezeichneten dehumanisierten Frauen überhaupt beachtet zu werden. Ähnlich wie Antifeministen, die der »Redpill«[2]-Ideologie anhängen, glauben auch Incels an eine grundlegende Unterdrückung der Männer in der zur »Gynokratie« verkommenen Gesellschaft (Kracher, 2020). Während die »Redpill« dem individuellen Mann jedoch verspricht, durch rigorose Selbstdisziplinierung zu einem »Alpha-Mann« aufzusteigen und so die Frau unterjochen zu können, verwehrt sich der Incel diesen Weg. Denn: er ist schlicht zu unattraktiv, als dass der Alpha-Status jemals in seine Nähe rücken könnte. Dies drückt sich auch in der Geschichte der Incel-Bewegung aus.

Die Incel-Community wurde ironischerweise von einer queeren Frau als Selbsthilfegruppe für Menschen unabhängig von Geschlecht und sexueller Orientierung gegründet und der Begriff »Incel« als Alternativbezeichnung zu dem Begriff »Jungfrau« entwickelt, um kenntlich zu machen, dass Sexlosigkeit kein Stigma sein darf. Inzwischen hat sich jedoch die ehemalige Selbsthilfe-Bewegung zu einem Sumpf aus patriarchalem Anspruchsdenken und Frauenfeindlichkeit entwickelt. Ab Mitte der Nullerjahre hat sich über das Imageboard 4chan und den Blog »Loveshy« eine Subkultur an jungen Männern herausgebildet, die sich primär durch Frauenverachtung, Nihilismus und Opferinszenierung auszeichnet. Der ehemals progressive Selbstanspruch der Incel-Bewegung, dass Sexlosigkeit nur ein temporärer Zustand sei, von dem man sich nicht deprimieren lassen wolle und der auch nicht die komplette Identität konstituieren würde, wurde auf diesen Plattformen zugunsten einer fatalistischen Weltsicht und eines extrem misogynen Frauenbildes aufgegeben. Diese Ideologie wurde weiter auf dem Forum »Pick Up Artist-Hate« (PUA-Hate) radikalisiert. Hierbei handelte es sich um eine Plattform für Männer, die trotz der

---

2 Bei der »Redpill«-Ideologie handelt es sich um eine antifeministische und oftmals strukturell bis offen antisemitische Verschwörungserzählung. Diese Ideologie behauptet, es gäbe eine systematische feministische Unterdrückung gegen Männer. Dieser ließe sich durch das Schlucken der »roten Pille« und den darauffolgenden Weg in eine hypermaskuline »Alpha-Männlichkeit« entkommen, die mit Sexismus, Misogynie und Antifeminismus einhergeht und nicht selten im Rechtsextremismus endet.

hunderten von Dollar, die sie in Seminaren selbsternannter »Verführungskünstler«[3] gelassen hatten, weiterhin keinen Erfolg bei Frauen verzeichnen konnten. Anstatt zu realisieren, dass dies vielleicht an den manipulativen Techniken und der Frauenverachtung der Pick Up-Artists begründet sein könnte, schlussfolgerten die User auf dem Forum »PUA-Hate«, dass sie schlicht zu unattraktiv seien, um von Frauen beachtet zu werden. Auf dieser Plattform hatte sich auch Elliot R. radikalisiert.

Bei einer Analyse der Incel-Community fällt auf, wie obsessiv sich Incels mit dem als unabänderlich unattraktiv wahrgenommenen eigenen Aussehen beschäftigen, welches sie als Ursache jeglichen Misserfolgs im Leben attribuieren (Kracher, 2020). Incels hängen einer als »Blackpill«[4] oder manchmal auch als »Honk-« oder »Clownpill« bezeichneten Ideologie an, die sich durch antisemitisches Verschwörungsdenken[5], Nihilismus, Selbsthass und bis ins Eliminatorische mündenden Frauenhass auszeichnet. Die komplette Identität von Incels ist auf Sex aufgebaut oder eher noch dessen vermeintliche Unerreichbarkeit, die eine den Incel vernichtende Kränkung darstellt, die nur im Hass auf Frauen wiedergutgemacht werden kann. In ihren Foren beschäftigen sich Incels obsessiv mit weiblicher Sexualität und frönen ihrer Frauenverachtung. Sie fühlen sich von Frauen und deren Sexualität geradezu verfolgt: permanent wird über das vermeintliche Sexualleben anderer gesprochen, um sich im Elend des eigenen Zölibats zu suhlen, Frauen und ihr Sexleben dienen als Projektionsfläche für alle denkbaren Verkommenheiten. Denn: obwohl Incels ihr eigenes Glück von weiblicher Zuneigung abhängig machen, sprechen sie Frauen gleichermaßen von vornherein ab, unattraktiven Männern ein anderes Gefühl als Verachtung entgegenbringen zu können. Jede Interaktion, egal wie unschuldig sie auch sein mag, wird durch die fatalistische Brille der »Blackpill« betrachtet. Wenn eine Frau freundlich zu einem Incel ist oder mit ihm flirtet, wird dies als Form von Hohn interpretiert: sie würde mit ihren Reizen kokettieren, um dem Incel zu zeigen, was ihm entgeht. Generell sei die moderne Frau inhärent verkommen, triebhaft und promiskuitiv. Ihr ganzes Leben sei bestimmt von dem Gedanken an Sex mit »Chads«.

---

3 »Pick Up Artists« sind Männer, die glauben, Frauen anhand bestimmter Techniken »verführen« zu können. Konkret handelt es sich dabei um emotionale Manipulation bis hin zu Übergriffen. Sie betrachten Frauen nicht als eigenständige Subjekte, sondern als Sexobjekte, die dem Mann Untertan zu sein haben. Eigentlich seien Frauen von Natur aus unterwürfig, so die maskulinistische »Redpill«-Ideologie, welcher die selbsternannten »Verführungskünstler« anhängen; jedoch hätten Feminismus und sexuelle Revolution diese Submissivität verschleiert und Frauen glauben lassen, sie hätten ein Anrecht auf ein selbstbestimmtes Leben. Ein dominanter Alpha-Mann könne ihr jedoch wieder den Weg in ihre natürliche Unterwürfigkeit zeigen.
4 Die »Blackpill«-Ideologie ist ein Derivat der antifeministischen und verschwörungsideologischen »Redpill«. Während die »Redpill«-Ideologie jedoch ein gewisses – wenn auch reaktionäres – Heilsversprechen in Form der Entwicklung zu einem dominanten Alpha-Mann bietet, zeichnet sich die »Blackpill« durch ihren Fatalismus aus. Diese Incel-Ideologie geht davon aus, dass der Weg zur Alpha-Männlichkeit der »Redpill«-Männlichkeit versperrt bleibt und der Incel für immer zu Sexlosigkeit und Einsamkeit verdammt ist.
5 Incels hängen häufig der rechtsextremen Verschwörungserzählung des »Großen Austauschs« an.

Es ist nicht abwegig zu sagen, dass Incels Anhänger einer frauenfeindlichen Verschwörungstheorie sind; die paranoide Weltsicht von Incels ist der des klassischen Antisemitismus nicht unähnlich. Frauen wird eine übermächtige Herrschaftsposition zugesprochen – die jedoch, anders als beim klassischen Antisemitismus, von der weiblichen Triebhaftigkeit und Sexualität herrühre. Außerdem agierten Frauen als »Agentinnen der Juden«, die als »Drahtzieher« hinter dem Feminismus betrachtet werden. Ähnlich wie beim Antisemitismus wird eine paranoide, pathologische, aus Kränkungen und Neurotizismus gespeiste Weltsicht auf die Außenwelt übertragen, jegliche Betrachtungen der Dinge und individuellen Erfahrungen werden der eigenen wahnhaften Ideologie angepasst (Pohl, 2009).

Jegliche Form positiver Beziehungen sind der Blackpill-Ideologie nach eine Lüge: Liebe, Freundschaft, Zärtlichkeit, Solidarität – alles nur Schein. So sehr Incels Frauen hassen, sich selbst und andere Incels betrachten sie ebenfalls als »wertlos« und »Untermenschen-Abschaum«. Es ist nicht verwunderlich, dass diese Ideologie schlecht für die eigene Psyche ist: Zahlreiche Incels beschreiben Symptome von Depressionen oder den Wunsch nach Suizid. Wiedergutmachung dieser narzisstischen Kränkung, keinen Sex zu haben, obwohl er einem doch zustehen sollte, sind misogyne Gewaltfantasien bis hin zu ihrer konkreten Durchführung in Form von bis in Mord endender Gewalt gegen Frauen.

Es muss explizit darauf hingewiesen werden, dass Incels keine »schwarzen Schafe« im Geschlechterverhältnis sind, sondern ihre Ideologie und Gewalt in einer patriarchal strukturierten Gesellschaft bereits angelegt ist. Die Philosophin Kate Manne (2019) argumentiert, dass heterosexuellen und cis-geschlechtlichen Männern in Bezug auf geschlechtliche Beziehungen ein auf der patriarchalen Vormachtstellung basierendes Anspruchsdenken Frauen gegenüber vermittelt wird. Dies manifestiert sich in der Erwartung, dass Frauen »weiblich konnotierte Güter« zur Verfügung stellen – also Aufmerksamkeit, Zuneigung, Reproduktionsarbeit, Sex – und sie aber im Gegenzug darauf verzichten, »männlich konnotierte Güter« einzufordern: öffentlichen Raum, beruflichen Erfolg, politische Einflussnahme. Sobald Frauen diese patriarchalen Anforderungen an Weiblichkeit verweigern und das männliche Anspruchsdenken enttäuschen, so argumentiert Manne, wird dies sowohl individuell als auch politisch mit Misogynie beantwortet. Misogynie dient als Straf- und Kontrollmechanismus des Patriarchats, um die Vorherrschaft über Frauen und queere Menschen zu garantieren. Diese Form der »Strafe« beginnt bei Beleidigungen, beispielsweise, wenn eine Frau einen Mann kritisiert oder eine Anfrage zu einem Date ablehnt, und endet im schlimmsten Falle im Femizid und misogynen Terror (ebd.).

Die virtuellen Echokammern von Incels – das relevanteste Forum verzeichnet über 20.000 Mitglieder – bestätigen ihren Usern permanent, dass es nicht nur legitim, sondern sogar erstrebenswert ist, die narzisstische Kränkung Sexlosigkeit mit Misogynie zu beantworten. Erschwerend kommt bei Incels hinzu, dass Männer in ihrer Performance von hegemonialer Männlichkeit auf weibliche Bestätigung angewiesen sind. Wie der Geschlechterforscher Rolf Pohl (2019) beschreibt, ist sexueller Erfolg ein zentrales Kennzeichen dessen, was gesellschaftlich als »richtiger Mann« begriffen wird. Incels sind jedoch aufgrund ihrer emotionalen Verbundenheit mit dem Patriarchat nicht in der Lage, die auch an Männer gestellten gesellschaftlichen Anforderungen kritisch zu hinterfragen. Stattdessen verantworten sie, ausgehend von ihrem gekränkten patriarchalen Anspruchsdenken, Frauen für ihr Scheitern an internalisierten Männlichkeitsvorstellungen. Der misogyne Racheakt soll, gerade da Gewalt etwas ausgesprochen männlich Konnotiertes ist, diese entwendet geglaubte Männlichkeit zurückerobern.

8.3 Zusammenfassung

Dieses Kapitel gibt mithilfe interdisziplinärer Perspektiven einen Einblick in die Konzeptualisierung und Verwobenheit von Sexismus, Antifeminismus und radikalem Frauenhass im Prozess der Rechtsradikalisierung. Es zeigt auf, dass ein interdisziplinärer Blick auf gesellschaftlichen Sexismus und Antifeminismus lohnenswert und fruchtbar ist, auch als Bereicherung psychologischer Forschung zu Radikalisierungsprozessen. Um die nachgezeichneten Radikalisierungsprozesse im Sinne einer empirisch-psychologischen Radikalisierungsforschung zu untersuchen, ist weitere Forschung notwendig. Bislang beschäftigen sich beispielsweise nur wenige Arbeiten aus einer sozial-kognitiven Perspektive mit den psychologischen Grundlagen kollektiver Radikalisierung (Obaidi, Anjum, Bierwiaczonek & Kunst, 2023). Weitere Studien, die sich dem Konzept der »prekären Männlichkeit« (vgl. Vandello, Bosson, Burnaford & Weaver, 2008) aus Perspektive der Sozialen-Identitäts-Theorie im Anwendungsfeld Antifeminismus und Incel-Bewegung nähern, könnten die Radikalisierungsforschung bereichern. In diesem Ansatz wird die Bedrohung der sozialen Identität als Mann bzw. der Männlichkeit als Ursache für sexistische Radikalisierung empirisch untersucht. Bislang sind diese theoretischen und empirischen Spezifizierungen in der sozialpsychologischen Forschung allerdings noch rar, weshalb zur Erklärung von Mechanismen und Radikalisierungsprozessen im Kontext Antifeminismus, Misogynie und rechter Radikalisierung (zumindest im deutschsprachigen Raum) in der Vergangenheit häufig psychoanalytische Ansätze herangezogen wurden (z. B. Kalkstein, Pickel, Niendorf, Höcker & Decker, 2022).

Literatur

Agadullina, E., Lovakov, A., Balezina, M. & Gulevich, O. A. (2022). Ambivalent sexism and violence toward women: A meta-analysis. *European Journal of Social Psychology, 52*(5–6), 819–859.

AK Fe.In (2019). *Frauen*Rechte und Frauen*Hass. Antifeminismus und die Ethnisierung von Gewalt.* Berlin: Verbrecher Verlag.

Amadeu Antonio Stiftung (2020). *Auswirkungen von Antifeminismus auf Frauenverbände.* Zugriff am 18.04.2023 unter: https://www.frauenrat.de/wp-content/uploads/2020/10/Expertise_Demokratie_Empowerment_digital.pdf

Bareket, O. & Fiske, S. T. (2023). A systematic review of the ambivalent sexism literature: Hostile sexism protects men's power; benevolent sexism guards traditional gender roles.

Psychological Bulletin. Online first publication. Zugriff am 18.10.2023 unter: https://psycnet.apa.org/PsycARTICLES/journal/bul/onlinefirst

Becker, J. C. & Swim, J. K. (2011). Seeing the unseen: Attention to daily encounters with sexism as way to reduce sexist beliefs. *Psychology of Women Quarterly (35)*, 227–242.

Blum, R. (2020): Bezugspunkt Gender. Über die Bedeutung des Antifeminismus für die extreme Rechte. In BdWi-Studienheft 12 (Hrsg.), *Wissenschaft von rechts II. Rechter Kulturkampf in Hochschule und Bildung* (S. 8–12). Marburg: BdWi-Verlag.

Decker, O., Kiess, J., Heller, A. & Brähler, E. (2022). Autoritäre Dynamiken in unsicheren Zeiten. Neue Herausforderungen – alte Reaktionen? In O. Decker, J. Kiess, A. Heller, J. Schuler & E. Brähler (Hrsg.), *Die Leipziger Autoritarismus Studie 2022: Methode, Ergebnisse und Langzeitverlauf.* Zugriff am 18.04.2023 unter: https://www.otto-brenner-stiftung.de/fileadmin/user_data/stiftung/02_Wissenschaftsportal/03_Publikationen/2022_11_09_LAS22_Web.pdf

femPI Netzwerk (2022). *Antifeminismus – Plädoyer für eine analytische Schärfe.* Zugriff am 18.04.2023 unter: https://fempinetzwerk.wordpress.com/2022/07/01/antifeminismus–pladoyer-fur-eine-analytische-scharfe/

Glick, P. & Fiske, S. T. (1996). *The Ambivalent Sexism Inventory: Differentiating hostile and benevolent sexism. Journal of Personality and Social Psychology,* 70, 491–512.

Kalkstein, F., Pickel, G., Niendorf, J., Höcker, C. & Decker, O. (2022). Antifeminismus und Geschlechterdemokratie. In: O. Decker, J. Kiess, A. Heller & E. Brähler (Hrsg.), *Autoritäre Dynamiken in unsicheren Zeiten* (S. 245–270). Gießen: Psychosozial-Verlag.

Kracher, V. (2020). *INCELS Geschichte, Sprache und Ideologie eines Online-Kults.* Mainz: Ventil Verlag.

Lang J. & Peters, U. (Hrsg.) (2018). *Antifeminismus in Bewegung. Aktuelle Debatten um Geschlecht und sexuelle Vielfalt.* Hamburg: Marta Press.

Manne, K. (2019). *Down Girl – Die Logik der Misogynie.* Berlin: Suhrkamp

MaLisa Stiftung (2021). *Diversität im deutschen Film – Fortschrittsstudie zur audiovisuellen Diversität im Kino.* Zugriff am 08.11.2023 unter: https://malisastiftung.org/frauen-auf-leinwand-ergebnisse-fortschrittsstudie/

Obaidi, M., Anjum, G., Bierwiaczonek, K. & Kunst, J. R. (2023). Cultural threat perceptions predict violent extremism via need for closure. *Proceedings of the National Academy of Sciences, 120* (20). Zugriff am 18.05.2023 unter: https://www.pnas.org/doi/10.1073/pnas.2213874120

Pohl, R. (2009). Der antisemitische Wahn. Aktuelle Ansätze zur Psychoanalyse einer sozialen Pathologie. In W. Stender, G. Follert & M. Oezdogan (Hrsg.), *Konstellationen des Antisemitismus. Theorie – Forschung – Praxis* (S. 41–68). Wiesbaden: VS Verlag. Zugriff am 25.10.2023 unter: http://www.agpolpsy.de/wp-content/uploads/2009/05/rolf-pohl-der-antisemitische-wahn.pdf

Pohl, R. (2019): Feindbild Frau – Männliche Sexualität, Gewalt, und die Abwehr des Weiblichen. Hannover: Offizin Verlag.

Rahner, J. (2020). Tödlicher Antifeminismus. Antisemitismus, Rassismus und Frauenfeindlichkeit als Motivkomplex rechtsterroristischer Attacken. In: U. Birsl & A. Henniger (Hrsg.), *Antifeminismus. ›Krisen‹-Diskurse mit gesellschaftsspaltendem Potential?* (S. 285–300). Bielefeld: Transcript.

Schäper, C., Schrenker, A. & Wrohlich, K. (2023). Gender Pay Gap und Gender Care Gap steigen bis zur Mitte des Lebens stark an. *DIW Wochenbericht 9/2023*, S. 99–105. Zugriff am 10.05.2023 unter: https://www.diw.de/documents/publikationen/73/diw_01.c.867348.de/23-9-1.pdf

Vandello, J. A., Bosson, J. K., Cohen, D., Burnaford, R. M. & Weaver, J. R. (2008). Precarious manhood. *Journal of Personality and Social Psychology,* 95(6), 1325–1339.

Wichterich, C. (2019). Die antifeministische Internationale. *Blätter für deutsche und internationale Politik 12/2019,* S. 103–110.

Zick, A. & Küpper, B. (2021). *Die geforderte Mitte. Rechtsextreme und demokratiegefährdende Einstellungen in Deutschland 2020/21.* Friedrich-Ebert-Stiftung (Hrsg.). Bonn: Verlag J.H.W. Dietz.

9 Vorurteile im Kontext rechter Gruppen

Pascal Gelfort und Thomas Kessler

Hoyerswerda, Rostock-Lichtenhagen, Eberswalde – wenige Orte dienen besser als Beispiel für rechtsextreme Gewalt der frühen 1990er Jahre. Die Morde, Brandanschläge und Angriffe junger Neonazis stellten Fragen zur Ursache solcher Gewalttaten. Zur gleichen Zeit entbrannte eine gesamtgesellschaftliche Debatte über den Umgang mit Geflüchteten, die vor einem zu »vollem Boot« warnte und schließlich in einer Verschärfung des Asylrechts mündete.

Freital, Heidenau, Hellersdorf – etwa drei Jahrzehnte später stehen wieder Orte aufgrund rechtsextremer Gewalt in den Schlagzeilen. Wieder stellt sich die Frage, was Individuen zu diesen Taten treibt und wieder wird in einer breiten Öffentlichkeit diskutiert, wie die sogenannte »Flüchtlingswelle« zu bewältigen sei.

Diese rechtsextremen Taten werden oft mit Vorurteilen in Verbindung gebracht. Deswegen befasst sich dieses Kapitel damit, welche Prozesse zur Entstehung und Aufrechterhaltung von Vorurteilen beitragen und welche Ansätze zum Abbau von Vorurteilen die Psychologie liefert. Während die vorangegangenen Kapitel spezifische Ideologien wie Rassismus (► Kap. 6) und Sexismus (► Kap. 8) und daraus resultierende Vorurteile diskutieren, stehen Vorurteile ganz allgemein im Zentrum dieses Kapitels.

9.1 Vorurteile, Stereotype und soziale Diskriminierung

Im Alltag werden die Begriffe »Stereotype«, »Vorurteile« und »soziale Diskriminierung« häufig synonym verwendet. Psychologisch haben sie jedoch eine unterschiedliche Bedeutung. Die Grundlage aller drei Phänomen ist die subjektive Kategorisierung von Menschen als Mitglieder unterschiedlicher sozialer Gruppen (Brown, 2010; Duckitt, 1992). »Stereotype« sind dabei die Vorstellungen (Eigenschaften, Merkmale, Verhaltensweisen, Ansichten usw.), die mit einer sozialen Gruppe verbunden werden. Beispielsweise werden Französinnen und Franzosen andere Eigenschaften zugeschrieben als Deutschen, man hält sie für die besseren KöchInnen, oder aber für arroganter. »Vorurteile« beziehen sich hingegen auf die Bewertung von Gruppen beziehungsweise Individuen aufgrund ihrer Gruppenzugehörigkeit. Diese Bewertung kann von positiv zu negativ reichen oder spezifische

Emotionen wie Ärger oder Neid umfassen. So führen Vorurteile dazu, dass beispielsweise Französinnen und Franzosen positiver oder negativer als andere Nationen bewertet werden, eine Einstellung, die wiederrum durch Stereotype, in diesem Fall die gute Küche oder die hohe Arroganz, gerechtfertigt werden kann. »Soziale Diskriminierung« schließlich ist dann die Behandlung einer Person wegen ihrer Gruppenzugehörigkeit, zum Beispiel, wenn eine Französin, ein Franzose nicht zum Essen eingeladen wird, weil man denkt, die hohen Standards ans Essen nicht erfüllen zu können. Das Problem bei allen drei Phänomenen ist, dass sie Gruppenmerkmale in den Vordergrund rücken und individuelle Merkmale eher ignorieren.

Diese Definition von Vorurteilen als Bewertung von Individuen aufgrund ihrer Gruppenzugehörigkeit ist sehr breit gefasst und schließt auch Bewertungen von Gruppen ein, die von vielen Menschen nicht als Vorurteile angesehen werden (z. B. Vorurteile gegenüber Soldaten). Aus diesem Grund wird immer wieder versucht, die Definition von Vorurteilen weiter einzugrenzen. Es wurde etwa vorgeschlagen, dass Vorurteile unangemessene und illegitime Bewertungen sozialer Gruppen sind, wie zum Beispiel die Vorurteile gegenüber Menschen aus dem Ausland, anderen ethnischen Zugehörigkeiten oder Religionen (z. B. Allport, 1954). Die Bewertung von Vorurteilen als unangemessen oder illegitim entsteht dadurch, dass Vorurteile als normabweichend wahrgenommen werden (Kessler, Lindner, Hechler & Elad-Strenger, 2023). Unsere Forschung beispielsweise zeigt, dass Vorurteile, die als normabweichend wahrgenommen werden, als »echte Vorurteile« bezeichnet und als verzerrt, irrational und subjektiv gesehen werden. Vorurteile, die den Normen der eigenen Gruppe entsprechen, werden hingegen nicht als Vorurteile, sondern als den Tatsachen entsprechend, rational und objektiv wahrgenommen (Kessler et al., 2023). Wie beschrieben, erhöhen Vorurteile die Wahrscheinlichkeit, dass soziale Diskriminierung auftritt. In Abhängigkeit von weiteren Faktoren, wie zum Beispiel soziale Normen und die Anwesenheit von Anderen, kommt es dazu, dass aus Vorurteilen aggressives Verhalten wird. Besonders im Kontext rechtsextremer Ideologien, gehen Vorurteile weitaus häufiger mit Gewalttaten einher (Badaan & Jost, 2020).

9.2 Erklärungsansätze

Um Vorurteile zu verstehen, wird häufig auf das Individuum und dessen Einstellungen geschaut. Damit erscheinen Persönlichkeitsmerkmale (Hodson & Dhont, 2015), individuelle Entwicklungspfade (Raabe & Beelmann, 2011) und die Wahrnehmung von Fremdgruppen (Koch, Dorrough, Glockner & Imhoff 2020) als naheliegende Erklärungen von Vorurteilen. Wie in mehreren Kapiteln dieses Buches herausgestellt, können wir so nachvollziehen, wieso es bestimmte Personen in bestimmten Kontexten sind, die (rechtsextreme) Vorurteile teilen. Offen bleibt dabei jedoch die grundsätzliche Frage, welche allgemeinen Prozesse menschlichen Denkens und Handelns dazu führen, dass Vorurteile entstehen und bestehen bleiben. Um Vorurteile noch besser zu verstehen, gehen wir über individuelle Erklärungen hinaus und betrachten, wie es trotz individueller Unterschiede im Ausdruck von Vorurteilen dazu kommt, dass sich Personen in ihren Einstellungen gegenüber Gruppen in weiten Teilen ähnlich sind. Vorurteile werden typischerweise in sozialen Gruppen geteilt, deswegen muss herausgefunden werden, welchen Gruppen sich Individuen zugehörig fühlen, durch welche sie umgebende Personen sie beeinflusst werden und welche Normen in den Gruppen gelten. Neben der Frage wieso einige Personen beispielsweise mehr Vorurteile gegen eine Gruppe als andere äußern, versuchen wir in diesem Kapitel zu verstehen, wieso es bestimmte Vorurteile gibt, die verbreiteter sind als andere. Beispielsweise sind die rassistischen Ausschreitungen von mehr als hundert RechtsextremistInnen in Rostock-Lichtenhagen nicht ohne tausende von ZuschauerInnen zu verstehen, welche den AngreiferInnen zustimmten und ihnen Legitimität als »gute Gruppenmitglieder« verliehen.

9.2.1 Identitätsbezogene Gruppenprozesse als Grundlage von Vorurteilen

Wie erwähnt, ist ein grundlegender Prozess menschlichen Denkens die Kategorisierung. Das Erschließen einer komplexen Umwelt geschieht durch eine Ordnung der wahrgenommenen Reize nach Ähnlichkeiten und Unterschieden, wobei die Elemente innerhalb einer der entstandenen Kategorien als zueinander besonders ähnlich und die Unterschiede zu anderen Kategorien als besonders groß wahrgenommen werden. Werden Personen etwa als Französinnen und Franzosen kategorisiert, werden diese als sich untereinander ähnlicher wahrgenommen und Unterschiede zu anderen Gruppen betont (Tajfel & Wilkes, 1963). Kategorisierung hat dabei für die Vorurteile von Individuen eine Reihe von Konsequenzen: (1.) Individuen kategorisieren Menschen (und sich selbst) in Gruppen und schreiben ihnen Eigenschaften zu, die sie mit dieser Gruppe verbinden und von anderen Gruppen unterscheiden. (2.) Individuen, die sich als Mitglied einer Gruppe sehen, versuchen sich an die Normen der Gruppe zu halten und werden damit anderen Gruppenmitgliedern ähnlicher (Dunham, 2018; Hechler, Neyer & Kessler, 2016).

Ausgehend von den sogenannten Sommerlager-Studien von Sherif (1966), werden Vorurteile als das Resultat einer Konkurrenzsituation erklärt. In diesen Studien wurde eine homogene Gruppe Jugendlicher willkürlich in zwei Gruppen kategorisiert und vor Aufgaben gestellt, bei denen sie um knappe Ressourcen konkurrieren mussten. Die Jugendlichen zeigten starke Abneigung gegen die jeweils andere Gruppe und ihre Mitglieder, passten sich gleichzeitig neuentstandenen Regeln innerhalb ihrer Gruppen an. Wurden Aufgaben gestellt, die nur durch Zusammenarbeit beider Gruppen gelöst werden konnten, lösten sich die Vorurteile wieder auf. D.h., die wahrgenommene Konkurrenz um knappe Ressourcen begünstigt Vorurteile, Kooperation wirkt diesen entgegen. Dies ist besonders im Kontext rechter Ideologien relevant, nach der Geflüchtete und Minderheiten als Bedrohung inszeniert werden, weil sie Zuwendungen erhalten, die die eigene Gruppe für sich beansprucht. Die Wahrnehmung, dass eine fremde Gruppe den Zielen der Eigengruppe im Weg steht und damit eine Bedrohung für die eigene Gruppe darstellt, begünstigt demnach Vorurteile. Gleichzeitig bieten Vorurteile und Stereotypen auch eine Rechtfertigung für die Beziehungen und Behandlungen von Fremdgruppen (Turner, 1991). Allerdings konnte in späteren Studien festgestellt werden, dass Konkurrenz nicht zwingend gegeben sein muss, um Vorurteile und diskriminierendes Verhalten zu beobachten (Tajfel, Billig, Bundy & Flament, 1971). Das Wissen um die Zugehörigkeit in einer Eigengruppe kann hinreichend sein, um eine Fremdgruppe oder ihre Mitglieder relativ zur Eigengruppe schlechter zu bewerten (Vorurteile) und negativer zu behandeln (soziale Diskriminierung).

Individuen versuchen durch soziale Vergleiche mit anderen Gruppen herauszufinden, ob es positiv ist, Mitglied ihrer Gruppe zu sein. Wenn diese Vergleiche zu negativen Ergebnissen führen, dann suchen Gruppenmitglieder nach Möglichkeiten, die Eigengruppe in ein positiveres Licht zu rücken. Eine dieser Möglichkeiten ist die Aufwertung der Eigengruppe (z. B. »Ich bin stolz, ein Deutscher zu sein«) oder sogar die Abwertung von spezifischen Fremdgruppen (z. B. »Ich mag keine Ausländer«), wodurch dann eine positivere Selbstsicht aus der Zugehörigkeit zur Eigengruppe abgeleitet wird.

Während die Aufwertung der Eigengruppe (Eigengruppenliebe) typisch und häufig zu beobachten ist, scheint die Abwertung von Fremdgruppen (Fremdgruppenhass) eher zusätzliche Gründe zu erfordern (Brewer, 1999). Es wird generell angenommen, dass die Wahrnehmung von Fremdgruppen als besonders bedrohlich, wie sie im Kontext rechter Ideologien üblich ist, die Wahrscheinlichkeit für die ausdrücklichen Abwertungen dieser Fremdgruppen erhöht. Für AnhängerInnen rechtsextremer Ideologien bedeutet das, dass diese aus ihrer Zugehörigkeit zu ihrer Nation eine positive Überhöhung gegenüber anderen ableiten und Fremdgruppen abwerten. Die Identifikation mit einer Gruppe resultiert dabei nicht nur in einer positiveren Bewertung der eigenen Gruppe, sondern besteht vor allem in der Übernahme der innerhalb der Gruppe geteilten Werte und Einstellungen (Hogg & Smith, 2007). Die Zugehörigkeit zu einer Gruppe führt also nicht nur dazu, die Mitglieder fremder Gruppen zueinander ähnlicher zu sehen und abzuwerten, sondern insbesondere dazu, den idealen Vorstellungen der eigenen Gruppe ähnlicher zu werden.

9.2.2 Konformität und Vorurteile

Neben einer geteilten Einstellung über die angemessene positive Bewertung der eigenen Gruppe, teilen Mitglieder sozialer Gruppen typischerweise Traditionen, Werte, Standards und Normen (Sherif, 1936; Tajfel, 1982). Diese Normen bestehen aus dem typischen Verhalten, das Gruppenmitglieder beobachten können, durch das Einstellungen verankert und ein Referenzrahmen gesetzt wird, innerhalb dessen sich Einstellungen entwickeln und ausdrücken (Sherif, 1936). So lernen Kinder oder neue Mitglieder in sozialen Gruppen, welches die typischen Einstellungen innerhalb ihrer Gruppe sind (Aboud, 2005). Hören Individuen, was andere Gruppenmitglieder sagen, stellt dies Verankerungspunkte (z. B. Sherif & Cantril, 1945) und deskriptive Normen für den Ausdruck von Einstellungen dar (Blanchard, Lilly & Vaughn, 1991). Ferner spielen Bestätigung von normkonformen und Bestrafung von normabweichenden Vorstellungen eine entscheidende Rolle bei Entstehung und Beibehaltung sozial geteilter Einstellungen. Gruppenmitglieder (Pinto, Marques, Levine & Abrams, 2010) werden von erfahrenen Gruppenmitgliedern belehrt, sollten sie von normativen Erwartungen der Eigengruppe abweichen. Gruppenmitglieder müssen sich an diese Identitätsstandards halten, um als gute Gruppenmitglieder gesehen (Abrams, Wetherell, Cochran, Hogg & Turner, 1990; Turner, Hogg, Oakes, Reicher & Wetherell, 1987) und nicht als AbweichlerInnen bestraft oder sogar aus der Eigengruppe ausgeschlossen zu werden (Marques, Yzerbyt & Leyens, 1988; Pinto et al., 2010). Ein wesentlicher Bewertungsstandard hierbei ist das Teilen der Vorurteile der Eigengruppe (Durrheim, Quayle & Dixon, 2016); nur wenn ein Individuum die Einstellungen gegenüber Fremdgruppen mit anderen Gruppenmitgliedern teilt, wird es in der Gruppe als vollwertiges Mitglied akzeptiert (Sherif & Sherif, 1953).

Die Zugehörigkeit zu einer Gruppe und die Identifikation mit ihr, seien es rechte Kameradschaften, Anti-Asyl-Bürgerinitiativen oder Parteien, gehen also mit der Übernahme und Verinnerlichung der Normen, Standards und auch Vorurteilen dieser Gruppe einher (Turner, 1991). Durch Vorurteile können sich folglich Gruppenmitglieder als besonders passend zur Gruppe qualifizieren und Anerkennung erlangen. Interventionen verhallen dann in ihrem Effekt, wenn Personen wieder diesem Gruppendruck ausgeliefert sind.

9.2.3 Gruppenformierung und der Ausdruck gemeinsamer Bewertungen

Die Tendenz, Einstellungen der Eigengruppe, wie etwa Vorurteile, zu übernehmen, hat noch einen weiteren wesentlichen Aspekt, der zur Entstehung gesellschaftlicher Subgruppen führen kann. Individuelle Gruppenmitglieder erwarten von anderen Gruppenmitgliedern ähnliche Einstellungen zu gemeinsam wichtigen Themen (Peters & Kashima, 2007, 2015). Der Ausdruck geteilter Vorurteile (z. B. »Ich mag keine religiösen Fundamentalisten«) führt dazu, dass sich Personen miteinander identifizieren, während der Ausdruck unterschiedlicher Vorurteile ursprünglich positive Beziehungen zwischen Personen spalten kann, soziale Distanz erhöht und zu dem Wunsch führt, den anderen zu rügen und zu bestrafen (Maas, 2022). Vereinfacht ausgedrückt, wird in einer Eigengruppe Druck auf die Mitglieder ausgeübt, Vorurteile zu teilen und diese zu bestätigen. Durch diesen Prozess selektieren sich Personen in Subgruppen, die ähnliche Vorurteile aufweisen und dissoziieren sich von anderen Subgruppen, die anders denken.

Das Schüren von Vorurteilen und Ressentiments kann aus dieser Perspektive als Mobilisierungsstrategie verstanden werden (Reicher, 2013). Das Aufgreifen diffuser, in der Gesellschaft verbreiteter Vorurteile kann Personen enger an Gruppen binden, welche sich dann durch geteilte Einstellungen enger verbunden fühlen und besser zusammenarbeiten. Wenn eine rechte Partei Vorurteile aufgreift, die in Teilen der gesellschaftlichen Mehrheit zumindest anschlussfähig sind, dann kann durch diese geteilten Vorurteile auch eine höhere Sympathie gegenüber dieser Partei entstehen. Die stärkere Identifikation mit einer Partei geht hierbei auch mit einer Übernahme anderer Werte und Vorurteile einher. Die Mobilisierung von WählerInnen durch

Donald Trumps rassistische Aussagen gegenüber MexikanerInnen hat in diesem Zuge auch zu einer größeren Unterstützung anderer politischer Programmpunkte geführt und eine stärkere Polarisierung zwischen politischen Lagern (RepublikanerInnen und DemokratInnen) verursacht.

9.3 Lösungsansätze

Was bedeutet dies für die Reduzierung von Vorurteilen und Interventionen gegen rechtsextreme Vorurteile? Seit langer Zeit gilt Kontakt zwischen Mitgliedern unterschiedlicher sozialer Gruppen als Königsweg zur Reduktion von Vorurteilen. Allport formulierte dazu bereits 1954 Bedingungen, unter denen Kontakt zu einem besseren Verhältnis zwischen Gruppen führen kann und vermutete, dass Kontakt immer dann erfolgreich ist, wenn zwischen Gruppen (1.) ein gleicher Status, (2.) eine übergeordnete Zielstellung und (3.) Kooperation gegeben ist sowie (4.) Autoritäten und Normen diesen Kontakt unterstützen (Allport, 1954). Eine Metaanalyse von Pettigrew und Tropp (2006) unterstreicht den positiven Einfluss von Kontakt und betont, dass die von Allport formulierten Bedingungen die Vorurteilsreduktion erleichtern (Pettigrew, 1998). Kontakt als Intervention nimmt an, dass Vorurteilsreduktion in einzelnen Individuen stattfindet, die in der Summe zu mehr Harmonie zwischen Gruppen führt.

Obwohl Kontakt als Intervention gegen Vorurteile scheinbar eine Erfolgsgeschichte ist, werden Interventionen, die nur auf Individuen fokussieren, dem Problem der Vorurteile nicht gerecht (Paluck, Porat, Clark & Green, 2021). Während individuelle Kontakterfahrungen kleine Effekte haben, zeigt der Kontext hingegen, in dem der Kontakt stattfindet, einen deutlich größeren Einfluss auf die Reduktion von Vorurteilen. Wenn in einer Gegend, Nachbarschaft oder Stadt Kontakt mit Fremdgruppenmitgliedern typisch und normal ist, dann haben die einzelnen Individuen in diesen Kontexten weniger Vorurteile, weitgehend unabhängig davon, wie viel individuellen Kontakt sie selbst haben. Auf der anderen Seite haben in Kontexten, in denen Kontakt zu Fremdgruppenmitgliedern unüblich ist und eher die Ausnahme darstellt, die einzelnen Individuen mehr Vorurteile, selbst, wenn diese möglicherweise relativ viel individuellen Kontakt zur Fremdgruppe haben (Christ et al., 2014; Čehajić-Clancy, Lindner, Gelfort, Elad-Strenger & Kessler, 2023). Das bedeutet für rechtsextreme Vorurteile, dass in Regionen, in denen rechtsextreme Ideen eher verbreitet sind, wenig AusländerInnen leben und deswegen wenig Kontakt zu beobachten ist, beispielsweise mehr Ausländerfeindlichkeit zu beobachten ist, selbst bei Personen, die sich selbst nicht dem rechten Rand zurechnen würden. In Regionen hingegen, in denen Kontakt zwischen unterschiedlichen Gruppen normal ist und Vielfalt zu beobachten ist, wird dort weniger Ausländerfeindlichkeit vorzufinden sein.

Dieser Einfluss von Gruppennormen auf Vorurteile ist eine Erklärung dafür, dass auf Individuen fokussierte Interventionen dem Problem der Vorurteile nicht gerecht werden können (Paluck et al., 2021). So ist es möglich, dass eine politisch sehr rechte, konservative oder sogar rechtsextrem eingestellte Person sehr wohl durch individuellen Kontakt ihre negativen Einstellungen revidieren könnte, diese Einstellungsänderung durch den Konformitätsdruck der Bezugsgruppe aus FreundInnen und Gleichgesinnten jedoch wieder in »alte Muster« zurückfällt. Die Wahrscheinlichkeit einer anhaltenden Vorurteilsreduktion ist also größer, wenn sich der normative Rahmen einer Person ändert, sei es durch eine Änderung ihres sozialen Umfelds oder durch die Änderung gesellschaftlicher Umstände. Die Tatsache, dass die Abnahme homophober Einstellungen in den USA der letzten 20 Jahre weit über die Vorurteilsreduktionen, welche individuelle Interventionen im Schnitt zu leisten im Stande sind, hinausgeht (Paluck et al., 2021), deutet darauf hin, dass es veränderte normative Rahmenbedingungen sind, die diese Einstellungsänderungen befördern. Die geringere Wirksamkeit individueller Maßnahmen zur Reduktion von Vorurteilen sollte PraktikerInnen nicht entmutigen, sondern viel mehr dazu führen, Interventionen zu entwickeln, die auf auch gesellschaftlicher Ebene wirksam sind (Chater & Loewenstein, 2022).

9.4 Zusammenfassung

Eine sozialpsychologische Analyse rechtsextremer Vorurteile sollte den Blick darauf richten, wie Vorurteile strategisch genutzt werden, wie Personen ihr Umfeld wahrnehmen und Vorurteile als akzeptiert betrachten. Als grundlegender psychologischer Prozess ist dazu die Kategorisierung von Personen zu Gruppen zu nennen. Ist in einer Situation die Gruppe, mit der sich eine Person identifiziert, relevant, richtet sich das Verhalten der Person an den Werten, Standards und Zielen dieser Gruppe aus. Für unser Verständnis rechtsextremer Vorurteile ist es dementsprechend wichtig, nicht nur nach individuellen Persönlichkeitsunterschieden zu fragen, sondern vor allem auch auf die Art und Weise, wie RechtsextremistInnen in soziale Gruppen eingebunden sind und aus diesen heraus Bestätigung für ihre Vorurteile erfahren und neue Vorurteile erlernen. Neben der Frage, wer Vorurteile hat, ist es unerlässlich zu erfahren, in welchen Kontexten und gegen welche Gruppen Vorurteile geäußert werden, warum es zum Beispiel rassistische Vorurteile sind, welche sowohl in rechten Minoritäten als auch in größeren Teilen der deutschen Gesellschaft zu finden sind. Dazu kann ein Rückblick auf ältere, zeitweise vergessene Ideen, wie die Group Norm Theory (Sherif & Sherif, 1953) hilfreich sein, welche heute wieder produktive Forschung zum Zusammenhang von Vorurteilen und Normen inspiriert (Górska et al., 2022; Varadi, Barna & Nemeth, 2020) und der gesellschaftlichen Dynamik von Vorurteilen gerecht werden kann (Ofosu, Chambers, Chen & Hehman, 2019; Ruisch & Ferguson, 2022). Für die Entwicklung wirksamer Interventionen gegen rechtsextreme Vorurteile bedeutet das, immer auch Kontextvariablen in den Blick zu nehmen. Der Versuch, Vorurteile zu reduzieren, kann sich also nicht auf einzelne Personen beziehen, sondern muss sowohl das unmittelbare Umfeld als auch gesellschaftliche Strukturen in den Fokus nehmen. Sozialpsychologische Erkenntnisse sollten dabei nicht als einziger Weg zur Erklärung von Vorurteilen verstanden werden. Vielmehr erfordert das Problem der Vorurteile eine interdisziplinäre Zusammenarbeit von Disziplinen wie Psychologie, Soziologie, Politik- oder Geschichtswissenschaften, um eine effektive Veränderung von Vorurteilen zu erreichen.

Literatur

Aboud, F. E. (2005). The Development of Prejudice in Childhood and Adolescence. In J. F. Dovidio, P. Glick & L. A. Rudman (Hrsg.), *On the nature of prejudice: Fifty years after Allport* (S. 310–326). Oxford: Blackwell Publishing. https://doi.org/10.1002/9780470773963.ch19

Abrams, D., Wetherell, M., Cochrane, S., Hogg, M. A. & Turner, J. C. (1990). Knowing what to think by knowing who you are: Self-categorization and the nature of norm formation, conformity and group polarization. *British Journal of Social Psychology, 29*(2), 97–119.

Allport, G. W. (1954). *The nature of prejudice.* Boston: Addison-Wesley.

Badaan, V. & Jost, J. T. (2020). Conceptual, empirical, and practical problems with the claim that intolerance, prejudice, and discrimination are equivalent on the political left and right. *Current Opinion in Behavioral Sciences, 34*, 229–238. https://doi.org/10.1016/j.cobeha.2020.07.007

Blanchard, F. A., Lilly, T. & Vaughn, L. A. (1991). Reducing the expression of racial prejudice. *Psychological Science, 2*(2), 101–105. https://doi.org/10.1111/j.1467-9280.1991.tb00108.x

Brewer, M. B. (1999). The psychology of prejudice: Ingroup love and outgroup hate? *Journal of Social Issues, 55*(3), 429–444. https://doi.org/10.1111/0022-4537.00126

Brown, R. (2010). *Prejudice: Its social psychology.* Malden: Wiley-Blackwell.

Čehajić-Clancy, S., Lindner, C., Gelfort, P., Elad-Strenger, J. & Kessler, T. (2023). *Context-level contact as a stronger predictor of inter-ethnic reconciliation than individual-level contact: Evidence from post-war countries.* Pre Print.

Chater, N. & Loewenstein, G. (2022). The i-frame and the s-frame: How focusing on individual-level solutions has led behavioral public policy astray. *Behavioral and Brain Sciences*, 1–60. https://doi.org/10.1017/S0140525X22002023

Christ, O., Schmid, K., Lolliot, S., Swart, H., Stolle, D., Tausch, N., Al Ramiah, A., Wagner, U., Vertovec, S. & Hewstone, M. (2014). Contextual effect of positive intergroup contact on outgroup prejudice. *Proceedings of the National Academy of Sciences, 111*(11), 3996–4000. https://doi.org/doi:10.1073/pnas.1320901111

Duckitt, J. H. (1992). *The social psychology of prejudice.* Westport: Praeger Publishers/Greenwood Publishing Group.

Dunham, Y. (2018). Mere membership. *Trends in cognitive sciences, 22*(9), 780–793. https://doi.org/10.1016/j.tics.2018.06.004

Durrheim, K., Quayle, M. & Dixon, J. (2016). The struggle for the nature of »Prejudice«: »Prejudice« expression as identity performance. *Political Psychology, 37*(1), 17–35. https://doi.org/10.1111/pops.12310

Górska, P., Stefaniak, A., Lipowska, K., Malinowska, K., Skrodzka, M. & Marchlewska, M. (2022). Authoritarians go with the flow: Social norms noderate the link between right-wing authoritarianism and outgroup-directed attitudes. *Political Psychology, 43*(1), 131–152. https://doi.org/10.1111/pops.12744

Hechler, S., Neyer, F. J. & Kessler, T. (2016). The infamous among us: Enhanced reputational memory for uncooperative ingroup members. *Cognition, 157*, 1–13. https://doi.org/10.1016/j.cognition.2016.08.001

Hodson, G. & Dhont, K. (2015). The person-based nature of prejudice: Individual difference predictors of intergroup negativity. *European Review of Social Psychology, 26*(1), 1–42. https://doi.org/10.1080/10463283.2015.1070018

Hogg, M. A. & Smith, J. R. (2007). Attitudes in social context: A social identity perspective. *European Review of Social Psychology, 18*, 89–131. https://doi.org/10.1080/10463280701592070

Kessler, T., Lindner, C., Hechler, S. & Elad-Strenger, J. (2023). *When is a »prejudice« a prejudice: Perception of normative and non-normative attitudes towards social groups*. Manuscript submitted.

Koch, A., Dorrough, A., Glockner, A. & Imhoff, R. (2020). The ABC of society: Perceived similarity in agency/socioeconomic success and conservative-progressive beliefs increases intergroup cooperation. *Journal of Experimental Social Psychology, 90*, 103996. https://doi.org/10.1016/j.jesp.2020.103996

Maas, L. (2022). *Wann werden Vorurteile als »Vorurteile« wahrgenommen?* Bachelorarbeit, Universität Jena.

Marques, J. M., Yzerbyt, V. Y. & Leyens, J. P. (1988). The »black sheep effect«: Extremity of judgments towards ingroup members as a function of group identification. *European Journal of Social Psychology, 18*(1), 1–16. https://doi.org/10.1002/ejsp.2420180102

Ofosu, E. K., Chambers, M. K., Chen, J. M. & Hehman, E. (2019). Same-sex marriage legalization associated with reduced implicit and explicit antigay bias. *Proceedings of the National Academy of Sciences, 116*(18), 8846–8851. https://doi.org/doi:10.1073/pnas.1806000116

Paluck, E. L., Porat, R., Clark, C. S. & Green, D. P. (2021). Prejudice reduction: Progress and challenges. *Annual Review of Psychology, 72*, 533–560. https://doi.org/10.1146/annurev-psych-071620-030619

Peters, K. & Kashima, Y. (2007). From social talk to social action: shaping the social triad with emotion sharing. *Journal of Personality and Social Psychology, 93*(5), 780. https://doi.org/10.1037/0022-3514.93.5.780

Peters, K. & Kashima, Y. (2015). A multimodal theory of affect diffusion. *Psychological bulletin, 141*(5), 966–992. https://doi.org/10.1037/bul0000020

Pettigrew, T. F. (1998). Intergroup contact theory. *Annual Review of Psychology, 49*(1), 65–85. https://doi.org/10.1146/annurev.psych.49.1.65

Pettigrew, T. F. & Tropp, L. R. (2006). A meta-analytic test of intergroup contact theory. *Journal of Personality and Social Psychology, 90*(5), 751–783. https://doi.org/10.1037/0022-3514.90.5.751

Pinto, I. R., Marques, J. M., Levine, J. M. & Abrams, D. (2010). Membership status and subjective group dynamics: Who triggers the black sheep effect? *Journal of Personality and Social Psychology, 99*(1), 107–119. https://doi.org/10.1037/a0018187

Raabe, T. & Beelmann, A. (2011). Development of ethnic, racial, and national prejudice in childhood and adolescence: A multinational meta-analysis of age differences. *Child development, 82*(6), 1715–1737. https://doi.org/10.1111/j.1467-8624.2011.01668.x

Reicher, S. (2013). From perception to mobilization: the shifting paradigm of prejudice. In J. Dixon & M. Levine (Hrsg.), *Beyond Prejudice Extending the Social Psychology of Conflict, Inequality and Social Change*. Cambridge: Cambridge University Press.

Ruisch, B. C. & Ferguson, M. J. (2022). Changes in americans' prejudices during the presidency of Donald Trump. *Nature Human Behaviour, 6*(5), 656–665. https://doi.org/10.1038/s41562-021-01287-2

Sherif, M. (1936). *The psychology of social norms*. New York: Harper & Brothers.

Sherif, M. (1966). *In Common Predicament: Social Psychology of Intergroup Conflict and Cooperation*. Boston: Houghton Mifflin.

Sherif, M. & Cantril, H. (1945). The psychology of ›attitudes‹: Part 1. *Psychological Review, 52*(6), 295–319. https://doi.org/10.1037/h0062252

Sherif, M. & Sherif, C. W. (1953). *Groups in harmony and tension; an integration of studies of intergroup relations*. New York: Harper & Brothers.

Tajfel, H. (1982). Social psychology of intergroup relations. *Annual Review of Psychology, 33*(1), 1–39. https://doi.org/10.1146/annurev.ps.33.020182.000245

Tajfel, H., Billig, M. G., Bundy, R. P. & Flament, C. (1971). Social categorization and intergroup behaviour. *European Journal of Social Psychology, 1*(2), 149–178. https://doi.org/10.1002/ejsp.2420010202

Tajfel, H. & Wilkes, A. L. (1963). Classification and quantitative judgement. *British Journal of Psychology, 54*(2), 101–114. https://doi.org/10.1111/j.2044-8295.1963.tb00865.x

Turner, J. C. (1991). *Social influence.* Pacrific Grove: Thomson Brooks/Cole Publishing Co.

Turner, J. C., Hogg, M. A., Oakes, P. J., Reicher, S. D. & Wetherell, M. S. (1987). *Rediscovering the social group: A self-categorization theory.* Oxford: Basil Blackwell.

Varadi, L., Barna, I. & Nemeth, R. (2020). Whose norms, whose prejudice? The dynamics of perceived group norms and prejudice in new secondary school classes. *Frontiers in Psychology, 11,* 524–547. https://doi.org/10.3389/fpsyg.2020.524547

III Politische Gewalt

10 Hassrede als Merkmal von (Online-) Radikalisierung

Diana Rieger, Simon Greipl, Ursula K. Schmid, Julian Hohner und Heidi Schulze

Ein Großteil (76%) der in Deutschland lebenden InternetnutzerInnen gibt an, dass ihnen Hassrede im Internet bereits begegnet ist; bei den 14–24-Jährigen sind es sogar 89% (Landesanstalt für Medien NRW, 2023). Die Wahrscheinlichkeit, selbst Ziel des Hasses zu sein, steigt mit bestimmten Gruppenzugehörigkeiten: Hassrede trifft besonders häufig Frauen, gesellschaftliche Randgruppen (Stiftung Neue Verantwortung, 2021) und Menschen mit visuellen Unterscheidungsmerkmalen (Bilewicz & Soral, 2020), wie beispielsweise People of Color. Aber auch öffentlich präsente Berufsgruppen, wie zum Beispiel JournalistInnen (Preuß, Tetzlaff & Zick, 2017), PolitikerInnen (Bauschke & Jäckle, 2023) oder WissenschaftlerInnen (Nogrady, 2021) sind häufig betroffen.[1] In Sub-Foren auf Reddit, 4chan oder 8chan, die mit rechtsextremen Bewegungen assoziiert sind, richtet sich Hassrede beispielsweise häufig gegen Angehörige des jüdischen Glaubens, People of Color oder politische GegnerInnen (Rieger et al., 2021a). Hassrede kann dabei verstanden werden als »Form inziviler, extremer und schädigender kommunikativer Angriffe auf Personen aufgrund ihrer (wahrgenommenen) Zugehörigkeit zu einer sozialen Gruppe« (Frischlich, Schmid & Rieger, 2023, S. 204). Durch diesen Gruppenbezug lässt sich Hassrede von anderen Formen der Online-Inzivilität (Beleidigungen, Mobbing, Flaming, Shitstorms, Cyberbullying) abgrenzen, die sich eher auf einzelne Individuen oder Organisationen beziehen und sich auf individuelle Merkmale stützen.

Die Rolle von Hassrede wird häufig im Zusammenhang mit Radikalisierungsdynamiken diskutiert (siehe auch Rieger, Schulze, Hohner & Greipl, 2021b). Im Kontext einer befürchteten Rechtsradikalisierung zeigt sich für die Kommunikation in einschlägigen Kanälen auf Telegram (wie beispielsweise der Identitären Bewegung oder QAnon und der Querdenken-Bewegung), dass über die Jahre 2020–2021 hinweg verschiedene Radikalisierungs-Merkmale anstiegen, unter anderem auch Hassrede und Ausdrücke rechtsextremer Ideologie (Greipl, Hohner, Schulze & Rieger, 2022; Schulze et al., 2022a), populistische Sprache und direkte Formen der Mobilisierung (Jost & Dogruel, 2023) oder auch verschwörungstheoretische Inhalte (Zehring & Domahidi, 2023).

Darüber hinaus wird durch (Online-)Kommunikation sprachliche oder audiovisuelle Gewalt gegen Individuen oder Gruppen ausgedrückt. Hassrede, die auf so-

---

1 In einigen Fällen sind Arbeiten zu Hassrede auch unter anderen, teilweise verwandten Begriffen zu finden, wie etwa schädliche Sprache (engl. »harmful speech«, siehe Bilewicz & Soral, 2020; Leets & Giles, 1997), »gefährliche Rede«, »toxische Online-Kommunikation«, »Online-Hass« oder »digitale Diskriminierung« (Strippel, Paasch-Colberg, Emmer & Trebbe, 2023).

zialen Netzwerkseiten verbreitet wird, kann im Zeitverlauf extremer werden (Ben-David & Matamoros-Fernández, 2016), bis hin zum Aufruf zu Gewalt gegen andere Gruppen als sehr explizite Form und Intention zu gewalttätigem Verhalten.

Dieses Kapitel liefert daher einen Überblick über potenzielle Zusammenhänge zwischen Hassrede und einer möglichen (Online-)Radikalisierung auf Individual- und Gruppenebene. Darüber hinaus wird ein besonderer Fokus darauf gelegt, wie Hassrede und physische Formen von Gewalt als Merkmal von Radikalisierung zusammenhängen.

10.1 (Online-)Radikalisierung

Zur Definition von Radikalisierung existieren zahlreiche Modelle, die jeweils unterschiedliche Dimensionen, Perspektiven und (Forschungs-)Disziplinen ins Zentrum stellen (▶ Kap. 1). Neben dem starken Fokus auf individuelle Radikalisierungsverläufe wird auch die Möglichkeit einer Radikalisierung von Gruppen und Diskursen betont (Schmid, 2013) oder (politische) Radikalisierung sogar als Ausdruck eines dynamischen Intergruppenkonfliktes definiert (McCauley & Moskalenko, 2008).

Im Gegensatz dazu wird *Online-Radikalisierung* nur selten spezifiziert. Auch gibt es erst seit 2014 ein stärkeres Ausmaß an wissenschaftlicher Beschäftigung mit dem Themenbereich (Rothut, Schulze, Hohner, Greipl & Rieger, 2022). Das aktuelle Verständnis sieht das Internet als Vermittler und Katalysator im Radikalisierungsverlauf (Meleagrou-Hitchens & Kaderbhai, 2017), wobei nicht mehr von einer strikten Trennung von Online- und Offline-Geschehen ausgegangen wird (Schulze, Rothut & Rieger, in press). Vielmehr wird zunehmend die (genaue) Rolle verschiedener Informationsumgebungen in den Mittelpunkt gerückt (Whittaker, 2022).

Eine Radikalisierung auf TikTok zeichnet sich vermutlich durch andere Eingangswege, Inhalte und Anschlusskommunikation aus als Radikalisierungsverläufe auf diskursiven Plattformen wie Telegram. Auch nimmt das Ausmaß an Hassrede zu, je »randständiger« eine Online-Community ist: In politischen Subforen der Alt-Right-Bewegung auf 8chan findet sich mehr Hassrede als auf 4chan oder Reddit (Rieger, Kümpel, Wich, Kiening & Groh, 2021a). Ein Grund könnte darin liegen, dass Hass in bestimmten Online-Umgebungen leichter entstehen kann, da mit distanzierten Gesprächssituationen eine wahrgenommene oder tatsächliche *Anonymität* einhergeht (Brown, 2018). In der Regel sind NutzerInnen allerdings auf verschiedenen Plattformen gleichzeitig aktiv. Daher ist es relevant, Radikalisierung im Internet differenzierter und im Kontext der jeweiligen technologischen Möglichkeiten zu betrachten (für erste Arbeiten zu Plattformmerkmalen und möglichen Zusammenhängen mit Radikalisierung, Carter & Alford, 2022; Frischlich, Schatto-Eckrodt, Völker & Döring, 2022; Schulze et al., 2022b).

Zusätzlich werden in Sozialen Medien (Intergruppen-)Kommunikation und auch potenzielle Konflikte *sicht- und nachvollziehbarer* als in Offline-Kontexten. So ist allein das Ausmaß an Sozialer Mediennutzung ein Prädiktor für die Wahrscheinlichkeit, mit Hassrede konfrontiert zu sein (Frischlich, Schatto-Eckrodt, Boberg & Wintterlin, 2021). Eine höhere Sichtbarkeit von Themen oder (sich intensivierenden) Konflikten zeigt sich durch das (wiederholte) Aufkommen von Inhalten oder bestimmter sprachlicher Formulierungen, wie beispielsweise während der Corona-Pandemie (Schulze et al., 2022b), bei Terroranschlägen (Das, Bushman, Bezemer, Kerkhof & Vermeulen, 2009; Fischer-Preßler, Schwemmer & Fischbach, 2019; Hohner, Schulze, Greipl & Rieger, 2022) oder der Flucht-Bewegung 2015 (Önnerfors, 2018). Auch Netzwerkstrukturen zwischen NutzerInnen, Kanälen und Gruppen werden nachvollziehbar: So zeigen Zehring und Domahidi (2023), dass die Querdenken-Bewegung auf Telegram häufig Inhalte aus Rechtsaußen- oder QAnon-Communities teilte.

10.2 Hassrede als Merkmal der Radikalisierung von (Online-)Gruppen

Die Möglichkeit, im Internet weniger sichtbar, bzw. sogar vollkommen anonym zu agieren, ist im Kontext einer Gruppen-Radikalisierung in besonderem Maße relevant. Das *Social Identity Model of Deindividuation Effects* (SIDE-Modell: Reicher, Spears & Postmes, 1995) beschreibt, dass der wahrgenommene Verlust individueller identitätsstiftender Informationen (z. B. durch Anonymität bzw. die Verwendung von Spitznamen, das Nichtzeigen von Bildern von sich selbst usw.) die Bedeutung *sozialer* Identitäten bei NutzerInnen Sozialer Medien erhöht. Diese Annahmen basieren auf der *Social Identity Theorie* (Tajfel & Turner, 1979), bei der eine (positiv konnotierte) Eigengruppe von einer oder mehrerer (negativ konnotierter) Fremdgruppen auf Basis jeweils salienter sozialer Identitäten abgegrenzt wird. Das Bewusstsein für die persönliche Identität der eigenen und anderer Personen kann dadurch vermindert sein, was als *Deindividuation* bezeichnet wird und oftmals mit einer geringeren Einhaltung sozialer Normen einhergeht (Postmes, Spears & Lea, 1998). Je nach vorherrschender Gruppennorm kann Deindividuation daher zu antisozialem, enthemmtem Verhalten führen und bestehende Stereotype verstärken (Postmes, Spears, Sakhel & de Groot, 2001).

Eine fortschreitende Deindividuation kann laut Christopherson (2007) darüber hinaus in Polarisierung (auch hinsichtlich der Gruppennormen) münden, dergestalt dass Gleichgesinnte untereinander in respektvollem Ton kommunizieren und über Fremdgruppenmitglieder hingegen respektlos sprechen. Ausdruck einer Polarisierung wäre dann die Ausbildung von stark unterstützenden Gruppen auf der einen und/oder regelrechten Hassgruppen auf der anderen Seite (Birbilaitė, 2013).

Die Ausbildung von »Enklaven Gleichgesinnter« ist auch eine wesentliche Annahme der *Echokammer-Hypothese* (Sunstein, 2002), der zufolge in homogenen Gruppen widersprüchliche Inhalte seltener vorkommen, eine hohe Solidarität besteht und sich durch eine anhaltende Wiederholung von Ansichten und gegenseitige Bestärkung Einstellungen verfestigen bzw. vergleichsweise einfach beeinflussen lassen (Sunstein, 2002)[2]. Für das rechte Forum Stormfront konnte beispielsweise in einer Analyse über die letzten 20 Jahre gezeigt werden, dass homogene Foren einen Raum für kommunikative Rituale bereitstellen, die NutzerInnen mit einem Gefühl von Gemeinschaft und geteiltem Diskurs ausstatten, in welchem bestimmte Glaubenssätze unhinterfragt stehen bleiben. Die Entwicklung einer solchen Community wird als Grundlage für Polarisierung angesehen (Törnberg & Törnberg, 2022).

Einige Befunde weisen in die Richtung, dass Hassrede ein gesellschaftliches Zusammengehörigkeitsgefühl verringern und den Wunsch nach Abgrenzung zwischen Eigen- und Fremdgruppe erhöhen kann (Schäfer, Sülfow & Reiners, 2021). Sprachlich kann dies ausgedrückt werden durch die Abwertung der anderen Gruppe, Akzeptanz von demokratiefeindlichen oder feindlichen Aussagen, Diskriminierung, Vorurteilen oder der Dehumanisierung von Minderheiten (Soral, Liu & Bilewicz, 2020). So kann häufiger Kontakt mit Hassrede das Erleben von Empathie verringern (Pluta et al., 2023). Cervone, Augoustinos & Maass (2021) benennen die Gruppenfunktionen von Hassrede (sie nennen es »derogatory language«) daher auch mit (1.) Schutz für die eigene Identität der Gruppe, (2.) Legitimation von Gruppenhierarchien und (3.) Aufbau und Stärkung von Gruppennormen.

Hassrede steht daher im Verdacht soziale Spaltung, Polarisierung und schlussendlich Radikalisierung durch verbale Gewalt und Ausdruck von Verachtung gegenüber oder sogar Dämonisierung von Fremdgruppen voranzutreiben (Romero-Rodríguez, Castillo-Abdul & Cuesta-Valiño, 2023).

10.3 Individuelle Radikalisierung als mögliche Folge von Hassrede?

Die berichteten Folgen der Betroffenheit von Online-Hass reichen von Anspannung, Stress (Preuß et al., 2017), Wut, Angst oder eigenen Aggressionen (Institut für Demokratie und Zivilgesellschaft (IDZ), 2019) bis hin zu Depressionen (Gelber & McNamara, 2015). Zwei gegensätzliche Reaktionen wurden im Anschluss an Hassrede beobachtet: Entweder, dass die Betroffenen mit verstärkter Vorsicht reagierten und sich zurückziehen, was auch als *Silencing-Effekt* bezeichnet wird (Institut für Demokratie und Zivilgesellschaft (IDZ), 2019). Oder Betroffene gehen »in die Offensive« und neigen anschließend zu mehr hasserfüllten, diskriminierenden

---

2 An dieser Stelle wird kritisch angemerkt, dass die Evidenzlage zur Echokammer-Hypothese ambivalent ist (siehe Yarchi, Baden & Kligler-Vilenchik, 2021).

Aussagen (Wachs & Wright, 2019). Ausgehend von dem *Online-Disinhibitions-Effekt* wird angenommen, dass Anonymität oder die eigene (gefühlte) Unsichtbarkeit auf eine Art und Weise *enthemmen* (sogenannte *toxic disinhibition*), die NutzerInnen dazu veranlasst, Beleidigungen, Hass und Mobbing zu verbreiten, die sie offline so nicht reproduzieren würden (Suler, 2004). Sowohl die Wahrnehmung bereits vorhandener Hassrede als auch eine vorhergehende eigene Betroffenheit begünstigen die Teilnahme an inzivilen Online-Diskussionen (Frischlich et al., 2021). So konnte beispielsweise für Jugendliche gezeigt werden, dass eigene Viktimisierungserfahrungen mit eigenen »Täter«-Erfahrungen als »Hater« einhergehen. Dieser Zusammenhang ist besonders ausgeprägt bei hoher toxischer Online-Enthemmung und bei männlichen Jugendlichen (Wachs & Wright, 2019).

Aber auch für NutzerInnen, die nicht direkt Ziel des Hasses sind (häufig »Bystander« genannt), hat die Rezeption von Hassrede Folgen: Zum einen reagieren diese mit negativen Emotionen wie Wut oder Entsetzen (Schmid, Kümpel & Rieger, 2022). Zum anderen fördert Hassrede auch Vorurteile gegenüber den angegriffenen Gruppen (Bilewicz & Soral, 2020; Soral et al., 2020). NutzerInnen, die vorurteilsbehaftete Kommentare online lasen, posteten im Anschluss auch selbst eher solche Kommentare (als NutzerInnen, die Kommentare ohne Vorurteile lasen). Zusätzlich führten vorurteilsbehaftete Kommentare aber auch zu negativeren Einstellungen gegenüber den betroffenen Gruppen in Offline-Kontexten (Hsueh, Yogeeswaran & Malinen, 2015) oder zu einer Verringerung der Bereitschaft zu prosozialem Verhalten. Ziegele, Koehler und Weber (2018) zeigten, dass bei Vorhandensein von Hassrede gegen geflüchtete Personen das Spendeverhalten zugunsten dieser Personen geringer ausfiel. Dies wird teilweise mit einer Desensibilisierung durch die regelmäßige Konfrontation mit Hassrede erklärt (Soral, Bilewicz & Winiewski, 2018). Bei regelmäßiger Rezeption von Hassrede in Sozialen Medien zeigen sich daher direkte Bezüge zu individuellen Radikalisierungsprozessen, die sowohl Opfer von Hassrede, aber auch unbeteiligte InternetnutzerInnen betreffen können.

10.4 Zusammenspiel von Hassrede und physischer Gewalt

Hassrede kann auch Implikationen für (aggressives) Verhalten außerhalb digitaler Räume haben (Patton et al., 2014). Erste Studien zeigen, dass es einen Zusammenhang zwischen Hass online und Gewalt »auf der Straße« gibt: So ist beispielsweise migrantenfeindliche Online-Kommunikation auf lokalen Facebookseiten der AfD positiv assoziiert mit politisch motivierter Kriminalität gegenüber geflüchteten Personen im gleichen Landkreis (Müller & Schwarz, 2021). Auch oppositionelle Protestgruppen kommunizieren online (beispielsweise auf Facebook-Eventseiten) miteinander, allerdings sind diese Interaktionen eher kurz, negativ und haben eine geringe integrative Qualität. Es kann in dieser Studie auch gezeigt werden, dass mit einer Zunahme von Online-Interaktionen mehr physische Gewalt auf der Straße einhergeht (Gallacher, Heerdink & Hewstone, 2021).

Die Richtung dieses Zusammenhangs ist jedoch nicht abschließend geklärt, da es sich häufig um korrelative empirische Studien handelt. Hassrede kann realweltlicher Gewalt vorausgehen: Auf islamistische Terroranschläge folgt vermehrt Hassrede gegenüber geflüchteten Personen (Álvarez-Benjumea & Winter, 2020) oder MuslimInnen (Olteanu, Varol & Kiciman, 2017). Auch andere Offline-Ereignisse, wie Wahlen oder Demonstrationen, können als Trigger-Events fungieren und eine Zunahme an Online-Hassrede nach sich ziehen – sowohl auf »randständigen« als auch auf großen Plattformen (Lupu et al., 2023). Für die Kommunikation von Rechtsaußen-Gruppen auf der Fringe-Plattform Gab wurden jedoch beide Richtungen nachgezeichnet: Zum einen geht Online-Hassrede in diesen Gruppen der realweltlichen rechtsextremen Gewalt voraus. Hier wird teilweise sogar eine Mobilisierungsfunktion angenommen (Jost & Dogruel, 2023). Zum anderen wird Hassrede aber auch verstärkt geäußert, nachdem Gewalt von Zielgruppen des Hasses (bspw. islamistischer Gruppierungen) beobachtet wurde (Gallacher & Heerdink, 2021).

10.5 Zusammenfassung

Die Studienlage legt nahe, dass Hassrede sowohl Teil des Radikalisierungsprozesses ist als auch diesen begünstigen kann. Im Internet sind Diskurse innerhalb von verschiedenen Gruppen sichtbar, sodass Hassrede auf (extreme) Gruppennormen schließen lassen oder sogar triggern kann. Wenig Berücksichtigung finden bisher jedoch die speziellen Kontextbedingungen, die im Internet ein radikalisierendes Umfeld schaffen: So zeigt sich bislang nur, dass Anonymität und Deindividuation eine Rolle spielen können (Christopherson, 2007).

Weitere technologische Möglichkeiten wie das algorithmische Kuratieren von Inhalten durch den Plattformbetreiber werden zwar als Einflussfaktoren diskutiert, jedoch bisher selten empirisch im Kontext Hassrede untersucht (siehe Schmitt, Rieger, Rutkowski & Ernst, 2018; Zieringer & Rieger, 2023 für den Zusammenhang zwischen Gegenbotschaften und Verlinkungen mit Hass, Propaganda und Verschwörungsnarrativen).

Etliche Studien zeigen die Außenwirkung von Hassrede: Die wiederholte Rezeption von Hass kann zu einer Verstärkung eigener Vorurteile, Desensibilisierung und aggressivem Verhalten beitragen, während Empathie und prosoziales Verhalten verringert werden. So lässt sich ein Zusammenhang zwischen Online- und Offline-Hass skizzieren, der nach aktuellem Forschungsstand in beide Richtungen verlaufen kann.

Ein erster Ansatzpunkt stellt die Berücksichtigung des Gruppenkontextes dar: Eine quantitative Zunahme von Hassrede kann ein Indikator für die Radikalisierung spezifischer Diskurse oder Gruppen darstellen. Es ist jedoch einschränkend zu beachten, dass nicht unbedingt ein Zusammenhang zwischen Ausmaß an eigenen

Hass-Postings und voranschreitender Radikalisierung existiert: Die Online-Kommunikation von späteren terroristischen AttentäterInnen unterschied sich nicht durch ein höheres Ausmaß an Aggression, Extremismus und Hass von der Kommunikation anderer extremistisch eingestellten NutzerInnen – im Gegenteil, die Attentäter waren eher unauffällig und haben online sogar weniger kommuniziert (Scrivens, Wojciechowski, Freilich, Chermak & Frank, 2021). Vielmehr scheint die Gefahr von Hassrede eher in der Darstellung von Meinungsmacht, dem Ausdruck von Gruppenunterschieden und der Bedrohung für Opfer von Hassrede zu liegen.

Die negativen Folgen betreffen auch insbesondere subtile, implizitere Hass-Inhalte, die leichtfälliger rezipiert werden, seltener reguliert bzw. gelöscht werden, aber kumulativ langfristige Effekte zeigen, indem sie beispielsweise soziale Ungleichheiten stärken können und diese akzeptabler machen (Matamoros-Fernández, Bartolo & Troynar, 2023). Langfristig betrachtet kann so eine »Pipeline« entstehen, während der Hassinhalte zunächst für Anfeindungen oder sogar Gewalt gegenüber betroffenen Gruppen desensibilisieren, deren Mitglieder in der Folge dehumanisiert werden und letztlich Radikalisierung fortschreiten kann (Munn, 2019).

Literatur

Álvarez-Benjumea, A. & Winter, F. (2020). The breakdown of antiracist norms: A natural experiment on hate speech after terrorist attacks. *Proceedings of the National Academy of Sciences, 117*(37), 22800–22804. https://doi.org/10.1073/pnas.2007977117

Bauschke, R. & Jäckle, S. (2023). Hate Speech on Social Media against Mayors: Extent, Reactions and Implications – Evidence from Germany, in Policy & Internet, *Online First*. DOI: 10.1002/poi3.335

Ben-David, A. & Matamoros-Fernández, A. (2016). Hate Speech and Covert Discrimination on Social Media: Monitoring the Facebook Pages of Extreme-Right Political Parties in Spain. *International Journal of Communication, 10*, 1167–1193.

Bilewicz, M. & Soral, W. (2020). Hate Speech Epidemic. The Dynamic Effects of Derogatory Language on Intergroup Relations and Political Radicalization. *Political Psychology, 41*(S1), 3–33. https://doi.org/10.1111/pops.12670

Birbilaitė, I. (2013). (Dis-)respectful public discussions online: Insights on audience polarization and formation of radical hate or support groups. *Media Transformations, 9*(9), 40–55. https://doi.org/10.7220/2029-865X.10.03

Brown, A. (2018). What is so special about online (as compared to offline) hate speech? *Ethnicities, 18*(3), 297–326. https://doi.org/10.1177/1468796817709846

Carter, J. S. & Alford, C. (2022). Adoxastic publics: Facebook and the loss of civic strangeness. *Quarterly Journal of Speech*, 1–23. https://doi.org/10.1080/00335630.2022.2139856

Cervone, C., Augoustinos, M. & Maass, A. (2021). The Language of Derogation and Hate: Functions, Consequences, and Reappropriation. *Journal of Language and Social Psychology, 40*(1), 80–101. https://doi.org/10.1177/0261927X20967394

Christopherson, K. M. (2007). The positive and negative implications of anonymity in Internet social interactions: »On the Internet, Nobody Knows You're a Dog«. *Computers in Human Behavior, 23*(6), 3038–3056. https://doi.org/10.1016/j.chb.2006.09.001

Das, E., Bushman, B. J., Bezemer, M. D., Kerkhof, P. & Vermeulen, I. E. (2009). How terrorism news reports increase prejudice against outgroups: A terror management account. *Journal of Experimental Social Psychology, 45*(3), 453–459. https://doi.org/10.1016/j.jesp.2008.12.001

Fischer-Preßler, D., Schwemmer, C. & Fischbach, K. (2019). Collective sense-making in times of crisis: Connecting terror management theory with Twitter user reactions to the Berlin terrorist attack. *Computers in Human Behavior, 100*, 138–151. https://doi.org/10.1016/j.chb.2019.05.012

Frischlich, L., Schatto-Eckrodt, T., Boberg, S. & Wintterlin, F. (2021). Roots of Incivility: How Personality, Media Use, and Online Experiences Shape Uncivil Participation. *Media and Communication, 9*(1), 195–208. https://doi.org/10.17645/mac.v9i1.3360

Frischlich, L., Schatto-Eckrodt, T., Völker, J. & Döring, M. (2022). *Rückzug in die Schatten? Die Verlagerung digitaler Foren zwischen Fringe Communities und »Dark Social« und ihre Implikationen für die Extremismusprävention.* CoRE NRW: Bonn.

Frischlich, L., Schmid, U. K. & Rieger, D. (2023). Hass und Hetze im Netz. In M. Appel, F. Hutmacher, C. Mengelkamp, J.-P. Stein & S. Weber (Hrsg.), *Digital ist besser?! Die Psychologie der Online- und Mobilkommunikation* (S. 201–216). Berlin: Springer.

Gallacher, J. D. & Heerdink, M. W. (2021). *Mutual radicalisation of opposing extremist groups via the Internet* [Preprint]. PsyArXiv. https://doi.org/10.31234/osf.io/dtfc5

Gallacher, J. D., Heerdink, M. W. & Hewstone, M. (2021). Online Engagement Between Opposing Political Protest Groups via Social Media is Linked to Physical Violence of Offline Encounters. *Social Media + Society, 7*(1), 1–16. https://doi.org/10.1177/2056305120984445

Gelber, K. & McNamara, L. (2015). The Effects of Civil Hate Speech Laws: Lessons from Australia: Effects of hate speech laws. *Law & Society Review, 49*(3), 631–664. https://doi.org/10.1111/lasr.12152

Greipl, S., Hohner, J., Schulze, H. & Rieger, D. (2022). *Radikalisierung im Internet: Ansätze zur Differenzierung, empirische Befunde und Perspektiven zu Online-Gruppendynamiken* (MOTRA-Monitor 2021). Regensburg: Aumüller Druck.

Hohner, J., Schulze, H., Greipl, S. & Rieger, D. (2022). From solidarity to blame game: A computational approach to comparing far-right and general public Twitter discourse in the aftermath of the Hanau terror attack. *Studies in Communication and Media, 11*(2), 304–333. https://doi.org/10.5771/2192-4007-2022-2-304

Hsueh, M., Yogeeswaran, K. & Malinen, S. (2015). »Leave Your Comment Below«: Can Biased Online Comments Influence Our Own Prejudicial Attitudes and Behaviors?: Online Comments on Prejudice Expression. *Human Communication Research, 41*(4), 557–576. https://doi.org/10.1111/hcre.12059

Institut für Demokratie und Zivilgesellschaft (IDZ) (2019). *#Hass im Netz: Der schleichende Angriff auf unsere Demokratie. Eine bundesweite repräsentative Untersuchung.* Zugriff am 07.11.2023 unter: https://www.idz-jena.de/fileadmin/user_upload/_Hass_im_Netz_-_Der_schleichende_Angriff.pdf

Jost, P. & Dogruel, L. (2023). Radical mobilization in times of crisis: Use and effects of appeals and populist communication features in Telegram channels. *Social Media+ Society, 9*(3), 20563051231186372.

Landesanstalt für Medien NRW. (2023). *Hate Speech Forsa-Studie 2023. Zentrale Untersuchungsergebnisse.* Zugriff am 07.11.2023 unter: https://www.medienanstalt-nrw.de/themen/hass/forsa-befragung-zur-wahrnehmung-von-hassrede.html

Leets, L. & Giles, H. (1997). Words as Weapons? When Do They Wound? Investigations of Harmful Speech. *Human Communication Research, 24*(2), 260–301. https://doi.org/10.1111/j.1468-2958.1997.tb00415.x

Lupu, Y., Sear, R., Velásquez, N., Leahy, R., Restrepo, N. J., Goldberg, B. & Johnson, N. F. (2023). Offline events and online hate. *PLOS ONE, 18*(1), 1–14. https://doi.org/10.1371/journal.pone.0278511

Matamoros-Fernández, A., Bartolo, L. & Troynar, L. (2023). Humour as an online safety issue: Exploring solutions to help platforms better address this form of expression. *Internet Policy Review, 12*(1). https://doi.org/10.14763/2023.1.1677

McCauley, C. & Moskalenko, S. (2008). Mechanisms of political radicalization: Pathways toward terrorism. *Terrorism and Political Violence, 20*(3), 415–433. https://doi.org/10.1080/09546550802073367

Meleagrou-Hitchens, A. & Kaderbhai, N. (2017). *Research perspectives on online radicalisation.* Dublin: International Centre for the Study of Radicalisation (ICSR), VOX Pol.

Müller, K., & Schwarz, C. (2021). Fanning the flames of hate: Social media and hate crime. *Journal of the European Economic Association, 19*(4), 2131–2167. https://doi.org/10.1093/jeea/jvaa045

Munn, L. (2019). Alt-right pipeline: Individual journeys to extremism online. *First Monday*. https://doi.org/10.5210/fm.v24i6.10108

Nogrady, B. (2021). ›I hope you die‹: How the COVID pandemic unleashed attacks on scientists. *Nature*, *598*(7880), 250–253. https://doi.org/10.1038/d41586-021-02741-x

Olteanu, A., Varol, O. & Kiciman, E. (2017). Distilling the Outcomes of Personal Experiences: A Propensity-Scored Analysis of Social Media. *Proceedings of the 2017 ACM Conference on Computer Supported Cooperative Work and Social Computing*, 370–386. https://doi.org/10.1145/2998181.2998353

Önnerfors, A. (2018). Moving the Mainstream: Radicalization of Political Language in the German PEGIDA Movement. In K. Steiner & A. Önnerfors (Hrsg.), *Expressions of Radicalization* (S. 87–119). Cham: Springer International Publishing. https://doi.org/10.1007/978-3-319-65566-6_4

Patton, D. U., Hong, J. S., Ranney, M., Patel, S., Kelley, C., Eschmann, R. & Washington, T. (2014). Social media as a vector for youth violence: A review of the literature. *Computers in Human Behavior*, *35*, 548–553. https://doi.org/10.1016/j.chb.2014.02.043

Pluta, A., Mazurek, J., Wojciechowski, J., Wolak, T., Soral, W. & Bilewicz, M. (2023). Exposure to hate speech deteriorates neurocognitive mechanisms of the ability to understand others' pain. *Scientific Reports*, *13*(1), 4427. https://doi.org/10.1038/s41598-023-31146-1

Postmes, T., Spears, R. & Lea, M. (1998). Breaching or Building Social Boundaries?: SIDE-Effects of Computer-Mediated Communication. *Communication Research*, *25*(6), 689–715. https://doi.org/10.1177/009365098025006006

Postmes, T., Spears, R., Sakhel, K. & de Groot, D. (2001). Social Influence in Computer-Mediated Communication: The Effects of Anonymity on Group Behavior. *Personality and Social Psychology Bulletin*, *27*(10), 1243–1254. https://doi.org/10.1177/01461672012710001

Preuß, M., Tetzlaff, F. & Zick, A. (2017). *»Publizieren wird zur Mutprobe«. Studie zur Wahrnehmung von und Erfahrungen mit Angriffen unter Journalist*innen*. Bielefeld: Institut für interdisziplinäre Konflikt- und Gewaltforschung.

Reicher, S. D., Spears, R. & Postmes, T. (1995). A Social Identity Model of Deindividuation Phenomena. *European Review of Social Psychology*, *6*(1), 161–198. https://doi.org/10.1080/14792779443000049

Rieger, D., Kümpel, A. S., Wich, M., Kiening, T. & Groh, G. (2021a). Assessing the extent and types of hate speech in fringe fommunities: A case study of alt-right communities on 8chan, 4chan, and Reddit. *Social Media + Society*, *7*(4), 1–14. https://doi.org/10.5282/UBM/EPUB.92794

Rieger, D., Schulze, H., Hohner, J. & Greipl, S. (2021b). Wie das Internet Radikalisierungsprozesse fördert. In Bundeskriminalamt/Forschungs- und Beratungsstelle Terrorismus/Extremismus (Hrsg), *MOTRA Monitor 2020* (Bde. 207–239). Wiesbaden: MOTRA, Bundeskriminalamt. https://doi.org/10.53168/isbn.978-3-9818469-9-7_2021_MOTRA

Romero-Rodríguez, L. M., Castillo-Abdul, B. & Cuesta-Valiño, P. (2023). The Process of The Transfer of Hate Speech to Demonization and Social Polarization. *Politics and Governance*, *11*(2). https://doi.org/10.17645/pag.v11i2.6663

Rothut, S., Schulze, H., Hohner, J., Greipl, S. & Rieger, D. (2022). *Radikalisierung im Internet*. Bonn: CoRE-NRW. https://www.bicc.de/uploads/tx_bicctools/CoRE_KurzGutachten_5.pdf

Schäfer, S., Sülflow, M. & Reiners, L. (2021). Hate Speech as an Indicator for the State of the Society: Effects of Hateful User Comments on Perceived Social Dynamics. *Journal of Media Psychology*, *34*(1), 3–15. https://doi.org/10.1027/1864-1105/a000294

Schmid, A. (2013). Radicalisation, De-Radicalisation, Counter-Radicalisation: A Conceptual Discussion and Literature Review. *Terrorism and Counter-Terrorism Studies*. https://doi.org/10.19165/2013.1.02

Schmid, U. K., Kümpel, A. S. & Rieger, D. (2022). How social media users perceive different forms of online hate speech: A qualitative multi-method study. *New Media & Society*, *0*(0), Article 0. https://doi.org/10.1177/14614448221091185

Schmitt, J. B., Rieger, D., Rutkowski, O. & Ernst, J. (2018). Counter-messages as Prevention or Promotion of Extremism?! The Potential Role of YouTube. *Journal of Communication*, *68*(4), 780–808. https://doi.org/10.1093/joc/jqy029

Schulze, H., Hohner, J., Greipl, S., Girgnhuber, M., Desta, I. & Rieger, D. (2022a). Far-right conspiracy groups on fringe platforms: A longitudinal analysis of radicalization dynamics on Telegram. *Convergence: The International Journal of Research into New Media Technologies*, 1–24. https://doi.org/10.1177/13548565221104977

Schulze, H., Hohner, J. & Rieger, D. (2022b). Soziale Medien und Radikalisierung. In L. Rothenberger, J. Krause, J. Jost, & K. Frankenthal (Hrsg.), *Terrorismusforschung. Interdisziplinäres Handbuch für Wissenschaft und Praxis*. (S. 311–321). Baden-Baden: Nomos.

Schulze, H., Rothut, S. & Rieger, D. (in press). Radicalization. In A. Nai, D. S. Wirz, & M. Grömping (Hrsg.), *Encyclopedia of Political Communication*. Cheltenham: Edward Elgar Publishing.

Scrivens, R., Wojciechowski, T. W., Freilich, J. D., Chermak, S. M. & Frank, R. (2021). Comparing the Online Posting Behaviors of Violent and Non-Violent Right-Wing Extremists. *Terrorism and Political Violence*, 35(1), 192–209. https://doi.org/10.1080/09546553.2021.1891893

Soral, W., Bilewicz, M. & Winiewski, M. (2018). Exposure to hate speech increases prejudice through desensitization. *Aggressive Behavior*, 44(2), 136–146. https://doi.org/10.1002/ab.21737

Soral, W., Liu, J. & Bilewicz, M. (2020). Media of Contempt: Social Media Consumption Predicts Normative Acceptance of Anti-Muslim Hate Speech and Islamoprejudice. *International Journal of Conflict and Violence (IJCV)*, 1–13. https://doi.org/10.4119/IJCV-3774

Stiftung Neue Verantwortung. (2021). *Digitale Nachrichten- und Informationskompetenzen der deutschen Bevölkerung im Test*. Zugriff am 07.11.2023 unter: https://futureins.org/media/pages/themen/digitale-nachrichtenkompetenz/7093932e35-1619450657/studie_quelleinternet.pdf

Strippel, C., Paasch-Colberg, S., Emmer, M. & Trebbe, J. (Hrsg.). (2023). *Challenges and perspectives of hate speech research (Digital Communication Research, 12)*. Berlin. https://doi.org/10.48541/dcr.v12.0

Suler, J. (2004). The Online Disinhibition Effect. *CyberPsychology & Behavior*, 7(3), 321–326. https://doi.org/10.1089/1094931041291295

Sunstein, C. R. (2002). The Law of Group Polarization. *Journal of Political Philosophy*, 10(2), 175–195. https://doi.org/10.1111/1467-9760.00148

Tajfel, H. & Turner, J. (1979). An integrative theory of intergroup conflict. In W. G. Austin & S. Worchel (Hrsg.), *The social psychology of intergroup relations* (S. 33–47). Pacific Grove: Brooks/Cole.

Törnberg, P. & Törnberg, A. (2022). Inside a White Power echo chamber: Why fringe digital spaces are polarizing politics. *New Media & Society*, 1–23. https://doi.org/10.1177/14614448221122915

Wachs, S. & Wright, M. F. (2019). The Moderation of Online Disinhibition and Sex on the Relationship Between Online Hate Victimization and Perpetration. *Cyberpsychology, Behavior, and Social Networking*, 22(5), 300–306. https://doi.org/10.1089/cyber.2018.0551

Whittaker, J. (2022). Rethinking Online Radicalization. *Perspectives of Terrorism*, 16(4), 71–84.

Yarchi, M., Baden, C. & Kligler-Vilenchik, N. (2021). Political Polarization on the Digital Sphere: A Cross-platform, Over-time Analysis of Interactional, Positional, and Affective Polarization on Social Media. *Political Communication*, 38(1–2), 98–139. https://doi.org/10.1080/10584609.2020.1785067

Zehring, M. & Domahidi, E. (2023). German Corona Protest Mobilizers on Telegram and Their Relations to the Far Right: A Network and Topic Analysis. *Social Media + Society*, 9(1), Article 1. https://doi.org/10.1177/20563051231155106

Ziegele, M., Koehler, C. & Weber, M. (2018). Socially Destructive? Effects of Negative and Hateful User Comments on Readers' Donation Behavior toward Refugees and Homeless Persons. *Journal of Broadcasting & Electronic Media*, 62(4), 636–653. https://doi.org/10.1080/08838151.2018.1532430

Zieringer, L. & Rieger, D. (2023). Algorithmic recommendations' role for the interrelatedness of counter-messages and polluted content on YouTube – A network analysis. *Computational Communication Research*, 5(1), 109. https://doi.org/10.5117/CCR2023.1.005.ZIER

11 Rechte Bewegungen, Gruppenidentifikation und Gewalt

Ulrich Wagner

Für das Jahr 2022 wurden im Bereich der politisch motivierten Gewaltkriminalität mehr als 1.000 Gewalttaten dem rechten Spektrum zugeordnet (Bundesamt für Verfassungsschutz, o.J., a). Rechtsradikalisierung geht mit einer erhöhten Bereitschaft einher, Gewalt einzusetzen. Rechtsextreme Täter – in der Regel sind es Männer – bedrohen KritikerInnen, Menschen anderer politischer Überzeugung und vor allem Menschen mit Migrationshintergrund und deren UnterstützerInnen (Bundesamt für Verfassungsschutz, o.J., b). Und sie setzen Drohungen in Taten um. Herausragende Beispiele sind die Mordserie des sogenannten Nationalsozialistischen Untergrunds (NSU) in der Zeit von 2000 bis 2007 und die Ermordung des Kasseler Regierungspräsidenten Walter Lübcke im Juni 2019.

Einer der Gründe dafür, warum sich rechtsradikale Überzeugungen verfestigen und Rechtsextreme gewalttätig werden, ist, dass sie sich rechtsradikalen Gruppen und einer rechtsradikalen sozialen Bewegung zugehörig fühlen. In diesem Beitrag will ich schildern, wie aus der Sicht der sozialpsychologischen Intergruppenforschung Menschen dazu kommen, rechtsextreme und rechtsradikale Überzeugungen zu entwickeln und zu übernehmen, und wie eine solche Entwicklung schließlich dazu führen kann, dass sich diese Menschen gewalttätig verhalten. ▶ Abb. 11.1 fasst die Mechanismen zusammen, die ich im Folgenden darstellen möchte. Vornehmlich beschäftige ich mich mit psychologischen Prozessen auf der Mikro- oder individuellen Ebene. Diese sind allerdings um Makro- oder gesellschaftliche Bedingungen zu erweitern, wenn es um den Einfluss von gesellschaftlich zur Verfügung gestellten Ideologien auf die individuelle Entwicklung hin zum Rechtsextremismus geht.

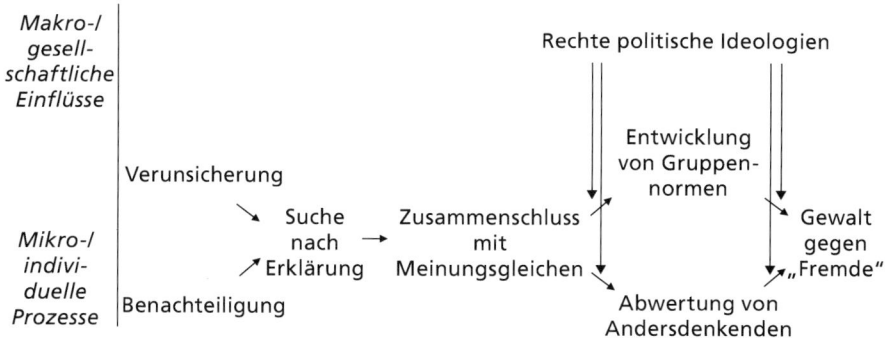

Abb. 11.1: Die Entstehung rechtsradikaler Gewalt.

11.1 Verunsicherung, Benachteiligung und die Suche nach sozialer Unterstützung

Ausgangspunkte für die Rechtsradikalisierung von Menschen sind oft Unsicherheit und echte oder vermeintliche Benachteiligung in wichtigen Lebensbereichen (Wagner & Lemmer, 2019; ► Kap. 2). Beispiele sind ökonomische Schwierigkeiten, Befürchtungen um die eigene Sicherheit oder Gefühle fehlender sozialer Anerkennung. Entscheidend ist das subjektive Empfinden: Eine Person mag nach objektiven Indikatoren in durchaus gesicherten Verhältnissen leben, wenn sie das anders sieht, kann das zum Auslöser für den Weg in eine rechtsradikale Entwicklung werden. Die Einschätzung der eigenen Lebenssituation erfolgt relativ: im Vergleich zu anderen Personen oder im Vergleich zu selbstgesetzten Erwartungen. Wenn dieser Vergleich negativ ausgeht, wenn man glaubt, schlechteren Zugang zum Wohnungsmarkt zu haben als andere oder wenn man die Erwartung hat, mit den eigenen Vorkenntnissen ein höheres Einkommen erwarten zu können, spricht man von Relativer Deprivation (Smith, Pettigrew, Pippin & Bialosiewicz, 2012). Und schließlich können Menschen Unsicherheitsgefühle und Deprivationsempfinden nicht nur in Bezug auf die eigene Person entwickeln, sondern auch mit Bezug auf eine Gruppe, der sie sich zugehörig fühlen: Menschen können den Eindruck gewinnen, dass Deutschland und die deutsche Kultur durch die Zuwanderung fremder Gruppen insgesamt in ihrer Existenz gefährdet seien. Unter solchen Bedingungen spricht man von kollektiver oder fraternaler Deprivation, eine Situationsbewertung, die in besonderem Maße zur Entwicklung rechtsextremer Überzeugungen und rechtsradikaler Handlungen beiträgt (Runciman, 1966).

Menschen können Unsicherheiten und Benachteiligungen schlecht ertragen, sie suchen nach Erklärungen. Eine solche Suche nach Erklärungen für die eigene unsichere oder als ungerecht betrachtete Lebenssituation oder die der Gruppe, der man sich zugehörig fühlt, ist in der Regel kein isolierter Lernprozess: die wenigsten Menschen beginnen ein einsames Studium rechtsradikaler Kampfschriften. Vielmehr werden soziale Austauschprozesse angestoßen, in denen man die Meinung anderer einholt. Festinger hat in seiner Theorie Sozialer Vergleichsprozesse (1954) diese verstärkte Suche nach sozialer Informationsgewinnung in unsicheren Situationen beschrieben. Einige der Kernannahmen sind:

- In unsicheren Situationen vergleichen wir unsere Meinungen mit denen anderer.
- Dabei suchen wir uns insbesondere solche Personen zum Vergleich aus, von denen wir annehmen, dass sie uns und unseren Überzeugungen ähnlich sind. Es geht also nicht darum festzustellen, ob man recht hat, sondern, dass man recht hat.
- Wenn wir mit den Meinungen anderer überhaupt nicht übereinstimmen können, brechen wir unsere Vergleiche ab – wir hören auf, miteinander zu reden.
- Personen und Gruppen, mit denen der Austausch über Meinungen abgebrochen wird, werden abgelehnt und abgewertet.

Die Annahmen der Theorie machen nachvollziehbar, wie Menschen in Situationen, in denen sie unsicher sind, irgendwann in einer Blase Meinungsgleicher enden, sich von anderen, die ihre Überzeugungen nicht teilen, mehr und mehr absetzen und die »Andersgläubigen« zu FeindInnen erklären. Die Aufnahme solcher Vergleichs- und Austauschprozesse führt dazu, dass die Beteiligten sich als Teil einer Sozialen Bewegung sehen, die versuchen, soziale oder gesellschaftliche Veränderungen herbeizuführen (oder zu verhindern; Rucht & Neidhard, 2001). Soziale Bewegungen entstehen, wenn Menschen sich gemeinsam solchen Bewegungen zuordnen und sich mit der Bewegung identifizieren (van Zomeren, Postmes & Spears, 2008).

11.2 Radikalisierung als Gruppenphänomen

Die Theorie der Sozialen Identität (Tajfel, 1978; Tajfel & Turner, 1979) beschreibt, was geschieht, wenn wir uns mit Gruppen identifizieren: Erstens, die Gruppe, mit der wir uns identifizieren, die Eigengruppe (engl. »ingroup«) wird zum Orientierungspunkt für die eigene Identität: Wer wir sind, was uns ausmacht, unsere *Soziale Identität*, wird von unseren Gruppenmitgliedschaften mitbestimmt. Zweitens, die Gruppenmitgliedschaft hilft, die Welt zu verstehen: Wir gleichen uns mit unseren Erklärungen und Überzeugungen an die anderen Mitglieder an, wir schaffen gemeinsame Erwartungen und handlungsleitende Gruppennormen (Turner, Hogg, Oakes, Reicher & Wetherell,1987). Drittens, wir grenzen die Eigengruppe von Fremdgruppen (engl. »outgroups«) positiv ab. Eine solche Eigengruppen-Fremdgruppen-Differenzierung dient zur Herstellung von Distinktheit und zur Aufwertung unserer an die Gruppe gebundenen Sozialen Identität.

Bei den beschriebenen Prozessen muss es sich bei Eigen- und Fremdgruppen nicht um Gruppen handeln, innerhalb derer die Mitglieder direkt miteinander interagieren, wie das bei kleinen lokal agierenden politischen Gruppen der Fall ist. Nach dem Verständnis der Theorie der Sozialen Identität ist eine Gruppe eine Soziale Konstruktion, eine Erfindung, mit der einzelne oder mehrere Menschen sich selbst unter einem gemeinsamen Etikett zusammenfassen und mit der sie sich identifizieren (Turner, 1982).

Vieles, was in rechten Bewegungen geschieht, ist durch die Mechanismen erklärbar, die die Theorie Sozialer Identität beschreibt. Die Theorie sagt, dass Gruppenmitglieder sich in ihren Meinungen und Einstellungen den anderen Eigengruppen-Mitgliedern anschließen und das für normativ angemessen halten, was in der Eigengruppe als solches angesehen wird (Turner et al., 1987). Dabei tendieren Gruppen und ihre Mitglieder zu weiterer Extremisierung (Turner, 1991): Die normative Eigengruppen-Position ist nicht starr, sie entwickelt sich in Abhängigkeit von der Meinungsverteilung in der Eigengruppe und von der Positionierung der jeweils betrachteten Fremdgruppe. Wenn Rechtsextreme Ordnungskräften als Vertreter der Staatsgewalt, also einer Fremdgruppe, unterstellen, unangemessen Gewalt anzuwenden, verschiebt das die normative Position in der rechtsextremen Eigengruppe hin zur Befürwortung »reziproken« Verhaltens. Eigene Gewaltanwendung scheint damit gerechtfertigt.

Die Identifikation mit Gruppen hilft auch Gefühle der sozialen Bedeutungslosigkeit zu überwinden: Die Internetgruppe ist stets verfügbar und bietet besonders für extremes Verhalten besondere Anerkennung (Jugendschutz.net, 2021; ▶ Kap. 9). Diese besondere Anerkennung ist auch einer der Gründe dafür, warum rechtsradikale Gewalttäter gerne »Manifeste« im Netz hinterlassen, wie das bei dem norwegischen Massenmörder Breivik 2011 der Fall war, oder gar die Videoaufnahmen ihrer Taten live ins Internet übertragen, wie das der Attentäter von Halle 2019 getan hat.

Die Identifikation mit rechtsradikalen Gruppen oder einer rechtsradikalen Bewegung geht einher mit der Entwicklung und der Anpassung an rechtsradikale und rechtsextreme Erklärungen und Inhalte. Dazu gehören Erzählungen von für Rechtsextreme zentralen Intergruppenkonstellationen, nämlich die von einer nationalen oder ethnischen Eigengruppe und einer Fremdgruppe, die nicht dazugehört. Mit der Kreation und Abwertung einer solchen Fremdgruppe werden gleichzeitig mögliche Sündenböcke für die eigene unerklärliche oder missliche Lage verfügbar: Wenn es rechtsradikalen Gruppen gelingt, bei ihren Mitgliedern die Überzeugung durchzusetzen, dass es für Deutsche, eine Eigengruppe, deshalb so wenig Wohnraum gibt, weil zu viele ZuwanderInnen, eine Fremdgruppe, daran schuld sind, liefern sie damit nicht nur eine Erklärung für eine empfundene Benachteiligung. Gleichzeitig können solche rechtsextremen Erklärungen und Bedrohungsszenarien Verunsicherung und Ängste potentieller Sympathisanten steigern, wenn sie eine zukünftig noch weiter verschärfte Konkurrenz hochspielen oder ggf. auch nur erfinden. Das zeigt: Rechtsextreme Gruppen und Bewegungen haben die Möglichkeit, mit ihren Welterklärungen die Prozesse zu verstärken, die ihnen Mitglieder zuführen.

11.3 Der Einfluss rechter Ideologien

Die Identifikation mit rechtsradikalen Gruppen oder einer rechtsradikalen Bewegung geht einher mit der Entwicklung und der Anpassung an rechte Ideologien. Ideologien sind gesellschaftlich geteilte und überlieferte Vorstellungs- und Erklärungsmuster (Online-Wörterbuch Philosophie, 2003), d. h. Wissensbestände, die Gesellschaften ihren Mitgliedern zur Verfügung stellen. Alle Gesellschaftsmitglieder kennen üblicherweise diese Ideologien, aber nicht alle müssen sie zu ihren eigenen Überzeugungen machen (Devine, 1989). Rechtsradikale Ideologien zeichnen sich u. a. dadurch aus, dass sie

- die eigene Nation besonders in den Vordergrund stellen und die eigene ethnische Zugehörigkeit überbewerten,
- demokratische Meinungspluralität ablehnen,

- autoritäre Führung bevorzugen und
- Ungleichheit, zum Beispiel zwischen unterschiedlichen Gruppen, akzeptieren und fördern (vgl. z. B. Jaschke, 2001; ▶ Kap. 1).

Wenn Menschen auf solche rechtsradikalen Ideologien zurückgreifen, um ihre Unsicherheit und Benachteiligungsempfindungen zu erklären, könnten sie beispielsweise zu dem Schluss kommen, dass die eigene Arbeitsplatzgefährdung durch Zuwanderung zustande kommt, gegen die dann angemessen vorzugehen sei.

Insbesondere die Fokussierung auf die eigene nationale und/oder ethnische Eigengruppe verbindet rechtsradikale Ideologien eng mit dem beschriebenen psychologischen Mechanismus der Eigengruppen-Fremdgruppen-Differenzierung und den damit zusammenhängenden Phänomenen: Die rechtsextremen Ideologien immanente Ablehnung »der Fremden« bedient das Bedürfnis der Eigengruppen- und Selbstaufwertung, hier der eigenen nationalen oder ethnischen Gruppe, indem durch die Ideologie geeignete Gruppen als Ablehnungsziele zur Verfügung gestellt werden. Das heißt, psychologische Gruppenprozesse, so wie sie von der Theorie der Sozialen Identität beschrieben werden, begünstigen die Akzeptanz rechtsextremer Ideologien, die die eigene nationale oder ethnische Identität in den Vordergrund und geeignete Fremdgruppen zur Verfügung stellt. Die Überzeugung, »die Ausländer sind an allem schuld« wird leicht zur prototypischen Eigengruppen-Norm rechtsextremer und rechtsradikaler Gruppen und Bewegungen, weil sie psychologische Eigengruppen-Fremdgruppen-Differenzierungsbemühungen bedient und als gesellschaftliche Ideologie leicht abgreifbar ist.

Die übrigen drei oben genannten Elemente rechtsradikaler Ideologien – Ablehnung demokratischer Meinungspluralität, Präferenz für autoritäre Führung und Akzeptanz von Ungleichheit – korrespondieren gut mit den Vorstellungen von Menschen, die ein hohes Maß an Autoritarismusneigung und Sozialer Dominanzorientierung aufweisen: Menschen mit einer hohen Ausprägung im Persönlichkeitsmerkmal rechtsgerichteter Autoritarismusneigung haben eine Lerngeschichte, nach der sie Konformität und Unterordnung unter Führungspersonen besonders wichtig finden (Altemeyer, 1981). Menschen mit hoher Sozialer Dominanzorientierung befürworten eine gesellschaftliche Ordnung, die ein Über- und Unterordnungsverhältnis von Gruppen vorsieht (Sidanius & Pratto, 2012). Rechte ideologische Vorstellungen befriedigen somit psychologische Bedürfnisse vor allem von Menschen mit hoher Autoritarismusneigung und hoher Sozialer Dominanzorientierung (▶ Kap. 14). Entsprechend sind vor allem Bewegungsmitglieder mit hoher rechtsgerichteter Autoritarismusneigung und Sozialer Dominanzorientierung für rechtsradikale ideologische Einflüsse besonders empfänglich und bereit, sie für ihre rechtsextreme Eigengruppe normativ zu machen. Dabei ist zusätzlich zu beachten, dass hoch-autoritäre und hoch-dominanzorientierte Menschen zur Gewalt neigen (Besta, Szulc & Jaśkiewicz, 2015).

11.4 Innen- und Außenwirkung rechtsextremer Gruppen

Führungspersonal in Gruppen ist besonders dann einflussreich, wenn es Positionen vertritt, die der typischen Eigengruppen-Norm entsprechen, also dem, was die Mehrheit der Mitglieder denkt (Barreto & Hogg, 2017). Darüber hinaus neigen Gruppen insgesamt zur weiteren Radikalisierung in die Richtung, in die sie ohnehin schon tendieren (Isenberg, 1986), was auch Führungspersonen Spielräume einräumt, die durchschnittliche – rechtsradikale – Gruppenmeinung allmählich immer weiter ins Extreme zu verschieben.

Neben der Förderung internen Zusammenhalts wollen rechtsextreme politische Gruppen und Bewegungen relevante Mehrheiten als UnterstützerInnen ihrer Anliegen gewinnen. Sie interpretieren das oft so, dass sie ihre Weltsicht und ihre Erklärung für das, gegen das sie vorgehen, die Ziele, die sie erreichen wollen, und die Auswahl der Mittel, die sie für die Zielerreichung einsetzen, möglichst breit akzeptabel erscheinen lassen müssen (Feinberg, Willer & Kovacheff, 2020). Das Thema Zuwanderung beispielsweise wird aktuell von vielen Menschen als bedeutsam angesehen, wenn auch mit unterschiedlich zustimmenden und ablehnenden Politikimplikationen. Dennoch bietet es sich wegen der allgemeinen Beachtung in weiten Teilen der Bevölkerung an, dass rechtsextreme Gruppierungen das Thema Zuwanderung zu ihrem zentralen machen. Neben der Themenwahl sollten auch Ziele und Wege sowohl internen normativen Standards entsprechen als auch nach außen hin, dem Publikum gegenüber, gut vermittelbar sein: Flüchtende von den deutschen Grenzen fernzuhalten, scheint allgemein diskutierbar, auf sie zu schießen aber nicht, weshalb diese letzte Forderung bislang nur als behauptete Einzelmeinung in rechtsextremen Gruppen vorgetragen wird.

Rechtsextreme Gruppen können in der Öffentlichkeit sehr wohl neue Themen setzen, neue Erklärungen und Lösungsvorschläge generieren, auch wenn sie damit zunächst aus dem Erwartungsrahmen der Bevölkerung und dem Bereich des Akzeptierbaren herausfallen. Ein Beispiel ist die zunehmende Verschärfung von Bedingungen zur Aufnahme von Geflüchteten, die sich mehr und mehr ursprünglich rechtsextremen Forderungen nähert. Rechtsextreme Gruppen verschieben damit Normalitätsstandards. Ein wesentliches Kriterium für die Durchsetzung einer solchen rechtsextremen Agenda ist vermutlich die Konsistenz, mit der es rechtsextremen Gruppen gelingt, ein Thema in der öffentlichen Diskussion zu halten (Moscovici, 1980).

11.5 Die Hinwendung rechtsextremer Gruppen zur Gewalt

Psychologische Gruppen- und Intergruppenprozesse begünstigen die Entstehung von Gewalt. Meier und Hinsz (2004) konnten in einem Experiment exemplarisch demonstrieren, dass im Vergleich zu interpersonaler Aggression das Ausmaß an physischer Gewalt höher ausfällt, wenn die TäterInnen aus einer Gruppe heraus handeln. Eine Ursache dafür ist die Anonymität, die die Gruppe bietet: Anonymität schwächt Selbst- und Fremdkontrollmechanismen und die damit einhergehende Angst vor Sanktionierung (Zimbardo, 1969). Die Untersuchung von Meier und Hinsz (2004) zeigt darüber hinaus, dass Aggression auch zunimmt, wenn die Opfer von Aggression Gruppenmitglieder statt Einzelpersonen sind. Das liegt daran, dass Gruppenmitglieder als Opfer dehumanisiert werden, d. h., sie werden als weniger menschenähnlich betrachtet, was den Einsatz von Gewalt legitimiert (Kteily & Landry, 2022).

Rechtsextreme Gruppen animieren ihre Mitglieder zu gemeinsamen Handlungen im Sinne der Ziele der Bewegung. Solche gemeinsamen Handlungen können in der Teilnahme an Demonstrationen bestehen oder in der Blockade von Unterkünften für Geflüchtete. Kollektive Handlungen können leichter als Individualhandlungen in extreme Formen von Gewalt umschlagen. Die Morde rechter Freikorps in der Weimarer Republik und die Morde des NSU sind Beispiele. Der Einsatz von physischer Gewalt aus der Gruppe heraus hat oft zunächst die instrumentelle Funktion, sich gegen (vermeintliche) Unterdrückung und Ungerechtigkeit zu wehren. Darüber hinaus aber, vor allem wenn solche Gruppen und Bewegungen länger existieren, bekommt die Anwendung von Gewalt auch expressiven oder symbolischen Charakter, um zum Beispiel die moralische Überlegenheit der eigenen Gruppe und die Abgrenzung von denjenigen deutlich zu machen, gegen die die eigene Gruppe aufsteht. Gewalt wird Ausdruck der Identität der Bewegung.

Der psychologische Mechanismus der Eigengruppen-Fremdgruppen-Differenzierung begünstigt Gewalt gegen Fremdgruppen-Mitglieder. Da vor allem Menschen mit hoher rechtsgerichteter Autoritarismusneigung und hoher Sozialer Dominanzorientierung ein besonderes Maß an Gewaltaffinität aufweisen, dies aber für Gruppenmitglieder mit geringer Ausprägung in den genannten Kriterien weniger zutrifft, kann man vermuten, dass rechtsextreme Gruppen und Bewegungen in der Gefahr stehen, in Teile zu zerfallen, wenn es um die Akzeptanz von Gewalt als Mittel der Durchsetzung der eigenen Ziele geht: Diejenigen, die Gewalt ablehnen, verlassen die Gruppe, diejenigen, die Gewalt als legitimes Mittel der Durchsetzung der Bewegungsziele ansehen – bevorzugt also die hoch-autoritären und hoch-dominanzorientierten Mitglieder – machen weiter. Dass mit dem Einsatz von Gewalt die Chancen auf Akzeptanz in der breiten Bevölkerung schwinden, wird von den rechtsextremen TäterInnen dann ignoriert: Es geht inzwischen mehr um die Selbstbestätigung innerhalb der gewaltbereiten Tätergruppe als um die ursprünglichen Bewegungsziele. Der Verzicht des NSU auf Bekennerschreiben für seine

Morde, also der Verzicht auf Werbung für die rechtsextremen inhaltlichen Ziele, macht das deutlich.

11.6 Was tun gegen rechtsextreme Gewalt?

Ganz allgemein gilt: Gruppen und Soziale Bewegungen können leicht gewalttätig werden. Das Zusammenspiel von psychologischen Gruppenidentifikationsprozessen und der Zugriff auf rechtsextreme Ideologien begünstigen das. Mitglieder von politischen Gruppen sollten sich dessen bewusst sein: Konfliktbearbeitung und Auseinandersetzung mit dem politischen Gegner müssen sich auf Inhalte beziehen und auf die aus psychologischen Gründen naheliegende Abwertung des Gegners verzichten. Politische Gruppen müssen Warnmechanismen etablieren, die ihnen bewusst machen, wenn sie in einfache Erklärungsmuster verfallen, die Sündenböcke für beklagte Missstände zur Verfügung stellen. Und Politik, GesetzgeberInnen und Öffentlichkeit müssen mit ihrer Wortwahl differenzieren: Blockaden, wie sie die Klimabewegung zuweilen durchführt, sind von physischer Gewalt gegen Personen zu unterscheiden.

Wenn man die Zuwendung von Menschen zu rechtsextremen Gruppen verhindern will, gilt es, an den Ursachen anzusetzen. Wenn rechtsextreme Radikalisierung auf Unsicherheit und Benachteiligungsempfinden zurückgeht, ist die Wirkung solcher Einflüsse zu reduzieren. Auch wenn die objektiven Lebensbedingungen von Menschen, die sich unsicher und benachteiligt fühlen, manchmal besser sind als deren Empfinden, ist das Angehen gegen Benachteiligung Extremismusprävention. Politik muss Planbarkeit von Lebenswegen gewährleisten und Ungleichheit und Ungerechtigkeit gegen Personen und Gruppen abbauen. Die Sicherstellung eines auskömmlichen Einkommens ist Prävention von rechtsextremer Gewalt. Und die Politik muss nachvollziehbare Erklärungen für Unsicherheiten liefern, die glaubwürdige und für alle hilfreiche Gegenstrategien beinhalten. Schweigen, das Abtauchen in abstrakte Worthülsen oder gar Hochnäsigkeit gegen Benachteiligte begünstigen die Übernahme rechtsradikaler Ideologien.

Die beschriebenen psychologischen Mechanismen der Eigengruppen-Fremdgruppen-Differenzierung haben zur Folge, dass überzeugte Mitglieder rechtsextremer Gruppen gegen Gegenargumente weitgehend immunisiert sind und durch Argumente von politischen GegnerInnen nur schwer zu beeinflussen sind: Weil sie aus der Fremdgruppe kommt, bleibt die Argumentation der Gegenseite unglaubwürdig und wirkungslos (Stangor, Sechrist & Jost, 2001), sie kann gar den inneren Zusammenhalt der Rechtsextremen stärken. Das gilt allerdings nur für kurzfristige Effekte von Gegenargumentation. Zu langfristigen Effekten von Gegenargumentation gegen rechtsextreme Argumentationsmuster gibt es bislang keine gesicherten empirischen Erkenntnisse, obwohl einschlägige psychologische Modelle nahelegen, dass die konsistente und überzeugende Vertretung von Gegenargumenten sehr wohl zu Veränderungen beitragen kann (Moscovici, 1980).

Darüber hinaus mag eine Argumentationsstrategie, die die enge Verknüpfung von rechtsextremen Überzeugungen mit Menschenrechtsverletzungen, Demokratieabbau und Gewaltbereitschaft in den Vordergrund stellt, Wirkung zumindest auf noch zögerliche SympathisantInnen rechtsextremer Gruppen und Bewegungen haben. Die benannten Kernelemente rechtsextremer Überzeugungen und Ideologien werden von vielen abgelehnt. Der immer wiederholte Hinweis darauf könnte abschrecken.

Eine effektive Strategie zur Veränderung rechtsextrem motivierter negativer Einstellungen über Fremdgruppen ist Kontakt zwischen den Mitgliedern verfeindeter Gruppen herzustellen (Wagner, 2022). Allerdings neigen vor allem überzeugungsverfestigte Mitglieder antagonistischer Gruppen dazu, solchen Kontakten auszuweichen: Rechtsextreme meiden den Kontakt mit ZuwanderInnen. Manchmal kann man Kontakten jedoch kaum aus dem Wege gehen, wenn zum Beispiel Mitglieder abgelehnter Fremdgruppen, wie Geflüchtete, in der Nachbarschaft wohnen. Es gibt Hinweise darauf, dass eine gezielte Ansiedlungspolitik und eine angemessene Durchmischung von Nachbarschaften mit Alteingesessenen und Neu-Hinzukommenden rechtsextremen und fremdenfeindlichen Überzeugungen entgegenwirken (Wagner, Christ, Pettigrew & Stellmacher, 2006) und sogar zur Reduktion rechtsextremer Gewalt beitragen können (Wagner, Tachtsoglou, Kotzur, Friehs & Kemmesies, 2020).

Literatur

Altemeyer, B. (1981) *Right-wing authoritarianism.* Winnipeg: University of Manitoba Press.

Barreto, N. B. & Hogg, M. A. (2017). Evaluation and support for group prototypical leaders: A meta-analysis of twenty years of empirical research. *Social Influence,* 12, 41–55. http://dx.doi.org/10.1080/15534510.2017.1316771

Besta, T., Szulc, M. & Jaśkiewicz, M. (2015). Political extremism, group membership and personality traits: Who accepts violence? *Revista de Psicología Social,* 30(3), 563–585. https://doi.org/10.1080/02134748.2015.1065085

Bundesamt für Verfassungsschutz (o.J., a). *Rechtsextremismus – Zahlen und Fakten.* Zugriff am 03.08.2023 unter: https://www.verfassungsschutz.de/DE/themen/rechtsextremismus/zahlen-und-fakten/zahlen-und-fakten_node.html

Bundesamt für Verfassungsschutz (o.J., b). *Herausforderung rechtsextremistische Gewalt und rechtsterroristische Anschläge.* Zugriff am 03.08.2023 unter: https://www.verfassungsschutz.de/SharedDocs/hintergruende/DE/rechtsextremismus/2021-10-18-rechtsextremistische-gewalt.html

Devine, P. G. (1989). Stereotypes and prejudice: Their automatic and controlled components. *Journal of Personality and Social Psychology,* 56(1), 5–18. https://doi.org/10.1037/0022-3514.56.1.5

Feinberg, M., Willer, R. & Kovacheff, C. (2020). The activist's dilemma: Extreme protest actions reduce popular support for social movements. *Journal of Personality and Social Psychology,* 119(5), 1086–1111. https://doi.org/10.1037/pspi0000230.supp (Supplemental)

Festinger, L. (1954). A theory of social comparison processes. *Human Relations,* 7, 117–140. https://doi.org/10.1177/001872675400700202

Isenberg, D. J. (1986). Group polarization: A critical review and meta-analysis. *Journal of Personality and Social Psychology,* 50(6), 1141–1151. https://doi.org/10.1037/0022-3514.50.6.1141

Jaschke, H.G. (2001). *Rechtsextremismus und Fremdenfeindlichkeit. Begriffe, Positionen, Praxisfelder.* Wiesbaden: Westdeutscher Verlag.

Jugendschutz.net (2021). *Bericht Rechtsextremismus im Netz.* Zugriff am 03.08.2023 unter: https://www.jugendschutz.net/mediathek/artikel/rechtsextremismus-im-netz-2020-2021

Kteily, N. S. & Landry, A. P. (2022). Dehumanization: Trends, insights, and challenges. *Trends in Cognitive Sciences, 26*(3), 222–240. https://doi.org/10.1016/j.tics.2021.12.003

Meier, B. P. & Hinsz, V. B. (2004). A comparison of human aggression committed by groups and individuals: An interindividual-intergroup discontinuity. *Journal of Experimental Social Psychology, 40*(4), 551–559. https://doi.org/10.1016/j.jesp.2003.11.002

Moscovici, S. (1980) Towards a theory of conversion behavior. In L. Berkowitz (Hrsg.), *Advances in Experimental Social Psychology, Vol. 13* (pp. 209–39). London: Academic Press. https://doi.org/10.1016/S0065-2601(08)60133-1

Online-Wörterbuch Philosophie: Das Philosophielexikon im Internet (2003). *Ideologie.* Zugriff am 03.08.2023 unter: https://web.archive.org/web/20210417054407/https://philosophie-woerterbuch.de/online-woerterbuch/?tx_gbwbphilosophie_main%5Bentry%5D=426&tx_gbwbphilosophie_main%5Baction%5D=show&tx_gbwbphilosophie_main%5Bcontroller%5D=Lexicon&no_cache=1

Rucht, D. & Neidhard, F. (2001). Soziale Bewegungen und kollektive Aktionen. In H. Joas (Hrsg.) *Lehrbuch der Soziologie* (S. 533–556). Frankfurt: Campus.

Runciman, W. G. (1966). Relative deprivation and social justice. London: Routledge and Kegan Paul.

Sidanius, J. & Pratto, F. (2012). Social dominance theory. In P. A. M. Van Lange, A. W. Kruglanski, & E. T. Higgins (Hrsg.), *Handbook of theories of social psychology., Vol. 2.* (S. 418–438). Thousand Oaks: Sage Publications Ltd. https://doi.org/10.4135/9781446249222.n47

Smith, H. J., Pettigrew, T. F., Pippin, G. M. & Bialosiewicz, S. (2012). Relative deprivation: A theoretical and meta-analytic review. *Personality and Social Psychology Review, 16*(3), 203–232. https://doi.org/10.1177/1088868311430825

Stangor, C., Sechrist, G. B. & Jost, J. T. (2001). Changing racial beliefs by providing consensus information. *Personality and Social Psychology Bulletin, 27*(4), 486–496. https://doi.org/10.1177/0146167201274009

Tajfel, H. (1978). *Differentiation between social groups.* London: Academic Press.

Tajfel, H. & Turner, J. C. (1979). An integrative theory of intergroup behavior. In W.G. Austin & S. Worchel (Hrsg.), *The social psychology of intergroup relations* (S. 33–47). Monterey: Brooks/Cole.

Turner, J. C. (1982). Towards a cognitive redefinition of the social group. In H. Tajfel (Hrsg.), *Social identity and intergroup processes* (S. 15–40). London: Cambridge University Press.

Turner, J. C. (1991). *Social influence.* Pacific Grove: Thomson Brooks/Cole.

Turner, J. C., Hogg, M. A., Oakes, P. J., Reicher, S. D. & Wetherell, M. S. (1987). *Rediscovering the social group.* Oxford: Blackwell.

van Zomeren, M., Postmes, T. & Spears, R. (2008). Toward an integrative social identity model of collective action: A quantitative research synthesis of three socio-psychological perspectives. *Psychological Bulletin, 134*(4), 504–535. https://doi.org/10.1037/0033-2909.134.4.504

Wagner, U. (2022). Kontaktbasierte Interventionen. In C. Cohrs, N. Knab & G. Sommer (Hrsg.), *Handbuch Friedenspsychologie.* Zugriff am 05.08.2023 unter: https://doi.org/10.17192/es2022.0072

Wagner, U., Christ, O., Pettigrew, T. F., Stellmacher, J. & Wolf, C. (2006). Prejudice and minority proportion: Contact instead of threat effects. *Social Psychology Quarterly, 69,* 380–390. https://doi.org/10.1177/019027250606900406

Wagner, U. & Lemmer, G. (2019). Extremistische Gewalt. *Praxis der Rechtspsychologie, 29,* 5–22. https://content-select.com/index.php?id=bib_view&doi=10.xxxx%2FPDR1901

Wagner, U., Tachtsoglou, S., Kotzur, P. F., Friehs, M. T. & Kemmesies, U. (2020). Proportion of foreigners negatively predicts the prevalence of xenophobic hate crimes within German districts. *Social Psychology Quarterly, 83,* 195–205. DOI: 10.1177/0190272519887719

Zimbardo, P. G. (1969). The human choice: Individuation, reason, and order versus deindividuation, impulse, and chaos. *Nebraska Symposium on Motivation, 17,* 237–307.

12 Hassverbrechen

Barbara Krahé

In den vergangenen Jahrzehnten wurde Deutschland immer wieder von dramatischen Gewalttaten gegenüber Menschen erschüttert, die aufgrund ihrer ethnischen oder nationalen Zugehörigkeit zum Ziel tödlicher Angriffe wurden. Der Brandanschlag auf das Haus der Familie Genç in Solingen im Jahr 1993, die Mordserie des NSU von 2000 bis 2007 und die Morde in Hanau im Jahr 2020 sind nur einige Beispiele für Verbrechen, die aus Fremdenhass und rechtsextremer Gesinnung begangen wurden. Der vorliegende Beitrag widmet sich dem Problem der Hassverbrechen, indem er Verbreitungsgrad, psychologische Erklärungen und Präventionsansätze auf der Basis des aktuellen Forschungsstandes skizziert. Dabei wird der Fokus auf rechtsextreme Hassverbrechen gelegt, die auf der Vorstellung der Ungleichwertigkeit von Menschen basieren (zur Definition von Rechtsextremismus ▶ Kap. 1).

12.1 Definition und Verbreitungsgrad von Hassverbrechen

Der Begriff »Hassverbrechen« bezeichnet Gewalt gegenüber Personen aufgrund ihrer Zugehörigkeit zu einer bestimmten Gruppe. Zielgruppen von Hassverbrechen können je nach gesellschaftlichem Kontext durch unterschiedliche Merkmale definiert werden, wie zum Beispiel nationale oder ethnische Zugehörigkeit, Religion, sexuelle Orientierung oder körperliche Behinderung. Neben derartigen stabilen Merkmalen der Zielpersonen können auch spezifische Einstellungen zu einem gegebenen Zeitpunkt Zielgruppen von Hassverbrechen definieren, wie etwa Angriffe von CoronaleugnerInnen auf ImpfbefürworterInnen in der Covid-19-Pandemie gezeigt haben. Weiterhin kann sich Hasskriminalität auch auf solche Mitglieder der Eigengruppe richten, die sich für abgelehnte Gruppen einsetzen, wie etwa der Fall des Kasseler Regierungspräsidenten Walter Lübcke belegt, der wegen seines Einsatzes für Geflüchtete von einem rechtsextremen Täter ermordet wurde. Damit sind zwei Kriterien für die Qualifikation einer aggressiven Handlung als Hassverbrechen erforderlich: die Strafbarkeit der Handlung und die Ausrichtung auf die Gruppenzugehörigkeit der Zielperson(en) (https://hatecrime.osce.org/).

Hassverbrechen lassen sich durch eine Reihe von Merkmalen von anderen Formen der Gewalt unterscheiden (Craig, 2002): Hassverbrechen erfüllen eine *symbolische* Funktion, indem sie die Zielgruppe öffentlich sichtbar als vermeintlich legitimes Objekt des Hasses und der Ausgrenzung kennzeichnen. Sie haben eine *instrumentelle* Funktion, indem sie die Mitglieder der Zielgruppe dazu zwingen, ihr Verhalten im Alltag auf die Bedrohung durch Hassverbrechen auszurichten und so ihre soziale Teilhabe einschränken. Hassverbrechen werden häufiger von *Gruppen von AngreiferInnen* verübt, und sie untergraben die sozialen Beziehungen in der Gemeinschaft, indem sie *Misstrauen und Angst zwischen Mitgliedern verschiedener sozialer Gruppen* verbreiten. Schließlich weisen vergleichende Studien darauf hin, dass Hassverbrechen *gravierendere körperliche und seelische Schäden* für die Opfer nach sich ziehen als Verbrechen ohne Bezug zur Gruppenzugehörigkeit der Zielperson (Fetzer & Pezzella, 2020).

Die Bestimmung des Verbreitungsgrades von Hassverbrechen erweist sich als schwierig, weil es neben der Identifizierung einer kriminellen Handlung als solcher erforderlich ist, den gruppenbezogenen Hass auf die Zielpersonen als motivationale Grundlage zu belegen. In den USA veröffentlicht das Federal Bureau of Investigation (FBI) jährliche Statistiken von Hassverbrechen, definiert als »a criminal offense which is motivated, in whole or in part, by the offender's bias(es) against a person based on race, ethnicity, ancestry, religion, sexual orientation, disability, gender, and gender identity« (United States Department of Justice, 2021). Die Entscheidung, ob eine Straftat durch die Gruppenzugehörigkeit des Opfers motiviert ist, obliegt dabei den Ermittlungsbehörden (Federal Bureau of Investigation, 2011). Für das Jahr 2021 weist die Statistik 7.262 angezeigte Fälle mit insgesamt 9.024 Opfern aus, wobei der größte Anteil, etwa zwei Drittel aller Fälle, auf Hassverbrechen gegenüber Personen aufgrund ihrer Rasse und ethnischen Zugehörigkeit entfiel.

In Deutschland finden Hassverbrechen unter der Rubrik »Politisch motivierte Kriminalität« in die polizeiliche Kriminalstatistik Eingang, wobei als Unterkategorien die Qualifizierungen »rechts«, »links«, »ausländische Ideologie« und »religiöse Ideologie« verwendet werden. Hasskriminalität bezeichnet in der Klassifikation des Bundeskriminalamtes politisch motivierte Straftaten, wenn in Würdigung der Umstände der Tat und/oder der Einstellung des Täters Anhaltspunkte dafür vorliegen, dass sie aufgrund von Vorurteilen des Täters bezogen auf die Gruppenzugehörigkeit der Zielperson, zum Beispiel Nationalität, ethnische Zugehörigkeit, Religionszugehörigkeit oder Geschlecht/sexuelle Identität, begangen wurden. Dabei ist auch die Sicht der/des Betroffenen mit einzubeziehen. Die in der polizeilichen Kriminalstatistik erfassten Fälle von Hasskriminalität in den Jahren 2020 und 2021, differenziert nach Zielgruppen bzw. Diskriminierungsmerkmalen, sind in ▶ Tab. 12.1 aufgeführt (Bundeskriminalamt, 2022).

Tab. 12.1: Polizeilich erfasste Fälle von Hasskriminalität in Deutschland 2020 und 2021 (Bundeskriminalamt, 2022).

Themenfelder	PMK -rechts-		PMK -links-		PMK -ausländische Ideologie-		PMK -religiöse Ideologie-		PMK -nicht zuzuordnen-	
	2020	2021	2020	2021	2020	2021	2020	2021	2020	2021
Hasskriminalität gesamt	8.901	8.408	146	248	176	255	173	181	844	1.409
• davon Gewalttaten	813	766	13	30	44	36	27	36	117	201
fremdenfeindliche Straftaten	8.706	8.135	55	61	1620	238	149	153	348	649
• davon Gewalttaten	795	745	4	1	40	30	21	27	22	55
antisemitische Straftaten	2.224	2.552	10	6	40	127	31	57	46	285
• davon Gewalttaten	50	40	0	0	4	8	1	8	2	8
rassistische Straftaten	2.792	2.646	1	3	26	30	7	15	73	88
• davon Gewalttaten	292	304	0	0	10	8	0	3	7	14
gegen **sonstige Religionen** gerichtete Straftaten	5	8	0	1	2	3	27	24	3	2
• davon Gewalttaten	0	0	0	0	0	0	4	5	0	0
gegen den **gesellschaftlichen Status** gerichtete Straftaten	40	25	68	803	3	1	1	0	52	44
• davon Gewalttaten	3	1	8	13	0	0	0	0	3	4
gegen die **sexuelle Orientierung** gerichtete Straftat	175	265	12	6	10	14	17	10	364	566
• davon Gewalttaten	24	25	0	0	3	5	4	3	83	128
gegen eine **Behinderung** gerichtete Straftaten	58	99	1	2	0	0	0	0	6	17
• davon Gewalttaten	6	2	0	0	0	0	0	0	0	0
christenfeindliche Straftaten	43	24	17	20	4	0	51	39	26	26
• davon Gewalttaten	0	0	0	0	0	0	7	9	0	6
islamfeindliche Straftaten	945	588	1	3	7	13	24	25	49	103
• davon Gewalttaten	67	34	0	1	0	0	3	3	1	7
antiziganistische Straftaten	117	100	0	0	3	4	1	0	7	5
• davon Gewalttaten	9	6	0	0	1	0	0	0	0	3

Tab. 12.1: Polizeilich erfasste Fälle von Hasskriminalität in Deutschland 2020 und 2021 (Bundeskriminalamt, 2022). – Fortsetzung

Themenfelder	PMK -rechts-		PMK -links-		PMK -ausländische Ideologie-		PMK -religiöse Ideologie-		PMK -nicht zuzuordnen-	
	2020	2021	2020	2021	2020	2021	2020	2021	2020	2021
gegen **sonstige ethnische Zugehörigkeit** gerichtete Straftaten	51	55	0	0	9	11	3	10	8	5
• davon Gewalttaten	4	4	0	0	4	2	0	3	0	0
ausländerfeindliche Straftaten*	5.150	4.573	2	3	26	27	15	9	105	123
davon Gewalttaten	623	582	2	0	6	4	4	2	7	17
deutschfeindliche Straftaten*	21	15	25	27	661	503	16	18	94	99
• davon Gewalttaten	0		0		21	13	2	3	7	16
Straftaten gegen **Geschlecht/sexuelle** Identität	98	109	4	14	4	7	4	8	94	202
• davon Gewalttaten	7	5	0	3	2	4	1	5	0	41

* Beim Themenfeld »Hasskriminalität« ist zum 1. Januar 2020 zusätzlich das Unterthema »Geschlecht/sexuelle Identität« aufgenommen worden. Daher gibt es hier <u>keine</u> vergleichbaren Vorjahreszahlen.

Innerhalb der politisch motivierten Hasskriminalität weisen die Straftaten auf der Basis einer rechten Ideologie den bei weitem höchsten Verbreitungsgrad auf. Diese Taten sind durch die »Annahme einer Ungleichheit bzw. Ungleichwertigkeit der Menschen gekennzeichnet. Straftaten, bei denen Bezüge zum völkischen Nationalismus, zu Rassismus, Sozialdarwinismus oder Nationalsozialismus ganz oder teilweise ursächlich für die Tatbegehung waren, sind dabei in der Regel als rechtsextremistisch zu qualifizieren« (Bundeskriminalamt, o. J.). Im Jahr 2020 wurden 8.901 und 2021 8.408 Straftaten in der Kategorie der Hasskriminalität auf der Basis einer rechtsgerichteten Ideologie erfasst. Die weitaus größte Zahl wurde einer fremdenfeindlichen Motivation zugeordnet, gefolgt von ausländerfeindlichen, antisemitischen und rassistischen Motiven. Ein Vergleich über die Zeit zeigt, dass sich die jährliche Zahl rechtsmotivierter Hasskriminalität in den Jahren 2015 und 2016, also mit dem Beginn der Flüchtlingskrise, gegenüber dem Jahr 2014 in etwa verdoppelt hat (Bundesministerium des Inneren und für Heimat, 2017).

Es besteht jedoch kein Zweifel, dass die Zahlen der polizeilich erfassten Fälle von Hassverbrechen nur einen kleinen Teil der Straftaten abbilden, die durch Hass gegenüber Menschen aufgrund ihrer Gruppenzugehörigkeit verübt werden (Fetzer & Pezzella, 2020). Umfragedaten belegen regelmäßig wesentlich höhere Zahlen, wobei aber zu beachten ist, dass hierbei die Sicht der Betroffenen stärker im Vordergrund steht, dass die erlebten Angriffe durch ihre Gruppenzugehörigkeit bestimmt wurden (Die Beauftragte der Bundesregierung für Migration, Flüchtlinge und Integration, 2023).

12.2 Erklärungen für Hassverbrechen

Gesellschaftliche, kontextuelle und individuelle Faktoren müssen gemeinsam betrachtet werden, um Hassverbrechen zu erklären. So schufen beispielsweise die Terroranschläge vom 11. September 2001 ein allgemeines gesellschaftliches Klima der Feindseligkeit gegenüber Muslimen, das sich in einer Zunahme antimuslimischer Einstellungen auf individueller Ebene niederschlug und mit einem Anstieg von Hassverbrechen gegen Mitglieder dieser Gruppe einherging (Christie, 2006). Auch für Deutschland konnten Zusammenhänge zwischen Hasskriminalität und soziodemographischen und -strukturellen Merkmalen aufgezeigt werden. Eine Studie zeigte, dass die Zahl der polizeilich erfassten rechtsextremen Hassdelikte positiv mit der Arbeitslosenquote auf kommunaler Ebene korrelierte (Rees, Rees, Hellmann & Zick, 2019). In Bezug auf den Anteil der in einer Gemeinde lebenden AusländerInnen wurden in dieser Analyse für West- und Ostdeutschland unterschiedliche Ergebnisse erzielt. Während in Westdeutschland der AusländerInnenanteil in keinem Zusammenhang mit rechtsextremen Straftaten stand, war in Ostdeutschland die Rate der Hasskriminalität umso höher, je mehr AusländerInnen in der Gemeinde lebten. Dabei ist zu berücksichtigen, dass die tatsächliche Zahl der in Ostdeutschland lebenden AusländerInnen nur ein Viertel der Zahl in Westdeutschland betrug. Eine Analyse regionaler Unterschiede in Deutschland zeigte, dass der Anteil von Flüchtlingen ein signifikanter Prädiktor von Hasskriminalität in denjenigen Regionen war, in denen ungünstigere soziostrukturelle Bedingungen in Form höherer Kriminalitätsbelastung und Jugendarbeitslosigkeit, geringerem Brutto-Inlandsprodukt pro Kopf und weniger Vertrauen in Institutionen vorherrschten (Piatkowska, Hövermann & Yang, 2020).

Ein weiterer gesellschaftlicher Faktor sind Hassbotschaften, die in sozialen Medien verbreitet werden (▶ Kap. 10). Die Verunglimpfung von sozialen Gruppen in sozialen Medien erreicht zahlreiche RezipientInnen und erlaubt die weitreichende Verbreitung vorurteilsbehafteter Einstellungen, die als Risikofaktor für die Ausübung von Gewalt konzipiert werden können. Je häufiger eine Person Hassbotschaften freiwillig zur Kenntnis nimmt, desto eher übernimmt sie diese, was über die Zeit zu einer zunehmenden Radikalisierung in Richtung auf den Inhalt der Botschaften und einer erhöhten Gewaltbereitschaft gegenüber Mitgliedern der abgelehnten Gruppen führt (Bilewicz & Soral, 2020).

Hassverbrechen sind in einen Intergruppenkontext eingebettet, der strukturell das Entstehen von Konflikten begünstigt. Daher spielen auch Prozesse auf Gruppenebene eine wichtige Rolle für das Verständnis von Hasskriminalität. Die Theorie des realistischen Gruppenkonflikts besagt, dass negative Einstellungen gegenüber Fremdgruppen aus Interessenkonflikten zwischen konkurrierenden Gruppen entstehen. Sie erklärt Hassverbrechen gegen Mitglieder ethnischer oder rassischer Fremdgruppen als Ergebnis des Wettbewerbs um materielle Ressourcen und sozialen Status (Sherif, 1966). Dabei vergleichen Mitglieder der Mehrheitsgruppe ihre Lebenssituation mit der der Fremdgruppe und messen sie an ihren Vorstellungen darüber, was der eigenen Gruppe gerechterweise zusteht. Wenn bei diesem subjektiven Abwägungsprozess die eigene Gruppe als benachteiligt erscheint, entsteht ein Gefühl der relativen Deprivation, das den Nährboden für die Ablehnung und den Einsatz von Gewalt gegenüber Fremdgruppen bildet (▶ Abb. 2.1, Rahmenmodell). Der Befund von Rees et al. (2019), dass das Gefühl der kollektiven Benachteiligung der deutschen Ingroup positiv mit der Befürwortung rechtsextremer Einstellungen verbunden war, ist mit dieser Theorie erklärbar.

Doch auch ohne realistische Interessenkonflikte kann es nach der Theorie der Sozialen Identität zur Ablehnung von Fremdgruppen kommen, weil über diesen psychologischen Mechanismus das Streben nach positiver sozialer Identität befriedigt werden kann (Tajfel, 1981). Durch die Abwertung von Fremdgruppen wird die Eigengruppe in ein besseres Licht gerückt, was dem Bedürfnis nach positiver Abgrenzung der eigenen Gruppe im sozialen Vergleich dient. Auch der Befund, dass die Erfahrung sozialer Zurückweisung die Bereitschaft zur Unterstützung von Gewalt gegenüber Fremdgruppen erhöht, ist mit dieser Theorie erklärbar (Pfundmair, Wood, Hales & Wesselmann, 2022). Bezogen auf Hasskriminalität liefert die Theorie Ansatzpunkte zur Erklärung von Gewalthandlungen gegenüber Fremdgruppen auch in solchen Gegenden, in denen es zum Beispiel wenig direkten Kontakt mit Geflüchteten oder kaum reale Konflikte um materielle Ressourcen gibt.

Ein wichtiger Prozess, der zwischen der Abwertung von Fremdgruppen und der Bereitschaft zu Gewalt gegen Mitglieder von Fremdgruppen vermittelt, ist die Delegitimierung. Dieses Konstrukt ist definiert als »categorization of a group or groups into extremely negative social categories that are excluded from the realm of acceptable norms and/or values« (Bar-Tal, 1990, S. 65). Delegitimierung hat die Funktion, (a) den Unterschied zwischen Eigengruppe und Fremdgruppe im Sinne einer positiveren Bewertung der Eigengruppe zu maximieren und (b) eine Rechtfertigung für Ausbeutung oder Gewalt gegenüber der Fremdgruppe zu liefern. Die Behandlung der Jüdinnen und Juden in Nazi-Deutschland oder der schwarzen Bevölkerung unter dem südafrikanischen Apartheid-Regime sind extreme Beispiele dafür, wie Delegitimierung eine Grundlage für die Unterdrückung, Verfolgung und Tötung von Mitgliedern von Fremdgruppen schafft, indem durch die Zuschreibung extrem negativer Eigenschaften eine Rechtfertigung für Gewalthandlungen gegenüber der betreffenden Gruppe geschaffen wird.

Eine extreme Form der Delegitimierung wird mit dem Konstrukt der »Dehumanisierung« erfasst (Haslam, 2006; Kteily & Landry, 2022). Es beschreibt die Neigung, Mitgliedern von Fremdgruppen die Menschlichkeit abzusprechen, indem ihnen menschliche Eigenschaften wie »rational« oder »zivilisiert« abgesprochen und Eigenschaften wie »barbarisch« oder »wie Tiere handelnd« zugeschrieben werden (Kteily & Bruneau, 2017). Die psychologische Funktion der Dehumanisierung besteht darin, die Hemmschwelle für Gewalt zu senken und die zivilisatorische Unterlegenheit gegenüber der Eigengruppe zu maximieren. Beispiele für eklatante Dehumanisierung im Sinne der Leugnung der Menschlichkeit anderer Gruppen sind im Kontext von Krieg und Völkermord weit verbreitet, finden sich aber auch in der Rhetorik über abgelehnte Fremdgruppen außerhalb dieser Kontexte. Als Maß zur Erfassung von Dehumanisierung wurde das Paradigma des »Aufstiegs der Menschheit« (»Ascent of Man«) entwickelt (Kteily et al., 2015). Hierbei werden den ProbandInnen die in Abbildung 12.1 dargestellten Stufen der menschlichen Evolution präsentiert, und sie sollen für vorgegebene Gruppen (z. B. Amerikaner, Muslime, Araber) mithilfe eines Schiebereglers von 0–100 einstellen, für wie hoch entwickelt sie das durchschnittliche Mitglied der jeweiligen Gruppe halten. Je weiter unten (in Richtung auf den Nullpunkt der Skala) das durchschnittliche Gruppenmitglied eingeordnet wird, desto ausgeprägter ist die Dehumanisierung.

Abb. 12.1: Der »Aufstieg der Menschheit« als Maß der Dehumanisierung (angelehnt an Kteily, Bruneau, Waytz & Cotterill, 2015).

Unter Verwendung dieses Maßes zeigten Kteily et al. (2015), dass amerikanische ProbandInnen ihre eigene Gruppe und nationale Gruppen aus Westeuropa auf der Skala von 0 bis 100 mit einem Mittelwert von über 90 nahe dem rechten Endpunkt des Schiebereglers sahen, Arabern (80) und Muslimen (77) im Mittel aber deutlich niedrigere Werte zuwiesen. Die Dehumanisierung dieser Gruppen korrelierte mit der Unterstützung militärischer Gewalt als Reaktion auf terroristische Handlungen, die von Angehörigen dieser Gruppen begangen wurden, einschließlich Folter und Bombardierung eines ganzen Landes als Vergeltung. Unter Verwendung desselben Maßes ergab eine Reihe von Studien in vier europäischen Ländern auf bzw. kurz nach dem Höhepunkt der Flüchtlingskrise im Herbst 2015 eindeutige Hinweise auf eine Dehumanisierung muslimischer Flüchtlinge, die in Osteuropa (Tschechische Republik und Ungarn) stärker ausgeprägt war als in Südeuropa (Griechenland, Spanien) (Bruneau, Kteily & Laustsen, 2018). In der Tschechischen Republik beispielsweise lag der Durchschnittswert für die Menschlichkeit der Tschechen auf der Skala von 0 bis 100 bei 90,4, während der Durchschnittswert für muslimische Flüchtlinge bei 53,0 lag. In allen vier Ländern sagten die Werte auf der Dehumanisierungsskala die Unterstützung für asylfeindliche Maßnahmen voraus. Da die Zielgruppen die ihnen zugeschriebene Dehumanisierung wahrnehmen, reagieren sie vielfach ihrerseits mit Aggression, was die Dehumanisierung weiter verstärkt (Kteily & Bruneau, 2017).

Neben gesellschaftlichen Rahmenbedingungen und Prozessen auf Gruppenebene, die zu Hasskriminalität beitragen können, sind auch Merkmale auf der Ebene der einzelnen Person zu betrachten, die zu individuellen Unterschieden in der Bereitschaft zu Hasskriminalität in Beziehung stehen. Das Ausmaß, in dem gesellschaftlich geteilte Ideologien und die Dehumanisierung von Fremdgruppen verinnerlich werden, spiegelt sich in den rassistischen, religiösen oder sexuellen Vorurteilen einer Person wider. Vorurteile werden als negative Bewertungen von Menschen aufgrund ihrer Zugehörigkeit zu einer bestimmten sozialen Gruppe oder Kategorie konzeptualisiert (▶ Kap. 9). Vorurteilsbehaftete Einstellungen gegenüber Personen aufgrund ihrer Zugehörigkeit zu bestimmten Gruppen wurden mit der Diskriminierung von Mitgliedern dieser Gruppen in Verbindung gebracht (Jones et al., 2017; Richeson & Sommers, 2016). Eine Längsschnittanalyse von Umfragedaten in Deutschland fand, dass ethnische Vorurteile über die Zeit hinweg negatives Verhalten gegenüber einer Fremdgruppe vorhersagten (Wagner, Christ & Pettigrew, 2008).

Jenseits vorurteilshafter Einstellungen gegenüber spezifischen Gruppen wurden allgemeinere Persönlichkeitseigenschaften und Einstellungssysteme als Prädiktoren von Hasskriminalität auf individueller Ebene identifiziert (Díaz-Faes & Pereda, 2022). Hierzu zählt das Konstrukt der Sozialen Dominanzorientierung, das die Neigung beschreibt, gesellschaftliche Gruppen in eine hierarchische Ordnung zu bringen, in der der eigenen Gruppe eine natürliche Überlegenheit zugesprochen wird. Das Konstrukt des rechten Autoritarismus beschreibt die Tendenz zur Unterordnung unter staatliche Autoritäten, verbunden mit der Forderung nach Einhaltung gesellschaftlicher Konventionen und aggressivem Verhalten gegenüber Personen und Gruppen, die als Bedrohung dieser Konventionen angesehen werden (▶ Kap. 14).

12.3 Ansatzpunkte für die Prävention

Obwohl rechtsextreme Hassverbrechen in erheblichem Umfang verbreitet sind und die gesellschaftliche Ordnung bedrohen, fehlt es bislang an effektiven bzw. evaluierten Präventionsmaßnahmen. Ein Ansatzpunkt besteht in der Verschärfung rechtlicher Regelungen. Dieses Ziel verfolgt das 2021 in Deutschland verabschiedete Gesetz zur Bekämpfung des Rechtsextremismus und der Hasskriminalität, in dem eine Reihe von Delikten des Strafgesetzbuches um Hasskriminalität erweitert bzw. mit einer höheren Strafzumessung belegt werden. So soll unter anderem der Verbreitung von Hassbotschaften in elektronischen Medien effektiver begegnet werden (Bundesministerium der Justiz, 2021). Jenseits einer höheren Strafbewehrung liegen jedoch keine wirksamkeitsgeprüften Maßnahmen zur Reduzierung medial vermittelter Hassbotschaften vor (Blaya, 2019).

Ein weiterer potenzieller Präventionsansatz auf der Basis psychologischer Erkenntnisse ist die Förderung positiver Kontakterfahrungen mit den abgelehnten Gruppen mit dem Ziel, vorurteilshafte Einstellungen als Risikofaktoren von Hasskriminalität zu beeinflussen (Berry et al., 2022). Neben dem direkten realen Kontakt mit Mitgliedern der Fremdgruppe kann auch imaginierter Kontakt oder indirekter Kontakt in Form von Wissen über Freundschaftsbeziehungen zwischen Mitgliedern der Eigen- und der Fremdgruppe zu einem Abbau negativer Vorurteile führen

(Christ & Kauff, 2019). Inwieweit die Förderung positiver Kontakterfahrungen auch geeignet sein kann, die Bereitschaft zu Gewalt gegenüber Fremdgruppen zu reduzieren, ist jedoch derzeit noch eine offene Frage.

12.4 Zusammenfassung

Die in diesem Beitrag präsentierte Forschung hat gezeigt, dass die Bedingungsfaktoren für Hasskriminalität auf sozio-struktureller, gruppenbezogener und individueller Ebene zu suchen sind. Hassverbrechen werden durch gesellschaftliche Rahmenbedingungen beeinflusst, die eine Polarisierung zwischen sozialen Gruppen fördern. Die sozialpsychologische Forschung hat insbesondere die Bedeutung der Identifizierung mit der eigenen Gruppe und der Abwertung der Fremdgruppe zur Herstellung und Verteidigung einer positiven sozialen Identität herausgearbeitet. Fremdgruppen werden zur kollektiven Zielscheibe von Feindseligkeit und Wut, weil sie Merkmale aufweisen, wie zum Beispiel religiöse Überzeugungen, ethnische oder nationale Herkunft, die als Bedrohung für die Identität der Eigengruppe wahrgenommen werden. Zudem wird die Bereitschaft zur Gewalt gegenüber Fremdgruppen durch das Empfinden relativer Deprivation im Sinne einer ungerechten Benachteiligung der Eigengruppe sowie Prozesse der Delegitimierung und Dehumanisierung gefördert. Das Ausmaß der Internalisierung dieser Auffassungen bestimmt schließlich individuelle Unterschiede in der Bereitschaft zur Hasskriminalität gegenüber Fremdgruppen. In der Summe zeigt die vorliegende Forschung einerseits, dass aufgrund der Vielschichtigkeit der der Hasskriminalität zugrundeliegenden Prozesse einfache Gegenmaßnahmen nicht zu finden sein werden. Gleichzeitig kann das vorliegende Wissen über die Bedingungen und Mechanismen der Entstehung von Hasskriminalität eine theorie- und evidenzbasierte Grundlage für die gesellschaftliche Auseinandersetzung mit dem Problem der Hasskriminalität und die Entwicklung wirksamer Präventionsansätze liefern.

Literatur

Bar-Tal, D. (1990). Causes and consequences of delegitimization: Models of conflict and ethnocentrism. *Journal of Social Issues, 46*, 65–81. https://doi.org/10.1111/j.1540-4560.1990.tb00272.x

Die Beauftragte der Bundesregierung für Migration, Flüchtlinge und Integration (2023). *Lagebericht Rassismus in Deutschland*. Zugriff am 09.11.2023 unter: https://www.integrationsbeauftragte.de/resource/blob/1864320/2157012/13c0ae89a5ed99afbda683db1a734e52/lagebericht-rassismus-komplett-data.pdf?download=1

Berry, J. W., Lepshokova, Z., Grigoryev, D., Annis, R. C., Au, A. K. Y., Bano, S., Boehnke, K., Buholzer, A., Brylka, A., Chen, S. X., Dandy, J., Dunn, K., van Egmond, M., Galyapina, V., Gibson, R., Grad, H., Gui, Y., Hanke, K., Jasinskaja-Lahti, I., . . . & Ziaian, T. (2022). How shall we all live together? Meta-analytical review of the mutual intercultural relations in plural societies project. *Applied Psychology*, 71(3), 1014–1041. https://doi.org/10.1111/apps.12332

Bilewicz, M. & Soral, W. (2020). Hate speech epidemic. The dynamic effects of derogatory language on intergroup relations and political radicalization. *Political Psychology*, 41(S1), 3–33. https://doi.org/10.1111/pops.12670

Blaya, C. (2019). Cyberhate: A review and content analysis of intervention strategies. *Aggression and Violent Behavior*, 45, 163–172. https://doi.org/10.1016/j.avb.2018.05.006

Bruneau, E., Kteily, N. S. & Laustsen, L. (2018). The unique effects of blatant dehumanization on attitudes and behavior towards Muslim refugees during the European ›refugee crisis‹ across four countries. *European Journal of Social Psychology*, 48, 645–662. https://doi.org/10.1002/ejsp.2357

Bundeskriminalamt (o. J.) *Politisch motivierte Kriminalität (PMK) -rechts-: Phänomen – Definition, Beschreibung, Deliktsbereiche*. Zugriff am 09.11.2023 unter: https://www.bka.de/DE/Unsere Aufgaben/Deliktsbereiche/PMK/PMKrechts/PMKrechts_node.html

Bundeskriminalamt (2022). *Straf- und Gewalttaten im Bereich Hasskriminalität 2020 und 2021*. Zugriff am 09.11.2023 unter: https://www.bmi.bund.de/SharedDocs/downloads/DE/veroeffentlichungen/nachrichten/2022/pmk2021-hasskriminalitaet.pdf?__blob=publicationFile&v=2

Bundesministerium der Justiz (2021). *Gesetz zur Bekämpfung des Rechtsextremismus und der Hasskriminalität*. Zugriff am 09.11.2023 unter: https://www.bmj.de/SharedDocs/Gesetzgebungsverfahren/DE/2021_Bekaempfung_Rechtsextremismus_Hasskriminalitaet.html

Bundesministerium des Inneren und für Heimat (2017). *Übersicht »Hasskriminalität« – Entwicklung der Fallzahlen 2001–2016*. Zugriff am 09.11.2023 unter: https://www.bmi.bund.de/SharedDocs/downloads/DE/veroeffentlichungen/2017/pmk-2016-hasskriminalitaet-2001-2016.html

Christ, O. & Kauff, M. (2019). Intergroup contact theory. In K. Sassenberg & M. L. W. Vliek (Hrsg.), *Social psychology in action* (S. 145–161). Cham: Springer International Publishing. https://doi.org/10.1007/978-3-030-13788-5_10#DOI

Christie, D. J. (2006). 9/11 Aftershocks: An analysis of conditions ripe for hate crimes. In P. R. Kimmel & C. E. Stout (Hrsg.), *Collateral damage: The psychological consequences of America's war on terrorism* (S. 19–44). Westport: Praeger Publishers/Greenwood Publishing Group.

Craig, K. M. (2002). Examining hate-motivated aggression: A review of the social psychological literature on hate crimes as a distinct form of aggression. *Aggression and Violent Behavior*, 7(1), 85–101. https://doi.org/10.1016/S1359-1789(00)00039-2

Díaz-Faes, D. A. & Pereda, N. (2022). Is there such a thing as a hate crime paradigm? An integrative review of bias-motivated violent victimization and offending, Its effects and underlying mechanisms. *Trauma, Violence & Abuse*, 23(3), 938–952. https://doi.org/10.1177/1524838020979694

Federal Bureau of Investigation. (2011). *Hate crime statistics 2009*. Zugriff am 09.11.2023 unter: https://www2.fbi.gov/ucr/hc2009/documents/methodology.pdf

Fetzer, M. D. & Pezzella, F. S. (2020). Hate crimes: A special category of victimization. In R. Geffner, J. W. White, L. K. Hamberger, A. Rosenbaum, V. Vaughan-Eden, & V. I. Vieth (Hrsg.), *Handbook of interpersonal violence and abuse across the lifespan* (S. 1–28). Cham: Springer International Publishing. https://doi.org/10.1007/978-3-319-62122-7_102-1

Haslam, N. (2006). Dehumanization: An integrative review. *Personality & Social Psychology Review*, 10(3), 252–264. https://doi.org/10.1207/s15327957pspr1003_4

Jones, K. P., Sabat, I. E., King, E. B., Ahmad, A., McCausland, T. C. & Chen, T. (2017). Isms and schisms: A meta-analysis of the prejudice-discrimination relationship across racism, sexism, and ageism. *Journal of Organizational Behavior*, 38(7), 1076–1110. https://doi.org/10.1002/job.2187

Kteily, N. S. & Bruneau, E. (2017). Darker demons of our nature: The need to (re)focus attention on blatant forms of dehumanization. *Current Directions in Psychological Science*, 26(6), 487–494. https://doi.org/10.1177/0963721417708230

Kteily, N. S., Bruneau, E., Waytz, A. & Cotterill, S. (2015). The ascent of man: Theoretical and empirical evidence for blatant dehumanization. *Journal of Personality and Social Psychology*, 109(5), 901–931. https://doi.org/10.1037/pspp0000048

Kteily, N. S. & Landry, A. P. (2022). Dehumanization: Trends, insights, and challenges. *Trends in Cognitive Sciences*, *26*(3), 222–240. https://doi.org/10.1016/j.tics.2021.12.003

OSCE Odhir Hate Crime Reporting (o. J.). *What is hate crime?* Zugriff am 10.11.2023 unter: https://hatecrime.osce.org/

Pfundmair, M., Wood, N. R., Hales, A. & Wesselmann, E. D. (2022). How social exclusion makes radicalism flourish: A review of empirical evidence. *Journal of Social Issues*, Article josi.12520. Advance online publication. https://doi.org/10.1111/josi.12520

Piatkowska, S. J., Hövermann, A. & Yang, T.-C. (2020). Immigration influx as a trigger for right-wing crime: A temporal analysis of hate crimes in Germany in the light of the ›refugee crisis‹. *British Journal of Criminology*, *60*(3), 620–641. https://doi.org/10.1093/bjc/azz073

Rees, J. H., Rees, Y. P. M., Hellmann, J. H. & Zick, A. (2019). Climate of hate: Similar correlates of far right electoral support and right-wing hate crimes in Germany. *Frontiers in Psychology*, *10*, 2328. https://doi.org/10.3389/fpsyg.2019.02328

Richeson, J. A., & Sommers, S. R. (2016). Toward a social psychology of race and race relations for the twenty-first century. *Annual Review of Psychology*, *67*, 439–463. https://doi.org/10.1146/annurev-psych-010213-115115

Sherif, M. (1966). *In common predicament: Social psychology in intergroup conflict and cooperation.* Boston: Houghton Mifflin.

Tajfel, H. (1981). *Human groups and social categories: Studies in social psychology.* Cambridge: Cambridge University Press.

United States Department of Justice (2021). *2021 Hate Crimes Statistics.* Zugriff am 09.11.2023 utner: https://www.justice.gov/crs/highlights/2021-hate-crime-statistics

Wagner, U., Christ, O. & Pettigrew, T. F. (2008). Prejudice and group-related behavior in Germany. *Journal of Social Issues*, *64*(2), 403–416. https://doi.org/10.1111/j.1540-4560.2008.00568.x

13 Rechtsterrorismus

Michaela Pfundmair und Armin Pfahl-Traughber

Anschlagspläne einer Gruppe S. gegen mehrere Moscheen gleichzeitig, die Serienmorde des NSU an Menschen mit Migrationshintergrund, das geplante Massaker an Personen jüdischen Glaubens in Halle, die Ermordung des CDU-Politikers Walter Lübcke – all das steht für die erschreckende Aktualität des Rechtsterrorismus. Auch in anderen Ländern lässt sich dessen Präsenz konstatieren: Die »Atomwaffen Division« mit einem eingeforderten »Rassenkrieg« steht dafür ebenso wie das Massaker an Menschen muslimischen Glaubens in Christchurch in Neuseeland. Bereits seit Mitte des letzten Jahrhunderts gibt es immer wieder Bewegungen – von manchen Forschenden als Wellen beschrieben (z. B. Hart, 2021) – von ausgeprägtem Rechtsterrorismus. Und auch die Gefahr, dass neue rechtsterroristische Entwicklungen vor uns liegen, erscheint nicht unwahrscheinlich. Das Thema Rechtsterrorismus ist somit nach wie vor relevant und wird es voraussichtlich auch bleiben.

In diesem Kapitel werden zunächst zentrale Begrifflichkeiten definiert und die Organisationsformen im Rechtsterrorismus skizziert. Sodann wird ein Abriss über den Forschungsstand im Rechtsterrorismus und speziell in der terroristischen Rechtsradikalisierung gegeben, um die Frage zu beantworten, wie eine Person den Weg zum (Rechts-)Terrorismus findet. Zuletzt wird auf die zukünftigen Forschungsaufgaben und Ansatzpunkte für die Praxis eingegangen.

13.1 Definition von Rechtsextremismus, -terrorismus und -radikalisierung

»Rechtsextremismus« steht als Sammelbezeichnung für ein politisches Spektrum, das einerseits von der Überbetonung ethnischer Zugehörigkeit und andererseits von der expliziten Ablehnung von Basiswerten moderner Demokratie geprägt ist. Diesem politischen Spektrum gehören auch *nicht-gewalttätige* AkteurInnen wie etwa Intellektuelle, Parteien oder Publikationsorgane an. Gleichwohl dienen die von ihnen propagierten Einstellungen auch Gewaltbereiten als Legitimation für ihre Taten.

Zur Begriffsbestimmung von »Terrorismus« bestehen zahlreiche Auffassungen, die meist die folgenden Bestandteile aufweisen: Es handelt sich um politisch motivierte Gewalttaten mit höherer Intensität, die von einem nicht-staatlichen Akteur bzw. einer nicht-staatlichen Akteurin mit eher geringer politischer Bedeutung mit einer bestehenden Strategie um der öffentlichen Wirkung willen durchgeführt werden. Zu bedenken ist, dass nicht jede rechtsextremistische Gewalthandlung – etwa gewalttätige Hassverbrechen, in denen Menschen brutal gegen Minderheitenangehörige vorgehen und die sehr viel häufiger stattfinden – auch für Rechtsterrorismus steht. Zwar ist jeder Akt von Rechtsterrorismus eine Form von rechtsgerichteter Gewalt, aber nicht jede Form rechtsgerichteter Gewalt ist Rechtsterrorismus. Ein Verschwimmen dieser Begrifflichkeiten kann dazu führen, dass Rechtsterrorismus falsch bewertet wird oder sogar ineffektive Gegenmaßnahmen entwickelt werden (siehe auch Koehler, 2017, zu den Schwierigkeiten dieses Begriffs). Um eine Tat als rechtsterroristisch zu klassifizieren, bedarf es des Belegs der genannten Bestandteile. Rechtsterrorismus tritt in Verbindung mit verschiedenen Varianten rechter Ideologien auf: erstens eine Ausrichtung am historischen Nationalsozialismus, zweitens ein nicht-nationalsozialistischer Rassismus, welcher speziell in den USA entstand und von einem Rassismus einer weißen überlegenen Gruppe gegen Schwarze geprägt ist. Eine dritte Ideologievariante ist ein diffuser Mix, der sich häufig in den Manifesten von Einzeltätern wiederfindet und in dem Fragmente unterschiedlicher Kontexte zusammengeführt werden. Dabei spielen beispielsweise die Gefahr eines »Großen Austauschs« (der Austausch der einheimischen durch eine migrantische Bevölkerung), frauenfeindliche Einstellungen oder Konspirationsideologien (wie »QAnon«-Vorstellungen) eine Rolle (Pfahl-Traughber, 2023).

Über die Definition des Begriffs der »Radikalisierung« hin zum Terrorismus gibt es – wie bei den Begriffen Extremismus und Terrorismus – eine rege Debatte. Die meisten Definitionsversuche haben jedoch drei Schlüsselelemente gemein: Demnach ist Radikalisierung ein gradueller Prozess, der eine Sozialisation in extremistische Überzeugungen umfasst, die Menschen bereit macht, Gewalt anzuwenden, auch wenn Gewaltanwendung nicht immer Teil oder Endpunkt einer Radikalisierung sein muss (Hafez & Mullins, 2015). Bei Rechtsradikalisierung wiederum ist der genannte Prozess inhaltlich verbunden mit den oben dargestellten Varianten rechtsextremistischer Ideologie. Der letztere Punkt der Definition sei an dieser Stelle aufgrund seiner Wichtigkeit nochmals herausgegriffen: Radikalisierung ist kein automatisches »Förderband« zum Terrorismus. Die meisten Menschen, die sich extremistische Ideen und gewaltlegitimierende Rechtfertigungen zu eigen machen, handeln nur in den seltensten Fällen entsprechend (Borum, 2011).

13.2 Historische Entwicklung und Organisationsformen im Rechtsterrorismus

Blickt man auf die AkteurInnen des Rechtsterrorismus, speziell in Deutschland, so lassen sich idealtypisch drei Organisationsformen unterscheiden. Dominant war lange eine größere und hierarchische Gruppe. Ihr gehörten meist mehr als zehn

Personen an, welche einer herausgehobenen Führung unterstanden. Indessen erwies sich eine größere Gruppe im Rechtsterrorismus auch anfällig dafür, angesichts einer solchen Präsenz von den Sicherheitsbehörden leichter erkannt zu werden. Diese Einsicht bedingte mit, dass eine neue Organisationsform entstand. Es entwickelten sich kleinere Zellen, die sich in anderen Ideologievarianten des Terrorismus schon zuvor ausgebildet hatten. Bedeutsam in diesem Kontext ist dabei ein besonderer Terminus: »leaderless resistance«, also »führerloser Widerstand«. Dabei geht es um die Gründung von eigenständigen Klein-Gruppen, die mehr durch eine ideologische Einstellung und weniger durch eine organisatorische Struktur miteinander verbunden sein sollten. Neben diesen beiden idealtypischen Organisationsformen für unterschiedlich große Personenzusammenschlüsse lässt sich im Rechtsterrorismus noch ein anderer, hier dritter Typus ausmachen: Gemeint ist der Einzeltäter, wobei diese Bezeichnung immer wieder Irritationen auslöst. Entsprechend der Formulierung geht es nur darum, dass eine einzelne Person eine terroristische Tat durchführt. Die gemeinten AkteurInnen agieren allein als Individuen, sie folgen keiner Gruppe und ihre Handlungen sind selbstbestimmt. Diese Definition von Einzeltätern schließt allerdings nicht aus, dass es einen Einfluss auf sie oder ihn aus der breiteren Gesellschaft oder der rechtsextremistischen Szene gab. Der Blick fällt demnach primär auf Handelnde, die in der Forschung auch als »Lone Actor« oder »Lone Wolf« bezeichnet werden. Die größte Anzahl von durch RechtsterroristInnen erfolgten Tötungen ging zuletzt von diesem Typus aus (Pfahl-Traughber, 2020a; Pfahl-Traughber, 2023).

13.2.1 Rechtsterroristische Gruppen in der deutschen Geschichte

Erst Ende der 1960er Jahre entstand ein Rechtsterrorismus im definierten engeren Sinne, wobei insbesondere gewaltorientierte AnhängerInnen der damaligen NPD derartige Personenzusammenschlüsse gründeten. Als Beispiele dafür können die »Europäische Befreiungsfront«, die »Nationale Deutsche Befreiungsbewegung« oder die »Nationalsozialistische Kampfgruppe Großdeutschland« gelten. Sie bestanden aus mindestens zehn Personen und wiesen meist eine hierarchische Struktur auf. Anschläge sollten sich insbesondere gegen »links« richten, wozu DDR-Einrichtungen ebenso wie der SPD-Vorstand als »kommunistisch« gezählt wurden. Ab Ende der 1970er Jahre kam es im Rechtsterrorismus zu einer thematischen Schwerpunktverlagerung, richteten sich doch Anschläge fortan insbesondere gegen Flüchtlingsunterkünfte. Dafür steht beispielhaft die »Deutsche Aktionsgruppe« unter der Leitung des bekannten Alt- und Neonazis Manfred Roeder, wobei deren AkteurInnen 1980 sieben Brandanschläge mit zwei Todesfolgen verübten.

In den 1990er Jahre entstanden keine relevanten rechtsterroristischen Strukturen, obwohl dann ein starker Anstieg rechtsextremistischer Gewalttaten, aber nicht-terroristischen Typs zu verzeichnen war. Eine kleine rechtsterroristische zellenähnliche Gruppe bildete sich zum Ende des Jahrzehnts als »Nationalsozialistischer Untergrund« (NSU), gegründet von drei untergetauchten Neonazis. Bis 2007 ermordeten sie neun Menschen mit Migrationshintergrund und eine Polizistin. Erst 2011 wurde die Existenz der Gruppe in der Folge einer gescheiterten kriminellen Tat bekannt (Quent, 2019). Zuvor hatte 2003 eine ebenfalls aus Neonazis bestehende »Schutztruppe« geplant, einen Anschlag auf ein im Entstehen begriffenes, jüdisches Gemeindezentrum in München durchzuführen. Auch nach dem Bekanntwerden des NSU entstanden immer wieder rechtsterroristische Strukturen, die insbesondere Anschläge gegen Flüchtlingsunterkünfte und Moscheen durchführen wollten. Bekannte Beispiele sind »Gruppe Freital«, »Revolution Chemnitz«, Gruppe »Nordadler« oder Gruppe S. (Pfahl-Traughber, 2019).

13.2.2 Rechtsterroristische Einzeltäter in der deutschen Geschichte

Auch rechtsterroristischen Einzeltätern kam bereits früh Relevanz zu: Dafür steht etwa der Anschlag von Josef Bachmann auf Rudi Dutschke 1968, wobei der Attentäter zuvor in gewaltorientierten rechtsextremistischen Gruppen politisch sozialisiert worden war, aber in Folge einer gegen sein Opfer gerichteten hetzerischen Stimmung die Tat allein beging. Bei anderen bedeutsamen Fällen im Jahr 1980 ist der genaue Tathintergrund bis heute nicht geklärt. Gemeint ist der Anschlag von Gundolf Köhler auf das Münchener Oktoberfest mit 13 Toten und das Attentat von Uwe Behrendt auf Shlomo Levin und seine Lebensgefährtin. Beide Mörder gehörten zuvor der neonazistischen »Wehrsportgruppe Hoffmann« an, was eine direkte oder indirekte Anregung zu den genannten Gewalthandlungen von dieser Seite nahelegen könnte. Danach gab es bis auf eine Ausnahme zunächst keine bedeutsamen Einzeltäterfälle mehr: den 1997 erfolgten Anschlag auf einen linken Buchhändler durch den neonazistischen Gewalttäter Kay Diesner (Pfahl-Traughber, 2016).

Derartige Fälle sollten in den folgenden Jahren aber immer mehr zunehmen, wobei auch entsprechende Ereignisse aus anderen Ländern als konkrete Vorbilder galten. Gemeint sind vor allem die 2011 durchgeführten 77 Morde in Norwegen, die allein von Anders Behring Breivik ohne persönliche Gruppenzugehörigkeit und logistische Hilfe durchgeführt wurden. Auch in Deutschland kam es zu Einzeltäterterrorismus, wozu der von dem früheren neonazistischen Aktivisten Frank S. 2015 durchgeführte Mordversuch an der damaligen Oberbürgermeisterkandidatin Henriette Reker in Köln zählte. Neun Menschen wurden 2016 in München durch den erst 18-jährigen Schüler David Sonboly getötet, bezeichnenderweise am Jahrestag des erwähnten Massakers in Norwegen. 2019 ermordete der neonazistische Aktivist Stephan Ernst den CDU-Politiker Walter Lübcke. Stephan Balliet versuchte in Halle im gleichen Jahr vergeblich, in eine Synagoge einzudringen, um dort ein Massaker anzurichten, und tötete dann zwei Menschen auf der Straße. Und Tobias Rathjan, geprägt einerseits von rechtsextremistischen Einstellungen und andererseits von paranoiden Wahnvorstellungen, tötete 2020 in Hanau neun Menschen mit Migrationshintergrund, danach seine Mutter und sich selbst (Pfahl-Traughber, 2020b).

13.3 Forschungsstand

13.3.1 Rechtsterrorismus

Vorfälle von Rechtsterrorismus nahmen in der letzten Dekade stetig zu und Rechtsterrorismus gilt inzwischen als die prominenteste und tödlichste Form von Terrorismus in der westlichen Welt (Institute for Economics & Peace, 2023). Wie lässt sich Rechtsterrorismus empirisch charakterisieren? Muster für den Rechtsterrorismus ergeben sich aus der Demographie der TäterInnen und der Art der Tat: RechtsterroristInnen sind im Gegensatz zu LinksterroristInnen eher männlich, älter, haben eine weniger hohe Bildung und leben in ländlichen Kontexten (Smith, 1994; Smith, Damphousse & Roberts, 2006). Taten des Rechtsterrorismus sind (im Vergleich zum Linksterrorismus, jedoch ähnlich zum religiös motivierten Terrorismus) gewalttätiger und tödlicher (Jasko, LaFree, Piazza & Becker, 2022) und ideologische Rechtfertigungen werden (im Gegensatz zu den anderen beiden Formen des Terrorismus) weniger kommuniziert (Chermak & Gruenewald, 2015). Eine Ausnahme stellt dabei der rechtsterroristische Einzeltäter dar, der häufig in einschlägigen »Manifesten« seine politischen Einstellungen öffentlich machen möchte. Außerdem richten sich Angriffe des Rechtsterrorismus in der Regel nicht gegen den Staat, sondern gegen andere Bereiche der Gesellschaft: Insbesondere Minderheitenangehörige stellen hier Opfergruppen dar. In Europa sind es meist MigrantInnen, in den USA insbesondere Schwarze. Darüber hinaus richtet sich die Gewalt auch gegen Menschen, die (angeblich oder tatsächlich) jüdischen Glaubens sind, ebenso wie Angehörige des politischen Gegners, also der politischen Linken (Pfahl-Traughber, 2023). Forschung existiert ebenfalls speziell zum deutschen Rechtsterrorismus (siehe Gräfe, 2017; Rabert, 1995; Virchow, 2016), allerdings insbesondere über einzelne Gruppen oder Taten und weniger als systematisches Bild über den Rechtsterrorismus. Über die politisch motivierte Gewalthandlung, die Terrorismus darstellt, hinaus, stellt sich die wichtige Frage, wie Menschen dazu kommen, eine solche Tat zu begehen. Hierzu kann die Forschung zu Radikalisierung einige Antworten geben.

13.3.2 Terroristische Rechtsradikalisierung

Verschiedene Fachwissenschaften, wie die Politikwissenschaft, die Soziologie oder die Psychologie, beschäftigen sich seit Jahrzenten mit der Frage, wie sich ein Mensch zum Terroristen oder zur Terroristin entwickelt. In den meisten Fällen, insbesondere in denen unserer westlichen Kulturen, findet diese Entwicklung über Radikalisierung statt (siehe z. B. Daase, Deitelhoff & Junk, 2019). Klar ist, dass es bei Radikalisierung weniger auf spezifische Profile (eine »terrorist personality«) ankommt als auf mögliche Pfade (Horgan, 2008). Die Forschung dazu lässt sich in zwei Zugänge aufteilen: Einerseits wurden einzelne Faktoren identifiziert, die Radikalisierungsprozesse vorantreiben. Radikalisierung ist jedoch in aller Regel das Produkt verschiedenster Faktoren, die miteinander interagieren. Aufgrund dessen wurden andererseits auch ganze Modelle aufgestellt, um den Versuch zu unternehmen, den Prozess der Radikalisierung in seiner Gesamtheit abzubilden. Im Folgenden sollen einige dieser Erklärungsansätze skizziert werden.

Ein wichtiger Faktor der Radikalisierung ist das Bedürfnis nach Bedeutung. Der Wunsch, jemand zu sein und Bedeutung zu haben, wohnt allen Menschen inne. Er kann jedoch auch einen wichtigen Motivator darstellen, sich zu radikalisieren – denn sich selbst durch extremistische Ideen und Handlungen Bedeutsamkeit zu verleihen, kann dieses Bedürfnis stillen (Kruglanski, Jasko, Webber, Chernikova & Molinario, 2018). Ein weiterer Faktor für Radikalisierung ist das Bedürfnis nach Unsicherheitsvermeidung. Sich unsicher über die Welt zu fühlen und darüber, wie man sich selbst und wie sich andere verhalten sollten, ist aversiv. Menschen versuchen, solche Unsicherheiten zu reduzieren. Die Identifikation mit einer Gruppe kann solche Unsicherheiten bewältigen, insbesondere dann, wenn sie klare Strukturen und Regeln vorgibt. Dies wiederum ist ein zentrales Merkmal extremistischer Gruppierungen, die damit besonders gut geeignet sind, Unsicherheiten zu reduzieren (Hogg, 2014). Gruppenprozesse sind ein weiterer relevanter Faktor für Radikalisierung. Denn Radikalisierung findet in den meisten Fällen in Gruppen statt. In diesen wiederum können sich extremistische Ideen über Prozesse wie Konformität und Gruppenpolarisierung multiplizieren. Konsistent dazu wird auch angenommen, dass sich extremistische Ideen insbesondere im Zuge der intensiven Positivbewertung der Eigengruppe (sog. »ingroup love«) und weniger aufgrund der Abwertung der Fremdgruppe (sog. »outgroup hate«) formieren. In der Forschung nennt man den Eintritt in eine radikale Gruppierung wegen der starken psychologischen Sogwirkung der Gruppenprozesse auch »slippery slope« (McCauley & Moskalenko, 2008). Darüber hinaus können Erlebnisse sozialer Exklusion Radikalisierung vorantreiben: Dadurch, dass Exklusion einerseits wichtige Bedürfnisse (z. B. nach Selbstwert und Kontrolle) depriviert und andererseits dazu in der Lage ist, Gruppenprozesse zu befeuern, kann sie den Grundstein für radikale Entwicklungen legen (Pfundmair, Wood, Hales & Wesselmann, 2022a). Darüber hinaus spielen gewisse kognitive Prozesse eine Rolle für die terroristische Radikalisierung. Von besonderer Bedeutung sind Rechtfertigungen, um das eigentlich amoralische Verhalten, auf das Radikalisierung gedanklich vorbereitet (z. B. eine Person zu töten oder ihr anderweitig Schmerz zuzufügen), zu legitimieren. Dies kann durch dissonanzreduzierende Kognitionen wie Dehumanisierung oder auch Verantwortungsdiffusion geschehen (Koomen & van der Pligt, 2016).

Aktuelle Modelle der Radikalisierung setzen entweder an einer Puzzle- oder einer Verlaufsstruktur an. Im »Radikalisierungspuzzle« von Hafez und Mullins (2015) beispielsweise wird angenommen, dass vier Faktoren zusammenkommen müssen, damit sich eine Person radikalisiert: Missstände (wie kulturelle Ausgrenzung oder persönliche Krisen), Netzwerke (in denen Individuen an extremistisches Gedankengut herangeführt werden), Ideologieelemente (d. h. Narrative über die Welt und den Platz der eigenen Person darin) und Gelegenheitsstrukturen (wie Gefängnisse oder das Internet, die ideologische und materielle Hilfe zur Verfügung stellen). Bei vielen Modellen – wie auch beim »Radikalisierungspuzzle« – lässt sich allerdings die Kritik äußern, dass diese zu allgemein gehalten sind, um Radikalisierungsprozesse im Detail abzubilden. In einem neueren Verlaufsmodell der Radikalisierung, das inhaltlich umfassender ist, wird postuliert, dass gewisse individuelle Bedingungen (z. B. junges Alter oder Exklusion) Menschen für Radikalisierung anfälliger werden lassen. Die eigentliche radikalisierende Entwicklung wird durch drei Prozessarten vorangetrieben: individuelle Prozesse (wie das Bedürfnis nach Signifikanz oder Kontrolle), Gruppenprozesse (wie Konformität oder Polarisierung) und kognitive Prozesse (wie Dehumanisierung und Desensibilisierung). Diese treten mehr oder weniger versetzt auf, können sich im Verlauf jedoch auch gegenseitig verstärken (Pfundmair et al., 2022b), ▶ Abb. 13.1.

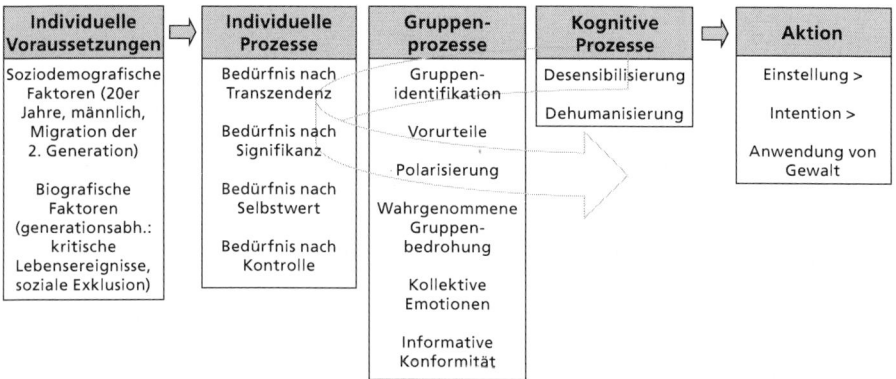

Abb. 13.1: Verlaufsmodell der Radikalisierung nach Pfundmair et al. (2022b).

Wie auch in manchen Modellen explizit erwähnt, ist zu bedenken, dass im Rahmen der Radikalisierung immer eine Vernetzung zwischen psychologischen Prozessen und politischen Überzeugungen stattfindet, die letztlich Einstellung und Taten prägt. Dies ist auch im Rahmenmodell des vorliegenden Buches zu erkennen, das zwar Rechtsradikalisierung in seiner kompletten Breite (d. h. nicht ausschließlich Radikalisierung hin zum Rechtsterrorismus) abbilden möchte, jedoch ebenfalls auf die Wichtigkeit der Interaktion von Deprivationserfahrungen, rechtsextremistischen Ideologien und politischer Gewalt hinweist.

Bei den Erkenntnissen zu Radikalisierung muss immer Folgendes bedacht werden: Wie in der Definition von Radikalisierung deutlich, kann der Endpunkt einer Radikalisierung Terrorismus sein, er ist es jedoch nicht zwangsläufig; Menschen im Prozess der Radikalisierung können sich bis hin zu TerroristInnen entwickeln, aber auch auf einer Stufe stehen bleiben, auf der sie zwar eine extremistische Einstellung besitzen, jedoch niemals entsprechend handeln werden. Mit der wichtigen Frage, welche Faktoren zu radikalen Einstellungen und welche zu radikalen Handlungen führen, beschäftigt sich neuere Forschung. Während Risikofaktoren für radikale Einstellungen beispielsweise politische Kränkungen, wahrgenommene Ungerechtigkeit und Unsicherheit sind, stellen eine geringe Selbstkontrolle, die Suche nach Nervenkitzel und Risiko sowie eine kriminelle Vorgeschichte Risikofaktoren für radikale Handlungen dar (Wolfowicz, Litmanovitz, Weisburd & Hasisi, 2020). Allerdings differenzieren diese Faktoren nicht zwingend zwischen Einstellung und Verhalten: Viele stellen sowohl Risikofaktoren für radikale Einstellungen als auch radikales Verhalten dar. Zudem befindet sich die Forschung in diesem Bereich noch in ihren Kinderschuhen. Was somit schließlich genau den Ausschlag dafür gibt, dass ein Radikalisierungsprozess in einer terroristischen Handlung mündet – oder ob dies letztlich ein Zufallsereignis ist – ist bislang noch unklar.

Zuletzt lässt sich konstatieren, dass die hier in Auszügen skizzierten Erkenntnisse zu Radikalisierungsfaktoren und -prozessen nicht spezifisch für eine bestimmte Ideologie wie die des Rechtsextremismus gelten. Dies ist einerseits dem Versuch geschuldet, nach dem ein Großteil der Theorien Radikalisierung als allgemeines Phänomen erklären möchte. Andererseits existieren zwischen den ideologischen Richtungen kaum vergleichende Untersuchungen. Faktoren, die – bedingt durch ihre ideologische Nähe – insbesondere bei Rechtsradikalisierung plausibel erscheinen, sind die Persönlichkeitsmerkmale rechter Autoritarismus und Soziale Dominanzorientierung (d. h. eine Präferenz für hierarchische Beziehungen zwischen Gruppen), die häufig mit rechter politischer Gewalt in Verbindung gebracht werden (z. B. Thomsen, Green & Sidanius, 2008). Andererseits zeigt eine neue Studie, dass auch linker Autoritarismus mit politischer Gewalt assoziiert ist (Costello et al., 2022). Dafür, dass Radikalisierung in verschiedenen Phänomenbereichen psychologisch ähnlich verläuft, gib es in der Tat mehr und mehr Hinweise (Van Prooijen & Krouwel, 2019).

13.3.3 Radikalisierung in den verschiedenen Organisationsformen

In den oben ausgeführten typischen Organisationsformen – den rechtsterroristischen Gruppierungen und den Einzeltätern – dürften terroristische Radikalisierungsprozesse grundsätzlich in ähnlicher Art und Weise ablaufen. Durch den starken Fokus auf die Gruppe ist jedoch anzunehmen, dass in rechtsterroristischen Personenzusammenschlüssen Gruppenprozesse sehr viel stärker katalysierend wirken dürften als bei Einzeltätern. D. h., auch wenn Einzeltäter (teilweise) mit anderen Personen in Kontakt stehen, dürften bei GruppentäterInnen durch die starke Gruppenidentifikation, die bis zu einer sog. »identify fusion« (Gómez et al., 2021) reichen kann, Phänomene wie Konformität, kollektive Emotionen oder Polarisierung deutlich häufiger und stärker radikalisierend wirken (▶ Kap. 9). Bei Einzeltätern könnten – über die bekannten Faktoren der Radikalisierung hinaus – zudem psychische Störungen eine größere Rolle spielen. Denn die Forschung zeigt, je isolierter TerroristInnen sind, desto wahrscheinlich sind psychische Erkrankungen (Corner et al., 2016). In dieser Hinsicht kann man Einzeltäter mit sog. »mass casualty offenders« vergleichen, also Personen, die ohne ideologischen Unterbau vier oder mehr Morde innerhalb von 24 Stunden begangen haben. Besonders drei Störungsbilder haben substantiell höhere Prävalenzen unter den Einzeltätern: Schizophrenie, wahnhafte Störungen und autistische Störungen. Dagegen sind bei TäterInnen in terroristischen Gruppierungen sogar bedeutsam weniger psychische Störungen als in der Allgemeinbevölkerung vorzufinden (Corner et al., 2016). Dies passt auch ins Bild terroristischer Vereinigungen, in denen Personen, die auffallen oder es nicht vermögen, sich der Gruppe anzupassen, nicht willkommen sind.

13.4 Zukünftige Forschung und Ansatzpunkte für die Praxis

Die vorstehenden Ausführungen machen deutlich, dass zwar zahlreiche Beschreibungen des Rechtsterrorismus vorliegen. Es mangelt aber an einem komparativen Blick, durch den typische Merkmale, etwa bezogen auf die Akteure, Organisationsformen und Strategien, noch klarer erfasst werden könnten. Was die Rechtsradikalisierung angeht, mangelt es ebenfalls an Studien, die Faktoren und Prozesse der terroristischen Radikalisierung in verschiedenen ideologischen Richtungen vergleichen. Aussagen über die Radikalisierung spezifisch zum Rechtsterrorismus hin zu treffen, ist daher weiterhin eine Herausforderung. Warum sich eine Person ausgerechnet rechtsextremistischen Gedankengut zuwendet, könnte auch von Faktoren beeinflusst sein, welche die aktuellen Radikalisierungsmodelle nicht abbilden. Dabei ist grundsätzlich zu beachten, dass die quantitative Forschung und insbesondere experimentelle Designs, die dazu in der Lage sind, Ursache-Wirkungs-Zusammenhänge aufzuschlüsseln, in der Terrorismusforschung bislang unterentwickelt sind (Schuurman, 2020). Sie könnten jedoch wichtige neue Erkenntnisse zur Entstehung und – im Umkehrschluss – auch zur Vermeidung von Terrorismus hervorbringen.

Nichtsdestotrotz können aus den bisherigen Erkenntnissen bereits gewisse Ansatzpunkte für die Praxis destilliert werden, speziell zum Thema Prävention und Deradikalisierung. Relevant erscheint es, deprivierte Bedürfnisse, die zu Radikalisierung beitragen (z. B. nach Bedeutsamkeit und Sicherheit), anderweitig zu erfüllen – z. B. durch ein haltgebendes Unterstützungssystem oder berufliche Förderungen. Auch sozialer Inklusion sollte (in Anbetracht des treibenden Effekts von sozialer Exklusion in der terroristischen Radikalisierung) in politischen Bemühungen größerer Raum gegeben werden, z. B. durch die soziale Einbettung vulnerabler Personengruppen. Letztlich ist zwar zu beachten, dass sich die Pfade zur terroristischen Radikalisierung unterscheiden. Dennoch könnten gewisse politische Interventionen dazu beitragen, Terrorismus vorzubeugen.

13.5 Zusammenfassung

Zusammenfassend lässt sich sagen, dass der Rechtsterrorismus eine besondere Form politisch motivierter Gewalttaten darstellt, die von einem gewissen Ausmaß an Planung und Strategie geprägt ist. Bezüglich der Organisationsformen lassen sich im Rechtsterrorismus drei Idealtypen unterscheiden: größere Gruppen, kleine Zellen und einzelne Täter. Der Wissensstand zum Rechtsterrorismus und zur Radikalisierung bis hin zum Rechtsterrorismus zeigt gewisse Muster in Verläufen, bei Täter-

Innen und Taten, jedoch auch, dass es maßgeblich an Forschung fehlt, was sowohl die Grundlagen als auch die Prävention von Rechtsterrorismus betrifft.

Literatur

Borum, R. (2011). Radicalization into violent extremism I: A review of social science theories. *Journal of Strategic Security, 4*(4), 7–36.

Chermak, S. & Gruenewald, J. A. (2015). Laying a foundation for the criminological examination of right-wing, left-wing, and Al Qaeda-inspired extremism in the United States. *Terrorism and Political Violence, 27*(1), 133–159.

Corner, E., Gill, P. & Mason, O. (2016). Mental health disorders and the terrorist: A research note probing selection effects and disorder prevalence. *Studies in Conflict & Terrorism, 39*(6), 560–568.

Costello, T. H., Bowes, S. M., Stevens, S. T., Waldman, I. D., Tasimi, A. & Lilienfeld, S. O. (2022). Clarifying the structure and nature of left-wing authoritarianism. *Journal of Personality and Social Psychology, 122*(1), 135–170.

Daase, C., Deitelhoff, N. & Junk, J. (Hrsg.) (2019). *Gesellschaft Extrem. Was wir über Radikalisierung wissen.* Frankfurt: Campus-Verlag.

Gómez, Á., Bélanger, J. J., Chinchilla, J., Vázquez, A., Schumpe, B. M., Nisa, C. F. & Chiclana, S. (2021). Admiration for Islamist groups encourages self-sacrifice through identity fusion. *Humanities and Social Sciences Communications, 8*(1), 1–12.

Gräfe, S. (2017). *Rechtsterrorismus in der Bundesrepublik Deutschland. Zwischen erlebnisorientierten Jugendlichen, »Feierabendterroristen« und klandestinen Untergrundzellen.* Baden-Baden: Nomos.

Hafez, M. & Mullins, C. (2015). The radicalization puzzle: A theoretical synthesis of empirical approaches to homegrown extremism. *Studies in Conflict & Terrorism, 38*(11), 958–975.

Hart, A. (2021). Right-Wing Waves: Applying the four waves theory to transnational and transhistorical right-wing threat trends. *Terrorism and Political Violence, 35*(1), 1–16.

Hogg, M. A. (2014). From uncertainty to extremism: Social categorization and identity processes. *Current Directions in Psychological Science, 23*(5), 338–342.

Horgan, J. (2008). From profiles to pathways and roots to routes: Perspectives from psychology on radicalization into terrorism. *The ANNALS of the American Academy of Political and Social Science, 618*(1), 80–94.

Institute for Economics & Peace (2023). *Global Terrorism Index 2023: Measuring the impact of terrorism.* Zugriff am 10.11.2023 unter: https://www.visionofhumanity.org/wp-content/uploads/2023/03/GTI-2023-web-170423.pdf

Jasko, K., LaFree, G., Piazza, J. & Becker, M. H. (2022). A comparison of political violence by left-wing, right-wing, and Islamist extremists in the United States and the world. *Proceedings of the National Academy of Sciences, 119*(30), e2122593119.

Koehler, D. (2017). *Right-Wing Terrorism in the 21st Century. The »National Socialist Underground« and the history of terror from the Far-Right in Germany.* Oxfordshire: Routledge.

Koomen W. & van der Pligt, J. (2016). *The psychology of radicalization and terrorism.* Oxfordshire: Routledge.

Kruglanski, A., Jasko, K., Webber, D., Chernikova, M. & Molinario, E. (2018). The making of violent extremists. *Review of General Psychology, 22*(1), 107–120.

McCauley, C. & Moskalenko, S. (2008). Mechanisms of political radicalization: Pathways toward terrorism. *Terrorism and Political Violence, 20*(3), 415–433.

Pfahl-Traughber, A. (2016). Die Besonderheiten des »Lone-Wolf«-Phänomens im Rechtsterrorismus. Eine vergleichende Betrachtung von Fallbeispielen zur Typologisierung. In A. Pfahl-Traughber (Hrsg.), *Jahrbuch für Extremismus- und Terrorismusforschung 2015/16 (II)* (S. 230–265). Brühl: Hochschule des Bundes.

Pfahl-Traughber, A. (2019). *Rechtsextremismus in Deutschland. Eine kritische Bestandsaufnahme.* Berlin: Springer.

Pfahl-Traughber, A. (2020a). Die Entwicklung rechtsterroristischer Gruppen nach dem NSU. Eine Analyse über das AGIKOSUW-Schema im Vergleich. In H. Hansen & A. Pfahl-Traughber (Hrsg.), *Jahrbuch für Extremismus und Terrorismusforschung 2019/2020 (II)* (S. 127–157). Brühl: Hochschule des Bundes.

Pfahl-Traughber, A. (2020b). Lone Actor-Fälle im neueren Rechtsterrorismus. Eine Analyse zu den Kontexten im internationalen Vergleich. In H. Hansen & A. Pfahl-Traughber (Hrsg.), *Jahrbuch für Extremismus- und Terrorismusforschung 2019/20 (II)* (S. 158–185). Brühl: Hochschule des Bundes.

Pfahl-Traughber, A. (2023). Rechtsterrorismus als Terminus und Untersuchungskonzept. Definitionen, Einordnungen, Spezifika. *SIAK-Journal – Zeitschrift für Polizeiwissenschaft und polizeiliche Praxis, 2/2023*, 36–46.

Pfundmair, M., Aßmann, E., Kiver, B., Penzkofer, M., Scheuermeyer, A., Sust, L. & Schmidt, H. (2022b). Pathways toward Jihadism in Western Europe: An empirical exploration of a comprehensive model of terrorist radicalization. *Terrorism and Political Violence, 34*(1), 48–70.

Pfundmair, M., Wood, N. R., Hales, A. & Wesselmann, E. D. (2022a). How social exclusion makes radicalism flourish: A review of empirical evidence. *Journal of Social Issues*. https://doi.org/10.1111/josi.12520

Quent, M. (2019). *Rassismus, Radikalisierung, Rechtsterrorismus: Wie der NSU entstand und was er über die Gesellschaft verrät*. Weimar: Beltz.

Rabert, B. (1995). *Links- und Rechtsterrorismus in der Bundesrepublik Deutschland von 1970 bis heute*. Bonn: Bernard & Greafe.

Schuurman, B. (2020). Research on terrorism, 2007–2016: A review of data, methods, and authorship. *Terrorism and Political Violence, 32*(5), 1011–1026.

Smith, B. L. (1994). *Terrorism in America: Pipe bombs and pipe dreams*. Albany: State University of New York Press.

Smith, B. L., Damphousse, K. R. & Roberts, P. (2006). *Pre-incident indicators of terrorist indicents: The identification of behavioral, geographic, and temporal patterns of preparatory conduct*. Washington: National Institute of Justice, Department of Justice.

Thomsen, L., Green, E. G. & Sidanius, J. (2008). We will hunt them down: How social dominance orientation and right-wing authoritarianism fuel ethnic persecution of immigrants in fundamentally different ways. *Journal of Experimental Social Psychology, 44*(6), 1455–1464.

Van Prooijen, J. W. & Krouwel, A. P. (2019). Psychological features of extreme political ideologies. *Current Directions in Psychological Science, 28*(2), 159–163.

Virchow, F. (2016). *Nicht nur der NSU. Eine kleine Geschichte des Rechtsterrorismus in Deutschland*. Erfurt: Landeszentrale für politische Bildung Thüringen.

Wolfowicz, M., Litmanovitz, Y., Weisburd, D. & Hasisi, B. (2020). A field-wide systematic review and meta-analysis of putative risk and protective factors for radicalization outcomes. *Journal of Quantitative Criminology, 36*, 407–447.

IV Persönlichkeit/Stabile interindividuelle Unterschiede

14 Ideologische Einstellungen – Soziale Dominanzorientierung und Autoritarismus

Klara Steinmetz und Frank Asbrock

Halle, Hanau und der Mord an Walter Lübcke – dies sind die wohl prominentesten Beispiele rechtsextremen Terrors in Deutschland der letzten Jahre. Ihnen gemeinsam sind die Motive und Ideologien der Täter. Der Täter in Halle leugnete den Holocaust, fürchtete die »Feminisierung« der Gesellschaft und die Einwanderung von MigrantInnen (Bundeszentrale für politische Bildung, 2021b). Auch der Täter in Hanau fühlte sich durch Einwanderung bedroht und sah sein grausames Verbrechen als Dienst für das »deutsche Volk« (Bundeszentrale für politische Bildung, 2021b). Walter Lübcke wurde zur Zielscheibe rechten Hasses, nachdem er die Eröffnung einer Geflüchtetenunterkunft bekannt gab (Spiegel, 2019). All diese Motive sind durch die zugrundeliegenden ideologischen Einstellungen verbunden: ein Beharren auf und die Aufrechterhaltung der Ungleichheit von Menschen sowie die Bereitschaft, die eigene Norm unter empfundener Unsicherheit mit Gewalt zu verteidigen.

In diesem Kapitel[1] beschäftigen wir uns mit ideologischen Einstellungen, die solche Taten und damit zusammenhängende Einstellungen begünstigen können. Als ideologische Einstellungen bezeichnet Duckitt (2001) breite soziale und politische Einstellungen, die eine gewisse Stabilität aufweisen und grundlegende Motivationen in den Beziehungen zwischen Gruppen ausdrücken. Sie beeinflussen, wie wir zum Beispiel soziale Ungleichheit wahrnehmen und bewerten und wie wir Normen und Regeln durchsetzen und verteidigen. Es handelt sich dabei nicht um Persönlichkeitsmerkmale im engeren Sinne, es zeigen sich aber Zusammenhänge zu Persönlichkeitseigenschaften und frühen Sozialisationserfahrungen, wie wir im Folgenden noch erläutern werden. Die Analyse ideologischer Einstellungen kann dazu beitragen, Intergruppendynamiken und -konflikte zu verstehen und zu erklären.

Im Folgenden stellen wir zwei ideologische Einstellungen vor, die für die Analyse rechter Radikalisierung eine zentrale Rolle spielen: Autoritarismus und Soziale Dominanzorientierung. Wir werden erläutern, wie diese beiden zur Entstehung von Vorurteilen und Diskriminierung beitragen und welche Rolle sie im Prozess der Rechtsradikalisierung spielen können.

---

1 Dieser Beitrag wurde mitfinanziert durch Steuermittel auf der Grundlage des vom Sächsischen Landtag beschlossenen Haushaltes.

14.1 Autoritarismus

14.1.1 Die Anfänge der Autoritarismusforschung

Das heutige Verständnis von Autoritarismus als individuelle Einstellung wurde durch die Forschung von Adorno, Frenkel-Brunswik, Levinson und Sandford geprägt, die 1950 die Studie »The Authoritarian Personality« veröffentlichten, in der sie die individuellen psychologischen Grundlagen der Unterstützung faschistischer Ideen untersuchten. Sie führten die Entstehung einer autoritären Persönlichkeit auf frühkindliche Erfahrungen und psychodynamische Prozesse zurück und entwickelten mit der F-Skala ein Messinstrument zur Erfassung der neun Dimensionen der autoritären Persönlichkeit, darunter autoritäre Aggression, autoritäre Unterwürfigkeit, Projektivität und Sexualität. Es zeigten sich korrelative Zusammenhänge dieser Skala mit negativen Einstellungen gegenüber Fremdgruppen, wie zum Beispiel Antisemitismus. Insbesondere die F-Skala wurde methodisch stark kritisiert (Christie & Jahoda, 1954), was zu Weiterentwicklungen zum Beispiel durch Rokeach (1954) führte, der sich in einem kognitionspsychologischen Ansatz vor allem auf die Fähigkeit von Personen, mit neuen Informationen umzugehen, konzentrierte.

14.1.2 Rechtsgerichteter Autoritarismus

Obwohl die psychologische Vorurteilsforschung sich stärker von persönlichkeitszentrierten hin zu kontextbasierten Ansätzen entwickelt und insbesondere die kognitive Wende in der Psychologie dafür gesorgt hat, dass Konzepte wie die autoritäre Persönlichkeit in den Hintergrund gerieten, hat das von Robert Altemeyer (1981) entwickelte Konzept des rechtsgerichteten Autoritarismus (engl.: Right-Wing Authoritarianism, RWA) eine bis heute anhaltende Wiederbelebung der Autoritarismusforschung in der Psychologie hervorgerufen. Altemeyer baute sein Modell auf dem Ansatz von Adorno und KollegInnen (1950) auf. Er überarbeitete die Items der F-Skala und entwickelte die RWA-Skala, die nun nicht mehr neun, sondern drei Dimensionen der autoritären Persönlichkeit umfasste: autoritäre Unterwürfigkeit, autoritäre Aggression und Konventionalismus. Demnach ist die Einstellung einer Person dann als autoritär zu bezeichnen, wenn diese die Unterordnung unter Führungspersonen und Normen stark befürwortet, aggressiv gegenüber denen ist, die diese Unterordnung und die bestehende Ordnung in Frage stellen bzw. von der bestehenden Norm abweichen, und sich stark an bestehenden Konventionen orientiert und diese sowie Traditionen aufrechterhalten will. Ein solches Weltbild wird in der Regel stärker durch rechte Ideologien und Handlungsweisen bedient, was sich auch empirisch zeigt (s. u.). Altemeyer (1981) konzipierte rechtsgerichteten Autoritarismus als ein stabiles Persönlichkeitsmerkmal, das durch Verstärkungs- und Modelllernen geprägt wird. Im Kern geht er davon aus, dass Personen mit einer stärkeren Ausprägung im Autoritarismus besonders sensibel für die Wahrnehmung von Bedrohung sind. Die RWA-Skala findet sehr breite Verwendung in der Forschung zu Autoritarismus und wird in vielen Übersetzungen weltweit eingesetzt

(Duckitt, Bizumic, Krauss & Heled, 2010). Neben der 34 Items umfassenden Originalskala gibt es inzwischen eine Reihe modifizierter und gekürzter Versionen, welche die Subdimensionen zum Teil auch getrennt erfassen und so eine differenzierte Analyse erlauben (z. B. Duckitt & Bizumik, 2013; Funke, 2005). Eine inzwischen häufig eingesetzte deutsche Skala, die zum Beispiel auch in der Leipziger Autoritarismusstudie (Decker, Kiess, Heller & Brähler, 2022) verwendet wird, wurde von Beierlein, Asbrock, Kauff & Schmidt (2014) entwickelt: Die Kurzskala Autoritarismus (KSA-3) erfasst RWA mit je drei Items pro Dimension.

Eine Vielzahl an Studien zeigt deutliche Zusammenhänge von RWA mit gruppenbezogener Menschenfeindlichkeit (Zick et al., 2008), religiösem Fundamentalismus (Mavor, Louis & Laythe, 2011) sowie Nationalismus und Patriotismus (Osborne, Milojev & Sibley, 2017). Diese Befunde deuten auf einen Zusammenhang zwischen RWA als ideologischer Einstellungsdimension und rechter Radikalisierung hin.

14.1.3 Autoritarismus als Gruppenphänomen

John Duckitt (1989) führte eine neue Perspektive auf Autoritarismus als Gruppenphänomen ein. Dafür brachte er Altemeyers (1981) Forschung zu RWA mit der Theorie der Sozialen Identität (Tajfel & Turner, 1979) zusammen, die besagt, dass Menschen einen Teil ihres Selbstbildes aus ihren Gruppenzugehörigkeiten ableiten und dadurch versuchen, ein positives gruppenbezogenes Selbstbild zu erlangen. Dazu passte er Altemeyers (1981) Subdimensionen an den Gruppenkontext an. Autoritäre Unterwürfigkeit verstand er in diesem Kontext als eine Unterordnung unter die Anführenden der eigenen Gruppe, autoritäre Aggression als die Bereitschaft, gegen diejenigen vorzugehen, die von den Regeln und Normen der eigenen Gruppe abweichen, und Konventionalismus als die Konformität mit den Normen und Regeln der Gruppe. Dieses Konzept ist, ähnlich wie bei Altemeyer, als rechtsgerichteter Autoritarismus konzeptualisiert. Auf diesen Arbeiten aufbauend entwickelten Stellmacher und Petzel (2005) ein Konzept des gruppenbezogenen Autoritarismus (GA), das sich von spezifischen ideologischen Ausrichtungen lösen wollte. Sie verstehen GA als die individuelle Vorstellung eines angemessenen Verhältnisses zwischen Gruppe und Individuum. Die beiden Pole dieser angenommenen Dimension bezeichnen sie als Autoritarismus und Autonomie.[2] Nach Stellmacher und Petzel (2005) führen (a) eine individuelle Disposition für autoritäre Einstellungen und (b) die Identifikation mit einer spezifischen Gruppe im Zusammenspiel mit gruppenbezogenem Autoritarismus – insbesondere dann, wenn die Identität der Gruppe bedroht wird – zu einer hohen Ausprägung in Richtung Autoritarismus. Die Autoren können die Existenz von gruppenbezogenem Autoritarismus als individuelle Unterordnung unter Ziele der jeweiligen Gruppe sowohl in rechtsnatio-

---

2 Nur wenige Autoritarismus-Konzepte haben sich mit der niedrigen Ausprägung des Konstrukts beschäftigt oder dieses überhaupt nur benannt. Ein Beispiel ist die Authoritarian Dynamics Theory (Stenner, 2005), nach der Autoritarismus zwischen den Polen *autoritär* und *libertär* schwankt.

nalen Gruppen als auch in liberalen Gruppen bei Studierenden oder WählerInnen der Grünen nachweisen.

Die Forschung zum gruppenbezogenen Autoritarismus hat in den letzten Jahren wenige Fortschritte gemacht, obwohl ein Verständnis von Autoritarismus unabhängig von politischen Orientierungen immer wieder diskutiert wurde (z. B. Kessler & Cohrs, 2008). Aktuell finden sich vermehrt Studien zu der Frage, ob es neben einem rechtsgerichteten auch einen linksgerichteten Autoritarismus gibt, die dieser mit der Konstruktion einer Left-Wing-Authoritarianism-Skala nachkommen (z. B. Costello et al., 2022), wobei der Gruppenautoritarismus allerdings ausgespart wird.

Letztlich zeigt sich, dass es einen hohen inhaltlichen Zusammenhang zwischen autoritären und rechtsradikalen Einstellungen gibt. Besonders RWA ist ein zuverlässiger Prädiktor für Einstellungen und Vorurteile, die mit rechtsradikalen Gesinnungen assoziiert sind.

14.2 Soziale Dominanzorientierung

Soziale Dominanzorientierung (SDO) beschreibt die individuelle Bereitschaft, soziale Hierarchien unabhängig vom Status der eigenen Gruppe aufrechtzuerhalten und zu befürworten (Sidanius, Cotterill, Sheehy-Skeffington, Kteily & Carvacho, 2016). Sie ist ein zentrales Element der Sozialen Dominanztheorie (SDT; Sidanius & Pratto, 1999), die sich mit der Reproduktion und Aufrechterhaltung von sozialen Hierarchien in Gesellschaften beschäftigt. Die SDT geht davon aus, dass soziale Systeme als gruppenbasierte Hierarchiesysteme aufgebaut sind, um für Struktur und Ordnung zu sorgen. Dadurch, dass Gruppen in hierarchischen Beziehungen stehen, werden Ungleichheiten durch individuelle und strukturelle Diskriminierung aufrechterhalten. Durch Ideologien, Vorurteile und Stereotype werden diese Ungleichheiten legitimiert. Sexismus kann in diesem Sinne beispielsweise als Rechtfertigung patriarchaler Systeme verstanden werden. Ein anderes Beispiel ist die Idee des »American Dream«, die suggeriert, jeder könne es aus eigener Kraft vom Tellerwäscher zum Millionär schaffen, wodurch aber strukturelle Ungleichheiten zwischen sozialen Gruppen verschleiert werden. Dem gegenüber stehen Ideologien, die Hierarchien und Ungleichheiten auflösen wollen, wie zum Beispiel Humanismus oder Feminismus.

SDO beschreibt das Ausmaß, in dem Personen eher hierarchiefördernde oder hierarchieabbauende Ideologien und Vorstellungen befürworten und unterstützen. Dabei ist sie als generelle Orientierung und weniger als Überzeugung bezogen auf eine bestimmte soziale Gruppe oder Kategorie zu verstehen (Sibley & Liu, 2010). Da SDO mit der Abwertung von statusniedrigen Gruppen einhergeht und sich somit in der Reproduktion von Ungleichheit und Menschenfeindlichkeit ausdrückt, ist sie neben Autoritarismus eine wichtige individuelle Facette der psychologischen Forschungen zum Prozess der Rechtsradikalisierung. Dabei spielt die Sozialisation eine zentrale Rolle. Bildung, Erziehung, Religionszugehörigkeit und prägende Erlebnisse, wie Kriege oder Naturkatastrophen, haben einen Einfluss darauf, wie Menschen zu sozialen Hierarchien stehen. SDO bildet sich aus spezifischen Einstellungen und Erfahrungen (bottom up) und wirkt sich dann als eine globale Dominanzorientierung gegenüber verschiedenen Gruppen aus (top down; Sibley & Liu, 2010). So verhält es sich beispielsweise auch mit Empathie: geringe Empathie führt möglicherweise zu einer höheren SDO-Ausprägung, die sich wiederum negativ auf das Entgegenbringen von Empathie auswirkt (Sidanius, Van Laar, Levin & Sinclair, 2003). Auch die Zugehörigkeit zu einer statushohen Gruppe wirkt sich positiv auf die Entwicklung von SDO aus (Prati et al., 2022). Passend dazu zeigt sich ein deutlicher Geschlechtereffekt, in dessen Folge Männer im Durchschnitt höhere Ausprägungen in SDO zeigen als Frauen (Pratto, Sidanius & Levin, 2006).

Verschiedene Persönlichkeitseigenschaften korrelieren mit der Ausprägung von SDO. So zeigen sich Zusammenhänge mit den Eigenschaften der sogenannten dunklen Triade (Machiavellismus, Narzissmus und Psychopathie; Ho et al., 2012) sowie eine negative Korrelation mit Verträglichkeit (Sibley & Duckitt, 2008). Für SDO wurden ebenfalls verschiedene Messinstrumente entwickelt, die auf der von Pratto, Sidanius, Stallworth & Malle (1994) konstruierten Skala beruhen. Obwohl SDO zwei Subdimensionen beinhaltet (Dominanz und Egalitarismus), zeigen sich empirisch kaum Unterschiede zwischen ihnen und sie werden häufig zu einer Dimension zusammengefasst (Berry, 2023). Auf Deutsch liegen sowohl Lang- (Six, Wolfrath & Zick, 2001) als auch Kurzversionen (Aichholzer, 2019) der SDO-Skala vor.

SDO ist wie Autoritarismus ein sehr starker individueller Prädiktor für Vorurteile (McFarland, 2010). So hängt SDO deutlich mit gruppenbezogener Menschenfeindlichkeit zusammen (Heyder, Anstötz, Eisentraut & Schmidt, 2022) und weist positive Zusammenhänge zu Ideologien auf, die Ungleichheit befördern, wie zum Beispiel Konservatismus, dem Glauben an eine faire Welt, Nationalismus oder Patriotismus (Sidianius et al., 2016). Es zeigen sich auch Zusammenhänge einer hohen Ausprägung in SDO mit der Unterstützung des Kastensystems in Indien (Cotterill, Sidanius, Bhardwaj & Kumar, 2014) oder der Benachteiligung von Nicht-MuttersprachlerInnen bei der Arbeitssuche (Hansen & Dovidio, 2016). SDO trägt somit dazu bei, soziale Ungleichheit und Ungerechtigkeit aufrechtzuerhalten und steht darüber hinaus der Beilegung von Interguppenkonflikten aktiv im Wege (Karunaratne & Laham, 2019).

SDO drückt also eine Präferenz für die Ungleichheit zwischen Gruppen in einer Gesellschaft aus und zeigt deutliche Zusammenhänge zu rechtsradikalen Einstellungen – nicht nur zu spezifischen Vorurteilen, sondern auch zum Sozialdarwinismus, der als Element eines rechtsextremen Weltbildes gesehen wird (Decker et al., 2022). Weiterhin hängt SDO auch mit Diskriminierung, bis hin zur erhöhten Akzeptanz von Gewalt, zusammen (Ho et al., 2012). Somit ist Soziale Dominanzorientierung bei der Untersuchung rechtsradikaler Gewalt gegen marginalisierte Gruppen ein wichtiger Faktor, um die zugrundeliegenden sozialpsychologischen Prozesse verstehen und überwinden zu können.

Wie beschrieben, basiert SDO auf individuellen und sozialen Faktoren, deren Änderung auch Änderungen in SDO nach sich ziehen können. Studien zeigen, dass Personen mit höherer SDO-Ausprägung hierarchiefördernde Kontexte (z.B. im

Sinne spezifischer Berufe und Studiengänge) aufsuchen und dort auch die Ausprägung in SDO weiter zunimmt, während Personen mit niedriger SDO-Ausprägung entsprechend hierarchieabbauende Kontexte bevorzugen (Guimond, Dambrun, Michinov & Duarte, 2003; Sidanius et al., 2003). Es gibt Hinweise darauf, dass zum Beispiel positiver Kontakt zu marginalisierten Gruppen sowie hierarchieabbauende Interventionsprogramme SDO reduzieren können, wenn auch nicht immer langfristig (Dhont, Van Hiel & Hewstone, 2014; Gatto, Dambrun, Kerbrat & De Oliveira, 2010).

14.3 Duales Prozessmodell

Die beiden oben beschriebenen Konzepte RWA und SDO wurden unabhängig voneinander entwickelt. Da sie viele konzeptuelle Ähnlichkeiten aufweisen (stabile, breite individuelle Einstellungen, Zusammenhänge mit Vorurteilen, Persönlichkeitsfaktoren sowie sozialen Umständen) und auch miteinander korrelieren (Roccato & Ricolfi, 2005), wurden und werden sie aber häufig gemeinsam untersucht. Duckitt (2001) hat ein Duales Prozessmodell aufgestellt, nach dem RWA und SDO zwar gemeinsam Vorurteile und andere ideologisch geprägte Einstellungen und Verhaltensweisen erklären können, diese aber auf unterschiedlichen Motivationen beruhen. Das Modell beschreibt RWA und SDO als zentrale Elemente von zwei parallelen, miteinander in Beziehung stehenden Prozessen, die das Phänomen der Rechtsradikalisierung durch ein Zusammenspiel von Persönlichkeitsfaktoren, Bedrohungswahrnehmungen und gesellschaftspolitischen Überzeugungen erklären. So hängt RWA im Modell mit einer geringen Ausprägung in Offenheit für Erfahrung zusammen, SDO hingegen mit einer geringen Ausprägung in Verträglichkeit (Sibley & Duckitt, 2008). Weiterhin basiert RWA auf einer Überzeugung, dass die Welt ein gefährlicher, bedrohlicher Ort ist und drückt die Motivation aus, Sicherheit und Ordnung zu bewahren. Diese Motivation führt dazu, dass Menschen mit hoher RWA-Ausprägung andere Gruppen oder Umstände schnell als bedrohlich wahrnehmen und mit Vorurteilen, Ethnozentrismus oder Diskriminierung reagieren, um sich und ihre Gruppe zu schützen. Für den Prozess der Rechtsradikalisierung bedeutet dies, dass Bedrohungswahrnehmungen zu einem Anstieg autoritärer Einstellungen führen, die wiederum vermehrte Wahrnehmung von weiterer Bedrohung und abwehrende Reaktionen nach sich ziehen – Radikalisierungsprozesse werden so verstärkt. SDO hingegen basiert auf der Überzeugung, dass die Welt als ein darwinistischer Dschungel verstanden werden kann, in dem alle gegeneinander kämpfen müssen und die Stärksten sich durchsetzen. Dies führt, so Duckitt (2001), zur Motivation, Hierarchien zwischen Gruppen aufzubauen und zu erhalten. Demnach neigen Menschen mit hoher Ausprägung in SDO dazu, Vorurteile und Diskriminierung zu nutzen, um soziale Hierarchien zu erhalten bzw. zu errichten. Auch hieraus leitet sich ein Erklärungsansatz für Radikalisierungsprozesse ab: SDO wird durch den Wunsch nach Hierarchien geprägt und führt zu verstärktem Einsatz für die Durchsetzung von sozialen Hierarchien.

RWA und SDO sind sehr breite ideologische Einstellungen, die Radikalisierungsprozesse begünstigen können. Durch die Wahrnehmung von Bedrohung oder Konkurrenz, kommt es nach dem Dual Process-Modell nicht nur zur Abwertung der Gruppen, die diese Wahrnehmungen auslösen, sondern auch zu einer Übertragung dieser Abneigung auf andere Kontexte und Gruppen. Beispielsweise würden MigrantInnen als Konkurrenz im Kampf um Ressourcen wahrgenommen. Um dem entgegenzuwirken, würden beispielsweise Menschen mit einer hohen Ausprägung in SDO auf Basis von diskriminierenden Vorurteilen auf eine strikte Abschottungspolitik beharren, um diese Konkurrenzsituation zu umgehen.

Das Modell macht deutlich, dass RWA und SDO nicht einfach nur zwei sehr ähnliche Prädiktoren für Vorurteile sind, sondern spezifische Motivationen ausdrücken und daher auch unterschiedliche Vorhersagen erlauben, die sich aus diesen Motivationen ableiten lassen. Der emotionalen, bedrohungsbasierten Wahrnehmung und Handlung von Menschen mit höheren Ausprägungen in RWA stehen die eher berechnend wirkenden, auf der Durchsetzung des Stärkeren beruhenden Wahrnehmungen und Handlungen von Menschen mit höheren Ausprägungen in SDO entgegen. Empirische Studien verdeutlichen diese Unterschiede: So zeigen Menschen mit hoher RWA-Ausprägung vor allem negative Einstellungen gegenüber Mitgliedern von als bedrohlich empfundenen Gruppen, zum Beispiel DrogendealerInnen, während SDO vor allem ein Prädiktor für Vorurteile gegen statusniedrige Gruppen ist, wie zum Beispiel Arbeitslose (Asbrock, Sibley & Duckitt, 2010). Beide ideologischen Einstellungen sind Prädiktoren für Vorurteile gegen Gruppen, welche die soziale Ordnung *und* Hierarchien in Frage stellen, wie z. B. FeministInnen oder soziale AktivistInnen.

Eine Untersuchung von Thomsen, Green & Sidanius (2008) verdeutlicht die unterschiedlichen Auswirkungen von SDO und RWA besonders gut: In einem Experiment wurden die Einstellungen gegenüber MigrantInnen in den USA, die sich entweder an die Kultur anpassen und integrieren wollten (Assimilation) oder dies eben nicht tun und vor allem ihre eigene Kultur in ihrer neuen Heimat pflegen wollten (Segregation) mit den Ausprägungen von SDO und RWA der US-AmerikanerInnen in Zusammenhang gebracht. Als abhängige Variable wurde die Bereitschaft gemessen, sich an aggressiven und restriktiven Maßnahmen gegen MigrantInnen zu beteiligen, wenn die Regierung dazu auffordern würde. Die Ergebnisse unterstreichen die unterschiedlichen Motive hinter RWA und SDO in der Abwertung von Fremdgruppen: Personen mit hohen Ausprägungen in RWA sorgten sich um Ordnung und Sicherheit der Gesellschaft und zeigten in dem Experiment stärkere Ablehnung gegen MigrantInnen, die sich nicht an Kultur und Gesellschaftsstrukturen anpassen wollten. Personen mit hohen Ausprägungen in SDO hingegen sorgten sich um die Auflösung bestehender gesellschaftlicher Hierarchien, so dass sie stärkere Ablehnung gegenüber solchen MigrantInnen zeigten, die sich integrieren wollten.

Wie schon die Studie von Thomsen et al. (2008) andeutet, ist die Unterscheidung von RWA und SDO auch deshalb wichtig, weil sie mit unterschiedlichen Konsequenzen zusammenhängen: So konnten Bilewicz, Soral, Marchlewska & Winiewski

(2017) in einer Studie zum Verbot von Hassrede im Internet zeigen, dass sowohl RWA als auch SDO mit Vorurteilen gegenüber Minderheiten zusammenhängen: Personen mit hohen RWA-Ausprägungen stimmten einem Verbot von Hassrede gegen Minderheiten zu, während Personen mit hohen SDO-Ausprägungen sich gegen ein Verbot aussprachen. Die AutorInnen begründeten den Befund mit der hohen Normkonformität von Autoritären und der Tendenz, Abweichungen und Normverstöße (in diesem Fall Hassrede) zu bestrafen.

14.4 Zusammenfassung

Das Duale Prozessmodell zeigt deutlich, welche Rolle Weltbilder und dadurch angetriebene Motivationen für die Entwicklung von ideologischen Einstellungen und damit für Rechtsextremismus und den Prozess der Rechtsradikalisierung spielen können. Ideologische Einstellungen bilden die Grundlage für die funktionale Anwendung von Vorurteilen und Diskriminierung, sei es zur Abwehr von Bedrohung oder zur Aufrechterhaltung von Hierarchien. Generalisierte Vorurteile durch RWA und SDO führen zu realen Konsequenzen, wie die Unterstützung eines reaktionären Politikansatzes, der ein Merkmal des Rechtsextremismus darstellt (▶ Kap. 1): Bei der Wahl von Donald Trump zum Präsidenten der USA 2016 waren sowohl SDO als auch RWA bedeutsame Prädiktoren für die Vorhersage seiner Wahl (Womick, Rothmund, Azevedo, King & Jost, 2019). Während seiner Amtszeit verhängte dieser eine Einreisesperre für MuslimInnen, senkte die Obergrenze für Geflüchtete von 84.995 auf 18.000 Personen und schränkte die Rechte nicht-heterosexueller Menschen und das Recht auf Schwangerschaftsabbruch massiv ein (Bundeszentrale für politische Bildung, 2021a). Dies ist nur eines von vielen Beispielen dafür, wie sich individuelle ideologische Einstellungen in einem gesellschaftlichen Rechtsruck niederschlagen können.

Ideologische Einstellungen beruhen zum Teil auf der individuellen Persönlichkeit und Sozialisation, aber sie sind auch durch soziale Umstände, wie die Wahrnehmung von Bedrohung oder Konkurrenz, beeinflussbar (Bundeszentrale für politische Bildung, 2021a). In Anbetracht des dynamischen Prozesses zwischen Einstellungen und Sozialisation ergibt sich eine gesellschaftliche Verantwortung für Medien, Politik und Bildung. Personen, die bereits autoritär oder sozial dominanzorientiert geprägt sind, sind motivierter, auf Bedrohungen ihrer ideologischen Einstellungen zu reagieren, was Radikalisierungsprozesse beschleunigen und verstärken kann. Die Art und Weise, wie mit gesellschaftlichen Herausforderungen umgegangen und über sie berichtet wird, beeinflusst den Prozess der Informationsverarbeitung. Wenn in Medienberichten also von »Asyl-Drückebergern« gesprochen wird (bild.de, 2023) oder PolitikerInnen Geflüchtete aus der Ukraine als Gefahr stilisieren (z.B. Süddeutsche Zeitung, 2022), kann dies insbesondere bei Personen mit verstärkter Aufmerksamkeit auf Bedrohungen (RWA) und Konkurrenz (SDO) durch Fremdgruppen zu verstärkter Stereotypisierung und Diskriminierung führen.

Literatur

Adorno, T. W., Frenkel-Brunswik, E., Levinson, D. & Standford, N. (1950). *The authoritarian personality*. New York: Harper.
Altemeyer, B. (1981). *Right-wing authoritarianism*. Winnipeg: The University of Manitoba Press.
Aichholzer, J. (2019). Kurzskala Soziale Dominanzorientierung (KSDO-3). Zusammenstellung sozialwissenschaftlicher Items und Skalen (ZIS). https://doi.org/10.6102/ZIS269
Asbrock, F., Sibley, C. G. & Duckitt, J. (2010). Right-wing authoritarianism and social dominance orientation and the dimensions of generalized prejudice: A longitudinal test. *European Journal of Personality*, 24(4), 324–340. https://doi.org/10.1002/per.746
Beierlein, C., Asbrock, F., Kauff, M. & Schmidt, P. (2014). Die Kurzskala Autoritarismus (KSA-3). Ein ökonomisches Messinsztrument zur Erfassung dreier Subdimensionen autoritärer Einstellungen. *GESIS-Working Papers*, 35.
Berry, C. M. (2023). A critical examination and meta-analysis of the distinction between the dominance and antiegalitarianism facets of social dominance orientation. *Journal of Personality and Social Psychology*, 124(2), 413–436. https://doi.org/10.1037/pspp0000432
bild.de. (2023). Flüchtlinge – Zoff um Verteilung: EU will Asyl-Drückeberger bestrafen. Zugriff am 25.06.2023 unter: https://www.bild.de/politik/inland/politik-inland/fluechtlinge-zoff-um-verteilung-eu-will-asyl-drueckeberger-bestrafen-84139986.bild.html
Bilewicz, M., Soral, W., Marchlewska, M. & Winiewski, M. (2017). When Authoritarians Confront Prejudice. Differential Effects of SDO and RWA on Support for Hate-Speech Prohibition: When Authoritarians Confront Prejudice. *Political Psychology*, 38(1), 87–99. https://doi.org/10.1111/pops.12313
Bundeszentrale für politische Bildung (2021a). *Die Trump-Präsidentschaft: Eine Bilanz*. Zugriff am 13.11.2023 unter: https://www.bpb.de/shop/zeitschriften/apuz/usa-2021/331744/die-trump-praesidentschaft-eine-bilanz/
Bundeszentrale für politische Bildung (2021b). *Rechtsextreme Gewalt in Deutschland*. Zugriff am 24.06.2023 unter: https://www.bpb.de/themen/rechtsextremismus/dossier-rechtsextremismus/324634/rechtsextreme-gewalt-in-deutschland/
Christie, R. & Jahoda, M. (1954). *Studies in the scope and method of »The authoritarian personality.«* Glencoe: Free Press.
Costello, T. H., Bowes, S. M., Stevens, S. T., Waldman, I. D., Tasimi, A. & Lilienfeld, S. O. (2022). Clarifying the structure and nature of left-wing authoritarianism. *Journal of Personality and Social Psychology*, 122(1), 135–170. https://doi.org/10.1037/pspp0000341
Cotterill, S., Sidanius, J., Bhardwaj, A. & Kumar, V. (2014). Ideological Support for the Indian Caste System: Social Dominance Orientation, Right-Wing Authoritarianism and Karma. *Journal of Social and Political Psychology*, 2(1), 98–116. https://doi.org/10.5964/jspp.v2i1.171
Decker, O., Kiess, J., Heller, A. & Brähler, E. (Hrsg.). (2022). *Autoritäre Dynamiken in unsicheren Zeiten: Neue Herausforderungen – alte Reaktionen? / Leipziger Autoritarismus Studie 2022.* Gießen: Psychosozial-Verlag. https://doi.org/10.30820/9783837979190
Dhont, K., Van Hiel, A. & Hewstone, M. (2014). Changing the ideological roots of prejudice: Longitudinal effects of ethnic intergroup contact on social dominance orientation. *Group Processes & Intergroup Relations*, 17(1), 27–44. https://doi.org/10.1177/1368430213497064
Duckitt, J. (1989). Authoritarianism and Group Identification: A New View of an Old Construct. *Political Psychology*, 10(1), 63. https://doi.org/10.2307/3791588
Duckitt, J. (2001). *A dual-process cognitive-motivational theory of ideology and prejudice*. In Advances in Experimental Social Psychology (Bd. 33, S. 41–113). Cambridge: Academic Press. https://doi.org/10.1016/S0065-2601(01)80004-6
Duckitt, J. & Bizumic, B. (2013). Multidimensionality of Right-Wing Authoritarian Attitudes: Authoritarianism-Conservatism-Traditionalism: Authoritarianism-Conservatism-Traditionalism. *Political Psychology*, 34(6), 841–862. https://doi.org/10.1111/pops.12022

Duckitt, J., Bizumic, B., Krauss, S. W. & Heled, E. (2010). A Tripartite Approach to Right-Wing Authoritarianism: The Authoritarianism-Conservatism-Traditionalism Model: Authoritarianism-Conservatism-Traditionalism. *Political Psychology, 31*(5), 685–715. https://doi.org/10.1111/j.1467-9221.2010.00781.x

Funke, F. (2005). The Dimensionality of Right-Wing Authoritarianism: Lessons from the Dilemma between Theory and Measurement. *Political Psychology, 26*(2), 195–218. https://doi.org/10.1111/j.1467-9221.2005.00415.x

Gatto, J., Dambrun, M., Kerbrat, C. & De Oliveira, P. (2010). Prejudice in the police: On the processes underlying the effects of selection and group socialisation. *European Journal of Social Psychology, 40*(2), 252–269. https://doi.org/10.1002/ejsp.617

Guimond, S., Dambrun, M., Michinov, N. & Duarte, S. (2003). Does social dominance generate prejudice? Integrating individual and contextual determinants of intergroup cognitions. *Journal of Personality and Social Psychology, 84*(4), 697–721. https://doi.org/10.1037/0022-3514.84.4.697

Hansen, K. & Dovidio, J. F. (2016). Social dominance orientation, nonnative accents, and hiring recommendations. *Cultural Diversity and Ethnic Minority Psychology, 22*(4), 544–551. https://doi.org/10.1037/cdp0000101

Heyder, A., Anstötz, P., Eisentraut, M. & Schmidt, P. (2022). »20 Years After...« GFE 2.0: A theoretical revision and empirical testing of the concept of »Group-Focused Enmity« based on longitudinal data. *Frontiers in Political Science, 4.* https://www.frontiersin.org/article/10.3389/fpos.2022.752810

Ho, A. K., Sidanius, J., Pratto, F., Levin, S., Thomsen, L., Kteily, N. & Sheehy-Skeffington, J. (2012). Social Dominance Orientation: Revisiting the Structure and Function of a Variable Predicting Social and Political Attitudes. *Personality and Social Psychology Bulletin, 38*(5), 583–606. https://doi.org/10.1177/0146167211432765

Karunaratne, K. & Laham, S. M. (2019). Social Dominance Orientation Predicts Opposition to Hierarchy-Attenuating Intergroup Apologies. *Personality and Social Psychology Bulletin, 45*(12), 1651–1665. https://doi.org/10.1177/0146167219838549

Kessler, T. & Cohrs, J. C. (2008). The evolution of authoritarian processes: Fostering cooperation in large-scale groups. *Group Dynamics: Theory, Research, and Practice, 12*(1), 73–84. https://doi.org/10.1037/1089-2699.12.1.73

Mavor, K. I., Louis, W. R. & Laythe, B. (2011). Religion, Prejudice, and Authoritarianism: Is RWA a Boon or Bane to the Psychology of Religion? *Journal for the Scientific Study of Religion, 50*(1), 22–43. https://doi.org/10.1111/j.1468-5906.2010.01550.x

McFarland, S. (2010). Authoritarianism, Social Dominance, and Other Roots of Generalized Prejudice: Psychological Roots of Generalized Prejudice. *Political Psychology, 31*(3), 453–477. https://doi.org/10.1111/j.1467-9221.2010.00765.x

Osborne, D., Milojev, P. & Sibley, C. G. (2017). Authoritarianism and National Identity: Examining the Longitudinal Effects of SDO and RWA on Nationalism and Patriotism. *Personality and Social Psychology Bulletin, 43*(8), 1086–1099. https://doi.org/10.1177/0146167217704196

Prati, F., Pratto, F., Zeineddine, F., Sweetman, J., Aiello, A., Petrović, N. & Rubini, M. (2022). From Social Dominance Orientation to Political Engagement: The Role of Group Status and Shared Beliefs in Politics Across Multiple Contexts. *Political Psychology, 43*(1), 153–175. https://doi.org/10.1111/pops.12745

Pratto, F., Sidanius, J., Stallworth, L. M. & Malle, B. F. (1994). Social Dominance Orientation: A Personality Variable Predicting Social and Political Attitudes. *Journal of Personality and Social Psychology, 67*(4), 741–763. https://doi.org/10.1037/0022-3514.67.4.741

Pratto, F., Sidanius, J. & Levin, S. (2006). Social dominance theory and the dynamics of intergroup relations: Taking stock and looking forward. *European Review of Social Psychology, 17*(1), 271–320. https://doi.org/10.1080/10463280601055772

Roccato, M. & Ricolfi, L. (2005). On the Correlation Between Right-Wing Authoritarianism and Social Dominance Orientation. *Basic and Applied Social Psychology, 27*(3), 187–200. https://doi.org/10.1207/s15324834basp2703_1

Rokeach, M. (1954). The nature and meaning of dogmatism. *Psychological Review, 61*(3), 194–204. https://doi.org/10.1037/h0060752

Sibley, C. G. & Duckitt, J. (2008). Personality and Prejudice: A Meta-Analysis and Theoretical Review. *Personality and Social Psychology Review, 12*(3), 248–279. https://doi.org/10.1177/1088868308319226

Sibley, C. G. & Liu, J. H. (2010). Social Dominance Orientation: Testing a Global Individual Difference Perspective. *Political Psychology, 31*(2), 175–207. https://doi.org/10.1111/j.1467-9221.2009.00748.x

Sidanius, J., Kteily, N., Sheehy-Skeffington, J., Ho, A. K., Sibley, C. & Duriez, B. (2013). You're inferior and not worth our concern: The Interface Between Empathy and Social Dominance Orientation. *Journal of Personality, 81*(3), 313–323. https://doi.org/10.1111/jopy.12008

Sidanius, J. & Pratto, F. (1999). *Social Dominance: An Intergroup Theory of Social Hierarchy and Oppression.* Cambridge: Cambridge University Press. https://doi.org/10.1017/CBO9781139175043

Sidanius, J., Cotterill, S., Sheehy-Skeffington, J., Kteily, N. & Carvacho, H. (2016). Social Dominance Theory: Explorations in the Psychology of Oppression. In C. G. Sibley & F. K. Barlow (Hrsg.), *The Cambridge Handbook of the Psychology of Prejudice* (S. 149–187). Cambridge: Cambridge University Press. https://doi.org/10.1017/9781316161579.008

Sidanius, J., Van Laar, C., Levin, S. & Sinclair, S. (2003). Social Hierarchy Maintenance and Assortment into Social Roles: A Social Dominance Perspective. *Group Processes & Intergroup Relations, 6*(4), 333–352. https://doi.org/10.1177/13684302030064002

Six, B., Wolfrath, U. & Zick, A. (2001). Autoritarismus und Soziale Dominanz als generalisierte Einstellungen. *Zeitschrift für Politische Psychologie, 9*(1–2), 23–40.

Spiegel (2019). Ein Satz – Und der Hass danach. Zugriff am 24. 06.2023 unter: https://www.spiegel.de/politik/deutschland/walter-luebcke-was-geschah-bei-der-buergerversammlung-2015-in-kassel-a-1274434.html

Stellmacher, J. & Petzel, T. (2005). Authoritarianism as a Group Phenomenon. *Political Psychology, 26*(2), 245–274. https://doi.org/10.1111/j.1467-9221.2005.00417.x

Stenner, K. (2005). *The Authoritarian Dynamic* (1. Aufl.). Cambridge: Cambridge University Press. https://doi.org/10.1017/CBO9780511614712

Süddeutsche Zeitung (2022). Hetze gegen Ukraine-Flüchtlingen bei AfD hat Nachspiel. Zugriff am 25.06.2023 unter: https://www.sueddeutsche.de/politik/landtag-duesseldorf-hetze-gegen-ukraine-fluechtlingen-bei-afd-hat-nachspiel-dpa.urn-newsml-dpa-com-20090101-220415-99-927590

Tajfel, H. & Turner, J. C. (1979). An integrative theory of intergroup conflict. In S. Worchel & W. G. Austin (Eds.), *The social psychology of intergroup relations* (S. 33–48). Boston: Brooks Cole.

Thomsen, L., Green, E. G. T. & Sidanius, J. (2008). We will hunt them down: How social dominance orientation and right-wing authoritarianism fuel ethnic persecution of immigrants in fundamentally different ways. *Journal of Experimental Social Psychology, 44*(6), 1455–1464. https://doi.org/10.1016/j.jesp.2008.06.011

Womick, J., Rothmund, T., Azevedo, F., King, L. A. & Jost, J. T. (2019). Group-Based Dominance and Authoritarian Aggression Predict Support for Donald Trump in the 2016 U.S. Presidential Election. *Social Psychological and Personality Science, 10*(5), 643–652. https://doi.org/10.1177/1948550618778290

Zick, A., Wolf, C., Küpper, B., Davidov, E., Schmidt, P. & Heitmeyer, W. (2008). The Syndrome of Group-Focused Enmity: The Interrelation of Prejudices Tested with Multiple Cross-Sectional and Panel Data. *Journal of Social Issues, 64*(2), 363–383. https://doi.org/10.1111/j.1540-4560.2008.00566.x

15 Moral Foundations – die moralpsychologischen Grundlagen der politischen Orientierung

Thomas Grünhage und Rainer Banse

Wer hätte gedacht, dass sich die gesellschaftliche Spaltung im 21. Jahrhundert in Deutschland ausgerechnet anhand der Impflinie manifestiert? So fragte sich der prominente Philosoph Richard David Precht und mit ihm ein anscheinend recht hilflos mit Links-Rechts-Dimensionen hantierender Journalismus, als die Proteste gegen die Corona-Maßnahmen in Deutschland ihren Höhepunkt erreichten. Wenig später reiben sich dieselben Beobachter des Zeitgeistes verwundert die Augen ob einer augenscheinlich linken Zensurwelle, die unter dem Begriff Cancel-Culture auf- und angegriffen wird. Zuweilen entsteht der Eindruck einer völligen Umkehr traditioneller Deutungsmuster: Als rechts und damit nach gängiger Lesart autoritätshörig bezeichnete Gruppen wenden sich *gegen* hoheitliche Anordnungen, während die linken einstmaligen Vorkämpfer für bürgerliche Rechte augenscheinlich mit den Waffen der Zensur und gesellschaftlichen Ächtung agieren und nicht einmal vor Geistesgrößen wie Immanuel Kant haltmachen (Amlinger & Nachtwey, 2022; Boehm, 2022; Fourest, 2020; Frei, Schäfer & Nachtwey, 2021; Haidt & Lukianoff, 2018). Lassen sich diese Phänomene noch mit der Vorstellung zusammenbringen, dass stabile psychologische Dispositionen die politische Orientierung prägen? Und warum entzünden sich teils radikale politische Auseinandersetzungen häufig an Fragen wie der Corona- oder Kinderschutzimpfung, der Gleichstellung queerer Personen, Schwangerschaftsabbruch und Todesstrafe oder an vermeintlichem ›Gender-Gaga‹, während offenbar teils gravierendere, wesentlich mehr Menschen direkt oder stärker betreffende ökonomische Verwerfungen kein solches Polarisierungspotential zeigen?

Die Moral Foundations Theory (MFT; Haidt & Joseph, 2004, 2007) erlaubt eine Annäherung an diese Fragen. Mit ihr wurde das Feld der politischen Psychologie um eine recht junge Theorie bereichert, die die Attraktivität bestimmter politischer Ideologien weniger auf eine rationale Abwägung oder kognitiv greifbare (etwa soziostrukturelle) Bedürfnisse zurückführt, sondern auf ihre Übereinstimmung mit dispositionellen, tief verankerten Grundlagen des moralischen Urteilens, die sich aus unserer evolutionären Vergangenheit ableiten. Wie im Folgenden darzustellen sein wird, hat dies nichts mit einer Verurteilung bestimmter politischer – etwa rechtsradikaler – Gruppen als »unmoralisch« oder »nicht zu (angemessenen) moralischen Erwägungen fähig« zu tun. Paradoxerweise stellen sich die Grundlagen des moralischen Urteilens rechtsorientierter Personen der Theorie zufolge sogar komplexer dar als diejenigen linksorientierter Personen.

15.1 Die Theorie moralischer Grundpfeiler

Die Moral Foundations Theory versteht die menschliche Moral als »interlocking sets of values, virtues, norms, practices, identities, institutions, technologies, and evolved psychological mechanisms that work together to suppress or regulate selfishness and make social life possible.« (Haidt & Kesebir, 2010, S. 800). Es kann also bereits festgehalten werden, dass sich das, was wir als Moral bezeichnen, im Sinne dieser Theorie als ein komplexes, funktional-zielgerichtetes, evolutionär entwickeltes System verstehen lässt, das der Lösung sozialer Abstimmungsprobleme in unserer vom Leben in Kleingruppen geprägten, stammesgeschichtlichen Vergangenheit diente (Claessens, Fischer, Chaudhuri, Sibley & Atkinson, 2020; Grünhage, 2022). Dabei unterscheidet sich die MFT in zweierlei Weise maßgeblich von klassischen Moralkonzepten, wie sie etwa Lawrence Kohlberg vertritt (Haidt, 2001; Kohlberg, 1969).

15.1.1 Spezifische Annahmen der Theorie

Haidt (2001) geht erstens nicht mehr davon aus, dass Prozesse des Schlussfolgerns und bewusster Überlegung im Zentrum menschlicher Moral stehen, wie es die im oberen Teil der ▶ Abb. 15.1 dargestellten klassisch-rationalen Modelle insinuieren. Stattdessen nimmt die Theorie an, dass moralische Urteile – wie im unteren Teil von ▶ Abb. 15.1 dargestellt – maßgeblich auf moralischen Intuitionen basieren, genauer auf affektiv aufgeladenen Eindrücken von gut vs. schlecht; mögen vs. nicht mögen (Haidt, 2001; Haidt & Kesebir, 2010). Von höchster Wichtigkeit ist, dass dieser Prozess nur im Ergebnis bewusst wird; der oder die intuitiv Urteilende ist sich also keinerlei zugrunde liegender Urteilsprozesse bewusst (Haidt & Joseph, 2004). Stattdessen tritt plötzlich und schlaglichtartig eine affektive Empfindung auf, Haidt und Joseph, (2004, S. 60) sprechen hier von »affective flashes«. Ein bewusstes Abwägen von Argumenten, das sog. *Reasoning*, setzt demnach regelmäßig erst im Nachhinein ein, um das maßgeblich intuitiv geprägte Urteil nachträglich zu rechtfertigen (Haidt, 2007; Haidt & Kesebir, 2010; vgl. Greene, 2007, 2015 für ein ähnliches, neurowissenschaftlich fundiertes Modell). ▶ Abb. 15.1 verdeutlicht diesen Aspekt.

Zweitens wird auf inhaltlicher Seite ein zu starker Fokus der westlich geprägten Moralpsychologie auf Gerechtigkeitswerte kritisiert. In ersten qualitativen Befragungen zu moralischen Belangen, die außerhalb solcher Kulturkreise durchgeführt wurden (für Indien siehe z. B. Shweder, Mahapatra & Miller, 1987), wurden neben diesen individuumszentrierten Aspekten der Moral noch weitere genannt, beispielsweise Fragen des Respekts oder der spirituellen Reinheit.

Ausgehend von dieser Kritik, führten Haidt und Joseph (2004) eine Analyse mehrerer empirischer Arbeiten durch, die Taxonomien von moralischen Werten oder sozialen Bräuchen aus verschiedenen Kulturkreisen enthielten. Sie konnten deutliche, kulturübergreifende Überschneidungen feststellen, aus denen sie fünf kulturübergreifende Grundpfeiler der Moral, also *Moral Foundations*, ableiteten. Diese wurden wie folgt benannt:

(1.) Fürsorge/Schaden, (2.) Fairness/Reziprozität, (3.) Loyalität, (4.) Autorität/Respekt und (5.) Reinheit (Haidt & Joseph, 2007)

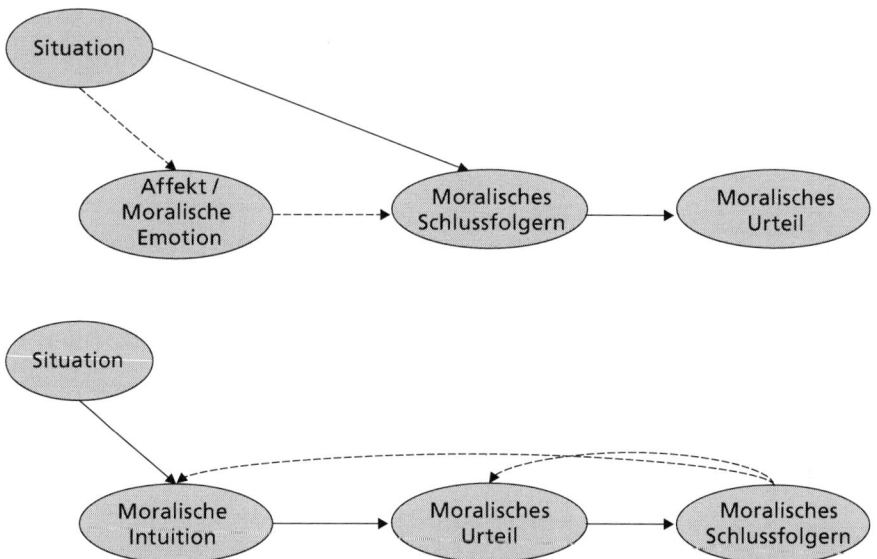

Abb. 15.1: Moralische Urteilsbildung nach dem rationalen (oben) vs. sozial-intuitiven (unten) Modell (Grünhage, 2022; angelehnt an Haidt, 2001). Die Struktur der eingezeichneten Pfeile verdeutlicht die Relevanz der entsprechenden Kausalverbindungen innerhalb des Modells. Durchgezogene Linien indizieren relevantere Prozesse.

Die dargestellten strukturellen und inhaltlichen Postulate der Moral Foundations-Theorie verbinden sich nun dergestalt, dass in den fünf genannten Grundpfeilern der Ursprung moralischer Intuitionen gesehen wird. Haidt und Joseph (2004, 2007) verstehen die fünf Foundations als evolutionär entwickelte Voreinstellungen für die adäquate Beurteilung sozialer Handlungen und Situationen. Aus evolutionär bedingten Verhaltensweisen haben sich, der Theorie nach, psychologische Mechanismen entwickelt, die bei der Verarbeitung sozialer Reize eine schnelle, automatische Beurteilung in Begriffen wie *gut* und *schlecht* liefern und damit der schnellen Auflösung von Annäherungs-Vermeidungs-Konflikten dienen. Menschen sind demnach auf intuitiver Ebene auf die Beurteilung sozialer Situationen vorbereitet (Haidt & Joseph, 2004, 2007). Zur Erklärung interkultureller und interindividueller Unterschiede in moralischen Vorstellungen und der Moralentwicklung wird zum einen angenommen, dass die fünf Grundpfeiler bereits genetischer Variabilität unterliegen (Graham, Haidt & Nosek, 2009). Manche dieser psychologischen Systeme könnten je nach Persönlichkeit also bereits ausgeprägter angelegt sein als andere. Hierdurch ergäben sich individuelle Unterschiede darin, wie Menschen durch sozial und kulturell vermittelte Narrative Bräuche und moralische Argumente bewerten und diese in das eigene Moralverständnis integrieren. Anderseits unterscheiden sich (Sub-)Kulturen natürlich in der sozialen Konstruktion von Tugend-, Laster- oder Wertbegriffen. Dennoch sei die Bandbreite solcher Konstruktionen letztlich durch die wenigen moralischen Intuitionen beschränkt, für die der menschliche Verstand vorgeprägt sei, d.h. durch die Moral Foundations (Haidt & Graham, 2007). Zur Verdeutlichung sei auf die augenfällige Analogie zum Konzept der evolutionären *Preparedness* nach Seligman (1971) verwiesen: Während dort unter Rückgriff auf die evolutionäre Logik erklärt wird, warum Phobien im Hinblick auf furchtbesetzte Objekte relativ begrenzt sind (so finden sich – konträr zum empirisch-statistischen Gefährdungspotential – häufig Phobien vor Schlangen, Spinnen, Höhe, weitläufigen Plätzen etc., nicht aber vor Handfeuerwaffen, Steckdosen oder dem Straßenverkehr), argumentiert die Moral Foundations-Theorie, dass auch moralische Werte, Bräuche und Normen sich nicht willkürlich, sondern nach Maßgabe – weil auf Grundlage – der begrenzten Zahl evolutionär geprägter Moral Foundations entwickeln. Ohne direkte Nennung der Theorie, spielt beispielsweise der Historiker Rutger Bregman interessante Beispiele durch, die diesen entscheidenden Punkt verdeutlichen: Selbst in dunkelsten Kapiteln der Geschichte findet sich gesamtgesellschaftlich keine willkürliche Neuschöpfung von Moralkonzeptionen, im Gegenteil müssen und mussten allzu offensichtliche Verstöße gegen basale moralische Werte regelmäßig kaschiert und in ihrer emotionalen Wucht durch den Verweis auf andere geteilte moralische Prinzipien gemildert werden. Zugespitzt ausgedrückt: Die Rekrutierung von KZ-Bediensteten hätte unter der Überschrift *Massenmörder gesucht* und/oder ohne Verweis auf die herbeifantasierte Bedeutung für die *Reinheit des deutschen Volkes* wenig Aussicht auf Erfolg gehabt (Bregman, 2020).

15.1.2 Die fünf moralischen Grundpfeiler

Doch worin besteht nun die Substanz der Moral Foundations und inwiefern liegt hier eine Abkehr von gerechtigkeitsfokussierten Moralauffassungen vor? Haidt und Joseph (2004, 2007) sowie Haidt und Graham (2007) definieren die fünf Foundations, indem sie zunächst ihre evolutionären Wurzeln bzw. die adaptiven Herausforderungen, zu deren Bewältigung sie sich ausbildeten, zu identifizieren versuchen. Weiterhin werden jeweils die evolutionären sowie mögliche heutige Auslöser (Trigger) jeder Foundation beschrieben. Außerdem werden den Foundations spezifische emotionale Reaktionen zugeordnet und zuletzt die auf Basis der jeweiligen Foundation kulturell entwickelten Tugend-, Wert- und Lasterbegriffe spezifiziert (Haidt & Graham, 2007; Haidt & Joseph, 2004, 2007):

1. **Fürsorge.** Die Fürsorge-Foundation basiert nach der MFT auf der evolutionär adaptiven Sensitivität für Leid und Hilfsbedürftigkeit eigener Nachkommen. Diese Sensitivität hat sich über die Mutter-Kind-Beziehung hinaus zu einer allgemeinen Abneigung gegenüber grausamen Handlungen und Leid generalisiert, auf die emotional mit Mitleid reagiert wird. Kulturell entwickelten sich Tugendbegriffe wie Fürsorge, Barmherzigkeit und Freundlichkeit. Aggressivität und Grausamkeit werden hingegen als moralisch schlecht und lasterhaft bewertet. Heute kann eine Vielzahl von Reizen diesen Grundpfeiler der Moral triggern, von

Medienbildern hungernder Menschen über Welpen und andere Jungtiere bis hin zu verniedlichten Comic-Zeichnungen.

2. **Fairness.** Die Fairness-Foundation entwickelte sich in Reaktion auf die evolutionäre Herausforderung, durch wechselseitige Kooperation mit Personen außerhalb der engeren Verwandtschaft Nutzen zu realisieren (reziproker Altruismus). Reziproke Interaktionen über weite Netzwerke hinweg bedingen zwingend die Einnahme verschiedener Rollen. Dies führte laut der Theorie zur Ausgestaltung individueller Rechte und Anerkennung von Grundsätzen der Gleichheit bzw. Ebenbürtigkeit (Haidt & Graham, 2007). Somit sind Aspekte der Ungleichbehandlung oder Diskriminierung, Betrug und abstraktere Ideen von Gerechtigkeit und Recht in der Fairness-Foundation inkludiert (Haidt & Kesebir, 2010). Die mit der Fairness-Foundation assoziierten emotionalen Reaktionen umfassen Dankbarkeit, aber auch Wut und Schuld. Als Tugendbegriffe entwickelten sich interkulturell Vorstellungen von Fairness, Ehrlichkeit und Vertrauenswürdigkeit. Unaufrichtigkeit und Verschlagenheit werden hingegen als Laster angesehen.

3. **Loyalität.** Bedingt durch das Zusammenleben in auf Verwandtschaftsverhältnissen basierenden Stammesgesellschaften, geht die Theorie von spezifischen sozial-kognitiven Mechanismen aus, die dem Fortbestand der Gruppe dien(t)en. Diese liegen geringerem Vertrauen und niedriger Kooperationsbereitschaft gegenüber Mitgliedern anderer Stämme bzw. Gruppen zugrunde (Haidt & Graham, 2007). Mit der Loyalitäts-Foundation assoziierte emotionale Reaktionen sind Stolz und eine emotionale Gruppenbindung, aber auch Wut in Reaktion auf Verrat an der Eigengruppe. Die Feststellung, dass Gruppenorganisationen auch die heutige Gesellschaft prägen, ist so selbstverständlich wie trivial. Gruppenkonstellationen haben sich über den Verwandtschaftskontext hinaus generalisiert. Getriggert wird die Foundation beispielsweise durch Bedrohungen der Eigengruppe, wobei Letztere sowohl die eigene Familie, aber auch eine Fußballmannschaft, die präferierte Partei oder die eigene Nation darstellen kann. Wert- und Tugendbegriffe, die sich auf diese Foundation beziehen, sind Selbstaufopferung und Loyalität, während Verrat oder Feigheit entsprechende Laster darstellen.

4. **Autorität.** Die Autoritäts-Foundation umfasst Aspekte des Zusammenlebens in hierarchisch organisierten Gruppen. Stärke und Dominanz konnten evolutionär betrachtet für bestimmte Gruppenmitglieder zu Vorteilen führen, gingen jedoch auch mit einer Verantwortung für Schutz und Wohlergehen der übrigen Gruppenmitglieder einher (Haidt & Graham, 2007). Dementsprechend haben sich sowohl mit Blick auf die Rolle dominanter als auch untergeordneter Gruppenmitglieder Tugend- und Lasterbegriffe entwickelt. Tugendhaften AnführerInnen wird beispielsweise Großmut oder Weisheit zugeschrieben, während Attribute wie *tyrannisch* oder auch *inkompetent* und *unfähig* sich auf ungeeignete Führungspersonen beziehen. Bezogen auf die Rolle der untergeordneten Individuen sind Tugenden wie Respekt und Gehorsam zu nennen, während Ungehorsam, Arroganz oder Insubordination geächtet werden. Mit der Autoritäts-Foundation sind emotionale Reaktionen wie Bewunderung und Angst assoziiert. Sie kann

durch Konfrontationen mit Vorgesetzten, Kontakt mit PolizistInnen etc. getriggert werden.
5. **Reinheit.** Die Entwicklung der Reinheits-Foundation wird auf die evolutionäre Herausforderung zurückgeführt, den Kontakt mit Mikroben und Parasiten zu meiden (Haidt & Graham, 2007). Ihre Weiterentwicklung lässt sich am besten als die Ausweitung der ursprünglichen, mit physischer *Ansteckung* assoziierten Trigger auf Aspekte geistiger oder sozialer *Ansteckung* verstehen. So umfassen die entsprechenden Tugenden nicht nur körperliche Gesundheit, sondern auch Vorstellungen geistiger oder spiritueller *Reinheit*, also beispielsweise Keuschheit, Enthaltsamkeit, Frömmigkeit, Impulskontrolle etc. Abhängig von der kulturellen Ausformung können Personen, die ihre Sexualität offen ausleben oder zur Schau stellen, die nicht reinlich genug sind oder tabuisiertes Gedankengut verbreiten, als Bedrohung für die Gesundheit und/oder die geistige Reinheit der Gruppe empfunden werden (Haidt & Joseph, 2004; Haidt & Kesebir, 2010).

Die fünf Grundpfeiler der Moral Foundations-Theorie decken das ganze moralische Spektrum ab, wie die Bänder eines guten Equalizers das gesamte für Menschen hörbare Frequenzspektrum abdecken. Sie sind prinzipiell ebenso frei einstell- und kombinierbar (Graham et al., 2011; Haidt, Graham & Joseph, 2009). Dennoch werden zwei unterschiedliche, generalisierte Formen moralischer Systeme – also zwei Wege, Egoismus zu unterbinden und ein soziales Leben zu ermöglichen – beschrieben, die sich empirisch herauskristallisiert haben. Um die EQ-Metapher beizubehalten, wäre hier das Bild zweier fester Voreinstellungen angemessen (▶ Abb. 15.2, »links« und »rechts« zum »libertären« Muster): Voreinstellung A kann man sich als Bass-Boost vorstellen. Hier sind Kulturen und Gesellschaftssysteme gemeint, in denen Fürsorge und Fairness die vorherrschende Rolle spielen: Selbstsucht wird vermieden und ein Zusammenleben ermöglicht, indem Individuen direkt (oft durch das Rechtssystem) geschützt und angehalten werden, die Rechte anderer zu achten. Somit steht hier das Individuum im Zentrum der moralischen Regulierung. Andere Kulturen und Gesellschaftssysteme hingegen reduzieren Selbstsucht und ermöglichen das Zusammenleben, indem Gruppen und Institutionen gestärkt und Individuen in soziale Rollen gebunden werden. Hier spielen Loyalität, Autorität und Reinheit eine größere Rolle. Um im EQ-Bild zu bleiben, sollte man sich eine *lineare* Voreinstellung vorstellen. Dieser Betonung von Individuum vs. Gruppe entsprechend, werden Fürsorge und Fairness als *individualisierende*, Loyalität, Autorität und Reinheit hingegen als *bindende* Foundations bezeichnet.

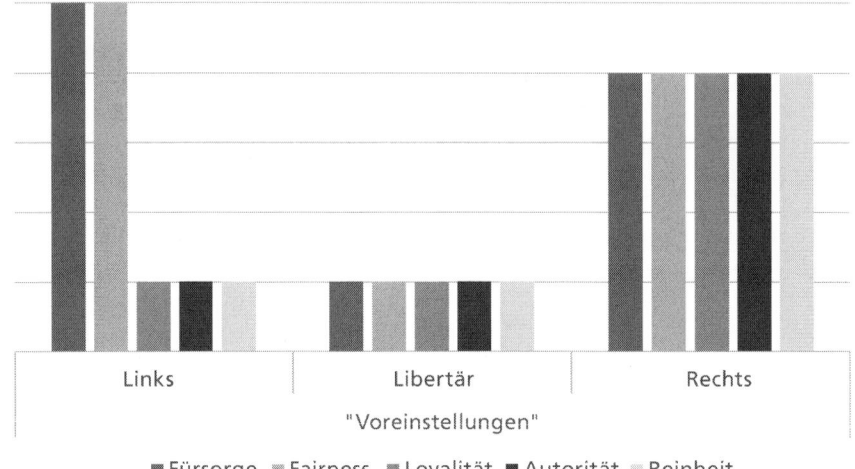

Abb. 15.2: Moral Foundations und die Equalizer-Metapher. Anmerkung: Für die Gruppe der Libertären ist im europäischen Kontext auch die Bezeichnung »liberal« gebräuchlich, die im amerikanischen Kontext allerdings fast synonym zu »links« verwendet wird (Grünhage, 2022).

15.2 Moralische Grundpfeiler im Kontext der politischen Links-Rechts-Orientierung

Von diesem Punkt an ist der politische Bezug schnell hergestellt: Mittlerweile wurde vielfach der Befund repliziert, dass sich deutliche Unterschiede in der Betonung der Moral Foundations nicht nur interkulturell, sondern auch entlang des politischen Spektrums innerhalb desselben (westlichen) kulturellen Kontexts zeigen: So betonen links eingestellte Personen deutlich stärker die individualisierenden Foundations als die bindenden Foundations, während sich für deutlich rechts eingestellte Personen keine solche Priorisierung, sondern eine gleichmäßige Betonung aller Foundations findet (Haidt & Graham, 2007). Auch bei einer dimensionalen Betrachtungsweise ließ sich zeigen, dass mit zunehmend rechtsgerichteter Einstellung die Bedeutung der bindenden Foundations zunimmt (Barnett, Öz & Marsden, 2018; Graham et al., 2013; Yilmaz, Harma, Bahçekapili & Cesur, 2016). Entgegen verkürzten Darstellungen in der Literatur (Sinn & Hayes, 2017, 2018) finden sich allerdings durchgängig auch positive Zusammenhänge von politischer Linksorientierung und den individualisierenden Foundations. Zwar unterscheiden sich links- und rechtsorientierte Personen also deutlich stärker in den bindenden als in den individualisierenden Foundations, trotzdem ist auch für Letztere nicht von einer vollständig gleichmäßigen Verteilung über das politische Spektrum hinweg auszugehen.

Einige Forschungsbefunde weisen zusätzlich darauf hin, dass die Moral Foundations Erklärungskraft bei der Vorhersage individueller Einstellungen zu umstrittenen politischen Einstellungen haben (Koleva, Graham, Iyer, Ditto & Haidt, 2021; Simpson & Laham, 2015). So konnten Koleva et al. (2021) zeigen, dass eine starke Betonung bindender Foundations dazu führt, dass vermeintlich widersprüchliche Einstellungen – also beispielsweise die Ablehnung von Abtreibungen auf der einen und die Befürwortung der Todesstrafe auf der anderen Seite – von denselben Personen vertreten werden. Eine starke Betonung der bindenden Foundations könnte demnach nämlich sowohl dazu führen, das Austragen von (auch ungewollten) Kindern als wichtige, die Gruppe oder Gemeinschaft fördernde Aufgabe anzusehen als auch Unterminierungen der Gemeinschaft und ihrer Normen mit möglichst großer Härte ahnden zu wollen. Während also dieselben Foundations ganz unterschiedliche Einstellungen begünstigen können, liegen derselben Einstellung andererseits möglicherweise unterschiedliche Foundations zugrunde. So zeigten Feinberg und Willer (2013), dass sich die umweltschutzbezogenen Einstellungen rechts eingestellter ProbandInnen denen links eingestellter durch ein reinheitsbezogenes Framing angleichen lassen: Wurden in Artikeln zum Thema Umweltschutz Begriffe wie Verunreinigung, Verschmutzung oder Kontamination verwendet und die Notwendigkeit einer Säuberung betont, so steigerte dies positiv umweltbezogene Einstellungen bei konservativen Personen. Tatsächlich nivellierte diese Manipulation Einstellungsunterschiede zwischen den politischen Lagern (vgl. Kidwell, Farmer & Hardesty, 2013; Wolsko, Ariceaga & Seiden, 2016).

Insbesondere Haidt und Graham (2007) vertreten explizit die Auffassung, dass die Anerkennung der moralischen Fundierung der Positionen der politischen Gegenseite zu besserer Verständigung und effizienterer Kommunikation beitragen könne. In diesem Kontext ist relevant, dass die Art, wie bestimmte politische Streitfragen in der Öffentlichkeit diskutiert werden, die tatsächlich relevanten psychologischen Mechanismen hinter solchen Einstellungen verdecken kann. So zeigten Koleva et al. (2012), dass sich die öffentlich ausgetauschten Argumente beispielsweise zu Fragen von Abtreibung und Stammzellenforschung vornehmlich um Schadensvermeidung drehen, also die Foundation Schaden/Fürsorge betreffen, während tatsächlich vor allem reinheitsbezogene Intuitionen für die kritische Betrachtung dieser Phänomene auf der politisch rechten Seite verantwortlich sind. Auch Sorgen um sog. »illegale Immigration« lassen sich entgegen der öffentlichen Rhetorik nicht primär durch loyalitäts- und fairnessbezogene Erwägungen, sondern durch Autoritäts- und Reinheits-Aspekte erklären (Koleva et al., 2012).

Ein großer Vorteil der Moral Foundations-Theorie liegt im ihr eigenen Pluralismus: Die Annahme von fünf (oder mehr) Systemen führt zu differenzierteren Erklärungen und macht mehr politische Phänomene erklärbar: Neben klassisch linken (Bass-Boost EQ) und rechten (Linearer EQ) lassen sich zahlreiche weitere Typen denken und beschreiben, die sich durch jeweils eigene Konfigurationen der Moral Foundations auszeichnen (Grünhage, 2022; Iyer, Koleva, Graham, Ditto & Haidt, 2012). Iyer et al. (2012) untersuchten insbesondere die (zahlenmäßig relativ marginale) Gruppe der Libertären, die eine rechte wirtschaftspolitische mit linker soziokultureller Einstellung verbanden, und zeigten hier in Übereinstimmung mit Haidt et al. (2009) eine durchgängig niedrige Betonung aller Foundations.

15.3 Zusammenfassung

Und inwiefern trägt die MFT nun zum Verständnis von Radikalisierungsphänomenen bei? Zunächst kann sie erklären, warum sich diese oft mit Bezug auf sehr bestimmte, bei nüchterner Betrachtung gar nicht so gravierende Streitfragen entwickeln: Hier sei abermals an die Impf-Debatten zur Zeit der Corona-Pandemie erinnert. Empirisch nachweisbare Schädigungen stehen in keinem Verhältnis zu anderen Gefährdungsquellen, allerdings triggert der rein körperliche Akt der Impfung nachvollziehbarerweise moralische Intuitionen der Reinheits-Foundation (Harjani, He & Chao, 2023; Nan et al., 2022). In dem Maße, in dem diese Intuitionen auch in traditionell eher links-grün verorteten, esoterisch ausgerichteten Kreisen eine Rolle spielen, kann die Theorie möglicherweise auch die ungewöhnliche »Querfront« linker und rechter Protestierender erklären (Frei et al., 2021): Gemeinsamkeiten in reinheitsbezogenen Intuitionen könnten bei bestimmten politischen Themen substantielle Unterschiede in den übrigen Intuitionen überschreiben. Abstrakter gefasst, erklärt die MFT die motivationale Potenz sog. »culture war issues«, die inhaltlich an die evolutionär geprägten Foundations rühren. Ein unverhältnismäßig breiter Diskurs um Genderfragen und vermeintliche Frühsexualisierung auf der rechten Seite, der Intuitionen hinsichtlich einer vermeintlich *normalen* Sexualität und damit die Reinheits-Foundation anspricht, aber auch Auswüchse von Sprachsensibilität auf der linksliberalen Seite, die eine starke Gewichtung der Fürsorge-Foundation widerspiegeln, wären weitere Beispiele. Dabei macht eine entsprechende Betrachtung klar, dass die Argumentationen beider Lager häufig aneinander vorbeigehen: Messen beide Seiten unterschiedlichen Foundations Gewicht zu, wirken die vorgebrachten Argumente für die jeweils andere Seite vermutlich nicht allzu überzeugend (Grünhage & Reuter, 2020). Des Weiteren ist zu beachten, dass unsere moralischen Werte, die der Theorie nach ihren Ursprung in den evolutionär entwickelten Foundations haben, einen wichtigen Teil unseres Selbstbilds ausmachen. Zudem sind sie – empirisch nachweis- aber auch individuell erfahrbar – sehr stabil (Petty & Cacioppo, 1986). Beides erklärt die Vehemenz gewisser politischer Konflikte. Dabei zeigen die oben angesprochenen Framing-Experimente allerdings auch einen Ansatzpunkt zur Prävention von Radikalisierung und Polarisierung auf (weiterführend: Grünhage, 2022). Hier steht die Forschung allerdings unbestreitbar erst am Anfang.

Zuletzt sei noch ein kritischer Punkt angesprochen: Die Moral Foundations-Theorie beschreibt – wie dargestellt – empirisch nachweisbare Unterschiede in moralischen Intuitionen zwischen kulturell und politisch unterschiedlich orientierten Menschen. Damit bleibt sie stets auf einer deskriptiven Ebene – oder sollte dies zumindest tun. Inwiefern die moralischen Erwägungen, die aus den einzelnen

Foundations erwachsen, wünschenswert sind, ist eine Frage der normativen Ethik. Es gibt nachvollziehbare, moralphilosophische und empirische Gründe, die drei bindenden Foundations nicht als angemessene oder erstrebenswerte, moralische Ordnungssysteme anzuerkennen (Boehm, 2022; Kugler, Jost & Noorbaloochi, 2014), insofern soll hier nicht einer Hufeisenlogik das Wort geredet werden. Eine gewinnbringende Auseinandersetzung insbesondere mit dem Rechtsextremismus braucht allerdings ein genaues Verständnis der Motive und des *subjektiven* Legitimationsempfindens seiner Vertreter. Hierzu kann die Theorie einen Beitrag leisten.

Literatur

Amlinger, C. & Nachtwey, O. (2022). *Gekränkte Freiheit: Aspekte des libertären Autoritarismus.* Berlin: Suhrkamp Verlag.

Barnett, M. D., Öz, H. C. M. & Marsden, A. D. (2018). Economic and Social Political Ideology and Homophobia: The Mediating Role of Binding and Individualizing Moral Foundations. *Archives of Sexual Behavior*, 47(4), 1183–1194. https://doi.org/10.1007/s10508-017-0989-2

Boehm, O. (2022). Radikaler Universalismus. Jenseits von Identität. Berlin: Propyläen.

Bregman, R. (2020). *Im Grunde gut.* Hamburg: Rowohlt.

Claessens, S., Fischer, K., Chaudhuri, A., Sibley, C. G. & Atkinson, Q. D. (2020). The dual evolutionary foundations of political ideology. *Nature Human Behaviour*, 4(4), 336–345. https://doi.org/10.1038/s41562-020-0850-9

Feinberg, M. & Willer, R. (2013). The Moral Roots of Environmental Attitudes. *Psychological Science*, 24(1), 56–62. https://doi.org/10.1177/0956797612449177

Fourest, C. (2020). *Generation Beleidigt. Von der Sprachpolizei zur Gedankenpolizei. Über den wachsenden Einfluss linker Identitärer. Eine Kritik.* Berlin: Edition Tiamat.

Frei, N., Schäfer, R. & Nachtwey, O. (2021). Die Proteste gegen die Corona-Maßnahmen. *Forschungsjournal Soziale Bewegungen*, 34(2), 249–258.

Graham, J., Haidt, J., Koleva, S., Motyl, M., Iyer, R., Wojcik, S. P. & Ditto, P. H. (2013). Moral Foundations Theory: The Pragmatic Validity of Moral Pluralism. *Advances in Experimental Social Psychology*, 47, 55–130. https://doi.org/10.1016/B978-0-12-407236-7.00002-4

Graham, J., Haidt, J. & Nosek, B. A. (2009). Liberals and Conservatives Rely on Different Sets of Moral Foundations. *Journal of Personality and Social Psychology*, 96(5), 1029–1046. https://doi.org/10.1037/a0015141

Graham, J., Nosek, B. A., Haidt, J., Iyer, R., Koleva, S. & Ditto, P. H. (2011). Mapping the Moral Domain. *Journal of Personality and Social Psychology*, 101(2), 366–385. https://doi.org/10.1037/a0021847

Greene, J. D. (2007). Why are VMPFC patients more utilitarian? A dual-process theory of moral judgment explains. *Trends in Cognitive Sciences*, 11(8), 322–323. https://doi.org/10.1016/j.tics.2007.06.004

Greene, J. D. (2015). The cognitive neuroscience of moral judgment and decision making. In J. Decety & T. Wheatley (Hrsg.), *The Moral Brain: A Multidisciplinary Perspective* (S. 197–220). https://doi.org/10.7551/mitpress/9988.003.0017

Grünhage, T. (2022). *Der Mensch als Zoon Politikon? Die Politische Orientierung aus evolutions- und differentiell-psychologischer Perspektive.* Hamburg: Verlag Dr. Kovac. https://books.google.de/books?id=0ZRuzwEACAAJ

Grünhage, T. & Reuter, M. (2020). What makes diets political? Moral foundations and the left-wing-vegan connection. *Social Justice Research*, 34(1), 18–52.

Haidt, J. (2001). The emotional dog and its rational tail: A social intuitionist approach to moral judgment. *Psychological Review*, 108(4), 814–834. https://doi.org/10.1037/0033-295X.108.4.814

Haidt, J. (2007). The new synthesis in moral psychology. *Science*, 316(5827), 998–1002. https://doi.org/10.1126/science.1137651

Haidt, J. & Graham, J. (2007). When morality opposes justice: Conservatives have moral intuitions that liberals may not recognize. *Social Justice Research, 20*(1), 98–116. https://doi.org/10.1007/s11211-007-0034-z

Haidt, J., Graham, J. & Joseph, C. (2009). Above and Below Left-Right: Ideological Narratives and Moral Foundations. *Psychological Inquiry, 20*(2–3), 110–119. https://doi.org/10.1080/10478400903028573

Haidt, J. & Joseph, C. (2004). Intuitive ethics: how innately prepared intuitions generate culturally variable virtues. *Daedalus, 133*(4), 55–66.

Haidt, J. & Joseph, C. (2007). The moral mind: How five sets of innate intuitions guide the development of many culture-specific virtues, and perhaps even modules. In P. Carruthers, S. Laurence & S. Stich (Hrsg.), *The innate mind: Vol. 3. Foundations and the future* (S. 367–392). Oxford: Oxford University Press.

Haidt, J. & Kesebir, S. (2010). Morality. In S. T. Fiske, D. T. Gilbert & G. Lindzey (Hrsg.), *Handbook of social psychology* (5. Aufl., S. 797–832). Hoboken: Wiley.

Haidt, J. & Lukianoff, G. (2018). *The coddling of the American mind: How good intentions and bad ideas are setting up a generation for failure.* London: Penguin UK.

Harjani, T., He, H. & Chao, M. M. (2023). The Moral Foundations of Vaccine Passports. *Journal of Business Ethics*, 1–29.

Iyer, R., Koleva, S., Graham, J., Ditto, P. & Haidt, J. (2012). Understanding Libertarian Morality: The Psychological Dispositions of Self-Identified Libertarians. *PLoS ONE, 7*(8), 42366. https://doi.org/10.1371/journal.pone.0042366

Kidwell, B., Farmer, A. & Hardesty, D. M. (2013). Getting liberals and conservatives to go green: Political ideology and congruent appeals. *Journal of Consumer Research, 40*(2), 350–367. https://doi.org/10.1086/670610

Kohlberg, L. (1969). Stage and sequence: The cognitive-developmental approach to socialization. In D. A. Goslin (Hrsg.), *Handbook of Socialization Theory and Research* (S. 347–480). Chicago: Rand McNally.

Koleva, S. P., Graham, J., Iyer, R., Ditto, P. H. & Haidt, J. (2012). Tracing the threads: How five moral concerns (especially Purity) help explain culture war attitudes. *Journal of Research in Personality, 46*(2), 184–194. https://doi.org/10.1016/j.jrp.2012.01.006

Kugler, M., Jost, J. T. & Noorbaloochi, S. (2014). Another Look at Moral Foundations Theory: Do Authoritarianism and Social Dominance Orientation Explain Liberal-Conservative Differences in »Moral« Intuitions? *Social Justice Research, 27*(4), 413–431. https://doi.org/10.1007/s11211-014-0223-5

Nan, X., Wang, Y., Thier, K., Adebamowo, C., Quinn, S. & Ntiri, S. (2022). Moral Foundations Predict COVID-19 Vaccine Hesitancy: Evidence from a National Survey of Black Americans. *Journal of Health Communication*, 1–11.

Petty, R. E. & Cacioppo, J. T. (1986). The elaboration likelihood model of persuasion. In *Advances in Experimental Social Psychology* (S. 123–205). https://doi.org/10.1016/s0065-2601(08)60214-2

Seligman, M. E. P. (1971). Phobias and preparedness. *Behavior Therapy, 2*(3), 307–320.

Shweder, R. A., Mahapatra, M. & Miller, J. G. (1987). Culture and moral development. In J. Kagan & S. Lamb (Hrsg.), *The emergence of morality in young children* (S. 1–83). Chicago: University of Chicago Press.

Simpson, A. & Laham, S. M. (2015). Different relational models underlie prototypical left and right positions on social issues. *European Journal of Social Psychology, 45*(2), 204–217.

Sinn, J. S. & Hayes, M. W. (2017). Replacing the Moral Foundations: An Evolutionary-Coalitional Theory of Liberal-Conservative Differences. *Political Psychology, 38*(6), 1043–1064. https://doi.org/10.1111/pops.12361

Sinn, J. S. & Hayes, M. W. (2018). Is Political Conservatism Adaptive? Reinterpreting Right-Wing Authoritarianism and Social Dominance Orientation as Evolved, Sociofunctional Strategies. *Political Psychology, 39*(5), 1123–1139. https://doi.org/10.1111/pops.12475

Wolsko, C., Ariceaga, H. & Seiden, J. (2016). Red, white, and blue enough to be green: Effects of moral framing on climate change attitudes and conservation behaviors. *Journal of Experimental Social Psychology, 65*, 7–19. https://doi.org/10.1016/j.jesp.2016.02.005

Yilmaz, O., Harma, M., Bahçekapili, H. G. & Cesur, S. (2016). Validation of the Moral Foundations Questionnaire in Turkey and its relation to cultural schemas of individualism and collectivism. *Personality and Individual Differences*, *99*, 149–154. https://doi.org/10.1016/j.paid.2016.04.090

16 Ungerechtigkeitssensibilität

Mario Gollwitzer, Marlene Voit und Lucas Köhler

»Und dieses Gerechte bedeutet das Mittlere; das Ungerechte aber ist das, was gegen die Proportion verstößt; denn das Proportionale ist ein Mittleres und das Gerechte ein Proportionales.« – so heißt es in der Nikomachischen Ethik (Aristoteles, 1974, S. 102). Ein Satz, der zunächst einleuchtend klingt, dann aber Fragen aufwirft: Was ist das »Proportionale«? Was heißt »zuwiderlaufen«? Auf welche Fälle bezieht sich Aristoteles hier: auf Geld, Zuwendung, Liebe?

Gerechtigkeit (und Ungerechtigkeit) philosophisch zu definieren, ist komplizierter als man zunächst annehmen möchte, obwohl (oder gerade weil) Gerechtigkeit und Ungerechtigkeit im Alltag in so vielen Erscheinungsformen und Schweregraden vorkommen und es nahezu keinen Bereich unseres täglichen Lebens gibt, in welchem Gerechtigkeit und Ungerechtigkeit keine Rolle spielen. Entsprechend stark können die emotionalen Empfindungen sein, die die Wahrnehmung von Ungerechtigkeit bei uns auslöst: über »zu hohe« Steuern oder »zu geringe« staatliche Fürsorge können wir uns massiv ärgern; die Nachrichten über Bestechlichkeit und die Bestechung von Mandatsträgern im Zuge der sogenannten »Maskenaffäre« aus den Jahren 2020/2021 sorgten bundesweit für Entsetzen; die Bilder von Geflüchteten, die an den Außengrenzen der Europäischen Union in teilweise menschenunwürdigen Unterkünften leben, führen entweder zu Wut oder aber zu Schuld und Schamgefühlen und lassen uns vielleicht sogar über die Frage grübeln, wie weit es mit der Menschenwürde eigentlich wirklich her ist in Europa.

Die Beispiele zeigen, dass uns Ungerechtigkeiten meist nicht egal sind: Sie nehmen unsere Aufmerksamkeit in Anspruch, wir denken mitunter lange und oft über sie nach und sie bewegen uns emotional. Welche Emotionen wir dabei genau empfinden, hängt vor allem davon ab, aus welcher Perspektive, welcher »Rolle« heraus, wir mit der Ungerechtigkeit konfrontiert sind: als neutrale Beobachtende einer (evtl. als »ungerecht« erachteten) Interaktion zwischen zwei Personen A und B empfinden wir neben Mitgefühl für A auch Empörung oder Entrüstung gegenüber B; sind wir selbst die Opfer, sind hingegen Wut und Ärger die dominanten Reaktionen. Nehmen wir hingegen wahr, dass wir von einer Ungerechtigkeit (direkt oder indirekt) profitieren, stehen Schuld und Scham im Vordergrund.

Nun reagieren nicht alle Menschen gleich auf Ungerechtigkeit: bei manchen ist die Wahrnehmungsschwelle niedriger, bei anderen höher; auch die emotionalen Reaktionen sind bei einigen stärker ausgeprägt als bei anderen. Entsprechend gibt es Unterschiede zwischen Menschen im Hinblick auf die Motivation, erlebte Ungerechtigkeit zu reduzieren (also etwa, Opfern einer Ungerechtigkeit zu Hilfe zu kommen oder sich dafür einzusetzen, die Welt in Zukunft ein wenig gerechter zu machen). Solche inter-individuellen Unterschiede zwischen Menschen in Bezug darauf, wie stark sie Ungerechtigkeiten wahrnehmen und auf diese reagieren, sind in der Sozial- und Persönlichkeitspsychologie inzwischen gut erforscht. Das psychologische Merkmal, das diese inter-individuellen Unterschiede beschreibt, trägt den Namen »Ungerechtigkeitssensibilität«. Im vorliegenden Kapitel soll der aktuelle Stand der psychologischen Forschung zu Ungerechtigkeitssensibilität speziell im Hinblick auf ihren Zusammenhang mit Rechtsradikalisierung dargestellt werden.

16.1 Facetten der Ungerechtigkeitssensibilität

Die Beispiele weiter oben haben bereits deutlich gemacht, dass man mit Ungerechtigkeit aus unterschiedlichen Perspektiven heraus konfrontiert sein kann: aus der Beobachtungsperspektive, der Opferperspektive sowie der Nutznießer- oder ggf. sogar der Täterperspektive. Entsprechend kann man aus jeder dieser Perspektiven heraus unterschiedlich sensibel für Ungerechtigkeit sein. In der Forschung werden daher vier unterschiedliche Ungerechtigkeitssensibilitätsperspektiven unterschieden: jeder Mensch verfügt über eine »Beobachtersensibilität«, eine »Opfersensibilität«, eine »Nutznießersensibilität« und eine »Tätersensibilität« (vgl. Baumert & Schmitt, 2016; Schmitt et al., 2009; Schmitt, Baumert, Gollwitzer & Maes, 2010). Auch wenn sich jede dieser Sensibilitäten im Laufe des Lebens verändern kann: ihre inter-individuellen Unterschiede bleiben selbst über längere Zeiträume hinweg stabil (Bondü, Hannuschke, Elsner & Gollwitzer, 2016; Schmitt, Gollwitzer, Maes & Arbach, 2005) – man kann daher davon sprechen, dass es sich bei jeder dieser vier Sensibilitäten um Persönlichkeitsmerkmale handelt: wer einmal besonders ungerechtigkeitssensibel ist, wird dies – im Vergleich zu anderen Menschen – vermutlich sein ganzes Leben lang sein.

Wie hängen nun die vier Merkmale untereinander zusammen? Studien mit bevölkerungsrepräsentativen Stichproben von Erwachsenen sowie Jugendlichen zeigen: während die drei Merkmale »Beobachtersensibilität«, »Nutznießersensibilität« und »Tätersensibilität« recht stark miteinander zusammenhängen (man spricht hier statistisch von einer positiven Korrelation: höhere Werte in einem der drei Merkmale gehen typischerweise auch mit höheren Werten in den beiden anderen Merkmalen einher und umgekehrt; siehe Schmitt et al., 2005, 2010), fallen deren Korrelationen mit dem vierten Merkmal – »Opfersensibilität« – geringer aus (Bondü & Elsner, 2015; Gollwitzer, Schmitt, Schalke, Maes & Baer, 2005; Schmitt et al., 2005, 2010). Sensibel für Ungerechtigkeit zu eigenen Ungunsten zu sein, ist also nicht dasselbe, wie sensibel für beobachtete oder sogar selbst verschuldete Ungerechtigkeit zu sein, obwohl allen Merkmalen durchaus ein gemeinsamer Nenner zugrunde zu liegen scheint: die prinzipielle Bedeutung, die das Thema »Gerechtigkeit« im eigenen Leben hat (Baumert, Rothmund, Thomas, Gollwitzer & Schmitt, 2013; Baumert & Schmitt, 2016).

16.2 Ungerechtigkeitssensibilität und (Rechts-) Radikalisierung: Zusammenhänge

Wie hängen die vier Merkmale mit politischen Orientierungen und Einstellungen zusammen? Auch hier liegen mittlerweile einige empirische Befunde vor: Es zeigt sich, dass Menschen mit einer Sensibilität für Ungerechtigkeiten gegenüber *Anderen* – also: Beobachter-, Nutznießer- und Tätersensibilität – eher politisch links-orientiert, Menschen mit einer Sensibilität für Ungerechtigkeiten zu *eigenen* Ungunsten – Opfersensibilität – hingegen politisch eher rechts-orientiert sind (Jahnke, Schröder, Goede, Lehmann, Hauff, Beelmann, 2020). Gerade opfersensible Personen tendieren dazu, rechts-populistische Präsidentschaftskandidaten (wie Donald Trump in den Vereinigten Staaten von Amerika) oder rechts-populistische Parteien wie die »Alternative für Deutschland« (AfD) zu unterstützen (Rothmund, Bromme & Azevedo, 2020). Fragt man Menschen danach, inwiefern sie es befürworten würden, Länder in wirtschaftlichen Schwierigkeiten – etwa im Kontext der EU-Finanzkrise – finanziell zu unterstützen, oder bedürftigen Menschen, wie MigrantInnen oder Geflüchteten, zu helfen, antworten jene mit einer hohen Opfersensibilität für gewöhnlich eher mit »nein« und begründen dies unter anderem mit Aussagen wie »Das ist nicht unsere Angelegenheit«, »Dafür sind wir nicht zuständig« oder »Andere haben unsere Hilfe eher verdient« (Rothmund, Stavrova & Schlösser, 2017; Rothmund et al., 2020).

Sind Menschen sensibel für Ungerechtigkeiten gegenüber *Anderen*, so nehmen sie häufiger (reale oder vermeintliche) Missstände in der Gesellschaft wahr und sind eher bereit, sich bei dem Versuch ihrer Beseitigung oder Linderung zu engagieren – ungeachtet dessen, ob sie selbst davon betroffen sind oder nicht. In einer Studie, in der Teilnehmende aus Deutschland zum Verkehrs- und Städtebauprojekt »Stuttgart 21«[1] befragt wurden, fand man beispielsweise einen positiven Zusammenhang zwischen Beobachtersensibilität und Protestverhalten (Rothmund, Baumert & Zinkernagel, 2014).

Geht es um den Zusammenhang zwischen Ungerechtigkeitssensibilität und (rechts-)radikalem Verhalten, wird es komplizierter, da sowohl Beobachtersensibilität als auch Opfersensibilität mit radikalem und gewalttätigem Verhalten zusammenhängen. In einer Studie von Jahnke et al. (2020) wurde eine Stichprobe junger, linker AktivistInnen danach befragt, was sie tun würden, um ihre jeweilige politische Gruppierung bzw. Bewegung zu unterstützen. Hier wurde zwischen nicht-radikalem (z. B. öffentlich demonstrieren) und radikalem Aktivismus (z. B. Gewalt befürworten) unterschieden. In dieser Stichprobe zeigte sich ein positiver Zusammenhang zwischen Beobachtersensibilität und radikalem Aktivismus (Jahnke et al., 2020). In einer anderen Stichprobe deutscher Jugendlicher zeigte sich allerdings, dass gerade Opfersensibilität mit der Bereitschaft, Gewalt als legitimes Mittel für das Erreichen politischer Ziele zu erachten, zusammenhing (Jahnke et al., 2020).

---

[1] »Stuttgart 21« ist ein Bauprojekt zur Neuordnung des Bahnknotens in Stuttgart. Der Bau begann im Februar 2010 und soll im Dezember 2025 abgeschlossen werden.

Die Bereitschaft, radikalen Aktivismus gutzuheißen und diesen sogar aktiv zu unterstützen, basiert meist auf Erfahrungen relativer Deprivation – also der Wahrnehmung, anderen gegenüber benachteiligt zu sein und etwas *nicht* zu besitzen, was einem aber eigentlich zusteht (Runciman, 1966; ▶ Kap. 2). Dieses »etwas« kann eine materielle Ressource (wie etwa Geld) oder aber eine symbolische Ressource sein (wie etwa Status oder Macht). Es zeigt sich, dass opfersensible Menschen solche Deprivationserfahrungen häufiger erleben als jene, die in geringerem Maße opfersensibel sind. So zeigt eine Studie, dass opfersensible Personen öfter das Gefühl haben, dass sie persönlich diskriminiert werden, dass ihrer Gruppe nicht der nötige Respekt gezollt wird, und dass Personen in anderen Gruppen zu viel Macht und Verantwortung haben. Diese Deprivationserfahrungen sind wiederum mit der Befürwortung gewalttätiger politischer Organisationen assoziiert (Macdougall, van der Veen, Feddes, Nickolson & Doosje, 2018).

Bezugnehmend auf das Rahmenmodell der Radikalisierung aus ▶ Kap. 2 impliziert das, dass Opfersensibilität als Persönlichkeitseigenschaft sowohl mit der Häufigkeit von subjektiv erlebten Deprivationserfahrungen als auch mit rechtspopulistischen Ideologien assoziiert ist. Auch scheint Ungerechtigkeitssensibilität mit der Befürwortung von politischer Gewalt zusammenzuhängen, obwohl hier die Rolle der verschiedenen Perspektiven der Ungerechtigkeitssensibilität noch nicht abschließend geklärt ist.

16.3 Opfersensibilität und Rechtsradikalisierung: Prozesse

Während also Beobachter-, Nutznießer- und Tätersensibilität stabile Prädiktoren dafür sind, ob und in welchem Ausmaß Menschen sich aktiv für die Beseitigung von (realer oder vermeintlicher) Ungerechtigkeit in der Welt einsetzen – sei es durch direktes politisches Engagement oder durch (legale) zivile Proteste, geht Opfersensibilität eher mit der Sorge einher, sich selbst (oder die Gruppe, der man angehört) möglichst effektiv vor Benachteiligung und Ausbeutung zu schützen – und dafür auch billigend in Kauf zu nehmen, selbst non-normativ, also ungerecht oder unkooperativ, zu agieren. Theoretisch erklären lässt sich dies auf der Basis des *Sensitivity to Mean Intentions*-Modells (kurz: SeMI) (Gollwitzer & Rothmund, 2009; Gollwitzer, Rothmund & Süssenbach, 2013). Dieses Modell besagt, dass Menschen mit stark ausgeprägter Opfersensibilität latent fürchten, von anderen ausgebeutet oder hintergangen zu werden. Diese Furcht führt dazu, dass sie in alltäglichen Situationen auch auf uneindeutige oder unbedeutende Signale, die auf drohende Ausbeutung (allgemeiner: auf gemeine Absichten anderer – daher auch *mean intentions* im Namen des Modells) hinweisen, besonders empfindlich und defensiv reagieren. Dieser Zusammenhang ist in ▶ Abb. 16.1 dargestellt.

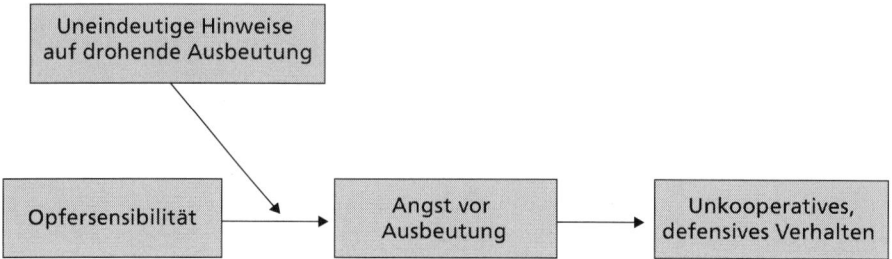

Abb. 16.1: Zusammenhang zwischen Opfersensibilität und unkooperativem Verhalten. Anmerkung: Der hier abgebildete Zusammenhang ist eine vereinfachte Darstellung des SeMI-Modells (Gollwitzer & Rothmund, 2009; Gollwitzer et al., 2013).

So neigen Opfersensible beispielsweise dazu, PolitikerInnen zu unterstellen, sie handelten unlauter und eigennützig (Agroskin, Jonas, Traut-Mattausch, 2015); aus eben diesem Grund lehnen sie politische Vorschläge der betreffenden Personen eher ab, auch dann, wenn diese Vorschläge sogar sinnvoll sind (Traut-Mattausch, Guter, Zanna, Jonas & Frey, 2011). Ebenso unterstellen Opfersensible anderen Menschen, die um Solidarität und Hilfe bitten, dass sie diese Hilfe eigentlich gar nicht benötigen, sondern dies nur aus eigennützigen Motiven heraus tun (Süssenbach & Gollwitzer, 2015), was wiederum erklärt, wieso Opfersensible weniger solidarisches Verhalten mit Benachteiligten zeigen (Gollwitzer et al., 2005). Auch in dem oben zitierten Beispiel der EU-Finanzkrise zeigt sich, dass opfersensible Personen sensibel auf Hinweisreize reagieren, die suggerieren, dass die bedürftige Gruppe das eigene Wohlwollen ausnutzen könnte. Wenn nämlich ein Bericht die Krise so darstellte, dass die EinwohnerInnen eines von der Krise besonders stark betroffenen Landes ausbeuterische Intentionen hegen könnten, führte das gerade bei opfersensiblen Personen zu erhöhten nationalistischen Gedanken und reduzierter Solidarität (Rothmund et al., 2017). Auch im Migrationskontext zeigt sich, dass Hinweisreize, die eine mögliche Ausbeutung (bspw. des deutschen Sozialstaats) durch MigrantInnen suggerieren, bei opfersensiblen Personen eine ablehnende Haltung auslösen (Köhler & Gollwitzer, 2024; siehe hierzu auch nächster Abschnitt).

Die Empirie zeigt also, dass Opfersensibilität auch als eine Angst vor Ausbeutung durch andere bezeichnet werden kann. Um sich vor einer solchen Ausbeutung zu schützen, befürworten Opfersensible unter Umständen auch radikale Aktionen (Macdougall et al., 2018; Jahnke et al., 2020). Sie scheinen dabei insbesondere anfällig für einen Prozess der *Rechts*radikalisierung, weil eine rechte Ideologie spezifisch die Bedürfnisse opfersensibler Personen befriedigt. Im Vergleich zu anderen radikalisierten Gruppen stehen rechtsradikalisierte Gemeinschaften oft für eine Dominanz der Eigengruppe über andere Gruppen (Soziale Dominanzorientierung; Wilson & Sibley, 2013). Darüber hinaus priorisiert eine rechtskonservative Ideologie die Sicherheit und das Wohlbefinden der Eigengruppe und ist unter anderem von der Sorge geprägt, dass diese Sicherheit gefährdet sein könnte (van Leeuwen & Park, 2009).

16.4 Implikationen für die Prävention von (Rechts-) Radikalisierung

Wie andere Persönlichkeitseigenschaften auch scheint sich Ungerechtigkeitssensibilität bereits in der Kindheit und Jugend zu manifestieren bzw. zu stabilisieren (Bondü et al., 2016). Insbesondere das Jugendalter ist eine Lebensphase, in der die zunehmende Bedeutung sozialer Netzwerke mit Gleichaltrigen auch mit häufigeren gerechtigkeitsrelevanten Erfahrungen einhergeht. Sei es, dass sie von Autoritätspersonen ungerecht behandelt, in der Schule gemobbt oder von Gleichaltrigen ausgeschlossen werden – all diese Erlebnisse können dazu führen, dass man zunehmend empfindlich für Viktimisierungen wird, Ungerechtigkeiten zu eigenen Ungunsten also vermehrt wahrnimmt und verstärkt negativ auf diese reagiert. Diese Empfindlichkeit kann nun Bestandteil des Selbstkonzepts werden (Gollwitzer et al., 2015). Wenn diese Ereignisse gehäuft auftreten und nicht adäquat mit ihnen umgegangen wird, verstärkt sich das Gefühl, ständig Opfer von Ungerechtigkeit zu werden und daher auf der Hut vor Ausbeutung und unfairer Behandlung sein zu müssen. Vor diesem Hintergrund ist das Jugendalter vermutlich eine besonders kritische Phase bei der Entwicklung von Opfersensibilität (Bondü et al., 2016).

Ungeklärt ist bislang die Frage, wie man den negativen Effekten einer erhöhten Opfersensibilität entgegenwirken kann und ob es möglich ist, eine erhöhte Opfersensibilität zu reduzieren, sich also quasi unempfindlicher und resilienter gegen vermeintliche Viktimisierung zu machen. Hier steht die Forschung noch am Anfang. Erste Befunde legen nahe, dass man durch Opfersensibilität hervorgerufene defensive Reaktionen abschwächen kann, indem man Kontrollüberzeugungen stärkt (Buchholz, Gollwitzer, Magraw-Mickelson, Stolz & Süssenbach, 2023). Das Gefühl, keine Kontrolle über Ereignisse und insbesondere das Verhalten anderer Menschen zu haben, führt nämlich in besonderem Maße dazu, dass Menschen defensiv und unkooperativ agieren (Gollwitzer, Süssenbach & Hannuschke, 2015). Gibt man den Betroffenen nun das Gefühl, dass sie mit ihren Handlungen die Geschehnisse beeinflussen können, könnten die negativen Folgen von Opfersensibilität aufgefangen werden. Ähnliches hat sich auch in Studien gezeigt, die sich mit Versöhnungsprozessen zwischen Opfer- und Tätergruppen beschäftigen: Opfer sind demzufolge eher zu einer Versöhnung bereit, wenn ihnen im Zuge des Versöhnungsprozesses das verlorengegangene Gefühl, Dinge beeinflussen zu können und handlungsfähig zu sein, zurückgegeben wird (Wenzel & Okimoto, 2010). So sind beispielsweise jüdische Personen dann vermehrt zu einer Versöhnung mit Deutschen bereit, wenn betont wird, dass sie die Macht haben, ihr Schicksal selbst zu bestimmen (Shnabel & Nadler, 2015). Ein Gefühl von Kontrolle könnte also eine Stellschraube sein, mit der man den negativen Auswirkungen von (wahrgenommener oder tatsächlicher) Opferwerdung entgegenwirken kann.

Obwohl Opfersensibilität als Persönlichkeitseigenschaft einen Einfluss darauf hat, wie sich eine Person in mehrdeutigen Situationen verhält, spielen natürlich auch die Umstände der Situation selbst eine Rolle. Das (unkooperative) Verhalten wird also nicht allein durch die Opfersensibilität ausgelöst, sondern immer im

Zusammenspiel mit den Umständen der Situation bzw. ihrer Interpretation. Wie oben bereits geschildert, lösen insbesondere Situationen, die potenziell die Gefahr von Ausbeutung bergen, bei opfersensiblen Personen unkooperatives Verhalten aus. Indem man nun die Darstellung der Situation verändert, also sie als mehr oder weniger gefährlich darstellt, kann man letztlich auch beeinflussen, ob Opfersensibilität als Persönlichkeitszug überhaupt zum Tragen kommt. Eine solche strategische Kommunikation nennt sich Framing.

Im Migrationskontext zeigt sich beispielsweise, dass das Framing der Migrationssituation in Deutschland einen Einfluss darauf hat, ob opfersensible Personen negative Einstellungen gegenüber Migration und Geflüchteten berichten (Köhler & Gollwitzer, 2024). Wenn opfersensible Personen beispielsweise einen Zeitungsartikel zum Thema »Migration in Deutschland« lesen und dies mit dem Thema »Sozialleistungen für Geflüchtete in Deutschland« assoziiert wird, stehen sie Migration skeptischer gegenüber als wenig opfersensible Personen. Wird in diesem Artikel aber explizit erklärt, dass (a) durch den Staat gezahlte Sozialleistungen für erwerbslose Geflüchtete durch Sozialabgaben von erwerbstätigen Geflüchteten ersetzt werden oder dass (b) der deutsche Staat und dessen Sozialleistungssystem von Migration langfristig sogar profitieren wird, schwindet die Skepsis gegenüber Migration bei opfersensiblen Personen (Köhler & Gollwitzer, 2024). Ein anderer Befund zeigt, dass opfersensible Personen weniger negative Emotionen gegenüber AsylbewerberInnen empfinden, wenn durch eine Situationsbeschreibung nahegelegt wurde, dass die AsylbewerberInnen aus Gründen der Verfolgung und Menschenrechtsverletzungen aus ihrem Land geflohen sind (Süssenbach & Gollwitzer, 2015). Auch im obigen Beispiel zur EU-Finanzkrise lösten nur die Berichte, die eine potenzielle Ausbeutungsgefahr implizierten, eine erhöhte Ablehnung gegenüber den Schuldnerländern bei opfersensiblen Personen aus. Waren die Berichte hingegen ohne Hinweise auf eine potenzielle Ausbeutung formuliert, unterschieden sich die Einstellungen von opfersensiblen Personen nicht von denen weniger opfersensibler Personen (Rothmund et al., 2017).

Es ist noch zu erforschen, wie man Radikalisierungstendenzen aufgrund einer erhöhten Angst vor Ausbeutung am besten entgegenwirken kann. Denkbar ist beispielsweise, dass opfersensible Menschen trainieren können, mehrdeutige Situationen nicht als bedrohlich, sondern zunächst als ungefährlich zu interpretieren. Ähnliche Trainings haben sich bereits im Kontext von Aggressionsprävention bei Menschen mit einem feindlichen Attributionsstil bewährt. Personen mit diesem Attributionsstil neigen dazu, das Verhalten anderer Personen in mehrdeutigen Situationen als feindselig zu interpretieren, auch dann, wenn es gar keine Belege für feindselige Absichten gibt. Dieser feindselige Attributionsstil führt zu aggressivem Verhalten (z. B. Orobio de Castro, Veerman, Koops, Bosch & Monshouwer, 2002; Klein Tuente, Bogaerts & Veling, 2019). Trainieren diese Personen nun, mehrdeutige Situationen wohlwollender zu interpretieren, kann das zu einer Reduktion von reaktiver Aggression führen (Li, Fraser & Wilke, 2013). In ähnlicher Weise könnten nun opfersensible Personen lernen, uneindeutige Situationen positiv zu interpretieren und ihrem Gegenüber weniger ausbeuterische Intentionen zuzuschreiben. Die Angst, Opfer von Ungerechtigkeit zu werden, könnte so also reduziert werden.

Möglicherweise könnte dies auch das durch Opfersensibilität hervorgerufene Radikalisierungspotenzial verringern.

16.5 Zusammenfassung

Menschen unterscheiden sich in ihrer Wahrnehmung von und ihrer Reaktion auf erlebte oder beobachtete Ungerechtigkeiten. Diese Sensibilität für Ungerechtigkeit wird in der Sozial- und Persönlichkeitspsychologie in vier Perspektiven unterteilt: die Beobachter-, Täter- und Nutznießerperspektive reflektiert eine Sensibilität für Ungerechtigkeiten gegenüber *anderen* Personen; die Opferperspektive reflektiert eine Sensibilität für Ungerechtigkeiten zu *eigenen* Ungunsten. Während eine hohe Sensibilität für Ungerechtigkeiten anderen gegenüber verstärkt mit einer politisch linken Einstellung assoziiert ist, hängt Opfersensibilität mit der Unterstützung von rechtspopulistischen Parteien zusammen. Das könnte daran liegen, dass Opfersensibilität sich durch eine erhöhte Angst vor Ausbeutung auszeichnet, die insbesondere von rechten Ideologien aufgegriffen wird, welche dieser Angst vermeintlich etwas entgegenzusetzen haben. Die Angst vor Ausbeutung ist dementsprechend eine Stellschraube, an der man drehen kann, um die Auswirkungen einer erhöhten Opfersensibilität abzumildern.

Literatur

Agroskin, D., Jonas, E. & Traut-Mattausch, E. (2015). When suspicious minds go political: Distrusting and justifying the system at the same time. *Political Psychology, 36*(6), 613–629. https://doi.org/10.1111/pops.12185

Aristoteles (1974). *Nikomachische Ethik. Buch V.* (Übersetzt und kommentiert von F. Dirlmeier; 6. Aufl.). Berlin: Akademie-Verlag.

Baumert, A., Rothmund, T., Thomas, N., Gollwitzer, M. & Schmitt, M. (2013). Justice as a moral motive: Belief in a just world and justice sensitivity as potential indicators of the justice motive. In K. Heinrichs, F. Oser, & T. Lovat (Hrsg.), *Handbook of moral motivation. Theories, models, applications* (S. 159–180). Rotterdam, NL: Sense Publishers

Baumert, A. & Schmitt, M. (2016). Justice Sensitivity. In M. Schmitt & C. Sabbagh (Hrsg.), *Handbook of Social Justice Theory and Research* (S. 161–180). New York: Springer. https://doi.org/10.1007/978-1-4939-3216-0_9

Bondü, R. & Elsner, B. (2015). Justice sensitivity in childhood and adolescence. *Social Development, 24*(2), 420–441. https://doi.org/10.1111/sode.12098

Bondü, R., Hannuschke, M., Elsner, B. & Gollwitzer, M. (2016). Inter-individual stabilization of justice sensitivity in childhood and adolescence. *Journal of Research in Personality, 64*, 11–20. https://doi.org/10.1016/j.jrp.2016.06.021

Buchholz, M., Gollwitzer, M., Magraw-Mickelson, Z., Stolz, C. & Süssenbach, P. (2023). Taking back control: Findings on the cognitive, behavioral, and motivational consequences of victim sensitivity. *Social Justice Research, 36*, 133–159. https://doi.org/10.1007/s11211-023-00407-9

Gollwitzer, M. & Rothmund, T. (2009). When the need to trust results in unethical behavior: The Sensitivity to Mean Intentions (SeMI) model. In D. De Cremer (Hrsg.), *Psychological perspectives on ethical behavior and decision making* (S. 135–152). Charlotte, NC: Information Age.

Gollwitzer, M., Rothmund, T. & Süssenbach, P. (2013). The Sensitivity to Mean Intentions (SeMI) model: Basic assumptions, recent findings, and potential avenues for future research. *Social and Personality Psychology Compass, 7*, 415–426. https://doi.org/10.1111/spc3.12041

Gollwitzer, M., Schmitt, M., Schalke, R., Maes, J. & Baer, A. (2005). Asymmetrical effects of Justice Sensitivity perspectives on prosocial and antisocial behavior. *Social Justice Research, 18*(2), 183–201. https://doi.org/10.1007/s11211-005-7368-1

Gollwitzer, M., Süssenbach, P. & Hannuschke, M. (2015). Victimization experiences and the stabilization of victim sensitivity. *Frontiers in Psychology, 6*, 439. https://doi.org/10.3389/fpsyg.2015.00439

Jahnke, S., Schröder, C. P., Goede, L. R., Lehmann, L., Hauff, L. & Beelmann, A. (2020). Observer sensitivity and early radicalization to violence among young people in Germany. *Social Justice Research, 33*, 308–330. https://doi.org/10.1007/s11211-020-00351-y

Klein Tuente, S., Bogaerts, S. & Veling, W. (2019). Hostile attribution bias and aggression in adults – A systematic review. *Aggression and Violent Behavior, 46*, 66–81. https://doi.org/10.1016/j.avb.2019.01.009

Köhler, L. J. E. & Gollwitzer, M. (2024). How victim sensitivity affects our attitudes and behaviour towards immigrants. *British Journal of Psychology*. [Advance Online Publication] https://doi.org/10.1111/bjop.12695

Li, J., Fraser, M. W. & Wike, T. L. (2013). Promoting social competence and preventing childhood aggression: A framework for applying social information processing theory in intervention research. *Aggression and Violent Behavior, 18*(3), 357–364. https://doi.org/10.1016/j.avb.2013.01.001

Macdougall, A. I., van der Veen, J., Feddes, A. R., Nickolson, L. & Doosje, B. (2018). Different strokes for different folks: The role of psychological needs and other risk factors in early radicalisation. *International Journal of Developmental Science, 12*(1–2), 37–50. https://doi.org/10.3233/DEV-170232

Orobio de Castro, B., Veerman, J. W., Koops, W., Bosch, J. D. & Monshouwer, H. J. (2002). Hostile attribution of intent and aggressive behavior: A meta-analysis. *Child Development, 73*(3), 916–934. https://doi.org/10.1111/1467-8624.00447

Rothmund, T., Baumert, A. & Zinkernagel, A. (2014). The German »Wutbürger«: How justice sensitivity accounts for individual differences in political engagement. *Social Justice Research, 27*, 24–44. https://doi.org/10.1007/s11211-014-0202-x

Rothmund, T., Bromme, L. & Azevedo, F. (2020). Justice for the people? How justice sensitivity can foster and impair support for populist radical-right parties and politicians in the United States and in Germany. *Political Psychology, 41*(3), 479–497. https://doi.org/10.1111/pops.12632

Rothmund, T., Stavrova, O. & Schlösser, T. (2017). Justice concerns can feed nationalistic concerns and impede solidarity in the Euro crisis: How victim sensitivity translates into political attitudes. *Social Justice Research, 30*(1), 48–71. https://doi.org/10.1007/s11211-017-0280-7

Runciman, W. G. (1966). *Relative Deprivation and Social Justice: A Study of Attitudes to Social Inequality in Twelfth-century England*. Routledge & Kegan Paul.

Schmitt, M., Baumert, A., Fetchenhauer, D., Gollwitzer, M., Rothmund, T. & Schlösser, T. (2009). Sensibilität für Ungerechtigkeit. *Psychologische Rundschau, 60*(1), 8–22. https://doi.org/10.1026/0033-3042.60.1.8

Schmitt, M., Baumert, A., Gollwitzer, M. & Maes, J. (2010). The Justice Sensitivity Inventory: Factorial validity, location in the personality facet space, demographic pattern, and normative data. *Social Justice Research, 23*, 211–238. https://doi.org/10.1007/s11211-010-0115-2

Schmitt, M., Gollwitzer, M., Maes, J. & Arbach, D. (2005). Justice sensitivity: Assessment and location in the personality space. *European Journal of Psychological Assessment, 21*(3), 202–211. https://doi.org/10.1027/1015-5759.21.3.202

Shnabel, N. & Nadler, A. (2015). The role of agency and morality in reconciliation processes: The perspective of the needs-based model. *Current Directions in Psychological Science, 24*(6), 477–483. https://doi.org/10.1177/09637214156016

Süssenbach, P. & Gollwitzer, M. (2015). Us(ed): The role of victim sensitivity in potentially exploitative intergroup relationships. *Group Processes & Intergroup Relations*, *18*(2), 241–255. https://doi.org/10.1177/1368430214556700

Traut-Mattausch, E., Guter, S., Zanna, M. P., Jonas, E. & Frey, D. (2011). When citizens fight back: Justice sensitivity and resistance to political reform. *Social Justice Research*, *24*(1), 25–42. https://doi.org/10.1007/s11211-011-0125-8

Van Leeuwen, F. & Park, J. H. (2009). Perceptions of social dangers, moral foundations, and political orientation. *Personality and Individual Differences*, *47*(3), 169–173. https://doi.org/10.1016/j.paid.2009.02.017

Wenzel, M. & Okimoto, T. G. (2010). How acts of forgiveness restore a sense of justice: Addressing status/power and value concerns raised by transgressions. *European Journal of Social Psychology*, *40*(3), 401–417. https://doi.org/10.1002/ejsp.629

Wilson, M. S. & Sibley, C. G. (2013). Social dominance orientation and right-wing authoritarianism: Additive and interactive effects on political conservatism. *Political Psychology*, *34*(2), 277–284. https://doi.org/10.1111/j.1467-9221.2012.00929.x

V   Prävention

17 Ausstiegsprogramme

Daniel Köhler

Als Anfang Januar 2023 das Innenministerium von Brandenburg die Einrichtung des Ausstiegs- und Distanzierungsprogramms mit dem Namen »wageMUT« für ausstiegswillige ExtremistInnen (insbesondere aus dem Rechtsextremismus) beim Landesamt für Verfassungsschutz ankündigte (Kaufmann, 2023), reihte sich das Land in eine über 30-jährige Tradition der Ausstiegsarbeit in Deutschland ein und setzt insbesondere die in Deutschland umfassend etablierte staatliche (meistens sicherheitsbehördlich getragene) und zivilgesellschaftliche Unterstützung von Ausstiegswilligen aus extremistischen Szenen fort. Heutzutage sind Ausstiegsprogramme (es werden weltweit zahlreiche unterschiedliche Begriffe für diese Programme benutzt, z. B. Tertiärprävention, Deradikalisierung, Demobilisierung, siehe für einen Überblick: Koehler, 2020) international weitläufig akzeptierte und etablierte Teile der Strategien zur Bekämpfung von gewaltbezogenem Extremismus und Terrorismus. Dieses Kapitel gibt einen kurzen Überblick über den Forschungsstand zur Psychologie des Ausstiegs aus Extremismus und Terrorismus sowie der Kernaspekte der praktischen Ausstiegsarbeit, bevor in den Schlussbetrachtungen einige zentrale Herausforderungen für die Zukunft dieses Arbeitsfeldes diskutiert werden. Der zentrale Befund ist, dass in Deutschland ein erhebliches Theorie- und Evaluationsdefizit im Feld der Ausstiegsprogramme existiert, die sich zu selten und zu oberflächlich mit der Forschung rückkoppeln, um evidenzbasierte Methoden und Ansätze zu entwickeln oder zu etablieren. Die Diskrepanz zwischen Forschung und Praxis ist auch, aber nicht ausschließlich, der deutschen föderalen und gemischt staatlich-zivilgesellschaftlichen Landschaft geschuldet, in welcher es nur sehr schwer möglich ist, übergeordnete und qualitätssichernde Strukturen zu schaffen.

Deutschland gehört mit seiner im internationalen Vergleich einzigartig diversen und umfangreichen Programm- und Projektelandschaft zu den weltweit führenden Ländern, was Ausstiegsprogramme angeht, seitdem am Ende der 1980er Jahre das Bundesamt für Verfassungsschutz (BfV) das erste Aussteigerprogramm (damals für LinksterroristInnen) etablierte (für eine ausführliche Darstellung der Geschichte der Ausstiegsarbeit in Deutschland, siehe Koehler, 2021). Neben der langen Tradition der Ausstiegsarbeit zeichnet sich Extremismusprävention in Deutschland auch durch ein hohes Maß an Beteiligung von staatlichen und nichtstaatlichen Akteuren, oder anders ausgedrückt durch ein »hybrides Modell der geteilten Verantwortung zwischen zivilgesellschaftlichen Organisationen und staatlichen Akteuren [das] zur Herausbildung einer vielfältigen und regional differenzierten Landschaft geführt hat« (Baaken, Korn, Ruf & Walkenhorst, 2020, S. 13, übersetzt aus dem Englischen) aus. So konnte das Bundeskriminalamt (BKA) im Jahr 2021 2.291 Extremismuspräventionsangebote (zu denen auch die Ausstiegsprogramme gehören) identifizieren, von denen sich etwa 67 % dem Rechtsextremismus widmeten und etwa 61 % durch zivilgesellschaftliche Träger umgesetzt wurden (Michaelis & Kemmesis, 2022). Das Forschungsprojekt »Radikalisierung im digitalen Zeitalter« (RadigZ) der Universität Jena und des Kriminologischen Forschungsinstituts Niedersachsen (KfN) konnte 96 Ausstiegsprogramme im engeren Sinn identifizieren, die Anfang 2018 in Deutschland in den Bereichen des Rechtsextremismus und des Islamismus aktiv waren (Mathiesen & Meie, 2022). Der Extremismuspräventionsatlas des BKA (2023) nennt 51 Ausstiegsprogramme im Bereich Rechtsextremismus.

17.1 Zur Psychologie des Ausstiegs

Aus extremistischen Milieus und einer damit häufig (allerdings nicht grundsätzlich) verbundenen ideologischen Überzeugung unterschiedlicher Form und unterschiedlichen Ausmaßes auszusteigen bzw. sich von ihnen zu lösen, ist ein komplexer, mehrstufiger, selten gradliniger aber oft langwieriger und hoch individueller Prozess, der auf vielfältige Weisen (z. B. freiwillig durch die Entscheidung zum Ausstieg oder unfreiwillig durch Haft) ausgelöst werden kann (Horgan, 2009; Koehler, 2016). Auch wird in der Forschung oftmals zwischen einer Abkehr von der Ideologie (Deradikalisierung) und dem rein physischen Rollenwandel (Distanzierung, engl. »Disengagement«) unterschieden (Horgan, 2008), was in der praktischen Ausstiegsarbeit allerdings selten eine übergeordnete Rolle spielt.

Ein grundlegendes, weithin etabliertes Modell zur Erklärung der Gründe für einen Ausstieg aus Extremismus und Terrorismus ist das sogenannte »Push«-und-»Pull«-Modell (siehe z. B.: Bjørgo & Horgan, 2009). Sehr rudimentär bezeichnen »Push«-Faktoren negative soziale Ereignisse und Umstände, die den Verbleib in der extremistischen Szene unattraktiv machen. Dazu gehören in der Regel Merkmale, die mit der der Gruppe verbunden sind, wie zum Beispiel die Qualität der zwischenmenschlichen Beziehungen, der Umgang mit internen Konflikten, Reaktionen auf neue Herausforderungen oder die Stabilität der Hierarchie und Zweifel an der Ideologie. Kurz gesagt, Push-Faktoren sind jene negativen Erfahrungen, die untrennbar mit dem Charakter der Gruppe verbunden sind. Weit verbreitet sind hier etwa Burnout, interne Machtkämpfe, Doppelmoral, Desillusionierung, Gewalterfahrungen oder auch allgemeine Stigmatisierung und Strafverfolgung aufgrund der Szenemitgliedschaft. Auf der anderen Seite beziehen sich »Pull«-Faktoren auf die positiven Einflüsse außerhalb der extremistischen Szene, welche einer Person eine lohnende Alternative aufzeigen. Der Wunsch, ein »normales« Leben zu führen oder einschneidende Ereignisse, die zu veränderten Prioritäten führen (etwa Elternschaft), sind typischerweise sehr starke Pull-Faktoren. Darüber hinaus können Familienmitglieder und Freunde so viel Druck auf Gruppenmitglieder ausüben, die Gruppe zu verlassen, dass die emotionalen Kosten einer weiteren Szenezugehörigkeit zu groß werden (für eine detaillierte Beschreibung, siehe Koehler, 2016). Im Gesamtspektrum der möglichen Ausstiegsgründe werden insbesondere Desillusionierung und Push-Faktoren genannt (Altier, Leonard Boyle, Shortland & Horgan, 2017), wobei der positive Einfluss von relevanten AußenseiterInnen wie Verwandtschaft und FreundInnen ebenfalls sehr hoch einzuschätzen ist (Koehler, 2016). Der Ausstieg aus extremistischen Szenen und Überzeugungen ist tendenziell ein selbstständiger psychologischer und physischer Prozess der Identitätswandlung und -entwicklung auf mindestens drei Stufen: Abbau der Verbindung zur extremistischen Szene und Ideologie, Entwicklung eines neuen und eigenständigen Selbstkonzeptes, Identifizierung mit neuen und positiven Inhalten (Barrelle, 2015). Daher wäre es auch unzutreffend im Ziel des Ausstiegs eine Rückkehr zur »vorradikalen« Identität zu sehen. Im Gegenteil, durch den Ausstieg wird im besten und erfolgreichen Fall eine neue Identität gebildet (Braddock, 2014).

Der Ausstiegsprozess an sich bringt zudem oftmals neue Erfahrungen von Deprivation (z. B. das Gefühl, in ein »schwarzes Loch« zu fallen, Sinnlosigkeit, Schuld und Scham, Verlust von sozialen Netzwerken), und die Notwendigkeit, sich mit der erlebten und selbst angewandten Gewalt auseinanderzusetzen und verschiedene Aspekte der verinnerlichten Ideologie aufzuarbeiten, mit sich. Auf Grundlage einer systematischen Erhebung des empirischen Forschungsstandes zum Ausstieg aus Extremismus und Terrorismus kommen Silke, Morrison, Maiberg, Slay und Stewart (2021) zu dem Schluss, dass drei verschiedene Katalysatorenebenen mit verschiedenen Faktoren eine erhebliche Rolle bei diesem Prozess spielen: Umwelt (z. B. Gefängnis), psychologische Einflüsse (z. B. Desillusionierung, mentale Gesundheit) und bestimmte AkteurInnen (z. B. Familie und FreundInnen, Ausstiegsprogramm). Es bedarf zudem dem Abbau von Misstrauen und dem Aufbau von Vertrauen gegenüber externen AkteurInnen, um durch eine wahrgenommene Gelegenheit zu Wandel und Sicherheit zu einem erfolgreichen Ausstieg zu gelangen. Darüber hinaus ist ein entscheidender Faktor auch eine so genannte Repluralisierung von politischen Konzepten, Werten und Idealen sowie der Abbau einer ideologisch überformten Dringlichkeit, eine Ungerechtigkeit oder Deprivation zu bekämpfen (Koehler, 2016). Extremistische Radikalisierung ist psychologisch oftmals durch ein sogenanntes »Schwarz-Weiß-Denken« oder Dogmatismus (▶ Kap. 2) geprägt (Schumann, Salman, Clemmow & Gill, 2021). Daher werden nachhaltige Ausstiegsprozesse mit dem Aufbau von Ambiguitätstoleranz, Pluralismus in Wertevorstellungen oder kognitiver Flexibilität in Verbindung gesetzt.

Zusammenfassend deutet die empirische Forschung darauf hin, dass die wichtigsten Faktoren für einen Ausstieg aus Extremismus und Terrorismus eine Desillusionierung mit der Gruppe oder Ideologie als Beginn des Prozesses und anschließend die Kombination aus einer ermöglichenden Umwelt (z. B. in Haft), die Aufarbeitung ideologischer Überzeugungen und psychologischer Einflüsse (z. B. Traumata) sowie professionelle Begleitung und sozio-ökonomische Unterstützung (z. B. Berufsausbildung, Suchttherapie, Berufsvermittlung) sind.

17.2 Kernaspekte der praktischen Ausstiegsarbeit in Deutschland

Wie versuchen nun Ausstiegsprogramme diese Prozesse und Einflussfaktoren während des Ausstiegsprozesses zu fördern oder zu unterstützen? Weltweit lassen sich etwa fünf Methodenkategorien identifizieren: ideologische Diskurse, allgemeine und berufliche Bildung, Sozialarbeit bzw. soziale Integration, psychologische Maßnahmen (z. B. Traumatherapie) sowie kreative Künste zur Stärkung der Individualidentität (Koehler, 2016), wobei die wenigsten Ausstiegsprogramme alle diese Felder abdecken, sondern sich üblicherweise auf einige Methoden konzentrieren und zusammen mit verfügbaren Partnerinstitutionen und -angeboten ein möglichst breites Spektrum anhand des Bedarfes der KlientInnen abdecken. Ideologische Diskurse beinhalten zum Beispiel im islamistischen Bereich theologische Gespräche über Koraninterpretationen oder auch über Philosophie oder politische Theorie. Bildungsangebote versuchen einerseits eine (wenn notwendig) Voraussetzung für wirtschaftliche Selbstständigkeit einerseits und eine allgemeine »Horizonterweiterung« im Sinne der mentalen Flexibilität andererseits zu schaffen. Die soziale Integration zielt darauf ab, die Aussteigenden in ein positives soziales Umfeld zu integrieren, ein Gefühl der aktiven gesellschaftlichen Teilhabe zu vermitteln und Möglichkeiten, die eigene oder gesellschaftliche Deprivation zu lindern. Sport und Kunstprojekte sollen darüber hinaus den Aussteigenden die Erfahrung vermitteln, wie sie Gefühle wie Wut, Sorgen oder Ängste kreativ und pro-sozial verarbeiten und ausdrücken können. In Deutschland finden sich diese Methodenfelder ebenfalls wieder. Überwiegend können unter den deutschen Programmen allerdings laut Waleciak (2021) vier merkmalsanaloge Kategorien der Arbeitsschwerpunkte hervorgehoben werden, die mit unterschiedlicher Ausprägung in nahezu jedem Programm eine Rolle spielen: (1.) sozioökonomische, (2.) systemische, (3.) psychosoziale und (4.) ideologische Ansätze. Dementsprechend versuchen die allermeisten Ausstiegsprogramme eine Kombination aus sozialer und ökonomischer Stabilisierung, der Etablierung eines pro-sozialen Umfeldes, dem Abbau psychosozialer Probleme und einer möglichst kritischen Aufarbeitung der ideologischen Überzeugungen zu erreichen, was grob den wissenschaftlichen Befunden für die zentralen Erfolgsfaktoren für einen gelungenen Ausstieg entspricht.

In Deutschland sind im Bereich Rechtsextremismus insbesondere zivilgesellschaftliche und staatliche Angebote verbreitet, die um eine Kontaktaufnahme durch Ausstiegswillige werben oder hierfür zur Verfügung stehen. Nichtsdestotrotz gibt es auch aktiv-aufsuchende Modelle, zum Beispiel in Justizvollzugsanstalten oder durch zielgerichtete Ansprachen von möglicherweise ausstiegsbereiten Personen. Ein besonderes Merkmal der Extremismusprävention in Deutschland ist die Vernetzung und gemeinsame Fallbearbeitung zwischen staatlichen und zivilgesellschaftlichen Programmen in der Ausstiegsarbeit (Michaelis & Kemmesis, 2022). Das deutsche Feld der Extremismusprävention hat sich allerdings »eher organisch als durch die Unterstützung akademischer Forschung und Beratung« entwickelt (Baaken, Korn, Ruf & Walkenhorst, 2020, S. 12, übersetzt aus dem Englischen) und baut zumeist auf bereits vorhandene praktische Erfahrungen aus der sozialen Arbeit auf. Das ist auch ein Grund dafür, dass die Anbindung an den Forschungsstand eher schwach ist und es sehr wenige wissenschaftliche Evaluationen in diesem Feld gibt.

17.3 Schlussbetrachtungen

Die Vielfalt in der deutschen Extremismuspräventionslandschaft hat zweifellos ihre Vorteile, da jedes Programm, das von zivilgesellschaftlichen oder staatlichen AkteurInnen durchgeführt wird, seinen eigenen Charakter und Ansatz hat und dadurch ein hohes Maß an Flexibilität und Innovationspotential für die verschiedensten Fallkonstellationen existiert. Die Stärke des hybriden Ansatzes ist gleichzeitig auch eine Schwäche, da es schwierig ist, fachliche Standards und Qualitätssicherung übergreifend zu etablieren, um einen Wissenstransfer jener als erfolgreich evaluierter Ansätze zu gewährleisten und aufgrund der potentiellen Sicherheitsrelevanz der KlientInnen eine durchgehend professionelle Arbeit sicherzustellen. So lagen im Jahr 2021 für nur 14% der insgesamt erfassten Extremismuspräventionsprojekte irgendeine Form von Evaluation vor, was ein erhebliches »Evaluationsdefizit« (Michaelis & Kemmesis, 2022, S. 403) in diesem Feld bedeutet. Evidenzbasierte Erkenntnisse über die Wirksamkeit von Ausstiegsprogrammen fehlen immer noch nahezu völlig in Deutschland und es ist »bislang nicht bekannt […], welche Erfolge mit den Präventionsbemühungen tatsächlich erzielt werden. Auch die öffentlich zugänglichen Informationen zu abgeschlossenen Evaluationsmaßnahmen sind sowohl hinsichtlich ihrer Quantität als auch Qualität als äußerst dürftig zu bezeichnen« (Mathiesen & Meie, 2022, S. 72). Dies scheint auch an einer ausgeprägten Intransparenz, erheblichen Widerständen gegen Evaluationsbemühungen, weithin fehlenden Qualitätsstandards und klaren Konzepten sowie dem Vorherrschen einer ökonomischen statt fachlichen Logik und Bestrebungen einer Immunisierung gegen Kritik durch viele Programme in diesem Feld zu liegen (siehe in starker Deutlichkeit anhand dokumentierter Erfahrungen mit Evaluation in diesem Feld: Mathiesen & Meie, 2022, S. 73–79). Es wird oft versucht, fehlende fachliche Standards und Qualifizierung des Beratungspersonals (Höffler & Biastoch, 2022; Koehler & Fiebig, 2019) durch das Verweisen auf »Bauchgefühle« basierend auf Erfahrungswerten auszugleichen, was allerdings eher ein Anzeichen dafür ist, »dass die Praxis im Umgang mit diesen Fragen letztlich orientierungslos ist. Ganz augenscheinlich fehlten […] fachlich begründete Standards für die Ausstiegsbegleitung, an denen sich die Praxis hätte orientieren und mit denen die Praktiker*innen ihre Entscheidungen gegenüber Dritten hätten begründen können« (Mathiesen & Meie, 2022, S. 77). Es ist daher oftmals nicht möglich, zwischen qualitativ hochwertigen und ineffektiven oder sogar möglicherweise kontraproduktiven Ansätzen zu unterscheiden. Auch die Übertragbarkeit von erfolgreichen Methoden und Erfahrungen wird dadurch stark eingeschränkt. Derzeit (Stand Januar 2023) ist zwar die Einrichtung eines unabhängigen Evaluierungsinstituts für

Präventionsprogramme im Rahmen des 89-Punkte-Maßnahmenpakets der Bundesregierung vorgesehen, allerdings noch nicht umgesetzt (Bundesregierung, 2020). In Bezug auf den Wissenschaft-Praxis-Transfer sind also erhebliche Forschungslücken bei der Wirksamkeit der Ausstiegsprogramme, deren Methoden und strukturellen Charakteristika zu verzeichnen.

Als ein Beispiel hierfür sei die bei einigen zivilgesellschaftlichen Ausstiegsprogrammen verbreitete Einbettung von ehemaligen RechtsextremistInnen als Beratungspersonal genannt. Diese Methode hat lange Tradition und reicht bis zu den ersten Erfahrungen in Skandinavien zurück. In Deutschland werden ehemalige ExtremistInnen zudem schon lange in der Primärprävention zum Beispiel an Schulen eingesetzt. Bis vor Kurzem gab es nahezu keine belastbaren wissenschaftlichen Erkenntnisse über die Wirksamkeit dieser als besonders glaubwürdig angesehenen Personengruppe. Mittlerweile liegen einige erste experimentelle Studien vor, die zumindest eine begründete Skepsis bezüglich dieser Methode rechtfertigen. So haben etwa ehemalige RechtsextremistInnen keinesfalls eine automatische Glaubwürdigkeit bei rechtsradikal eingestellten Personen (im Unterschied zu PolizeivollzugsbeamtInnen, siehe Koehler, Clubb, Belanger, Becker & Williams, 2023). Auch in der Primärprävention konnten bisher keine signifikanten Effekte durch den Einsatz von »Ehemaligen« festgestellt werden (Walsh & Gansewig, 2019). Dies wurde auch mit der mangelnden Professionalisierung und Beachtung von Qualitätsstandards in diesem Feld begründet (Walsh & Gansewig, 2021).

17.4 Zusammenfassung

Zusammenfassend lässt sich konstatieren, dass Ausstiegsprogramme in Deutschland ein hochkomplexes Arbeitsfeld mit verschiedensten Methoden, Erfahrungen und institutionellen Hintergründen bilden. Im internationalen Vergleich hat sich in Deutschland eine einzigartig vielfältige und mit weitreichenden Erfahrungswerten ausgestattete Landschaft von Ausstiegsprogrammen etabliert. Wie lassen sich die zentralen Herausforderungen in diesem Feld angehen? Besonders dringlich erscheint die fachliche Professionalisierung des Beratungspersonals und der Ausstiegsprogramme sowie die klare Forderung durch politische EntscheiderInnen, die Finanzierung von Programmen an rigorose wissenschaftliche Evaluation und Transparenz zu knüpfen.

Literatur

Altier, M. B., Leonard Boyle, E., Shortland, N. D. & Horgan, J. G. (2017). Why They Leave: An Analysis of Terrorist Disengagement Events from Eighty-seven Autobiographical Accounts. *Security Studies*, 26(2), 305–332. doi:10.1080/09636412.2017.1280307

Baaken, T., Korn, J., Ruf, M. & Walkenhorst, D. (2020). Dissecting Deradicalization: Challenges for Theory and Practice in Germany. *International Journal of Conflict and Violence (IJCV), 14*(2), 1–18.

Barrelle, K. (2015). Pro-integration: disengagement from and life after extremism. *Behavioral Sciences of Terrorism and Political Aggression, 7*(2), 129–142. doi:10.1080/19434472.2014.988165

Bjørgo, T. & Horgan, J. (2009). *Leaving Terrorism Behind: Individual and Collective Disengagement.* London/New York: Routledge.

BKA (2023). *Extremismuspräventionsatlas des BKA.* Zugriff am 29.01.2023 unter: https://www.handbuch-extremismuspraevention.de/HEX/DE/Angebote/Angebote_suchen/angebote_suchen_node.html

Braddock, K. (2014). The talking cure? Communication and psychological impact in prison deradicalisation programmes. In A. Silke (Hrsg.), *Prisons, Terrorism and Extremism: Critical Issues in Management, Radicalisation and Reform* (S. 60–74). London: Routledge.

Bundesregierung (2020). Maßnahmenkatalog des Kabinettausschusses zur Bekämpfung von Rechtsextremismus und Rassismus. Zugriff am 19.03.2024 unter: https://www.bundesregierung.de/resource/blob/974430/1819984/4f1f9683cf3faddf90e27f09c692abed/2020-11-25-massnahmen-rechtsextremi-data.pdf?download=1

Höffler, K. & Biastoch, J. (2022). Wirksame Maßnahmen brauchen motivierte und gut ausgebildete Mitarbeiter*innen in Schlüsselinstitutionen. In A. Beelmann & L. Lehmann (Hrsg.), *Radikalisierung im digitalen Zeitalter. Handlungsempfehlungen an Politik, Praxis und Gesellschaft. Langfassung.* (S. 83–92). Hannover, Jena: Kriminologisches Forschungsinstitut e. V. und Zentrum für Rechtsextremismusforschung, Demokratiebildung und gesellschaftliche Integration (KomRex), Friedrich-Schiller-Universität Jena.

Horgan, J. (2008). Deradicalization or Disengagement? A Process in Need of Clarity and a Counterterrorism Initiative in Need of Evaluation. *Perspectives on Terrorism, 2*(4), 3–8.

Horgan, J. (2009). *Walking away from terrorism: accounts of disengagement from radical and extremist movements.* London/New York: Routledge.

Kaufmann, M. (10.01.2023). Bei Anruf Verfassungsschutz: Brandenburg startet Aussteigerprogramm für Extremisten. *Der Tagesspiegel.* Zugriff am 27.02.2024 unter: https://www.tagesspiegel.de/potsdam/brandenburg/bei-anruf-verfassungsschutz-brandenburg-startet-aussteigerprogramm-fur-extremisten-9155853.html

Koehler, D. (2016). *Understanding Deradicalization. Methods, Tools and Programs for Countering Violent Extremism* Oxon/New York: Routledge.

Koehler, D. (2020). Terminology and definitions. In S. J. Hansen & S. Lid (Hrsg.), *Routledge Handbook of Deradicalisation and Disengagement* (S. 11–25). London and New York: Routledge.

Koehler, D. (2021). Deradicalisation in Germany: preventing and countering violent extremism. *Revista CIDOB d'Afers Internacionals,* (128), 5–78. doi:doi.org/10.24241/rcai.2021.128.2.59/en

Koehler, D., Clubb, G., Belanger, J., Becker, M. H. & Williams, M. J. (2023). Don't Kill the Messenger: Perceived Credibility of Far-Right Former Extremists and Police Officers in P/CVE Communication. *Studies in Conflict & Terrorism, n/a*(n/a), 1–20.

Koehler, D. & Fiebig, V. (2019). Knowing What to Do: Academic and Practitioner Understanding of How to Counter Violent Radicalization. *Perspectives on Terrorism, 13*(3), 44–62.

Mathiesen, A. & Meie, B.-D. (2022). Neben wirksamer Prävention braucht es eine Neujustierung der Deradikalisierungs- und Aussteigerprogramme. In A. Beelmann & L. Lehmann (Hrsg.), *Radikalisierung im digitalen Zeitalter. Handlungsempfehlungen an Politik, Praxis und Gesellschaft. Langfassung.* (S. 69–82). Hannover, Jena: Kriminologisches Forschungsinstitut e.V. und Zentrum für Rechtsextremismusforschung, Demokratiebildung und gesellschaftliche Integration (KomRex), Friedrich-Schiller-Universität Jena.

Michaelis, S. & Kemmesis, U. (2022). Extremismuspräventionsatlas (EPA). Eine Bestandsaufnahme präventiver Angebote in Deutschland im Jahr 2021. In U. Kemmesis, P. Wetzels, B. Austin, C. Büscher, A. Dessecker, E. Grande & D. Rieger (Hrsg.), *Motra Monitor 2021* (S. 390–418). Wiesbaden: Bundeskriminalamt – Forschungsstelle Terrorismus/Extremismus.

Schumann, S., Salman, N. L., Clemmow, C & Gill, P. (2021). Does cognitive inflexibility predict violent extremist behaviour intentions? A registered direct replication report of Zmigrod et al., 2019. *Legal and Criminological Psychology, 27*(2), 329–353. https://doi.org/10.1111/lcrp.12201

Silke, A., Morrison, J., Maiberg, H., Slay, C. & Stewart, R. (2021). The Phoenix Model of Disengagment and Deradicalisation from Terrorism and Violent Extremism. *Monatsschrift für Kriminologie und Strafrechtsreform*, 1–10. doi:doi.org/10.1515/mks-2021-0128

Waleciak, J. (2021). Die Handlungspraxis der Deradikalisierungsarbeit in Deutschland – Eine explorative Systematisierung der praktischen Ansätze. In MAPEX-Forschungsverbund (Hrsg.), *Radikalisierungsprävention in Deutschland. Mapping und Analyse von Präventions- und Distanzierungsprojekten im Umgang mit islamistischer Radikalisierung*. (S. 115–142). Osnabrück/Bielefeld: MAPEX.

Walsh, M. & Gansewig, A. (2019). A former right-wing extremist in school-based prevention work: Research findings from Germany. *JD Journal for Deradicalization, Winter*(21), 1–42.

Walsh, M. & Gansewig, A. (2021). Long-Term Experience Means Professionalization – Or Does It? An in-depth look on the Involvement of Former Extremists in German Prevention and Education. *Journal for Deradicalization, Summer 2021*(27), 108–145.

18 Digitale Prävention

Lena Frischlich und Brigitte Naderer

Digitale und Soziale Medien sind auch für rechte ExtremistInnen ein selbstverständlicher Teil ihrer medialen Lebenswelten. Gleichzeitig entstehen im Netz neue Gelegenheitsstrukturen für die Extremismusprävention. Das vorliegende Kapitel beleuchtet diese Möglichkeiten entlang zweier zentraler Dimensionen: (1.) Ob Maßnahmen präventiv vor der Konfrontation mit extremistischen Onlineinhalten ansetzen, parallel erfolgen oder retrospektiv als *Postvention* konzeptualisiert sind. (2.) Inwieweit es sich um Maßnahmen handelt, die dem Bereich der universellen (oder *primären*), der selektiven (*sekundären*) oder gar der indizierten (*tertiären*) Prävention, die sich an bereits radikalisierte Personen richtet, zugeordnet werden können. Anhand konkreter Präventionsprojekte wird zudem exemplarisch aufgezeigt, wie Extremismusprävention den digitalen Raum für die Auseinandersetzung mit rechten Radikalisierungsdynamiken nutzen kann.

18.1 Ausgangslage

RechtsextremistInnen setzen im Netz auf verschiedene Formen normverletzender »dunkler Partizipation« (Quandt, 2018, S. 41), etwa die Verbreitung von *Desinformationen*, gezielter Fehlinformation mit Täuschungsabsicht (Rothut, Schulze, Hohner, Greipl & Rieger, 2022), *Verschwörungsmythen*, also die Erklärung historischer oder aktueller Ereignisse durch das geheime strategische Handeln unrealistisch mächtiger, böswilliger VerschwörerInnen (Schulze et al., 2022a), oder auf *Hassrede*, kommunikative Angriffe auf Personen aufgrund ihrer (wahrgenommenen) Zugehörigkeit zu einer sozialen Gruppe (Bilewicz & Soral, 2020; ▶ Kap. 10). Die Konfrontation mit dunkler Partizipation kann schwerwiegende Folgen für das individuelle und kollektive Wohlbefinden haben (Quandt, Klapproth & Frischlich, 2022).

Gleichzeitig bieten Soziale Medien auch neue Gelegenheitsstrukturen für die Extremismusprävention. Das vorliegende Kapitel beleuchtet diese Möglichkeiten, aber auch die Grenzen digitaler Präventionsangebote anhand konkreter Beispiele. Dabei konzentrieren wir uns in der Diskussion auf die Prävention von Rechtsextremismus. Dies bedeutet nicht, dass wir andere extremistische Ideologien für weniger problematisch halten, dass alle Studien, auf die wir uns berufen, sich allein auf Rechtsextremismus beziehen oder dass sich Extremismusprävention im digitalen Raum auf Rechtsextremismus konzentrieren sollten. Die Darstellung ist allein in der thematischen Ausrichtung dieses Buches begründet. Zudem liegt der Fokus auf der psychologischen Mikroebene des Individuums, erneut motiviert durch den Fokus dieses Buches. Extremismusprävention erfordert einen gesamtgesellschaftlichen Ansatz, der auch regulatorische, technische und zivilgesellschaftliche Rahmenbedingungen umfasst. Diese sind jedoch nicht Gegenstand des vorliegenden Beitrags. Schließlich liegt der Fokus auf digitalen Maßnahmen. Bei Personen mit gefestigten extremistischen Einstellungen sind analoge Angebote jedoch unverzichtbar (Van Eerten, Doosje, Konijn, de Graaf, & de Goede, 2017).

18.2 Soziale Medien und Radikalisierung

Soziale Medien bieten spezifische Handlungsmöglichkeiten, sogenannte *Affordanzen* (Evans, Pearce, Vitak & Treem, 2017). Das Konzept der Affordanz stammt ursprünglich aus der Wahrnehmungspsychologie und beschreibt, welche Handlungsmöglichkeiten Tiere in ihrer natürlichen Umwelt wahrnehmen – etwa, ob ein anderes Tier als Beute oder Bedrohung wahrgenommen wird (Gibson, 1979). Technische Affordanzen beschreiben Handlungsmöglichkeiten, die (1.) auf technologischen Funktionen basieren, (2.) durch die Nutzung der Technologie beeinflusst werden und (3.) die auf unterschiedliche Art und Weise genutzt werden können (Evans et al., 2017). Beispielsweise kann die Anonymität eines Netzwerkes sowohl Schutz vor Verfolgung in autoritären Staaten bieten als auch demokratisch legitimierte Strafverfolgung behindern.

Laut Schulze et al. (2022b) sind für Radikalisierungsdynamiken Affordanzen zentral, welche (1.) die Exposition zu radikalen oder gar extremistischen Inhalten im Netz begünstigen (z. B. Empfehlungsalgorithmen), die (2.) dem Aufbau und der Pflege von Beziehungen zu extremistischen AkteurInnen dienen (z. B. virtuelle Gruppen) oder die (3.) die Darstellung extremistischer Identitäten ermöglichen. Unterschiedliche Plattformen bieten damit letztlich unterschiedliche Gelegenheitsstrukturen für ExtremistInnen (s. auch Frischlich et al., 2022).

18.3 Soziale Medien und Extremismusprävention

Insgesamt können Radikalisierungsprozesse als zunehmende Ablehnung der bestehenden Ordnung und Übernahme extremer Überzeugungen sowie als zunehmende Akzeptanz politischer Gewalt beschrieben werden (▶ Kap. 1). Diese Prozesse verlaufen aber nicht linear und müssen nicht zwangsläufig in Gewalt münden (vgl. Khalil, Horgan & Zeuthen, 2019). Auch Online-Diskurse können sich radikalisieren. So kann sich eine zunehmende Ablehnung der etablierten Ordnung in der

Zunahme von populistischem Anti-Elitismus und Verschwörungsmythen (▶ Kap. 7) zeigen oder die Akzeptanz politischer Gewalt in der Zunahme von Hate Speech (▶ Kap. 10) als kommunikativer Gewalt ausdrücken (Schulze et al., 2022a).

Extremismusprävention wird meist als gegenläufiger Prozess zur Radikalisierung verstanden (Doosje et al., 2016). Universelle (auch primäre) Prävention richtet sich an die Gesamtbevölkerung und zielt darauf ab, die allgemeine Widerstandsfähigkeit (*Resilienz*) zu stärken. Selektive (sekundäre) Prävention richtet sich an Personen, die als gefährdet gelten, und zielt darauf ab, eine weitere Hinwendung zu Gewalt zu verhindern. Indizierte (tertiäre) Prävention richtet sich an Mitglieder extremistischer Gruppierungen oder Personen, die bereits als solche aktiv geworden sind. Dabei kann zwischen dem Ziel der *Distanzierung* von extremistischen Sozialkontakten und Gewalt sowie der (kognitiven) *Deradikalisierung* unterschieden werden (Frischlich & Bögelein, 2022). Digitale Präventionsmaßnahmen sind oft eher der primären und sekundären Prävention zuzuordnen, auch wenn natürlich ebenso AkteurInnen der tertiären Prävention Medien nutzen können, etwa indem sie Ausstiegsorganisationen bewerben (Frischlich et al., 2022).

Prävention im digitalen Raum kann einerseits ähnliche Ziele verfolgen, wie analoge Prävention (▶ Kap. 17; ▶ Kap. 19), etwa indem die Reduktion rigider Denkmuster oder des Glaubens an Verschwörungsmythen angestrebt wird (▶ Kap. 7) oder die kognitiven und sozialen Kompetenzen für einen besseren Umgang mit extremistischen Überzeugungsversuchen gestärkt werden. Es kann aber auch die Reduktion dunkler Partizipation in digitalen Umgebungen selbst im Vordergrund stehen. Hierunter fallen etwa das Widerlegen von Fehlinformationen, die scheinbar der Legitimierung rechter Gewalt dienen, oder die Reduktion von Hassrede.

▶ Abb. 18.1 gibt einen Überblick über die im Folgenden diskutierten Ansätze digitaler Extremismusprävention und verortet diese heuristisch erstens anhand der klassischen Zielgruppen der Extremismusprävention als universelle, selektive oder indizierte Prävention und zweitens nach ihrer Relation zum Auftreten dunkler Partizipation im Netz als *Präventivmaßnahmen*, *parallele Angebote* oder retrospektive *Postventionsmaßnahmen*. Die (oft auch strafrechtlich relevante) Befürwortung von Gewalt, das Ausüben extremistischer Gewalt durch die Mitgliedschaft in extremistischen Gruppen oder die Ausübung kommunikativer Gewalt dienen dabei als zentrale *rote Linie*. Im Folgenden diskutieren wir verschiedene Maßnahmen der Extremismusprävention entlang ihrer Relation zum Auftreten dunkler Partizipation als Mittel extremistischer Online-Kommunikation.

Einschränkend gilt dabei zu beachten, dass die Verortung der Maßnahmen im digitalen Raum nicht immer trennscharf ist; so soll beispielsweise das Sperren und Löschen strafrechtlich relevanter Inhalte nicht (nur) die ExtremistInnen selbst sanktionieren (indizierte Prävention), sondern auch negative Auswirkungen auf andere RezipientInnen verhindern (universelle Prävention).

V Prävention

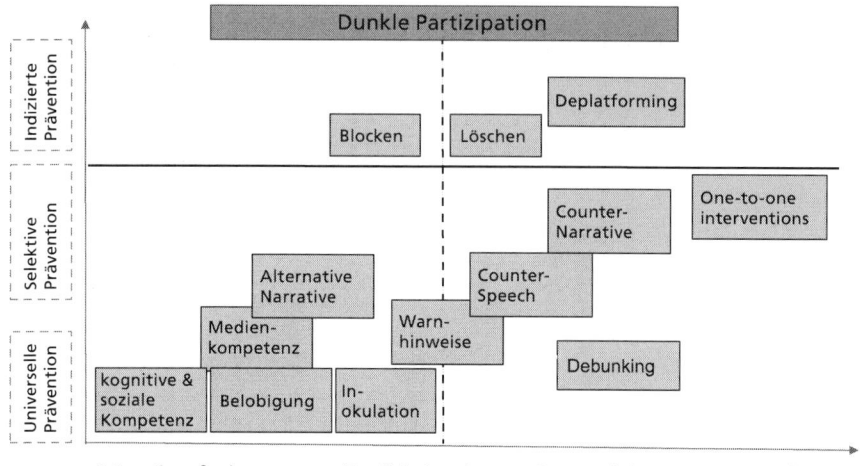

Abb. 18.1: Heuristischer Überblick über die im Folgenden diskutierten Maßnahmen der digitalen Extremismusprävention. Das Auftreten dunkler Partizipation sowie extremistisches Verhalten, d. h., die Mitgliedschaft/Ausübung digitaler Gewalt dienen als zentrale Trennlinien, die das Feld zeitlich (vertikale Linie) aber auch im Hinblick auf die Zielgruppe der Maßnahme (horizontale Linie) segmentieren.

18.4 Präventivmaßnahmen

Die Förderung allgemeiner sozialer und kognitiver Kompetenzen sowie die Vermittlung von Medienkompetenz oder der Aufbau weiterer Schutzmechanismen können im Sinne einer universellen (primären) Prävention dazu dienen, das Online-Publikum im Vorfeld der Konfrontation mit dunkler Partizipation durch RechtsextremistInnen zu schützen (Schmitt, Ernst, Rieger & Roth, 2020).

Kompetenzorientierte Ansätze basieren auf der Erkenntnis, dass negative Medieneinflüsse in pluralistisch-demokratischen Gesellschaften nie vollständig vermieden werden können. Entsprechend relevant ist die Befähigung, mit solchen Inhalten adäquat umgehen zu können. So können beispielsweise Online-Kampagnen konzipiert werden, die – möglichst losgelöst von konkreten Radikalisierungsinhalten – das Wissen und die soziale Einordnung von Alltagsphänomenen fördern (Ahmed & George, 2017). Beispielsweise könnte es darum gehen, Kontrollverluste als Teil des Lebens zu begreifen (▶ Kap. 4) und damit individuelle Resilienz zu fördern. Kompetenzorientierte Angebote haben den Vorteil, dass sie als Maßnahme universeller Prävention nicht auf eine bestimmte Gruppe fokussieren, wodurch die Ablehnung der Maßnahmen möglichst geringgehalten werden kann (Macnair & Frank, 2017). Gleichzeitig erfordern sie aber ein Maß an Transferleistungen, das nicht immer ohne weiteres auf konkrete radikale Inhalte übertragen werden kann (Schmitt, Rieger, Rutkowski & Ernst, 2018). Ob kompetenzorientierte Maßnahmen ihr Ziel erreichen, sollte daher stets auch evaluiert werden.

Ein Beispiel für einen evaluierten kompetenzorientierten Ansatz ist das PRE-COBIAS-Projekt. PRECOBIAS basiert auf der Erkenntnis, dass ExtremistInnen verschiedene kognitive Verzerrungen zur Rekrutierung nutzen, etwa die Tendenz, negativen Inhalten besonders viel Aufmerksamkeit zu schenken (sog. *Negativity Bias*, Muddiman, Pond-Cobb & Matson, 2017) oder das Bedürfnis, die Welt als gerecht wahrzunehmen (sog. *Just World Hypothesis*, für einen Projektüberblick s. Naderer, Rieger & Schwertberger, 2023). Beispielsweise dienen negative Bilder, die das Leid der Eigengruppe darstellen, dazu, Aufmerksamkeit zu wecken und Wut zu schüren, die ExtremistInnen dann nutzen, um für ihren angeblich gerechten Kampf zu werben. PRECOBIAS entwickelte eine Online-Kampagne, die mit interaktiven und nicht-interaktiven Angeboten über diese und ähnliche Strategien informierte. Die wissenschaftliche Evaluation zeigt, dass die nicht-interaktiven Präventionsangebote (Videos, Texte) das Erkennen kognitiver Verzerrungen förderten und zu einem stärkeren Bewusstsein für deren Bedeutung beitragen konnten. Weniger erfolgreich waren hingegen interaktive Selbsttests, welche die eigene Vulnerabilität der Teilnehmenden in den Vordergrund stellten (Naderer et al., 2023).

Weitere Präventionsmaßnahmen zielen eher auf die Unterstützung demokratischer Narrative und ziviler Online-Diskurse ab, als sich direkt mit extremistischen Inhalten auseinanderzusetzen. So sollen sogenannte *Alternative Narrative* bewerben, wofür die pluralistisch-liberale demokratische Gesellschaft einsteht, ohne direkt auf extremistische Begründungen einzugehen (Carthy, 2022). Das Hervorheben oder Loben konstruktiver, ziviler Diskussionen soll einen positiven Umgangston in digitalen Diskursen fördern. In beiden Fällen sollen primär demokratische Einstellungen und Verhaltensweisen verstärkt werden. Die zugrunde liegende Logik ist, dass Menschen gefestigte Einstellungen (und Verhaltensweisen) nicht leicht ändern. Ein demokratischer »Resilienzschild«, so die Annahme, erschwere ExtremistInnen daher ihre Rekrutierungsbemühungen (Van Eerten et al., 2017).

Etwas spezifischer auf den Medienkontext zugeschnitten sind Maßnahmen zur Förderung der Medienkompetenz. Medienkompetenz soll Menschen dazu befähigen, die Funktionsweisen, Inhalte und Gegebenheiten der Medien in ihrem Sinne zu nutzen und sie vor ungewollten negativen Auswirkungen zu schützen. Medienkompetenz ist ein vielschichtiges Konstrukt. Konkret definiert aber beispielsweise Groeben (2002) *Medienkritik* als wichtigen Teil der Medienkompetenz und beschreibt diese als die Fähigkeit, Medieninhalte hinsichtlich inhaltlicher und formaler Aspekte kritisch zu betrachten, Falschinformationen zu erkennen und die Qualität von Medieninhalten beurteilen zu können. Im Kontext der Extremismusprävention scheint auch die *soziale Medienkompetenz* (Festl, 2021) relevant. Diese beschreibt die Fähigkeit, sich durch Medien zu verständigen, über Medien und Medieninhalte zu kommunizieren, aber auch die sozialen Konsequenzen des eigenen Medienhandelns und des Medienhandelns anderer abzuschätzen. Dazu könnte etwa auch die Reflektion über die Folgen eigener kommunikativer Gewaltausübung gehören.

Präventionsansätze in diesem Kontext beleuchten beispielsweise die Logik von radikalen Inhalten und streben damit eine kritische Reflexion an, wie das CONTRA-Projekt für Schulklassen zeigt (Schmitt et al., 2020). CONTRA verfolgte einen dreistufigen Ansatz, der vor allem auf die Förderung kritischer Medienkompetenz abzielte: Erstens sollte das Programm für extremistische Onlineinhalte und Radikalisierungsprozesse sensibilisieren, zweitens zur Reflexion der eigenen sozialen und ethischen Prinzipien der Mediennutzung und -gestaltung anregen und diese im Kontrast zu den Intentionen extremistischer SenderInnen positionieren. Zuletzt sollten SchülerInnen dazu befähigt werden, ihre eigene Meinung zu extremistischen Onlineinhalten zu artikulieren und eigene Verhaltensregeln für den Umgang mit extremistischen Onlineinhalten auszubilden. Die Evaluation des Projektes zeigte, dass die durchgeführten Maßnahmen erfolgreich zur Sensibilisierung für extremistische Online-Propaganda beitrugen und lieferten erste Indizien für eine stärkere Reflektion des eigenen Mediennutzungsverhaltens. Die Gestaltung von Gegenbotschaften erwies sich jedoch als herausfordernd für die beteiligten SchülerInnen (Schmitt, Rieger, Ernst & Roth, 2018).

Noch etwas spezifischer auf den jeweiligen Anwendungsfall sind Maßnahmen zugeschnitten, die sich auf die Theorie der *kognitiven Inokulation* beziehen (Mcguire & Papageorgis, 1961). Die Theorie der kognitiven Inokulation beruht auf der Analogie der menschlichen Immunantwort. Es wird postuliert, dass die kognitive Abwehr gegen Überzeugungsbotschaften (*persuasive Botschaften*) dadurch gestärkt werden kann, dass Personen mit einer geringen Dosis persuasiver Botschaften konfrontiert werden und ihr kognitives *Immunsystem* zur Abwehr mobilisieren. Verschiedene Studien und Metaanalysen bestätigen die generelle Wirksamkeit von Inokulationsansätzen (für eine Meta-Analyse, s. Banas & Rains, 2010). Auch für den Bereich der Extremismusprävention konnte die Wirksamkeit von Inokulationsangeboten experimentell bestätigt werden. So fördert die Aufklärung über typische Desinformationstechniken wie Emotionalisierung und Angriffe auf Personen statt auf Fakten (sogenannte *ad hominem-Angriffe*) die Fähigkeit, vertrauenswürdige von nicht vertrauenswürdigen Inhalten zu unterscheiden (Roozenbeek, Maertens, McClanahan & van der Linden, 2021). Lewandowsky und Yesilada (2021) konnten zudem zeigen, dass Personen, die eine videobasierte »Impfung« gegen gewaltlegitimierende islamfeindliche und radikalislamische Rhetorik erhalten hatten, extremistische Inhalte für weniger vertrauenswürdig hielten und weniger bereit waren, diese im Internet zu teilen, als Personen, die keine solche »Impfung« gesehen hatten. Zu ähnlich vielversprechenden Ergebnissen kommt auch Braddock (2019) bei einer experimentellen Studie zur Wirkung textbasierter Inokulationen gegen hasserfüllte rechtsextremistische und linksextremistische Onlinepropaganda.

Insgesamt kann universelle Prävention als erfolgversprechend angesehen werden, wobei spezifischere Maßnahmen der Inokulation etwas besser experimentell belegt sind als beispielsweise die Förderung von Medienkompetenz im Kontext der Extremismusprävention. Allerdings gelingt es nicht immer, Personen *vor* der Konfrontation mit extremistischen Onlineinhalten zu erreichen. Daher sind auch parallele Angebote notwendig.

18.5 Parallele Angebote

Parallele Angebote zielen darauf ab, entweder eine weitere Radikalisierung des Diskurses zu verhindern oder eine Persuasionswirkung extremistischer Inhalte zu unterbinden. Für die Verhinderung einer (weiteren) Radikalisierung des Diskurses sind Moderation und Gegenrede (*Counter Speech*), etwa von Hassrede, zentral. Moderation umfasst dabei sowohl Maßnahmen, die ein positives Diskursklima fördern und damit eher als Beispiele universeller Prävention verstanden werden können, als auch Maßnahmen der selektiven oder gar indizierten Prävention, wie das Blocken einzelner Posts oder das Sperren ganzer Accounts (sog. *Deplattforming*). Neben professionellen ModeratorInnen spielt die Gegenrede durch die NutzerInnen selbst eine wichtige Rolle für das Online-Diskursklima. Beispielsweise unterstützen die Bewegungen #IchBinhier und #ReconquistaInternet erfolgreich koordinierte Gegenrede in Kontexten, in denen Hate Speech gehäuft auftritt und fördert damit einen weniger hasserfüllten Online-Diskurs (Garland, Ghazi-Zahedi, Young, Hébert-Dufresne & Galesic, 2022; Ziegele, Jost, Frieß & Naab, 2019). Auch sogenannte *Social Bots* können zu diesem Zweck unterstützend eingesetzt werden, etwa indem Hate-Speech kritisiert wird oder Empathie für die Angegriffenen geweckt wird (Bilewicz et al., 2021).

Moderation und Counterspeech können zudem die wahrgenommenen Verhaltensregeln, die *Normen*, in digitalen Diskursen beeinflussen. Laut der *Theorie des geplanten Verhaltens* (Ajzen & Fishbein, 1977) wird Verhalten durch drei Faktoren beeinflusst: die Einstellung gegenüber dem Verhalten, die (wahrgenommenen) sozialen Normen bezüglich des Verhaltens und die (wahrgenommenen) Handlungsmöglichkeiten (etwa der spezifischen Affordanzen digitaler Plattformen, s. Frischlich et al., 2022). Insbesondere in anonymen Online-Kontexten orientieren sich Menschen stark am Verhalten anderer (*Social Identity Deindividuation Model*, Postmes, Spears & Lea, 1998). Beispielsweise zeigt eine computergestützte Analyse von Reddit-Kommentaren, dass dieselben Accounts anders kommunizieren, wenn sie sich in einem Subreddit mit einer anderen Moderationspraxis äußern (Gibson, 2019).

Zu den Maßnahmen, die Persuasion, beispielsweise durch extremistische Desinformationen oder Verschwörungsmythen, verhindern sollen, gehört etwa das Einblenden von Warnhinweisen. Einige Studien zeigen, dass solche Warnhinweise die wahrgenommene Glaubwürdigkeit von Desinformation reduzieren können (z. B. Clayton et al., 2020). Andere Studien hingegen finden keine solch schützenden Effekte (Oeldorf-Hirsch, Schmierbach, Appelman & Boyle, 2020). Dies deutet darauf hin, dass Warnhinweise nur unter bestimmten Umständen als Präventionsinstrument geeignet sind: So reduzierten Warnhinweise in einem Experiment die Glaubwürdigkeit von Fehlinformationen bei Personen, die sich politisch links verorteten, nicht aber bei Personen, die eine eher rechte politische Einstellung berichteten (Arendt, Haim & Beck, 2019).

Insgesamt scheinen parallele Angebote zumindest teilweise geeignet dunkle Partizipation direkt »vor Ort« im jeweiligen Online-Kontext zu adressieren. Damit haben sie einerseits den Vorteil einer breiten Implementierbarkeit, andererseits bleibt oft unklar, ob es tatsächlich zu einem dauerhaften Umdenken kommt.

18.6 Postventionsmaßnahmen

Postventionsmaßnahmen zielen darauf ab, extremistische Inhalte zu diskreditieren, ideologische Behauptungen aufzulösen und extremistische Botschaften direkt anzugreifen. Ein bekannter Ansatz sind sogenannte *Counternarrative*, also Inhalte, die versuchen, zentrale Elemente extremistischer Narrative zu widerlegen und glaubwürdige alternative Erklärungen zu liefern (Braddock & Horgan, 2015). Verschiedene Regierungen, zivilgesellschaftliche Akteure und private Unternehmen produzieren multimediale Gegenerzählungen zu gewalttätiger extremistischer Kommunikation. Oft in der Hoffnung, dass sich diese über soziale Medien verbreiten (Koehler, 2014). Das Projekt »Voices Against Extremism« aus Kanada verfolgte einen solchen Ansatz. Dabei wurden die Perspektiven von Mitgliedern der lokalen Gemeinschaft einbezogen und so Anknüpfungspunkte für gefährdete Personen aus der Gemeinschaft geschaffen. Kritisiert wurde allerdings die mangelnde Zielgenauigkeit der Maßnahme, da es nicht überprüft werden konnte, ob tatsächlich radikalisierte Personen erreicht wurden (Mcnair & Frank, 2017).

In einem experimentellen Ansatz konnten Liu, Fei und Mi (2022) zeigen, dass das Widerlegen von Verschwörungsmythen zumindest bei extremismusfernen Personen wirksam sein kann. In der Studie wurde in kurzen Videos im Vorlesungsformat zunächst die Logik von Verschwörungsmythen im Allgemeinen dargestellt und zusätzlich eine spezifische Widerlegung für Verschwörungen zu Covid-19 angeboten. Die Ergebnisse zeigten, dass Personen, die ein solches »Debunking« erhielten, weniger Radikalisierungstendenzen aufwiesen als Personen, die kein Video gesehen hatten oder nur auf die Inkonsistenz von Verschwörungsmythen hingewiesen worden waren. Studien, die entsprechende Vorgehensweisen mit Personen untersuchen, die bereits radikale Einstellungen aufweisen, stehen jedoch noch aus.

Onlinemedien bieten zudem neue Möglichkeiten, um gezielt Personen zu kontaktieren, die Sympathien für extremistische Onlineinhalte geäußert haben (Koehler, 2014). Solche One-to-One-Gespräche zielen darauf ab, durch den Einsatz unterschiedlicher Techniken Veränderungsprozesse anzustoßen (Clark, 2019). Eine kleine Studie des Institutes for Strategic Dialogue zeigte immerhin, dass eine von sechs als rechtsorientiert eingeschätzten Personen sich auf ein solches Gesprächsangebot einließ und immerhin die Hälfte auch weitere Gespräche zuließ. Nur eine von zehn Personen war jedoch auch zu weiteren Schritten wie etwa offline Treffen bereit (Davey, Birdwell & Skellett, 2018).

Zusammengefasst sind Postventionsmaßnahmen im Vergleich zu Präventionsangeboten und parallelen Angeboten mit den stärksten Widerständen auf Seiten der EmpfängerInnen konfrontiert. Menschen haben das Bedürfnis sich und ihre Verhaltensweisen in einem positiven Licht zu sehen. Wird dieses Bedürfnis erschüttert, löst es den unangenehmen Zustand der *kognitiven Dissonanz* aus (Festinger, 1957). Um diesem zu entgehen, ist es dann oft einfacher, das eigene Verhalten zu rechtfertigen oder der konfrontierenden Situation auszuweichen, als sich und das eigene Verhalten tatsächlich zu hinterfragen.

18.7 Zusammenfassung

Insgesamt spricht viel für eine universelle Extremismusprävention im Netz. Insbesondere die Wirksamkeit kognitiver Inokulation ist verschiedentlich gezeigt worden. Auch parallele Angebote, die auf diskursive Normen abzielen, tragen zur Verbesserung des Diskussionsklimas im Netz bei. Etwas weniger gut belegt sind die Effekte paralleler Angebote auf SympathisantInnen oder ExtremistInnen selbst. Auch Postventionsmaßnahmen haben ihre Berechtigung. Allerdings ist davon auszugehen, dass Personen mit radikaleren Einstellungen und verfestigten extremistischen Weltbildern durch digitale Online-Angebote eher schwer zu erreichen sind, da die Vermeidung unangenehmer, Dissonanz induzierender Themen im Netz besonders leichtfällt. Dennoch bieten sich online neue Möglichkeiten, zum Beispiel, um mit Personen in Kontakt zu treten, die im physischen Raum nicht gut erreicht werden können. Zusammenfassend gilt es, Online-Medien als selbstverständlichen Bestandteil heutiger Lebenswelten zu akzeptieren und in ihrer Vielfalt für die Extremismusprävention nutzbar zu machen.

Literatur

Ahmed, M. & George, F. L. (2017). *How extremists are exploiting the internet and what to do about it*. Tony Blair Institute for Global Change.
Ajzen, I. & Fishbein, M. (1977). Attitude-behavior relations: A theoretical analysis and review of empirical research. *Psychological Bulletin*, 84(5), 888–918. https://doi.org/10/c5d
Arendt, F., Haim, M. & Beck, J. (2019). Fake News, Warnhinweise und perzipierter Wahrheitsgehalt: Zur unterschiedlichen Anfälligkeit für Falschmeldungen in Abhängigkeit von der politischen Orientierung. [Fake news, warnings and perceptual truth: On the differential sucseptibility for fake news depending on recipients' political orientations. *Publizistik*, 64, 181–204. https://doi.org/10/gfw6gt
Banas, J. A. & Rains, S. A. (2010). A meta-analysis of research on inoculation theory. *Communication Monographs*, 77(3), 281–311. https://doi.org/10.1080/03637751003758193
Bedrosova, M., Machackova, H., Šerek, J., Smahel, D. & Blaya, C. (2022). The relation between the cyberhate and cyberbullying experiences of adolescents in the Czech Republic, Poland, and Slovakia. *Computers in Human Behavior*, 126, 107013. https://doi.org/10.1016/j.chb.2021.107013
Bilewicz, M. & Soral, W. (2020). Hate Speech Epidemic. The Dynamic Effects of Derogatory Language on Intergroup Relations and Political Radicalization. *Political Psychology*, 41, 3–33. https://doi.org/10.1111/pops.12670
Bilewicz, M., Tempska, P., Leliwa, G., Dowgiałło, M., Tańska, M., Urbaniak, R. & Wroczyński, M. (2021). Artificial intelligence against hate: Intervention reducing verbal aggression in the

social network environment. *Aggressive Behavior, 47*(3), 260–266. https://doi.org/10.1002/ab.21948

Braddock, K. (2019). Vaccinating against hate: Using attitudinal inoculation to confer resistance to persuasion by extremist propaganda. *Terrorism and Political Violence*, 1–23. https://doi.org/10.1080/09546553.2019.1693370

Braddock, K. & Horgan, J. (2015). Towards a guide for constructing and disseminating counter-narratives to reduce support for terrorism. *Studies in Conflict & Terrorism, 0731*(December). https://doi.org/10.1080/1057610X.2015.1116277

Carthy, S. (2022). *Lessons learned from alternative narrative campaigns*. RAN.

Clark, M. D. (2019). Motivational interviewing for deradicalization: Increasing the readiness to change. *Journal for Deradicalization, 20*, 47–74.

Clayton, K., Spencer, B., Busam, J. A., Forstner, S., Glance, J., Green, G., Kawata, A., Kovvuri, A., Martin, J., Morgan, E., Sandhu, M., Sang, R., Scholz-Bright, R., Welch, A. T., Wolff, A. G., Zhou, A. & Nyhan, B. (2020). Real solutions for fake news? Measuring the effectiveness of general warnings and fact-check tags in reducing belief in false stories on social media. *Political Behavior, 42*, 1073–1095. https://doi.org/10/gfvt6d

Costello, M., Hawdon, J., Ratliff, T. & Grantham, T. (2016). Who views online extremism? Individual attributes leading to exposure. *Computers in Human Behavior, 63*, 311–320. https://doi.org/10.1016/j.chb.2016.05.033

Davey, J., Birdwell, J. & Skellett, R. (2018). *Counter conversations*. Institute for Strategic Dialogue.

Doosje, B., Moghaddam, F. M., Kruglanski, A. W., Wolf, A. D., Mann, L. & Feddes, A. R. (2016). Terrorism, radicalization and de-radicalization. *Current Opinion in Psychology, 11*, 79–84. https://doi.org/10/gf3g84

Eerten, J.-J. van, Doosje, B., Konijn, E., de Graaf, B. & de Goede, M. (2019). *Challenging Extremist Views on Social Media: Developing a Counter-Messaging Response* (1st ed.). Routledge. https://doi.org/10.4324/9780429287145

Evans, S. K., Pearce, K. E., Vitak, J. & Treem, J. W. (2017). Explicating affordances: A conceptual framework for understanding affordances in communication research. *Journal of Computer-Mediated Communication, 22*(1), 35–52. https://doi.org/10.1111/jcc4.12180

Festinger, L. (1957). *A theory of cognitive dissonance*. Stanford University Press.

Festl, R. (2021). Social media literacy & adolescent social online behavior in Germany. *Journal of Children and Media, 15*(2), 249–271. https://doi.org/10.1080/17482798.2020.1770110

Frischlich, L. & Bögelein, N. (2022). Extremismusprävention. In C. Cohrs, N. Knab & G. Sommer (Hrsg.), *Handbuch Friedenspsychologie* (S. 1–31). Forum Friedenspsychologie.

Frischlich, L., Schatto-Eckrodt, T. & Völker, J. (2022). *Rückzug in die Schatten? Die Verlagerung digitaler Foren zwischen Fringe Communities und »Dark Social« und ihre Implikationen für die Extremismusprävention* (4). CORE Network.

Garland, J., Ghazi-Zahedi, K., Young, J.-G., Hébert-Dufresne, L. & Galesic, M. (2022). Impact and dynamics of hate and counter speech online. *EPJ Data Science, 11*(1), 3. https://doi.org/10.1140/epjds/s13688-021-00314-6

Gibson, A. (2019). Free speech and safe spaces: How moderation policies shape online discussion spaces. *Social Media + Society, 5*(1), 205630511983258. https://doi.org/10.1177/2056305119832588

Gibson, J. J. (1979). *The ecological approach to visual perception: Classic edition* (2014th ed.). Psycholgy Press. https://doi.org/10.4324/9781315740218

Groeben, N. (2002). Dimensionen der Medienkompetenz: Deskriptive und normative Aspekte. In N. Groeben & B. Hurrelmann (Hrsg.), *Medienkompetenz. Voraussetzungen, Dimensionen, Funktionen* (S. 318). Juventa-Verlag.

Khalil, J., Horgan, J. & Zeuthen, M. (2019). The attitudes-behaviors corrective (ABC) model of violent extremism. *Terrorism and Political Violence*, 1–26. https://doi.org/10.1080/09546553.2019.1699793

Koehler, D. (2014). The radical online: Individual radicalization processes and the role of the Internet. *Journal for Deradicalization, 1*, 116–134.

Lewandowsky, S., & Yesilada, M. (2021). *Inoculating against the spread of Islamophobic and radical-Islamist disinformation*. Center for Research and Evidence on Security Threats.

Liu, R., Fei, L. & Mi, J. (2022). An evidential MULTIMOORA approach to assessing disaster risk reduction education strategies under a heterogeneous linguistic environment. *International Journal of Disaster Risk Reduction*, 78, 103114. https://doi.org/10.1016/j.ijdrr.2022.103114

Macnair, L. & Frank, R. (2017). Voices against extremism: A case study of community-based CVE counter-narrative campaign. *Journal for Deradicalization*, 10, 147–174.

Mcguire, W. J. & Papageorgis, D. (1961). The relative efficacy of various types of prior belief-defense in producing immunity against persuasion. *Journal of Abnormal and Social Psychology*, 62(2), 327–337. https://doi.org/10/b3f369

Mcnair, L. & Frank, R. (2017). Voices against extremism: A case study of a community-based CVE counter-narrative campaign. *Journal for Deradicalization*, 10, 147–174.

Muddiman, A., Pond-Cobb, J. & Matson, J. E. (2017). Negativity bias or backlash: Interaction with civil and uncivil online political news content *Communication Research*, 47(6), 815–837. https://doi.org/10.1177/0093650216685625

Naderer, B., Rieger, D. & Schwertberger, U. (2023). An online world of bias. The mediating role of cognitive biases on extremist attitudes. *Communications*. https://doi.org/10.1515/commun-2021-0115

Oeldorf-Hirsch, A., Schmierbach, M., Appelman, A. & Boyle, M. P. (2020). The ineffectiveness of fact-checking labels on news memes and articles. *Mass Communication and Society*, 23(5), 682–704. https://doi.org/10.1080/15205436.2020.1733613

Postmes, T., Spears, R. & Lea, M. (1998). Breaching or building social boundaries? SIDE-effects of computer-mediated communication. *Communication Research*, 25(6), 689–715. https://doi.org/10/ffsbdn

Quandt, T. (2018). Dark participation. *Media and Communication*, 6(4), 36–48. http://dx.doi.org/10.17645/mac.v6i4.1519

Quandt, T., Klapproth, J. & Frischlich, L. (2022). Dark social media participation and well-being. *Current Opinion in Psychology*, 45, 101284. https://doi.org/10.1016/j.copsyc.2021.11.004

Rathgeb, T. & Schmid, T. (2022). *JIM-Studie 2022: Jugend Informationen Medien [JIM-Study 2022: Youth, information, media]*. Medienpädagogischer Forschungsverbund Südwest.

Roozenbeek, J., Maertens, R., McClanahan, W. & van der Linden, S. (2021). Disentangling Item and Testing Effects in Inoculation Research on Online Misinformation: Solomon Revisited. *Educational and Psychological Measurement*, 81(2), 340–362. https://doi.org/10.1177/0013164420940378

Rothut, S., Schulze, H., Hohner, J., Greipl, S. & Rieger, D. (2022). *Radikalisierung im Internet*. BICC.

Schmitt, J. B., Ernst, J., Rieger, D. & Roth, H.-J. (Hrsg.). (2020). *Propaganda und Prävention: Forschungsergebnisse, didaktische Ansätze, interdisziplinäre Perspektiven zur pädagogischen Arbeit zu extremistischer Internetpropaganda*. Springer Fachmedien Wiesbaden. https://doi.org/10.1007/978-3-658-28538-8

Schmitt, J. B., Rieger, D., Ernst, J. & Roth, H.-J. (2018). Critical media literacy and Islamist online propaganda: The feasibility, applicability, and impact of three learning arrangements. *International Journal of Conflict and Violence*, 12, 1–19. https://doi.org/10/gf3gm7

Schmitt, J. B., Rieger, D., Rutkowski, O. & Ernst, J. (2018). Counter-messages as prevention or promotion of extremism?! The potential role of YouTube. *Journal of Communication*, 68(4), 780–808. https://doi.org/10.1093/joc/jqy029

Schulze, H., Hohner, J., Greipl, S., Girgnhuber, M., Desta, I. & Rieger, D. (2022a). Far-right conspiracy groups on fringe platforms: A longitudinal analysis of radicalization dynamics on Telegram. *Convergence: The International Journal of Research into New Media Technologies*, 28(4), 1103–1126. https://doi.org/10.1177/13548565221104977

Schulze, H., Hohner, J. & Rieger, D. (2022b). 18 Soziale Medien und Radikalisierung. In L. Rothenberger, J. Krause, J. Jost & K. Frankenthal (Hrsg.), *Handbuch Terrorismusforschung* (S. 319–330). Nomos. https://www.nomos-elibrary.de/10.5771/9783748904212-319/18-soziale-medien-und-radikalisierung?page=1

Van Eerten, J.-J., Doosje, B., Konijn, E., De Graaf, B. & de Goede, M. (2017). *Developing a social media response to radicalization. The role of counter-narratives in prevention of radicalization and de-radicalization.* WODC. https://repository.wodc.nl/bitstream/handle/20.5 00.12832/2215/2607_Volledige_Tekst_tcm28-286136.pdf?sequence=2

Ziegele, M., Jost, P., Frieß, D. & Naab, T. (2019). *Aufräumen im Trollhaus. Zum Einfluss von Community-Managern und Aktionsgruppen in Kommentarspalten.* Düsseldorf Institute for Internet and Democracy.

19 Entwicklungsorientierte Radikalisierungsprävention. Konzepte und empirische Evidenzen

Andreas Beelmann

Politische, religiöse und andere Formen der Radikalisierung junger Menschen stellen ein ernsthaftes Problem für unseren demokratischen Verfassungsstaat und den gesellschaftlichen Frieden dar. Dies machen sowohl die schweren Gewalttaten vor allem von politisch rechten TäterInnen oder Gruppierungen als auch die Daten der Polizeilichen Kriminalstatistik (PKS) und Verfassungsschutzberichte deutlich, die bei politisch motivierter Kriminalität seit Jahren beträchtliche Zahlen an Straftaten ausweisen.

Der vorliegende Text befasst sich mit Perspektiven und Möglichkeiten einer entwicklungsorientierten Radikalisierungsprävention. Damit sind Maßnahmen gemeint, die über staatliche und zivilgesellschaftliche Reaktionen auf bereits vorhandene Radikalisierungspotentiale hinausgehen und u. a. darauf abzielen, problematische Entwicklungsverläufe gänzlich zu vermeiden und mögliche Opfer zu verhindern. Eine verstärkte Präventionsorientierung spricht selbstverständlich nicht gegen Maßnahmen, die sich an bereits radikalisierte Personen richten. Solche Programme erweisen sich jedoch in der Praxisanwendung aufgrund der oftmals schwer zu erreichenden Klientel als ausgesprochen herausfordernd.

19.1 Konzept der entwicklungsorientierten Prävention

19.1.1 Allgemeine Überlegungen

Das Konzept der entwicklungsorientierten Prävention geht davon aus, dass problematische Aspekte des Verhaltens und Erlebens eine Entwicklungsgeschichte aufweisen, die längere Entwicklungsphasen und unter Umständen die gesamte Biographie umfassen. Die Nutzung von Erkenntnissen über ontogenetische Entwicklungsprozesse für die Gestaltung von Präventionsmaßnahmen ist demnach der Kern der entwicklungsorientierten Prävention. Sie hat ihren Ursprung in Arbeiten der angewandten Entwicklungswissenschaft (Brandtstädter & Lindenberger, 2007), der Entwicklungspsychopathologie (Cicchetti, 2016), der positiven Jugendentwicklung (Silbereisen & Lerner, 2007) und der Präventionswissenschaft (Beelmann,

2022a) mit einer populationsbezogenen und sozialpolitischen Ausrichtung (Welsh & Tremblay, 2020).

Konkret bedeutet dies, dass Maßnahmen oder Programme, die problematische Entwicklungsprozesse verhindern oder positive Entwicklungsprozesse befördern wollen, auf Basis empirischer Erkenntnisse und geprüfter Entwicklungstheorien konzipiert werden sollten (Kurtines et al., 2008). Dies beinhaltet insbesondere folgende Aspekte:

- Wissen über generelle und allgemeine Entwicklungsprinzipien, die ein grundlegendes Verständnis von Entwicklungs- und Veränderungsdynamiken vermitteln (z. B. das ökosystemische Modell, Bronfenbrenner, 1992),
- Erkenntnisse zu Altersunterschieden im Entwicklungsverlauf und der Veränderlichkeit von Einstellungs- und Verhaltensmerkmalen über die Lebensspanne,
- Identifikation von sensiblen Entwicklungsphasen oder besonders günstigen Entwicklungszeitpunkten für Außenanregungen,
- Identifikation von kausalen Entwicklungsfaktoren auf gesellschaftlicher, sozialer und individueller Ebene, die einen negativen Einfluss auf Entwicklung ausüben (Risikofaktoren oder -prozesse) oder Belastungen abpuffern können (protektive Faktoren oder Prozesse) sowie
- Entwicklungstheorien, die intra- und interindividuelle Veränderungen erklären und wichtige Rahmenbedingungen und zugrundeliegende Prozesse der Entwicklung (z. B. Geschlecht, sozialer Kontext, kognitive Entwicklungsparameter) identifizieren.

Diese Informationen sollten sowohl bei der inhaltlichen Konzeption (*Was* soll verändert oder gefördert werden?) als auch bei der methodischen Gestaltung von Präventionsmaßnahmen (*Wie* sollen diese Veränderungen erzielt werden?) genutzt werden (Beelmann, 2015). Daneben ist eine grundlegende Legitimierung von Präventionsmaßnahmen etwa durch Prävalenzdaten sowie die Festlegung von Zielgruppen von Bedeutung. So muss entschieden werden, ob alle Personen einer definierten Population adressiert (universelle Prävention) oder nur bestimmte Gruppen für die Anwendung ausgewählt werden sollen (selektive oder indizierte Prävention, ▶ Kap. 18). Für beide Varianten liegen jeweils Vor- und Nachteile vor (Beelmann, 2015). Zu spezifizieren ist außerdem, zu welchen Alters- oder Entwicklungszeitpunkten eine besondere Dynamik der Entwicklung zu erwarten ist, um die Maßnahmen genau an jenen Entwicklungszeitpunkten zu platzieren, an denen relevante Einstiegsprozesse stattfinden.

19.1.2 Theoretische Grundlagen der entwicklungsorientierten Radikalisierungsprävention

Zur Erklärung von Radikalisierungsprozessen liegen mittlerweile zahlreiche sozialwissenschaftliche und psychologische Theorien vor (Mogghadam, 2005; Kruglanski, Bélanger & Gunaratna, 2019; McCauley & Moskalenko, 2011). Wir haben diese Modelle u. a. wegen ihrer fehlenden entwicklungsorientierten Betrachtung von Radikalisierungsprozessen kritisiert und ein integriertes ontogenetisches Entwicklungsmodell der Radikalisierung vorgelegt (u. a. Beelmann, 2020). Ausgangspunkt des Modells war eine normative Definition von Extremismus als *signifikante Abweichung in Einstellungen und Handlungen von bestimmten gesellschaftspolitischen Werten* (Demokratie, Rechtsstaatlichkeit, Menschenrechte; Beelmann, 2022b). Radikalisierung beschreibt dann den Weg hin zu extremistischen Einstellungen und Handlungen, die sich im Zuge der ontogenetischen Entwicklung von der frühen Kindheit bis ins mittlere Erwachsenenalter in einem dreistufigen Prozess darstellen lassen.

Die erste Prozessphase ist durch ein Zusammenspiel von belastenden und unterstützenden Faktoren in der ontogenetischen Entwicklung gekennzeichnet. Kommt es zu einem chronischen Übergewicht von bestimmten Risikoprozessen, steigt die Gefahr, unmittelbar radikalisierungsrelevante Entwicklungsprozesse einzuleiten, die sich in vier zentralen Bereichen, den sogenannten Proximalfaktoren der Radikalisierung (zweite Prozessphase) manifestieren. Sie heißen proximal, weil sie notwendige und hinreichende Bedingungen dafür darstellen, Radikalisierungsprozesse bis hin zu unterschiedlichen Extremismusformen auszulösen (vgl. detailliert Beelmann, Lutterbach, Rickert & Sterba, 2021). Im Einzelnen sind dies (1.) dissoziale Einstellungs- und Handlungsmuster als Verletzung altersgemäßer sozialer Regeln und Normen, (2.) Vorurteilsstrukturen und Intoleranz (z. B. massive Abwertung von sozialen Fremdgruppen), (3.) Identitätsprobleme und -krisen (z. B. durch Bedeutungsverlust oder Ungerechtigkeits- und Bedrohungswahrnehmung) sowie schließlich (4.) die Aneignung von extremistischen Überzeugungen, Narrativen und Ideologien zur Rechtfertigung von Ungleichwertigkeitsvorstellungen und Gewalt (▶ Abb. 19.1). Eine erste querschnittliche Überprüfung des Modells ergab eine befriedigende bis gute empirische Bestätigung, die zudem eine Identifikation radikalisierungsgefährdeter Jugendlicher ermöglichte (Beelmann & Lutterbach, 2023).

Abb. 19.1: Entwicklungsorientiertes Radikalisierungsmodell (modifiziert nach Beelmann, 2020).

Diese vier Proximalprozesse werden (wie alle Entwicklungsprozesse) durch aktuelle Krisen im sozialen Kontext (z. B. individuelle Viktimisierung, gesellschaftliche Krisen) mitbeeinflusst und beschleunigt. Sie zeigen jeweils unterschiedliche sensible Entwicklungsphasen, die eine Abschätzung ihrer biographischen Reihenfolge erlauben. Zwar liegen bislang nur wenige fundierte Längsschnittstudien vor (z. B. Nivette, Eisner & Ribeaud, 2017), eine typische Verlaufsform kann jedoch aus entwicklungspsychologischen Erkenntnissen abgeleitet werden. So markiert im Vorschulalter eine frühe dissoziale Entwicklung (*early starters*) den Beginn einer fortschreitenden Radikalisierung mit einem hohen Potential der Chronifizierung während der Kindheit und Adoleszenz (Moffitt, 2015). Im Rahmen der Vorurteilsentwicklung hat die Forschung einen charakteristischen Rückgang um das Alter von 7 bis 10 Jahren festgestellt (Raabe & Beelmann, 2011). Wenn dies aus verschiedenen Gründen nicht geschieht (z. B. bei fehlenden Intergruppenkontakten), könnte dies als zweiter Entwicklungsschritt in Richtung einer Radikalisierung angesehen werden. Die frühe Adoleszenz als eine wichtige Phase der Identitätsbildung (Crocetti, 2018) birgt das Risiko von Identitätsproblemen, wenn Jugendliche beispielsweise keine Möglichkeiten zur Identitätsbildung finden oder Ablehnung und Diskriminierung ausgesetzt sind. Schließlich erhöhen diese Probleme die Wahrscheinlichkeit, dass sich Jugendliche extremistischen Gruppen annähern und deren Narrative, Überzeugungen und Ideologien während dieser besonders *beeinflussbaren Jahre* (impressionable years) der staatsbürgerlichen Entwicklung und politischen Sozialisation übernehmen (Sears & Levy, 2003). Diese Entwicklungsabfolge impliziert zugleich geeignete Phasen für die Anwendung von spezifischen Präventionsmaßnahmen, selbst wenn diese auch in anderen Entwicklungsabschnitten erfolgreich angewandt werden können. Diese Phasen markieren Perioden hoher Entwicklungsdynamik, sogenannte *windows of opportunities* (Masten, Long, Kuo, McCormick & Desjardins, 2009), die eine hohe Sensibilität für Außenanregungen und damit eine potenziell hohe Wirkung versprechen.

Je nach Ausprägung der Proximalfaktoren und je nach Verlauf und Grad der Radikalisierung entstehen schließlich in der dritten Prozessstufe unterschiedliche Formen, Schweregrade und Radikalisierungsverläufe bis hin zu extremistischen Einstellungen und Handlungen, die sich zum Beispiel zwischen verschiedenen Arten von Extremismus (z. B. rechts, links, religiös), zwischen verschiedenen Untergruppen (»Mitläufer« vs. »Anführer«; siehe Jasko & LaFree, 2019) oder zwischen verschiedenen Erscheinungsformen (extremistische Einstellungen, extremistische Straftaten, terroristische Anschläge) unterscheiden. Somit haben Radikalisierungsverläufe eine biographische Vorgeschichte und eine kurzfristige aktualgenetische Radikalisierung ist extrem unwahrscheinlich. Vielmehr muss von dynamischen Risiko-Protektions-Prozessen und längerfristigen Verläufen ausgegangen werden. Dennoch werden trotz aller Differenzierungen mit den Proximalfaktoren gemeinsame psychologische Grundlagen angenommen. Sie verdeutlichen, dass extremistische Einstellungen und Handlungen nicht primär als eine legitime Form der politischen Meinungsäußerung, sondern als ein Problem der Sozialentwicklung betrachtet werden sollten.

19.2 Entwicklungsorientierte Prävention proximaler Radikalisierungsprozesse

In den letzten Jahren sind mehrere umfassende Übersichten zur Radikalisierungsprävention veröffentlicht worden (z. B. Aerts, 2019; Jugl, Lösel, Bender, & King, 2021; Pistone, Eriksson, Beckman, Mattson & Sager, 2019). Dennoch ist das Wissen über die Wirksamkeit aufgrund methodischer und inhaltlicher Einschränkungen noch immer gering. Zum einen existieren viele Projekte, aber nur wenige Beispiele für fundierte Evaluierungsstudien (z. B. Beelmann & Karing, 2015; Walsh & Gansewig, 2019). Dies gilt vor allem für universelle oder selektive Präventionsansätze im Vergleich zu indizierter Prävention (bspw. De-Radikalisierungsprojekte). Zum anderen handelt es sich bei den meisten Studien um anekdotische Fallberichte oder Implementationsstudien, die keine Ergebnisse im Hinblick auf Radikalisierungsparameter unter Verwendung valider Bewertungsinstrumente berichten. Und schließlich erschweren unterschiedliche Definitionen von Radikalisierung und Extremismus den Vergleich von Projekten und Programmen mit ihren Ergebnissen. Vor diesem Hintergrund und auf der Grundlage des oben skizzierten Entwicklungsmodells der Radikalisierung (Beelmann, 2020) wenden wir uns daher erfolgversprechenden entwicklungsorientierten Präventionsansätzen und Programmen zur Vorbeugung proximaler Radikalisierungsprozesse zu (vgl. detailliert Beelmann et al., 2021).

19.2.1 Dissozialitätsprävention

Die Prävention von Aggression, Gewalt und Kriminalität ist eines der ältesten sozialwissenschaftlichen Präventionsfelder (Beelmann, 2023; Welsh & Farrington, 2012). Allgemein sollte zur Vorbeugung dissozialer Entwicklungsprobleme (oppositionelles Verhalten, Aggression, Gewalt, Kriminalität) nicht nur in Maßnahmen des akademischen Lernens, sondern auch in das soziale Lernen investiert werden, um junge Menschen von devianten und extremistischen Gruppen fernzuhalten. Dazu gehören zum Beispiel attraktive Angebote zur Freizeitgestaltung und Möglichkeiten zur Übernahme von sozialer Verantwortung. Besonderer Wert sollte auf die Vermittlung sozialer Regeln und auf eine konsequente Reaktion auf Regelverstöße und dissoziales Verhalten durch verschiedene EntwicklungsagentInnen (Eltern, Schule, Jugendhilfe, Gerichte) gelegt werden. Allerdings ist im Bereich der Radikalisierung und aus der Perspektive eines demokratischen Staates die Schwelle zwischen erwünschten politischen Aktivitäten, die sich mitunter in illegalem (regelverletzendem) Verhalten (z. B. zivilem Ungehorsam) äußern, und radikalisierungsrelevanter dissozialer Entwicklung nicht einfach zu bestimmen. Unklar ist vor allem, ob es sich dabei um Aktivitäten im Sinne eines (mehr oder weniger unangemessenen) bürgerschaftlichen Engagements handelt, das grundsätzlich zu unterstützen ist (ohne jedoch illegales Verhalten zu akzeptieren), oder um den Beginn eines problematischen Radikalisierungsprozesses im Sinne der oben genannten Definition, der eine frühzeitige und konsequente Reaktion von Polizei, Justiz und anderen Behörden erfordert. Die Unterscheidung zwischen politischem Aktivismus und Radikalisierung ist intensiv diskutiert worden (z. B. Moskalenko & McCauley, 2009) und die Antworten hängen weitgehend von der Schwere der Straftaten (und möglichen Opfern), von den Handlungszielen, zugrundeliegenden Werten und schließlich von der Entwicklungsgeschichte der jungen Menschen oder der betrachteten Gruppe ab. Obwohl es kaum aussagekräftige Forschungsergebnisse zur Unterscheidung zwischen politischem Aktivismus und Radikalisierung gibt, deutet unser Radikalisierungsmodell darauf hin, dass eine lange biographische Geschichte dissozialer Devianz ein wesentlicher proximaler Risikofaktor für politischen und religiösen Extremismus ist, während gelegentliches dissoziales Verhalten, das von einer positiven Zielorientierung (z. B. Menschenrechte, Umweltschutz, Gerechtigkeit, Gleichheit usw.) angetrieben wird, nicht als Radikalisierung bezeichnet werden sollte. Dies bedeutet jedoch nicht, dass diese Verhaltensweisen akzeptabel sind oder von den Strafverfolgungsbehörden ignoriert werden sollten.

Über die Reaktionen auf mehr oder weniger abweichende politische Aktivitäten hinaus wurde in den letzten Jahrzehnten eine Vielzahl von Ansätzen und Programmen zur Prävention dissozialer Entwicklungen erfolgreich angewandt (z. B. Farrington, Gaffney, Lösel & Ttofi, 2017; Welsh & Farrington, 2012). Einige Programme wurden umfassend evaluiert und ihre Ergebnisse in großen Meta-Analysen dokumentiert (Beelmann & Raabe, 2009; Farrington et al., 2017). So erreichen soziale Trainingsprogramme (z. B. Beelmann & Lösel, 2020), Elterntrainingsprogramme (z. B. Beelmann, Arnold & Hercher, 2023) und Frühinterventionsprogramme für Hochrisikofamilien (z. B. Dekovics et al., 2011) substanzielle Erfolge, wenn auch nicht ohne Einschränkungen (z. B. Implementierungsprobleme bei Elterntrainings). Zur Evidenz schul- und gemeindebasierter Strategien (z. B. Anti-Mobbing-Programme, *Communities that care*) wurden ebenfalls ermutigende, wenngleich auch hier nicht uneingeschränkt positive Befunde berichtet (z. B. Fagan, Hawkins, Catalano & Farringon, 2019; Gaffney et al., 2019).

19.3 Vorurteilsprävention und Toleranzförderung

Positive Erfahrungen von sozialer Vielfalt, die auf Kontakten und gruppenübergreifenden Freundschaften beruhen, sind wahrscheinlich der beste Weg, um die Entwicklung von Vorurteilen zu verhindern und Toleranz zu fördern. Darüber hinaus sollte eine übertrieben positive Bewertung sozialer Kategorien – insbesondere derjenigen mit fester Zugehörigkeit (Nationalität, Geschlecht) – vermieden werden. Allerdings bleibt die Zugehörigkeit zu einer sozialen Gruppe eine wichtige Quelle für die Identitätsentwicklung. Es existiert jedoch ein schmaler Grat zwischen einer gesunden gruppenbezogenen Zugehörigkeit und einer übermäßigen Identifikation. Grundsätzlich sollte Identitätsbildung nicht zu einer Abwertung sozialer Fremdgruppen führen und die Eigengruppe daher als anders, aber nicht als überlegen angesehen werden.

Präventionsprogramme gegen Vorurteile und für die Förderung von Intergruppenbeziehungen sind vielfältig (Beelmann & Lutterbach, 2020, 2022). Besonders positive Wirkungen haben sich für Kontaktinterventionen ergeben (Lemmer & Wagner, 2015; Pettigrew & Tropp, 2006), und dies gilt für eine breite Palette von Anwendungen über verschiedene Kontakttypen, Settings, Zielgruppen und potenziell vorurteilsbelastete und diskriminierte Fremdgruppen hinweg. Empirische Evidenzen liegen auch für multikulturelle Trainings und Diversity-Programme vor (Bezrukova, Spell, Perry & Jehn, 2016; Paluck & Green, 2009). Medienkampagnen sind eine weitere und weit verbreitete Maßnahme zum Abbau von Vorurteilen. Mehrere Studien haben jedoch auf das Risiko von Nebenwirkungen hingewiesen (z. B. verstärkte Wahrnehmung von Bedrohung; vgl. Vrij, Akehurst & Smith, 2003). Schließlich zeigen auch sozial-kognitive Förderprogramme signifikante Effekte auf den Abbau von Vorurteilen (Beelmann & Heinemann, 2014). Hier erwiesen sich Programme zur Förderung von Empathie und Perspektivenübernahme sowie zur Vermittlung grundlegender sozialer Normen und moralischer Werte (z. B. Gerechtigkeit, Fairness) als besonders lohnend.

19.3.1 Prävention von Identitätsproblemen

Zum Aufbau einer gesunden Identität brauchen junge Menschen Möglichkeiten und Unterstützung, verschiedene identitätsrelevante Lebensbereiche (Schule, Freizeit, Sport, Kultur, Politik, FreundInnen, Hobbys usw.) zu erkunden und zu erproben. Dies dient der Entwicklung eines gesunden Selbstkonzepts sowie einer vielfältigen und reflektierten Identität (Crocetti, 2018) und scheint besonders in der Adoleszenz bedeutsam zu sein. Jugendliche (und auch Erwachsene) haben ein besonderes Bedürfnis, Zugehörigkeit und Bedeutung zu erfahren (Kruglanski et al., 2019). Daher ist es notwendig, wiederholte Erfahrungen des Scheiterns oder der sozialen Ablehnung und Diskriminierung zu vermeiden, wenn keine Möglichkeiten bestehen, solche Probleme konstruktiv zu lösen. Ebenso sollten wir die Übernahme von Identitätskonzepten verhindern, die allein aus unflexiblen Merkmalen (Nationalität, Religion, Geschlecht) bestehen und in allen sozialen Kontexten als wichtig erachtet werden. Solche Identitäten sind leicht zu bedrohen und können entsprechend unmittelbar zu Identitätsproblemen führen. Zahlreiche Präventionsprogramme zielen daher auf die Stärkung des Selbstkonzepts ab, die vor allem bei Personen mit geringem Selbstvertrauen positive Wirkungen entfalten (O'Mara, Marsh, Craven & Debus, 2006). Das Gleiche gilt für betreute Outdoor-Aktivitäten (Bowen & Neill, 2013). Sportliche Aktivitäten haben massive Auswirkungen auf die körperliche Gesundheit, aber ihr Potenzial zur Stärkung des Selbstkonzepts ist möglicherweise auf nicht-wettbewerbsorientierte Sportarten ohne Differenzierung zwischen GewinnerInnen und VerliererInnen beschränkt (Spruit, Assink, van Vugt, van der Put & Stams, 2016). Ein relativ neuer Ansatz zur Förderung identitätsbezogener Prozesse sind Selbstbestätigungsinterventionen (self-affirmation), bei denen die Teilnehmenden eine bestimmte Anzahl wichtiger Werte und Lebensorientierungen aus einer vorgelegten Liste auswählen müssen (z. B. Familie, FreundInnen, Sport) und kurze Texte zu diesen Themen verfassen (Cohen & Sherman, 2014). Dies sollte zu reflektierteren und vielfältigeren Identitäten führen und die Anfälligkeit für Identitätsbedrohungen verringern. Bislang wurden diese Effekte jedoch nur in kurzfristigen experimentellen Studien bestätigt (Sweeney & Moyer, 2015). Schließlich haben Breitbandansätze wie die lebensweltorientierte sozialarbeiterische Praxis oder Kulturprogramme (Theater, Tanz) vermutlich ein großes Potenzial zur Unterstützung und Stärkung des Selbstkonzepts und der Identitätsbildung junger Menschen. Leider existiert zu diesen Aktivitäten bislang keine fundierte Evaluationsforschung.

19.3.2 Prävention der Übernahme von extremistischen Narrativen und Ideologien

Um junge Menschen vor extremistischen Erzählungen, Überzeugungen und Ideologien zu schützen, sollten ihnen altersgerechte Möglichkeiten geboten werden, sich für die soziale Gemeinschaft zu engagieren. Entsprechende Maßnahmen zielen auf die Förderung des Verantwortungsbewusstseins für ein faires und gerechtes soziales Miteinander ab, aber auch auf die Kompetenz, Menschenrechte und politische Rechte sozialverträglich einzufordern. Generell sollten Sozialisationsinstanzen eine Verbreitung von Werten wie Fairness, Gleichheit und Gerechtigkeit als Grundnormen zivilisierter Gesellschaften fördern. Dies sind kulturelle Errungenschaften, die erlernt werden müssen, ebenso wie demokratische und menschenrechtsorientierte Grundhaltungen. Angesichts der zunehmenden Bedeutung digitaler Kommunikationskanäle ist es wichtig, dass junge Menschen über die Probleme und Risiken bei der Nutzung dieser Techniken aufgeklärt werden. Ohne diese Kompetenzen können sie leicht Opfer von extremistischen Bewegungen und deren Interessen werden. Mehrere Präventionsansätze zielen darauf ab, diesen Einflüssen zu begegnen. So liefern Forschungen zur politischen Bildung (Goren & Yemini, 2017; Manning & Edwards, 2014), zur Charakter- und Werteerziehung (Berkowitz & Bier, 2007; Jeynes, 2019) oder zu Service-Learning-Programmen (Celio, Durlak, & Dymnicki, 2011) stichhaltige Belege dafür, dass junge Menschen soziale Verantwortung erlernen, positive Werte übernehmen und mehr prosoziales Verhalten zeigen. Ein Problem besteht jedoch nach wie vor in der Schwierigkeit, bereits radikalisierte Risikogruppen zu rekrutieren (indizierte Prävention), was auf Defizite in der Angebotsstruktur hindeutet. Auch Schulungen in Medienkompetenz sind vielversprechend, die Forschung zu ihren Wirkungen ist jedoch noch begrenzt (Blayer, 2019) und sollte auf die Etablierung einer aufgeklärten »digitalen Bürgerschaft« (*digital citizenship*) ausgeweitet werden (Reynolds, 2017). Ein möglicher Inhalt digitaler Bildung ist das Erlernen von Argumenten gegen extremistische Hetze (*counter narratives*; vgl. Briggs & Feve, 2013). Diese Strategien wurden on- und offline eingesetzt und die Ergebnisse sind weitgehend positiv (Braddock & Dillard, 2016; ▶ Kap. 18).

19.4 Zusammenfassung

Evidenzbasierte, auf entwicklungsorientierten Erkenntnissen beruhende Möglichkeiten, junge Menschen vor Radikalisierung zu bewahren, können in verschiedenen Bereichen erfolgsversprechend eingesetzt werden. Allerdings reicht es nicht aus, wissenschaftlich geprüfte Präventionsprogramme anzubieten. Erstens hat die internationale Präventionsforschung in den letzten Jahren eindrucksvoll gezeigt, dass Erfolge nicht nur von guten Programmen abhängen, sondern auch von deren Umsetzungsmodalitäten und der Qualität der Implementierung in reale Versorgungsstrukturen (Beelmann & Karing, 2014; Ghate, 2016). Erfolgreichere Strategien zur Rekrutierung von besonders belasteten und hilfsbedürftigen Kindern, Jugendlichen und Familien, der Aufbau einer nachhaltigen Angebotsstruktur und die dynamische Anpassung der Programme an die sozialen Kontexte sind nur drei von vielen wichtigen Themen, die auf die großen Herausforderungen eines erfolgreichen Einsatzes von Präventionsmaßnahmen hinweisen (Beelmann, Malti, Noam, & Sommer, 2018).

Zweitens darf trotz aller Perspektiven, die die skizzierten Konzepte einer entwicklungsbezogenen Radikalisierungsprävention eröffnen, nicht übersehen werden, dass Radikalisierungsprozesse auch durch gesellschaftliche Umstände mitbeeinflusst werden. Seit Jahren ist etwa zu beobachten, wie die soziale Ungleichheit zunimmt und dies eine ständige Quelle von sozialen Vergleichsprozessen ist, bei denen bestimmte Bevölkerungsgruppen in fast allen Bereichen schlechter abschneiden (Wilkinson & Pickett, 2009). Solche negativen Erfahrungen können eine wichtige Quelle für Identitätsprobleme sein, die zumindest langfristig zu ernsthaften sozialen Problemen führen können. Zudem stehen massive wirtschaftliche Interessen oftmals rationalen Präventionsstrategien im Wege. So kann man sich beispielsweise fragen, ob die Forderung nach Stärkung von Medienkompetenzen junger Menschen nicht nur von extremistischen Gruppen mit ihren Indoktrinationsabsichten abgelehnt wird, sondern auch den Geschäftsmodellen einflussreicher Digitalkonzerne und einer auf Konsum ausgerichteten Werbeindustrie zuwiderläuft. Schließlich bleibt anzumerken, dass es bislang relativ unklar ist, inwieweit die angesprochenen Programme und Ansätze tatsächlich in der Lage sind, längerfristige Radikalisierungsprozesse zu verhindern. Hier sind weitere und umfangreichere Evaluationsstudien notwendig.

Literatur

Aerts, S. (2019). *European Crime Prevention Monitor 2019/1: Radicalisation and violent extremism.* Brussels: European Crime Prevention Network. Available under: https://eucpn.org/sites/default/files/document/files/monitor_radicalisation_and_violent_extremism.pdf

Beelmann, A. (2015). Konstruktion und Entwicklung von Interventionsmaßnahmen. In W. Melzer, D. Hermann, U. Sandfuchs, M. Schäfer, W. Schubarth & P. Daschner (Hrsg.), *Handbuch Aggression, Gewalt und Kriminalität bei Kindern und Jugendlichen* (S. 340–346). Klinkhardt.

Beelmann, A. (2020). A social-developmental model of radicalization. An integration of existing theories and empirical research. *International Journal of Conflict and Violence, 14,* 1–14.

Beelmann, A. (2022a). »Prevention Science«: Konzeptionelle und empirische Grundlagen einer rationalen Präventionswissenschaft am Beispiel der Kriminalprävention. *Bewährungshilfe. Soziales – Strafrecht – Kriminalpolitik, 69*(4), 309–325.

Beelmann, A. (2022b). Radikalisierung als abweichende Sozialentwicklung. Bedingungen und Präventionsmöglichkeiten. In A. Beelmann & D. Michelsen (Hrsg.), *Rechtsextremismus, Demokratiebildung, gesellschaftliche Integration: Interdisziplinäre Debatten und Forschungsbilanzen* (S. 153–178). Wiesbaden: Springer VS.

Beelmann, A. (2023). Entwicklungsorientierte Kriminalprävention. In T. Bliesener, F. Lösel & K.-P. Dahle, *Lehrbuch Rechtspsychologie* (2. Aufl., S. 479–503). Hogrefe.

Beelmann, A., Arnold, L. S. & Hercher, J. (2023). Parent training programs for preventing and treating antisocial behavior in children and adolescents: A comprehensive meta-analysis of international studies. *Aggression and Violent Behavior, 68*, 101798. doi:10.1016/j.avb.2022.101798

Beelmann, A. & Heinemann, K. (2014). Preventing prejudice and improving intergroup attitudes. A meta-analysis of child and adolescent training programs. *Journal of Applied Developmental Psychology, 35*(1), 10–24. doi:10.1016/j.appdev.2013.11.002. Erratum: Beelmann, A. & Heinemann, K. S. (2014). *Journal of Applied Developmental Psychology, 35*, 481. doi:10.1016/j.appdev.2013.11.002

Beelmann, A. & Karing, C. (2014). Implementationsfaktoren und -prozesse in der Präventionsforschung: Strategien, Probleme, Ergebnisse, Perspektiven [Implementation factors and processes in prevention research: Strategies, problems, results, perspectives]. *Psychologische Rundschau, 65*, 129–139. doi: 10.1026/0033-3042/a000215

Beelmann, A. & Karing, C. (2015). Förderung toleranter Einstellungen und die Prävention von Vorurteilen. Langzeitwirkungen des Programms zur Förderung von Akzeptanz, Respekt, Toleranz und sozialer Kompetenz (PARTS). *forum kriminalprävention, 1/2015*, 51–58.

Beelmann, A. & Lösel, F. (2020). A comprehensive meta-analysis of randomized evaluations on the effect of child social skills training on antisocial behavior. *Journal of Developmental and Life-course Criminology, 7*, 41–65.

Beelmann, A. & Lutterbach, S. (2020). Preventing prejudice and promting intergroup relations. In L. Benuto, M. Duckworth, A. Masuda & W. O'Donohue (Hrsg.). *Prejudice, stigma, privilege, and oppression. A behavioral health handbook* (S. 309–326). New York: Springer.

Beelmann, A. & Lutterbach, S. (2022). Developmental prevention of prejudice: Theoretical foundation, evidence-based construction, and outcome results. *Review of General Psychology, 26*(3), 298–316. doi: 10.1177/10892680211056314

Beelmann, A. & Lutterbach, S. (2023). *Radikalisierungsgefährdungen junger Menschen. Ergebnisse der landesweiten CTC-Jugendbefragung 2021/22 in Niedersachsen.* Jena: Zentrum für Rechtsextremismusforschung, Demokratiebildung und gesellschaftliche Integration (www.komrex.uni-jena.de).

Beelmann, A., Lutterbach, S., Rickert, M. & Sterba, L. S. (2021). *Entwicklungsorientierte Radikalisierungsprävention: Was man tun kann und sollte.* Jena: Friedrich-Schiller-Universität Jena. Zentrum für Rechtsextremismusforschung, Demokratiebildung und gesellschaftliche Integration. Online verfügbar unter: www.komrex.uni-jena.de

Beelmann, A., Malti, T., Noam, G. & Sommer, S. (2018). Innovation and integrity: Desiderata and future directions for prevention and intervention science. *Prevention Science, 19*(3), 358–365. https://doi.org/10.1007/s11121-018-0869-6

Beelmann, A. & Raabe, T. (2009). The effects of preventing antisocial behavior and crime in childhood and adolescence. Results and implications of research reviews and meta-analyses. *International Journal of Developmental Science, 3*(3), 260–281. https://doi.org/10.3233/Dev-2009-3305

Berkowitz, M., & Bier, M. C. (2007). What works in character education? *Journal of Research in Character Education, 5*, 1–37.

Bezrukova, K., Spell, C. S., Perry, J. L. & Jehn, K. A. (2016). A meta-analytical integration of over 40 years of research on diversity training evaluation. *Psychological Bulletin, 142*, 1227–1274. doi: 10.1037/bul0000067

Blayer, C. (2019). Cyberhate: A review and content analysis of intervention strategies. *Aggression and Violent Behavior, 45*, 163–172.

Bowen, D. J. & Neill, J. T. (2013). A meta-analysis of adventure therapy outcomes and moderators. *The Open Psychology Journal, 6*(1), 28–53. doi:10.2174/1874350120130802001

Braddock, K. & Dillard, J. P. (2016). Meta-analytic evidence for the persuasive effect of narratives on beliefs, attitudes, intentions and behaviors. *Communications Monograph, 83*, 446–467. doi: 10.1080/03637751.2015.1128555

Brandtstädter, J. & Lindenberger, U. (2007). *Entwicklungspsychologie der Lebensspanne: Ein Lehrbuch*. Kohlhammer.

Briggs, R. & Feve, S. (2013). *Review of programs to counter narratives of violent extremism. What works and what are the implications for government*. London: Institute for Strategic Dialogue.

Bronfenbrenner, U. (1992). *The ecology of human development: Experiments by nature and design*. Cambridge, MA: Harvard University Press.

Celio, C. I., Durlak, J. & Dymnicki, A. (2011). A meta-analysis of the impact of service-learning on students. *Journal of Experiential Education, 34*, 164–181.

Cicchetti, D. (Hrsg.). (2016). *Developmental psychopathology, risk, resilience, and intervention* (Vol. 4). John Wiley & Sons.

Cohen, G. L. & Sherman, D. K. (2014). The psychology of change: Self-affirmation and social psychological intervention. *Annual Review of Psychology, 65*, 333–371. doi: 10.1146/annurev-psych-010213-115137

Crocetti, E. (2018). Identity dynamics in adolescence: Processes, antecedents, and consequences. *European Journal of Developmental Psychology, 15*(1), 11–23.

Deković, M., Slagt, M. I., Asscher, J. J., Boendermaker, L., Eichelsheim, V. I. & Prinzie, P. (2011). Effects on early prevention programs on adult criminal offending: A meta-analysis. *Clinical Psychology Review, 31*, 532–544. doi: 10.1016/j.cpr.2010.12.003

Fagan, A. A., Hawkins, J. D., Catalano, R. F. & Farrington, D. P. (2019). *Communities that care. Building community engagement and capacity to prevent youth behaviour problems*. Oxford University Press.

Farrington, D. P., Gaffney, H., Lösel, F. & Ttofi, M. M. (2017). Systematic reviews of the effectiveness of developmental prevention programs in reducing delinquency, aggression, and bullying. *Aggression and Violent Behavior, 33*, 91–106. doi:10.1016/j.avb.2016.11.003

Gaffney, H., Ttofi, M. M. & Farrington, D. P. (2019). Evaluating the effectiveness of school-bullying prevention programs: An updated meta-analytical review. *Aggression and Violent Behavior, 45*, 111–133. doi:10.1016/j.avb.2018.07.001

Ghate, D. (2016). From programs to systems: Deploying implementation science and practice for sustained real world effectiveness in services for children and families. *Journal of Clinical Child and Adolescent Psychology, 45*(6), 812–826. doi:10.1080/15374416.2015.1077449

Goren, H. & Yemini, M. (2017). Global citizenship education redefined – A systematic review of empirical studies on global citizenship education. *Journal of Education Research, 82*, 170–183.

Jasko, K. & LaFree, G. (2019). Who is more violent in extremist groups? A comparison of leaders and followers. *Aggressive Behavior, 46*, 141–150.

Jeynes, W. (2019). A meta-analysis on the relationship between character education and student achievement and behavioral outcomes. *Education and Urban Society, 51*, 33–71. doi: 10.1177/0013124517747681

Jugl, I., Lösel, F., Bender, D. & King, S. (2021). Psychosocial prevention programs against radicalization and extremism: A meta-analysis of outcome evaluations. *The European Journal of Psychology Applied to Legal Context, 13*, 37–46.

Kruglanski, A. W., Bélanger, J. J. & Gunaratna, R. (2019). *The three pillars of radicalization. Needs, narratives, and networks*. New York: Oxford University Press.

Kurtines, W. M., Ferrer-Wreder, L., Berman, S. L., Lorente, C. C., Silverman, W. K. & Montgomery, M. J. (2008). Promoting positive youth development: New directions in developmental theory, methods, and research. *Journal of Adolescent Research, 23*, 233–244. doi:10.1177/0743558408314372

LaFree, G., Jensen, M. A., James, P. A. & Safer-Lichtenstein, A. (2018). Correlates of violent political extremism in the United States. *Criminology, 56*, 233–268.

Lemmer, G. & Wagner, U. (2015). Can we really reduce prejudice outside the lab? A meta-analysis of direct and indirect contact interventions. *European Journal of Social Psychology*, 45, 152–168. doi: 10.1002/ejsp.2079

Manning, N. & Edwards, K. (2014). Does civic education for young people increase political participation? A systematic review. *Educational Review*, 66, 22–45. doi:10.1080/00131911.2013.763767

Masten, A. S., Long, J. D., Kuo, S. I.-C., McCormick, C. M. & Desjardins, C. D. (2009). Developmental models of strategic intervention. *International Journal of Developmental Science*, 3, 282–291.

McCauley, C. & Moskalenko, S. (2011). *Friction. How radicalization happens to them and us.* Oxford: Oxford University Press.

Moffitt, T. E. (2015). Life-course persistent vs. adolescence-limited antisocial behaviour. In T. R. McGee & P. Mazerolle (Hrsg.), *Developmental and life-course criminological theories*. London: Routledge. doi: 10.4324/9781315094908

Moghaddam, F. M. (2005). The staircase to terrorism: A psychological exploration. *American Psychologist*, 60, 161–169.

Moskalenko, S. & McCauley, C. (2009). Measuring political mobilization: The distinction between activism and radicalism. *Terrorism and Political Violence*, 21(2), 239–260.

Nivette, A., Eisner, M. & Ribeaud, D. (2017). Developmental predictors of violent extremist attitudes: A test of general strain theory. *Journal of Research in Crime and Delinquency*, 54, 755–790.

O'Mara, A. J., Marsh, H. W., Craven, R. G. & Debus, R. L. (2006). Do self-concept interventions make a difference? A synergistic blend of construct validation and meta-analysis. *Educational Psychologist*, 41(3), 181–206. doi: 10.1207/s15326985ep4103_4

Paluck, E. L. & Green, D. P. (2009). Prejudice reduction: What works? A review and assessment of research and practice. *Annual Review of Psychology*, 60, 339–367. doi: 10.1146/annurev.psych.60.110707.163607

Pettigrew, T. F. & Tropp, L. R. (2006). A meta-analytic test of intergroup contact theory. *Journal of Personality and Social Psychology*, 90, 751–783. doi: 10.1037/0022-3514.90.5.751

Pistone, I., Eriksson, E., Beckman, U., Mattson, C. & Sager, M. (2019). A scoping review of interventions for preventing and countering violent extremism. Current status and implications for future research. *Journal for Deradicalization*, 19, 1–84.

Raabe, T. & Beelmann, A. (2011). Development of ethnic, racial, and national prejudice in childhood and adolescence: A multinational meta-analysis of age differences. *Child Development*, 82(6), 1715–1737. doi:10.1111/j.1467-8624.2011.01668x

Sears, D. O., & Levy, S. (2003). Childhood and adult political development. In D. O. Sears, L. Huddy, & R. Jervis (Hrsg.), *Oxford handbook of political psychology* (S. 60–109). Oxford, NY: Oxford University Press.

Silbereisen, R. K. & Lerner, R. (Hrsg.) (2007). *Approaches to positive youth development*. Sage.

Spruit, A., Assink, M., van Vugt, E., van der Put, C. & Stams, G. J. (2016). The effects of physical activity interventions on psychosocial outcomes in adolescents: A meta-analytic review. *Clinical Psychology Review*, 45, 56–71. doi: 10.1016/j.cpr.2016.03.006

Sweeney, A. M. & Moyer, A. (2015). Self-affirmation and responses to health messages: A meta-analysis on intentions and behavior. *Health Psychology*, 34(2), 149–159. doi: 10.1037/hea0000110

Vrij, A., Akehurst, L. & Smith, B. (2003). Reducing ethnic prejudice: An evaluation of seven recommended principles for incorporation in public campaigns. *Journal of Community & Applied Social Psychology*, 13(4), 284–299. doi: 10.1002/casp.736

Walsh, M. & Gansewig, A. (2019). A former right-wing extremist in school-based prevention work: Research findings from Germany. *Journal for Deradicalization*, 21, 1–42.

Welsh, B. C. & D. P. Farrington (Hrsg.). (2012). *The Oxford handbook of crime prevention*. Oxford, NY: Oxford University Press.

Welsh, B. C. & Tremblay, R. E. (2020). Early developmental crime prevention forged through knowledge translation: A window into a century of prevention experiments. *Journal of Developmental and Life-Course Criminology*, 7, 1–16.

Wilkinson, R. G. & Pickett, K. E. (2009). Income inequality and social dysfunction. *Annual Review of Sociology, 35*, 493–511. doi:10.1146.annurev-soc-070308-115926